Vom Stadtsoldaten zum Roten Funken
Militär und Karneval in Köln

Vom Stadtsoldaten zum Roten Funken

Militär und Karneval in Köln

Für die Kölsche Funke rut-wieß vun 1823 e.V.
herausgegeben von Heinz-Günther Hunold,
Winfried Drewes und Michael Euler-Schmidt
unter Mitarbeit von Marcus Leifeld

GREVEN VERLAG KÖLN

Inhaltsverzeichnis

Zur Einführung
Auf der Suche nach der inneren Freiheit   7

Carl Dietmar
Das Militärwesen der Stadt Köln vom
13. bis zum 18. Jahrhundert
Bürgermiliz, Söldner,
Stadtsoldaten – ein Überblick   17

Rita Wagner
Die Uniform der Kölner Stadtsoldaten   49

Henriette Meynen
Die Ulrepforte und der Bau der
Kölner Stadtmauer   69

Ulrich S. Soénius
Die Kölner Stadsoldaten im Adressbuch
von 1797   95

Michael Euler-Schmidt
Häme, Armut und die Ironie des Schicksals
Wie die traurige Gestalt des
Stadtsoldaten zum Kölner Held
und Vereinsmitglied wurde   109

Gunther Hirschfelder
Von der Narrenidee
zum rheinischen Narren   139

Hildegard Brog
Die Roten Funken und die Preußen
Parodie und Wirklichkeit
in der Festungsstadt Köln   157

Ulrich S. Soénius
Von Händlern und Brauern,
vom „Printemann" und von der
„Sprungfedder"
Zur Sozialstruktur der Roten Funken
zwischen 1883 und 1940   183

Irene Franken
„Die niebesiegten Söhne des Mars"
Die Kölsche Funke rut-wieß
vun 1823 e.V. – ein literarisch
konstruierter Männerbund   199

Ulrich S. Soénius
„Man hat hier manches erlebt"
Die Kölner Funken-Infanterie im
Ersten Weltkrieg an der Front   227

Marcus Leifeld
„Was interessiert den kölschen Funken
schon das lächerliche Welttheater?"
Ein Kölner Verein zwischen
Traditionen und nationalsozialistischer
Gleichschaltung   247

Dagmar Hänel
Der Tod des Narren
Karneval und Tod   283

Peter Genath und Alexander Boden
Brauchkultur im Wandel -
von der Begleitfigur zur Leitfigur
Zur Rolle des Funkenmariechens der
Kölsche Funke rut-wieß vun 1823 e.V.
im 19. und 20. Jahrhundert   299

Ewald Frie
Die Roten Funken machen Geschichte   315

Siglen und Abkürzungen   324
Autorinnen und Autoren   325
Bildnachweis   326

*Der Rote Funk
Dieter Beumling,
Öl auf Leinwand,
130 x 90 cm,
Oliver Jordan, 2005*

Zur Einführung

Auf der Suche nach der inneren Freiheit

Der Ausspruch „Früher war alles besser" lässt viele zusammenzucken, vermuten sie darin doch meist eine verklärende und eher konservierende Sicht auf Vergangenes. Dass im Kölner Karneval aber heute einiges schief läuft, ist wohl unbestritten. Diese Klage wird zwar in der Geschichte des rheinischen Karnevals seit eh und je in regelmäßigen Abständen wiederholt, aber dennoch ist sie heute ganz offensichtlich angebracht. Die Veränderungen der letzten Jahre und Jahrzehnte sind so stark, dass niemand sie übersehen kann, denn das berühmte Narrenfest mutiert mit wachsender Geschwindigkeit zur inhalts- und traditionsfreien Partyzone. Immer mehr Teilnehmer suchen nur noch das Event, wodurch die Unterschiede zwischen Karneval und dem Christopher-Street-Day oder dem jährlichen Marathon-Fest vielen nicht mehr bekannt sind und sie auch nicht mehr interessieren. Ursprüngliche, eigenwillige und regional spezifische Inhalte und Formen des Karnevals gehen damit zunehmend verloren; die dem Jecken, seiner Sprache und seinem Fest eigenen Ungereimtheiten, Haken und Widerstände schleifen sich so ab, dass die Unterschiede zwischen Karneval und Alltag, zwischen Narr und fernsehtauglichem Bühnenstar, zwischen Fastelovend und Partystimmung nicht mehr erkennbar sind.

Die so beschriebene Lage kann keinem rheinischen Karnevalisten, keinem Kölner Roten Funken gefallen. Im Interesse des Karnevals und der damit verbundenen Lebensweisen und -kulturen sind die eigenen Traditionen dagegen zu schützen und zu vitalisieren. Dieser Aufgabe haben sich die Kölsche Funke rut-wieß vun 1823 e. V. in besonderem Maße verschrieben. „Die Roten Funken, das älteste Kölner Traditionskorps, verstehen sich als volkstümliche, legitime Nachfolger der ehemaligen Stadtsoldaten der freien Reichsstadt Köln. Vor diesem Hintergrund pflegen die Roten Funken das karnevalistische Brauchtum und die Kölner Kultur." So formulieren es die Funken in ihrem neuen Leitbild von 2005. „Ihre unverwechselbaren Grundwerte sind die gelebte Tradition, die Kameradschaft im Korps und die Gleichstellung aller Roten Funken." Sie verstehen sich als „weltoffene Kulturbotschafter Kölns, die den rheinischen Frohsinn weit über die Stadtgrenzen hinaus repräsentieren". Hier geht es also nicht um Nostalgie und die Abkehr von der modernen Welt. Es geht vielmehr um die Zukunft und den Glauben, dass die Quellen des Karnevals große Reichtümer bergen und langfristig ergiebiger sind als die Beschränkung auf fernsehgerechte Inszenierungen. Karneval ist mehr als eine kurze Episode im Jahr: Die fünfte Jahreszeit bildet eine Basis der rheinischen und kölnischen Identität, sie prägt das menschliche und soziale Miteinander in den Städten und Gemeinden am Rhein, und sie zeugt von regional spezifischen Formen des gesellschaftlichen Lebens. Dies erkennt man nicht zuletzt daran, dass sich die fünfte Jahreszeit nicht auf wenige Tage beschränkt, sondern sich über viele Monate hinzieht und das gesamte Leben der besonders engagierten Karnevalisten prägt.

Dabei geht es um mehr als die inzwischen fast inflationären Bekenntnisse zum *Rheinischen Grundgesetz*. Denn „Et hät noch immer jot jejange" ist – anders als von außen oft verstanden – keine Einladung zu Schlendrian und Desinteresse, sondern zu einer Lebenskultur, die die Menschen und die Gesellschaft nicht nur im Detail, sondern ganzheitlich und umfassend wahrnimmt. Gesellschaftlich ist das Funktionieren des Großen und Ganzen wichtiger als die Etikette im Kleinen; zwischenmenschlich ist herzliche Ehrlichkeit bedeutender als abstrakte Gesetze. Dies spiegelt auch der Grundsatz der kölschen Lebensart „Jeck, loss Jeck elans", den die Roten Funken verinnerlicht und daher in ihr Leitbild aufgenommen haben. Dieses Werben um Toleranz gegenüber den Mitmenschen ist nur eines von vielen Beispielen für die Bereitschaft, im Karneval und durch den Karneval eherne Gesetze zu durchbrechen, herrschende Plausibilitäten in Frage zu stellen und alternative Umgangsformen zu leben.

Wie viel mehr dies als gute Laune und Partystimmung bedeutet, zeigen all die widersprüchlichen, formalisierten, nachdenklichen und auch traurigen Seiten des Karnevals. Gute Büttenreden beherrschen eine größere Klaviatur als Comedy und Klamauk. Der weise Narr kippt nicht bloß Häme über Einzelne aus, sondern kritisiert Zustände, beschreibt die Gegenwart und verweist auf Alternativen. Er präsentiert seinen Zuhörern eine Intensivform des gesamten menschlichen Lebens: Abwechslungsreich und kurzweilig bietet er das gesamte Spektrum menschlicher Emotionen. Vom Weinen und Lachen über Traurigkeit und politischen Witz bis zum seligen Schunkeln und In-den-Armen-Liegen. Diese Mischung aus individueller Vielfalt und ganzheitlicher Wahrnehmung von Mensch und Gesellschaft ist die Basis des rheinischen Karnevals. Nur auf diesem Fundament gewinnt er für sich eine eigenständige Zukunft.

Die Kölsche Funke rut-wieß vun 1823 e. V. und ihre Entstehungsgeschichte sind Teil dieser Karnevalskultur. Sie sind das älteste Kölner Korps und verkörpern wie wenige andere Institutionen die Kontinuität und Lebendigkeit des Karnevals. Da sie den Kölner Karneval in praktisch allen Bereichen personell und institutionell mitprägen, können die Fragen nach der Zukunft des Karnevals und die kritische Bestandsaufnahme der Gegenwart nicht vor ihrer Tür Halt machen. Sie müssen sich daher fragen, welchen Anteil sie an dem gegenwärtig ebenso populären wie profillosen öffentlichen Karneval haben, ob sie sich selbst davon unterscheiden und wie treu sie zu dem stehen, was die Roten Funken einst ausgemacht hat.

Nach vielen Jahrhunderten in rein militärischer Funktion als Armee der freien Reichsstadt Köln entstanden die Roten Funken 1823 im Kontext der nostalgischen Erinnerung an die reichsstädtische Zeit und im politischen und emotionalen Wechselbad der Gefühle nach dem Ende der französischen und einige Jahre nach Beginn der preußischen Herrschaft. Die reaktivierten Stadtsoldaten und ihre Mentoren verstanden sich als kritische Bürger, die bewusst ungenau, aber anregend an ihre eigene Zeitgeschichte erinnerten, die die gegenwärtige Obrigkeit provokant aufs Korn nahmen und klaren Kopfes klare politische Bekenntnisse verweigerten: Wichtiger als die Frage der politischen Zugehörigkeit und Loyalität blieben das soziale Miteinander, das zivile Leben und die menschenfreundliche Organisation der Stadt und ihrer Bewohner. Es ging um Köln, seine Menschen und ihre Art zu leben. Mit dieser Prioritätensetzung bescherten sich unsere Vorfahren eher lebensweltliche Freude als politische Freunde: Die Geschichte des Karnevals in der Preußenzeit erzählt von Umzügen, Festen und Verkleidung, weiß aber ebenso von politischen Verdächtigungen und Überwachungsmaßnahmen seitens der Autoritäten.

Davon ist heute nicht mehr viel zu erkennen. Karnevaleske Besonderheiten finden sich heute nur noch in Nischen: die Freude des Narren am Subversiven und an der Verweigerung, das öffentliche Sprechen im Karneval über Freude *und* Trauer, über Leben *und* Tod, das allgemeine Beharren auf regionalen Besonderheiten, die die Kölner und Rheinländer prägen, aber für Bayern, Sachsen und Mecklenburger unverständlich bleiben. Dies zeigt sich auch an den Traditionsgesellschaften. Sind sie nicht in erster Linie auf sich selbst bezogene soziale Netzwerke, die sich wenig um das Leben außerhalb des eigenen Vereins kümmern? Konservieren sie nicht vor allem textile und pseudomilitärische Formen und organisieren sie – nicht zuletzt finanziell – den hoffentlich reibungslosen Ablauf der jeweils nächsten Session mit all den seit Jahren festgeschriebenen Terminen und Verpflichtungen? Und selbst das erfolgreichste neue „Traditionskorps", die einst politisch ambitionierte

Das Tanzpaar der Roten Funken, Tanja Wolters und Stephan Schug, in Vorbereitung der Präsentation der Stadt Köln durch die Roten Funken in Tokyo im April 2005

Stunksitzung, versteht sich heute in erster Linie als kommerzielle Veranstaltung, die öffentlich mitteilt, dass ihr Wirtschaftlichkeit wichtiger ist als karnevaleske Traditionen und politische Inhalte.

Auch die Roten Funken müssen sich fragen lassen, ob sie trotz ihrer offensichtlichen eigenen Erfolge der letzten Jahre – zahlreiche jüngere Mitglieder, ein lebendiges Vereinsleben, ein starker Förderverein, ausverkaufte Veranstaltungen, viel beachtete Auslandsreisen etc. – inzwischen nicht viel passiver sind als ihre Ahnen und sich gesellschaftlich auf reine Zuschauerplätze zurückgezogen haben. Haben sich die Kölner Karnevalisten in den vergangenen dreißig Jahren zu sehr mit sich selbst beschäftigt und der schleichenden Kommerzialisierung Raum gelassen, dann sollten sie sich angesichts der Frage „Quo vadis, Karneval?" auf die Tradition der doppelten Funktion des Karnevals besinnen: In der ersten Hälfte des 19. Jahrhunderts suchte man einerseits ein Ventil zur zeitweiligen Verdrängung der Alltagsrealität und der Erinnerung an die glanzvollen Zeiten der reichs-

freien Stadt. Andererseits bot der ab 1823 unter preußischer Herrschaft organisierte Rosenmontagszug ideale Voraussetzungen für den Protest gegen die neuen Herrscher, gegen die Lebensbedingungen in einer vom Militär geprägten Stadt und gegen soldatische Verhaltensweisen wie Drill und Strammstehen, die den Kölnern bis heute fremd sind. Dieser doppelten Narrenfreiheit der nostalgischen und fröhlichen Erinnerung und des aktuellen Protestes sollten sich der moderne Kölner Karneval und seine Protagonisten wieder verschreiben. Statt sich selbst in den schicken Uniformen und Museen zu feiern, sollten sie die Rolle des Mahners wieder in den Vordergrund rücken.

Die Diskussion um die Zukunft des Karnevals und der Roten Funken hat gerade erst begonnen. Der vorliegende Sammelband möchte dazu nicht tagesaktuell beitragen, sondern als Grundlagenwerk dienen, das die Leser in die vergangenen Zeiten und eigentümlichen Welten des ältesten Kölner Traditionskorps führt. Die Lebensweise der Stadtsoldaten und späteren Funken im ausgehen-

Die Roten Funken vor ihrem Quartier, dem Orientel in Bangkok, wo sie im April 2005 auf Einladung des Geschäftsführers der Deutsch-Thailändischen Handelskammer, Herrn Dr. Paul Strunk, auftraten

den Mittelalter, in der Frühneuzeit und in der Gründungszeit des verfassten Karnevals zu Beginn des 19. Jahrhunderts hat ebenso wenig mit der heutigen Mehrheitskultur zu tun wie die festen Rituale und die ausdifferenzierte pseudomilitärische Uniformierung. Die Auseinandersetzung mit diesen fremden Wurzeln der Roten Funken, die sehr eng mit der kölnischen Stadtgeschichte verbunden sind, kann aber hoffentlich dabei helfen, die Grundlage für ein neues Selbstverständnis der Roten Funken zu legen.

Das Buch liefert historische Beispiele dafür, dass die Roten Funken sich immer wieder in gesellschaftliche Belange eingemischt haben. Die Autoren zeigen, wie ausgeprägt das Selbstverständnis und die Sensibilität der Korpsgesellschaft für Entwicklungen und Erfordernisse im politischen und sozialen Umfeld waren. So wurde die unterschiedliche Haltung zu Preußen und seinen Kriegen in den 1860er Jahren zur Zerreißprobe und führte schließlich zur Abspaltung innerhalb der Funken. Persiflierte die Funken-Infanterie in diesen Jahren der Aufrüstung alles Militärische, so pflegte die andere Gruppe, die Artillerie, einen Hurra-Patriotismus und verherrlichte den Krieg. Symbolisch zeigte sich dies unter anderem in der unterschiedlichen Art und Weise, die Kanone im Rosenmontagszug mitzuführen. Während die Kanonen der Infanterie ins Nichts weisen: „Met der Kanon mer renne un scheßen en der Wind", zeigen die großen Kanonen der Artillerie ihre verheerende Gewalt am Beispiel zerstörter Türme und Mauern. Hier ist keine Satire mehr erkennbar.

Ihren Anspruch als Mahner und Kritiker von gesellschaftlichen Zuständen dokumentierten die Roten Funken bzw. die Funken-Infanterie mit den Aussagen auf ihren Mottowagen in den 1870er Jahren. Am Rosenmontag 1870 widmeten sie ihren Wagen der „Entfestigung" Kölns und dem Abbruch der Festungswerke. Vorausgegangen war der Versuch des damaligen Kölner Oberbürgermeisters, vom Kriegsministerium in Berlin eine Erlaubnis für die Erweiterung des Türmchentors, des Eigelsteintors und des Ehrentors sowie die Öffnung des Friesentors zu erhalten. Die Antwort aus Berlin machte klar, dass an eine Aufgabe der Festung nicht zu denken sei. Wie die Roten Funken die „Entfestigung" spöttisch aufs Korn nahmen, war in der Karnevalszeitung nachzulesen: In Umkehrung der tatsächlichen Erfordernisse wurde dort vorgeschlagen, den Bewegungsraum der Kölner weiter zu verringern. Zu den satirischen Vorschlägen zählte unter anderem die Entlastung des Eigelsteintors vom täglichen Passieren der Milchmädchen aus Nippes und Merheim. Stattdessen solle die Milch durch ein unterirdisches Rohrsystem in die Stadt gepumpt werden, um die Wachmannschaft an diesem Tor nicht mehr zu stören.

Diese kritische Haltung zur massiven preußischen Militärpräsenz und die starke Köln-Identität der Roten Funken zeigten sich auch im Rosenmontagszug von 1872. Führte die Funken-Artillerie in Anspielung auf den gewonnenen Krieg gegen Frankreich und die deutsche Reichsgründung die von vier prächtigen Pferden gezogene sieggekrönte Germania mit sich, so persiflierte die Infanterie auch hier wieder – in Erinnerung an die reichsstädtische Zeit – den Militarismus. Auf ihrem von drei Eseln gezogenen Wagen „thronte" eine stattliche Marketenderin.

Die Beiträge unterstreichen aber auch, dass die Funken als legitime Nachfolger der Stadtsoldaten auch jenseits des Karnevalstreibens mit der Stadt Köln eng verbunden waren. Sie durchlebten genauso wie die Kölner Bürger Höhen und Tiefen. Dabei setzten sie im gesellschaftlichen Leben der Stadt gerade in schwierigen Phasen positive Akzente. So unterstützte Funkenpräsident Theo Schaufuß im Ersten Weltkrieg Rote Funken an der Front mit dem gesamten Vereinsvermögen. 1915 schnürte er fast täglich ein Paket, das er den Soldaten schickte. Der Dank an die Roten Funken ist eine beeindruckende Sammlung von mehr als 1.300 Feldpostkarten aus den Schützengräben dieses Krieges. Sie sprechen bewegend über die Realitäten des Alltags der Soldaten, die Sorgen um die Familie,

Zerstörungen in Virton, Belgien, Feldpostkarte von H. Brück vom 3. Mai 1915

das tägliche Überleben, die Trauer um gefallene Kameraden und nicht zuletzt die Sehnsucht nach Köln.

Zu diesem gesellschaftspolitischen Engagement gehört auch die Hilfe für Obdachlose in den 1920er Jahren. So sagten die Roten Funken in den verschiedenen Krisenphasen, die von Hunger, Armut und Not geprägt waren, karnevalistische Zusammenkünfte ab. Stattdessen errichteten sie etwa während der Weltwirtschaftskrise 1929 Zelte an vier historischen Plätzen, an Hahnentor, Römerturm, Rathaus und Paulswache, hielten dort Wachen und sammelten von Passanten insgesamt 500 Reichsmark für die Kölner Notgemeinschaft. Damit wurden die Funken zu Vorreitern für den Kölner Verkehrsverein und die übrigen Karnevalsvereine, welche die Idee, Straßensammlungen für Notleidende durchzuführen, später aufgriffen. Auch durch interne Sammlungen an den Kasinoabenden kam Geld in die eigens eingerichtete Armenkasse, die es dem Verein ermöglichte, kurzfristig zu helfen. Darüber hinaus riefen die Funken zu Ostern regelmäßig zu Spenden auf und verteilten Lebensmittelpakete an hilfsbedürftige Familien und Obdachlose. Den Verein erreichten regelmäßig Bittbriefe, allein 60 im Februar 1932. In diesem Monat verschickten die Funken weit über 120 Lebensmittelpakete im Wert von 1.000 Reichsmark.

Als es 1948 kurz nach dem Zweiten Weltkrieg noch keinen offiziellen Rosenmontagszug gab, zogen die Roten Funken durch das zerstörte Köln und versuchten, in einem improvisierten Umzug sich und die Kölner für einige Stunden ein wenig von den Problemen der Nachkriegsjahre abzulenken. Sie setzten damit ein Signal, so wie es schon im September 1945 der damalige Funkenpräsident Eberhard Hamacher getan hatte, als er zur ersten Kontrollversammlung aufrief mit den Worten:

„Dä Kreeg eß am Engk,
Uns Kölle ging drop.
Funk späu en de Hängk
Un bau widder op!"

Auch die Bereitschaft 1955, die Entschuttung der historischen Ulrepforte, eines der Wahrzeichen des mittelalterlichen Köln, mit Hacke und Schaufel in Angriff zunehme, war ein symbolhaftes Signal an den Wiederaufbauwillen der Kölner und ebenso ein bewusstes Sich-Kümmern um einen Ort, der ursächlich im Zusammenhang mit den Stadtsoldaten stand. An dieses aufrüttelnde und verantwortungsvolle Handeln der Roten Funken soll auch das 50-jährige Jubiläum des Traditionskorps in der Ulrepforte anknüpfen. Unter dem Motto „Bürger, spuck in die Hände und zeig Initiative" starten die Funken eine einjährige Vortragsreihe zu wichtigen Köln-Themen wie Stadtentwicklung, Ausländer in Köln und unternehmerisches Engagement in der Stadt. Mit der Frage „Quo vadis, Karneval?" beginnt das Veranstaltungsjahr.

Diese Publikation ist das Ergebnis von langer und intensiver Forschungsarbeit. Zum ersten Mal wurde in dieser Breite die Geschichte der Kölner Stadtsoldaten und der Roten Funken aufgearbeitet und untersucht. Die Autoren haben dafür historisches Material nicht nur im Vereinsarchiv systematisch gesichtet, sondern auch im Historischen Archiv der Stadt Köln und in überregionalen Archiven. Von besonderer Bedeutung war der Nachlass des ersten Sprechers des festordnenden Komitees, Heinrich von Wittgenstein. Für die Möglichkeit, diesen Bestand auszuwerten, danken wir Elisabeth Dorothea Freifrau von Wittgenstein. Den Mitarbeitern des Historischen Archivs der Stadt Köln, des NS-Dokumentationszentrums und Rita Wagner vom

Der Wiederaufbau der Stadt war Thema der Mitglieds-Kaat 1945/46

Kölnischen Stadtmuseum haben wir zu danken für mannigfaltige Hilfestellung.

Nicht zuletzt gilt unsere Anerkennung allen beteiligten Autoren des Sammelbandes und Marcus Leifeld, der als wissenschaftlicher Mitarbeiter der fünf ältesten Kölner Korpsgesellschaften dieses „historische Projekt" der Kölsche Funke rut-wieß vun 1823 e.V. in vielen Bereichen entscheidend begleitet hat. Dank aber auch an das Volkskundliche Seminar der Universität Bonn und das Amt für rheinische Landeskunde, die mit Seminaren und einem Dokumentarfilm zusätzliche Impulse gegeben haben. Mit dem Wissen und der Unterstützung vieler Funken-Mitglieder entstand ein besonderer Beitrag zur Kölner Stadtgeschichte.

Die Suche nach dem Selbstverständnis und der Identität der Roten Funken ist auch eine Suche nach der Kölner Seele. Die große Freude am Paradox und das laute Bekenntnis zur Disfunktionalität – „Nit scheeße, he stonn doch Minsche!" – hat viel mit der Identität der Kölner, der Rheinländer zu tun. Sie ziehen das gesellschaftliche Funktionieren im Großen einer übertriebenen Prinzipientreue im Kleinen vor. Dahinter steckt eine großzügige und souveräne Lebensart, die es wert ist, über die Stadtgrenzen hinausgetragen zu werden. Die Kölner können hier noch viel von anderen wie etwa den selbstbewussten Bayern lernen.

Und wenn der Historiker Ewald Frie von der Universität Essen in seinem abschließenden „Gastkommentar" schreibt: „Die Kraft des Karnevals zeigt sich darin, dass er immer neue Gegenwarten mit ihren Ideen und Inszenierungen in sich aufnehmen kann, ohne seine historischen Traditionen über Bord werfen zu müssen. In diesem Prozess von geschichtsbezogener Selbstvergewisserung und Erneuerung muss das älteste Kölner Traditionskorps eine wichtige Rolle spielen", dann mag man ihm nur zustimmen.

Dabei geht es nicht um die mechanische Reproduktion von Traditionsbeständen, einer Folklore, die von den Problemen der Gegenwart losgelöst ist, sondern darum, sich einzumischen, auch wenn man dadurch nicht nur Freunde gewinnt. Auf dieser Suche nach der inneren Freiheit ist es nicht verkehrt, ein Narr zu sein.

Köln, im August 2005 *Die Herausgeber*

*Kölnischer Funke.
Das fast lebensgroße
Blatt diente vermutlich
als Saaldekoration,
Köln um 1845*

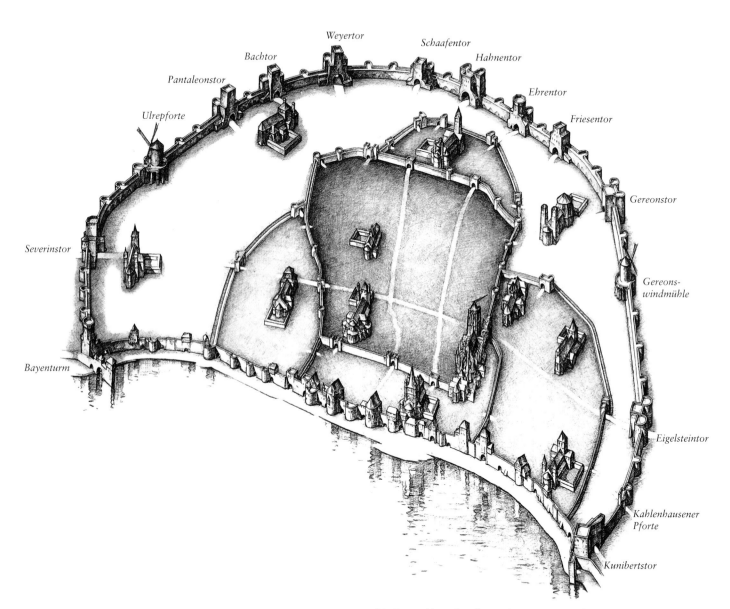

Die Entwicklung der alten Befestigung von Köln, Zeichnung von W. Wegener, Köln 1950

Das Militärwesen der Stadt Köln vom 13. bis zum 18. Jahrhundert

Bürgermiliz, Söldner, Stadtsoldaten – ein Überblick

Von Carl Dietmar

Die Roten Funken sehen sich bekanntlich als „legitime" Nachfolger der kölnischen Stadtsoldaten, die seit Mitte des 17. Jahrhunderts eine Art stehendes Heer der freien Reichsstadt Köln bildeten. Berühmt geworden sind die Stadtsoldaten vor allem durch einen Satz: „Nit scheeße, he stonn doch Minsche!" sollen sie angesichts einer feindlichen Übermacht gerufen haben. Dieser Satz ist, so schön er auch ist, leider unhistorisch. Und schon vor der Aufstellung der Stadtsoldaten hatte man in Köln mehrfach – vor allem in Krisenzeiten – eine ständige Truppe unterhalten, in erster Linie durch Anwerbung von Söldnern, die der Bürgermiliz zur Seite gestellt wurden. Im 13. Jahrhundert schüttelten die Kölner Bürger die erzbischöfliche Stadtherrschaft allmählich ab. Erst seit diesem Zeitraum ist somit ein primär „städtisches" Militärwesen auszumachen, das mit dem Ende der freien Reichsstadt ebenfalls sein Ende fand. Die Entwicklungsphasen des Kölner Militärwesens sollen hier erstmals überblicksartig dargestellt werden.

Die hoch- und spätmittelalterliche Stadtmauer

Den männlichen Bewohnern mittelalterlicher Städte war neben finanziellen Belastungen ein ganzes Bündel militärischer Lasten und Pflichten aufgetragen. Dazu zählten die Mitwirkung am Bau und Erhalt der Befestigungsanlagen, die Beteiligung am Wachdienst sowie die Verpflichtung, im Kriegsfalle Kriegsdienst innerhalb und außerhalb der Stadt zu leisten. Das Militärwesen der Städte, vor allem das der „Reichsstädte", die sich im 13. Jahrhundert herausbildeten und nur den König als Stadtherren anerkannten, war jedoch in erster Linie defensiv ausgerichtet, symbolisiert durch die Stadtmauer.

Im Falle Kölns bildete etwa ein Jahrtausend lang die alte römische Stadtmauer im Wesentlichen die Befestigungsanlage und die Schutzwehr der Stadt, die es zu unterhalten galt. Erst am Beginn des 12. Jahrhunderts, im

Das mittelalterliche Severinstor, Rekonstruktion von Heinrich Johann Wiethase, 1884

Jahre 1106, errichteten die Kölner mit Genehmigung Kaiser Heinrichs IV. eine neue Stadtbefestigung, mit der drei Vororte durch Wall und Graben ins Stadtgebiet einbezogen wurden. Die Römermauer blieb in weiten Abschnitten jedoch noch erhalten. Endgültig ausgedient hatte sie erst am Ende des 13. Jahrhunderts. Sie wurde abgelöst von der großartigen Stadtmauer, mit deren Bau die Kölner Bürger 1179/80 – zunächst gegen den Willen ihres erzbischöflichen Stadtherrn – begonnen hatten. Diese neue Mauer hatte eine Gesamtlänge von sechs Kilometern und umschloss halbkreisförmig ein Territorium von 405 Hektar. Das städtische Areal war damit gegenüber der Stadterweiterung des Jahres 1106 fast verdoppelt worden. Mit der neuen Anlage erhielt die Stadt Köln eine Befestigung, die alles bis dahin „geleistete in den Schatten stellte, eine Festungsanlage von einer Großzügigkeit und einem Weitblick in die Zukunft, wie eine solche bisher nicht" bestanden hatte.[1]

Pläne für eine erneute Erweiterung des Stadtgebiets hatten schon seit dem Jahre 1154 bestanden, doch erst die politischen Wirren am Ende der 1170er Jahre brachten diese letzte Stadterweiterung im Mittelalter und in der

*Das mittelalterliche Weyertor,
Rekonstruktion von Heinrich Johann Wiethase, 1884*

frühen Neuzeit in Gang. Kaiser Friedrich I. Barbarossa hatte den Reichskrieg gegen Heinrich den Löwen, den Herzog von Sachsen und Bayern, ausgerufen, an dem sich auch der Kölner Erzbischof Philipp von Heinsberg (1167–1191) beteiligte. Die Kölner Bürger, traditionell mit England und den Welfen verbunden, fürchteten in diesem Zusammenhang militärische Aktionen seitens des Erzbischofs und begannen daher eigenmächtig, ihre Stadt in einem weiten Halbkreis mit neuen Befestigungsanlagen zu sichern.[2]

Im Jahre 1180, so heißt es in einem zeitgenössischen Bericht, hätten die Bürger die Stadt Köln mit Wall und Graben umgeben, 1187 hätten sie sich mit dem Bau neuer Tore „abgemüht". Von einer Stadtmauer war damals noch keine Rede. Es waren also zunächst nur Wälle in aller Eile aufgeworfen worden, denen ein etwa acht bis zehn Meter breiter Graben vorgelagert war. Die Wälle, die sich ungefähr fünf Meter über das allgemeine Straßenniveau erhoben, wurden dann bis zum Jahr 1200 mit einer Palisadenkrönung versehen. Die Torburgen errichtete man erst später, ebenso die Mauer zur Rheinseite hin, die völlig neu gestaltet wurde.

Es waren unsichere Zeiten, die Auseinandersetzungen zwischen Staufern und Welfen hatten sich zum Bürgerkrieg entwickelt. Nach 1198 kämpften Philipp von Schwaben und Otto IV., beide von ihren Parteigängern zu Königen erhoben, um die Macht in Deutschland. Auch das Rheinland war immer wieder Kriegsschauplatz. Und so erlebten die noch provisorischen Befestigungen im Sommer des Jahres 1205, als der staufische König Philipp seine Truppen fünf Tage lang gegen die Stadt anrennen ließ, ihre erste Bewährungsprobe. Alle Sturmangriffe scheiterten jedoch an der hartnäckigen Gegenwehr der Kölner. Es sollte dann noch mehr als ein halbes Jahrhundert dauern, ehe die ganze Anlage in einem Zustand war, der als hinlänglich verteidigungsfähig angesehen werden konnte.

Zu den Torburgen, die zuerst fertiggestellt wurden, zählten das Weyer-, Friesen-, Pantaleons- und Bachtor, auch die unteren Teile von Kuniberts- und Bayenturm waren wahrscheinlich schon um 1225 vollendet. Als Material verwendete man im unteren Bereich überall Basalte, oben Tuffstein. Den Wällen wurden nun starke, bis zu zehn – im Durchschnitt allerdings etwa sieben – Meter hohe Mauern aufgesetzt. Man geht davon aus, dass ein Großteil der Mauer um 1270 fertiggestellt war. Sie bestand aus verschiedenen Materialien, bis zum Wallgang wurden vielfach Grauwacke-Bruchsteine verwendet, darüber Tuffstein. An anderen Stellen war sie aus einer Mischung aus Tafel- und Säulenbasalt erbaut. Spätere Reparaturen wurden in der Regel mit Ziegelstein ausgeführt. Auch die Stärke der Mauer war ganz unterschiedlich, von etwa 0,80–0,85 Meter bis zu 3,50 Meter. Nach 1300 wurden an verschiedenen Stellen neue Fluchtlinien gezogen, einzelne Strecken abgebrochen und an vorgeschobenen Linien neue Mauern errichtet. Um 1300 war dann auch die Rheinmauer vom Bayen- bis zum Kunibertsturm vollendet. Man hatte dort mehrere neue Türme über den Toren und Pforten gebaut, die stärksten waren der Frankenturm und der an der Trankgassenpforte. Zur Feldseite war (wie man auf dem

Mercator-Plan gut erkennen kann) mit dem Bau eines zweiten Grabens und Walls begonnen worden, die Halbtürme in der Mauer wurden erhöht und mit spitzen Dächern versehen. Die Wallgänge erhielten im Laufe des 14. Jahrhunderts neue Brustwehren und Dächer. Vor allem als Folge des Neusser Krieges wurden die Befestigungen zwischen 1470 und 1480 umfassend ausgebessert, vor einzelnen Torburgen legte man Bastionen an. Auch später mussten die Mauern – der veränderten Kriegstechnik, vor allem der Entwicklung der Pulverwaffen Rechnung tragend – ständig modernisiert werden, so durch weiter vorgeschobene Werke, durch den Ausbau der Vorhöfe und den Bau gewaltiger Steinbastionen, durch den Einbau von Zugbrücken an den Toren, durch Anlage von Schießscharten und dergleichen mehr. Bereits zu Beginn des 15. Jahrhunderts hatte man an der Ulrepforte die „Kartäusermühle" und in der Nähe des Gereonstores die „Gereonswindmühle" errichtet (die Bottmühle zwischen Severinstor und Bayenturm entstand erst in der zweiten Hälfte des 17. Jahrhunderts).

Bau, Instandhaltung und Unterhalt der Stadtmauer verschlangen gewaltige Summen. Besoldete Beamte, die Burggrafen, bewachten die wichtigsten Tore, von den landwärts gelegenen wurden nur fünf tagsüber geöffnet (Severin-, Weyer-, Hahnen-, Ehren- und Eigelsteintor). Es war eine kommunale Kraftanstrengung sondergleichen, welche die Kölner Stadtgemeinde im Laufe des 13. Jahrhunderts auf sich genommen hatte. Doch der Aufwand lohnte sich: Über Jahrhunderte hinweg machten die gewaltigen Befestigungsanlagen, die auf der Landseite von zwölf – zählt man die Ulrepforte mit: 13 – mächtigen Torburgen (mit zumeist großen Vorhöfen) und 52 Wehrtürmen „gekrönt" waren, die Stadt in Mittelalter und früher Neuzeit uneinnehmbar. Das „größte Befestigungswerk Europas" wurde nie bezwungen,[3] 1794 ergab sich die freie Reichsstadt Köln den anrückenden Franzosen ohne Gegenwehr. Seit der Eroberung und Brandschatzung Kölns durch die Wikinger im Winter 882/83 ist die Stadt demnach mehr als 900 Jahre lang von keinerlei feindlichen Truppen betreten worden.

Die Auseinandersetzungen mit den Erzbischöfen im 13. Jahrhundert und die Schlacht bei Worringen

Im Frühmittelalter waren vermutlich die von den fränkischen Königen eingesetzten Gaugrafen (nur zwei von ihnen sind namentlich bekannt) für die Instandhaltung der Mauer und die Verteidigungsbereitschaft Kölns zuständig. Im Hochmittelalter gewährleistete der Erzbischof von Köln, der Stadtherr, die Sicherheit der Stadt; er besaß das Befestigungsrecht und die Wehrhoheit. Ursprünglich hatten, in germanischer und fränkischer Zeit, alle Freien das Recht, ja die Pflicht, Waffen zu tragen. Mit der Wandlung des Heerwesens verschwand die „allgemeine Wehrpflicht", an ihre Stelle trat der Wehrstand der Ritter. Stadtbewohner und Bauern wurden in ihrem Waffenrecht sehr beschränkt, um 1100 hatten beide nur noch das Recht, Waffen zu ihrer persönlichen Verteidigung zu tragen. Kaufleute durften Schwerter mit sich führen, mussten diese aber am Sattel festbinden oder im Wagen transportieren.[4] Andererseits war der Stadtbürger aber verpflichtet, bei der Verteidigung seiner Stadt mitzuwirken.

Der Übergang der Wehrhoheit vom erzbischöflichen Stadtherrn an die Bürger bzw. ihre Repräsentanten vollzog sich dann in Zwischenschritten. Zur schließlichen Ausschaltung der erzbischöflichen Stadtherrschaft konnte es aber nur kommen, weil die Bürger dem Stadtherrn eine bewaffnete Macht gegenüberstellen konnten. Unter Heinrich IV. erscheinen Städter, darunter die Kölner, erstmals in Waffen, um den Kaiser gegen seine Widersacher zu unterstützen.[5] Damals verlieh Heinrich IV., wie schon erwähnt, den Bürgern das Befestigungsrecht, ohne dem Erzbischof indessen die Befestigungshoheit zu nehmen. Die wachsende Selbständigkeit der Bürgerschaft zeigte sich nach der Einigung mit dem Erzbischof, als die Stadtgemeinde die Steuerhoheit okkupierte und die Ausgaben für die Befestigung sowie die Geldbuße an den Erzbischof auf die Bürger umlegte. Zwischen 1114 und 1119 schuf man zudem ein eigenes Stadtsiegel. Geführt wurde es von den Schöffen, die zur Behandlung städtischer Angelegenheiten im seit 1135 belegten *domus civium* (Haus der Bürger) am Rande des Judenviertels zusammenkamen.

Wie sich die Kölner Bürgerschaft im 12. Jahrhundert auf dem Felde des Kriegswesens organisierte, ist nur schwer zu fassen. Man geht davon aus, dass die erste militärische Einteilung sich an den Kirchspielen oder Sondergemeinden orientierte.[6] Diese bildeten eine besondere Eigenheit der Kölner Stadtverfassung. In der Alt- und Rheinvorstadt deckten sich die Grenzen der Sondergemeinden im Wesentlichen mit denen der Pfarrsprengel; nach dem Bau der neuen Befestigung von 1180 gab es in Köln zwölf Sondergemeinden. In ihnen hatte sich wahrscheinlich schon seit dem 11. Jahrhundert auf der Basis genossenschaftlicher Einung ein reges bürgerliches Leben entfaltet, mit eigener niederer Gerichtsbarkeit und eigenen Satzungen. Auch die Stadtverteidigung basierte auf den Sondergemeinden, denen einzelne Abschnitte der Stadtmauer zugewiesen waren: „Die einzelnen Stadttore waren auf die Stadtbezirke zwecks Bewachung verteilt, bei Aufruhr und Krieg hatte sich die waffenfähige Mannschaft eines jeden Stadtbezirks bei ihrem Geburhaus zu versammeln."[7] Auf Grund der Quellenlage ist dabei von folgender Verteilung auszugehen: Die alte Johannis-Pforte war Oversburg zugewiesen, die Griechenpforte dem Kirchspiel St. Peter, die Hahnenpforte St. Alban, die mittlere Ehrenpforte St. Kolumba, die Löwenpforte St. Christoph, die Judenpforte bewachte die jüdische Gemeinde, die Würfelpforte war St. Laurenz zugewiesen, die Eigelsteinpforte der Sondergemeinde Niederich, die Bewachung von Schafen- und Eifelpforte oblag dem Kirchspiel St. Aposteln, die Weißfrauenpforte war St. Mauritius zugewiesen, die Nächelspforte St. Martin und das Tor an St. Kunibert dem Kirchspiel St. Brigiden. „Die Sondergemeinden wurden Träger des Verteidigungswesens im Auftrag der Gesamtbürgerschaft."[8]

Seit etwa 1130 wurden in den Sondergemeinden, zunächst in St. Laurenz und Klein St. Martin, die „Schreinskarten" (später „Schreinsbücher" genannt) geführt, in denen das Liegenschaftswesen geordnet war und alle Geschäfte, die mit Immobilien und Pfandsachen zu tun hatten, „beglaubigt" wurden. In eigenen Versammlungshäusern, den erwähnten „Geburhäusern", kamen die Bürger der Sondergemeinden zusammen. An ihrer Spitze standen jährlich wechselnde *magistri* (Meister), die nach Ablauf ihrer Amtszeit als *officiales* oder „ammanen" (zumeist übersetzt mit „verdiente Amtleute") in das Amtleutekolleg aufgenommen wurden, das bruderschaftlich organisierte Leitungsgremium der Sondergemeinden.

Im 13. Jahrhundert verschärften sich die Spannungen zwischen der Bürgerschaft und dem Stadtherrn. Trotz einiger Phasen guten Einvernehmens, etwa als Erzbischof Konrad von Hochstaden (1238–1261) der Stadt das Stapelrecht verlieh, auf die Biersteuer verzichtete und den Grundstein zum gotischen Dom legte, gab es immer wieder Kompetenzstreitigkeiten zwischen erzbischöflichen Amtleuten und den Organen der Kölner Selbstverwaltung, die sich im Laufe der Zeit gebildet hatten, dem Rat, der Richerzeche und dem Schöffenkolleg. Die Leitung der militärischen Angelegenheiten lag damals in den Händen der „Geschlechter" – also der 15 reichsten Familien –, die im Kriegsfalle die Führung des Aufgebots einem erfahrenen Manne zu übergeben pflegten. So ist in Gottfried Hagens Reimchronik überliefert, dass 1257 der Ritter Dietrich von Valkenburg vom Rat in Sold genommen wurde, um das kölnische Aufgebot gegen Konrad von Hochstaden anzuführen.[9]

Erzbischof Engelbert von Falkenburg (1261 bis 1274), der mit den Kölnern in heftigen

Die Belagerung des Bayenturms durch die Kölner Bürger 1262, Farbige Federzeichnung, Augustin Braun, 1619

Streit geraten war, hatte die immense strategische Bedeutung der Stadtbefestigung erkannt – er erschien im Frühjahr 1262 mit Heeresmacht vor der Stadt und ließ sich die Stadtschlüssel aushändigen. Seine Truppen verteilte er, sehr zum Ärger der Kölner, auf den Bayen- und den Kunibertsturm im Norden, die er zu Zwingburgen ausbauen lassen wollte. Als Engelbert die Bürger mit hohen Geldforderungen bedrängte, beendeten die führenden Geschlechter der Stadt ihren jahrelangen Streit und riefen die Bürger zu den Waffen. Am 8. Juni 1262 gelang es den Kölnern nach hartem Kampf, die Türme einzunehmen und die erzbischöflichen Besatzer zu vertreiben. Engelbert musste die Rechte und Privilegien der Bürger schließlich anerkennen. Für die Kölner war der Bayenturm fortan ein Symbol ihrer Freiheit: „Sobald sie den Turm sehen, denken die Bürger daran, dass sie sich in Einheit vertragen, damit sie nicht erneut ihre Freiheit verlieren", heißt es in der 1499 erschienenen Koelhoffschen Chronik.[10]

Engelbert freilich wollte es einige Jahre später nicht länger hinnehmen, dass sein Stadtregiment mehr und mehr ausgehöhlt wurde. Die Zeit zum harten Durchgreifen schien im Jahre 1268 besonders günstig – die Stadt wurde von Parteienkämpfen erschüttert. Die bisher führende Familie der „Weisen" war von den Overstolzen, einem Clan, der im Filzengraben und in der Rheingasse zu Hause war, abgelöst worden. Mit Hilfe der „Weisen" und ihrer Anhänger wollte Engelbert die Stadt regelrecht erobern und seine unumschränkte Herrschaft installieren. Doch der Überfall an der Ulrepforte (eine kölnische Legende berichtet, ein Verräter habe die Feinde in die Stadt eingelassen) misslang, die Mehrheit der Familienverbände hielt zu den Overstolzen, deren Haupt, Mathias Overstolz, im Kampf gegen die Eindringlinge fiel.

Der Sohn des Mathias, Gerhard Overstolz, gehörte 20 Jahre später zu den treibenden Kräften, welche die Bürgerschaft in den entscheidenden Waffengang mit dem neuen Erzbischof Siegfried von Westerburg (1275 bis 1297) führten. Dabei nutzten die Kölner geschickt den Erbfolgekrieg um das Herzogtum Limburg aus. Dieser Erbfolgestreit hatte die Stadt bis 1288 nur insofern betroffen, als der Kölner Handel von den kriegerischen Auseinandersetzungen in Mitleidenschaft gezogen worden war. Vor allem die erzbischöfliche Burg in Worringen war den Bürgern ein Ärgernis, denn deren Besatzung nahm vorbeiziehende Kaufleute in Raubrittermanier aus. Im Juli 1287 bekam Köln indessen die Zusage Siegfrieds von Westerburg, die Burg nach einem Friedensschluss abreißen zu lassen. Dafür gelobten die Bürger dem Kirchenfürsten feierlich die Treue, und sie versprachen, sich nie und nimmer seinen Feinden anzuschließen.

Der Kampf um das Herzogtum Limburg weitete sich jedoch zu einem Kampf um die Vorherrschaft am Niederrhein aus, als Herzog Johann von Brabant die Erbansprüche des Grafen von Berg aufkaufte und der Kölner Erzbischof sich daraufhin auf die Seite des Grafen von Luxemburg stellte, der ebenfalls Anspruch auf Limburg erhoben hatte. Als die Brabanter im Frühsommer 1288 den Krieg ins Rheinland trugen, schlugen sich die Kölner Bürger – trotz ihres Treueversprechens – in letzter Minute auf die Seite des Herzogs.[11] Die Verbündeten rückten dann umgehend gegen Worringen vor, um die dortige Burg zu belagern, „nachdem die Sturmglocke in der Stadt Köln geläutet worden war".[12] Auch Siegfried sammelte seine Bundesgenossen.

In den Reihen der erzbischöflichen Koalition spielte nun Heinrich von Luxemburg die führende Rolle, er führte das Zentrum des Ritterheeres, das am Morgen des 5. Juni 1288 südlich von Worringen Stellung bezog. Auf der anderen Seiten der Front befehligte Herzog Johann das Zentrum des brabantischen Aufgebots, der linke Flügel der brabantischen Streitmacht, aufgestellt zwischen Rhein und Römerstraße, wurde hauptsächlich aus bergischen Bauern und einem kölnischen Aufgebot gebildet. Es gibt einen Augenzeugenbericht über die Worringer Schlacht: Jan van Heelu, ein brabantischer Höfling, hat in fast 8.000 Versen die Ereignisse des Limburger Erbfolgekrieges und der Schlacht überliefert.[13] Wie groß das Aufgebot der Stadt Köln war, das in die Schlacht zog, ist aus Heelus Versen nicht zu erkennen. Nur ein Kölner wird namentlich erwähnt, Gerhard Overstolz; aus anderen Quellen sind die Namen von sieben weiteren Kölner Kombattanten zu entnehmen.[14]

Der Anteil der Kölner am Schlachtverlauf stellt sich ungefähr so dar: In einer ersten Attacke schlugen die erzstiftischen Ritter die bergischen und kölnischen Fußtruppen aus dem Felde. Die in der Mehrzahl schlecht ausgebildeten und bewaffneten Milizionäre mussten sich zurückziehen, Siegfried und seine Gefolgsleute überquerten die Römerstraße und wandten sich gegen die Brabanter. Bis zum Mittag konnten sich Kölner Bürger und bergische Bauern wieder sammeln und zu einem Umgehungsmanöver antreten. Noch bevor man in den Rücken der feindlichen Scharen gelangte, starb freilich Gerhard Overstolz, der Führer des städtischen Aufgebots. Jan van Heelu schreibt über seinen letzten Kampf: „Der Kampf war gut für sie verlaufen, denn nur *einen* verloren die von Köln, den man zu Recht beklagt – ohne Gefecht verloren sie Gerhard, des Mathias' Sohn, der von Herkunft der Stadt Köln sehr zugetan war. Er war aufrecht und mutig, er ließ sein Pferd stillstehen und wollte den Kölnern vo-

Die Schlacht von Worringen 1288, aus der Koelhoff'schen Chronik, 1499

rangehen und sie in den Kampf führen; er konnte nicht zu Fuß kämpfen, so kam er um, ohne Schlag und Stoß, bevor er ins Gefecht kam, fürwahr. Die Stadt Köln mag wohl zu Recht um ihn trauern."[15] Gerhard Overstolz ist auf jeden Fall der einzig namentlich bekannte Kölner Gefallene von Worringen.

Doch auch ohne ihren Anführer setzten die Kölner die Umzingelung der erzstiftischen Streitkräfte fort. „Zahllose Edelleute und Dienstmannen der Kölner Kirche sind im Kampf gefallen und wurden in erbärmlicher Weise von den Kölner Bürgern getötet", berichtete später ein weiterer Augenzeuge.[16] Erzbischof Siegfried sah schließlich ein, dass seine Lage aussichtslos war, und ergab sich dem Bruder des Herzogs. Am Abend wurde der erzbischöfliche Fahnenwagen im Triumphzug nach Köln gebracht. Als Siegespreis fiel den Kölnern darüber hinaus die Worringer Burg zu. Das „Räubernest" wurde gründlich zerstört, „die Steine der Burgen und Baulichkeiten wie Gerätschaften und Wurfmaschinen schafften die Bürger in die Stadt Köln, diese Steine liegen zum einen Teil heute noch an den Stadtgräben, zum anderen sind sie zur Befestigung eben dieser Gräben verbaut worden, wie es jedermann sehen kann", heißt es in einem Bericht aus dem Jahre 1290.[17]

Die Bürger Kölns gehörten also zu den Siegern der Schlacht von Worringen. Doch die viel beschworene „Stadtfreiheit" war damit noch nicht errungen. Mit Siegfrieds Nachfolger, Erzbischof Wikbold von Holte (1297 bis 1305), kam es zehn Jahre nach der Schlacht zu einer Einigung. Wikbold bestätigte der Stadt ihre Privilegien, die Kölner ihrerseits leisteten ihm den Huldigungseid; darin gelobten die „vrie burgere van Colne dem ertzbischove van Colne, unsem herren", die Treue. Dieser Eid wurde bis ins 15. Jahrhundert von den Vertretern der Bürgerschaft geschworen, wenn ein neu gewählter Erzbischof in der Stadt seinen Antrittsbesuch machte. Obwohl der Erzbischof an seinem Anspruch auf die Stadtherrschaft festhielt, wurde Köln im Laufe des 14. Jahrhunderts nicht mehr als erzbischöfliche Residenzstadt genutzt.

Die Wehrverfassung nach dem Verbundbrief

Die Schlacht von Worringen hatte innerstädtische Folgen: Seither gaben die Mitglieder der „Geschlechter" den Ton in Köln an. Unter ihrer Führung hielt sich die Stadt Köln aus den territorialpolitischen und kriegerischen Auseinandersetzungen des 14. Jahrhunderts – wenn möglich – heraus, man versuchte zumeist, einen neutralen Status zu bewahren. Zur Absicherung dieses Status hatte man seit Mitte des 13. Jahrhunderts zahlreiche Adelige aus der Umgebung durch „Edelbürgerverträge" an die Stadt gebunden: Die Adeligen wurden erblich oder auch nur für ihre Person „burger" der Stadt Köln. Die Edel- oder Außenbürger verpflichteten sich, der Stadt auf deren Verlangen mit bestimmten Truppenkontingenten zu Hilfe zu kommen. „Die Gegenleistung der Stadt bestand darin, den Außenbürgern eine jährliche Rente zu zahlen, die nach der Macht und den potentiellen Leistungen der Außenbürger bemessen war."[18]

Das 14. Jahrhundert wird in der Kölner Geschichtsforschung vornehmlich als die Zeit innerstädtischer Auseinandersetzungen wahrgenommen, innerstädtischer Auseinandersetzungen, die schließlich, auch als Folge innerpatrizischer Spannungen, den Sturz der „Geschlechter" herbeiführten. Der Verlauf der Ereignisse des Sommers 1396, als die Herrschaft der Patrizier durch die fälschlicherweise „Zunftrevolution" genannte Umwälzung ihr Ende fand, muss an dieser Stelle nicht nachgezeichnet werden.[19]

Festzuhalten ist, dass am 14. September 1396 eine neue Stadtverfassung verkündet wurde, die eine vom provisorischen Rat eingesetzte Kommission ausgearbeitet hatte. Das war der „Verbundbrief", der für 400 Jahre das „Grundgesetz" Kölns bleiben sollte. Wichtigste Bestimmungen des Verbundbriefes waren die Einsetzung eines ungeteilten Rates und die Einteilung der Bürgerschaft in 22 politisch-gewerbliche Korporationen – im Text wurde noch unterschieden zwischen „Ämtern" (so wurden in Köln die Zünfte genannt) und „Gaffelgesellschaften" (reine Kaufleutezusammenschlüsse), die das Dokument besiegelten. Später sollten alle 22 Verbände nur noch „Gaffeln" genannt werden. Neben den Kaufleute-Gaffeln und einigen größeren Berufsgruppen wie Brauern und Bäckern setzten sich die meisten Korporationen aus mehreren, nicht unbedingt branchennahen Zünften zusammen. Jeder Kölner Bürger (und „Eingessene", siehe unten) war verpflichtet, sich einem Amt oder einer Gaffel anzuschließen. Der Rat, dessen 49 Mitglieder jeweils für ein Jahr amtierten, setzte sich nach einem komplizierten Schlüssel zusammen: Das Wollenamt stellte vier Mitglieder, elf Ämter und Gaffeln je zwei, die restlichen Korporationen je einen. Diese 36 Gewählten beriefen aus der gesamten Bürgerschaft 13 weitere Ratsmitglieder, die „Gebrechsherren" (diejenigen, an denen es an der festgelegten Zahl von 49 „gebrach"). Die zwei Bürgermeister wurden vom Rat für eine einjährige Amtszeit gewählt.

Die Gaffeln und Zünfte waren nun verfassungsmäßige Träger des Gemeinwesens, und sie bildeten fortan auch die Grundlage einer neuen Wehrordnung. Im Verbundbrief hieß es allgemein, alle Bürger und „Eingesessenen" (das waren die Einwohner, die sich einer Gaffel durch Eidesleistung angeschlossen hatten, ohne das Bürgerrecht zu erwerben) hätten bei Gefahr dem „aufgeworfenen" Stadtbanner zu folgen, das heißt, in Köln galt die allgemeine Wehrpflicht. Später wurde diese Bestimmung dahingehend erweitert, dass es Bürgern, Eingesessenen und sogar Dienstleuten untersagt war, ohne Zustimmung des Rates in fremde Dienste zu treten. Die Angelegenheiten des Wacht-, Alarm- und Militärwesens wurden fortan auf den Gaffelhäusern verhandelt. Wichtig ist, dass die Bürger nun nach Gaffeln geordnet zur Stadtbewachung herangezogen wurden, was bedeutet: Auch die Organisation des Wachtwesens wurde in den einzelnen Gaffeln vorgenommen.

In der Wachtordnung aus dem Jahre 1496 ist erstmals überliefert, welchen Teil der Stadtmauer bzw. welche Torburg einzelne Gaffeln zu bewachen hatten. In dem Dokument sind allerdings nur 18 der 22 Korporationen genannt: Auf der Rheinseite bewachten das Wollenamt das Neckelskuhlentor, die Zimmerleute das Witschgassentor, die Mitglieder der Gaffel Himmelreich und die Fassbinder die Rheinpforte, die Gaffel Aren das Markmannsgassentor, die Fischmenger die Salzgassenpforte, die Gaffel Windeck das Mühlengassentor, die Gürtelmacher das Neugassentor, sowie die Flieschmenger und Sarwörter das Tranckgassentor. Auf der Feldseite bewachten die Goldschmiede das Eigelsteintor, die Schilderer das Friesentor, die Mitglieder der Gaffel Eisenmarkt das Ehrentor, die der Gaffel Schwarzhaus das Hahnentor, die Bäcker das Schafentor, die Buntwörter das Weyertor, Brauer und Schmiede das Severinstor.[20] Die nicht genannten Gaffeln haben möglicherweise Wachdienste im Stadtgebiet übernommen. Im Laufe der Zeit wurden die Wachtordnungen des Öfteren modifiziert und geändert. Es liegt etwa eine Wachtordnung aus dem Jahre 1568 vor, in der eine gegenüber 1496 völlig andere Zuordnung der Gaffeln zu einzelnen Abschnitten der Stadtbefestigung verfügt ist.[21]

Aufgabe der Gaffeln war auch, darüber zu wachen, dass jeder Wehrpflichtige über eine angemessene kriegerische Ausrüstung verfügte. In den Quellen heißt es zumeist, jeder von ihnen müsse im Besitz eines Harnischs sein. Es ist aber davon auszugehen, dass das nur eine Mindestanforderung sein konnte. Im 15. Jahrhundert wurde dann festgelegt, jeder Bürger solle zumindest einen Panzer, einen Eisenhut, eine Armbrust und Handschuhe besitzen. Aus weiteren Verordnungen wird deutlich, dass bei der Bewaffnung auch das Vermögen eine Rolle spielte; so verlangte man in der zweiten Hälfte des 16. Jahrhunderts von „vermugenden burgern", dass sie über „harnesch, spieß, helbarden, Mosketen

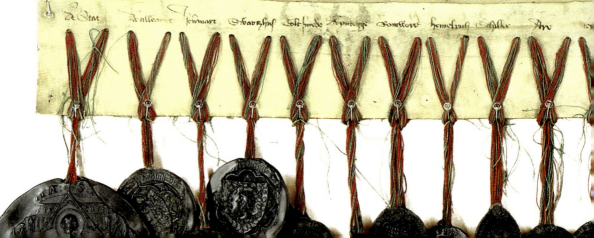

Der Verbundbrief, die „Verfassung" der Stadt Köln vom 14.9.1396

und lantzen" für sich und ihr „manhaft gesindt" verfügten.[22]

Seit Beginn des 15. Jahrhunderts zählte zum städtischen Aufgebot auch eine ständige Schützentruppe, die von „Schützenmeistern" befehligt wurde. Im Gegensatz zu den Schützen anderer Städte waren die Kölner nicht in einer Gesellschaft zusammengeschlossen, man geht dennoch davon aus, dass es Bürger und Eingesessene waren, die sich freiwillig zum Schützendienst verpflichteten. Neben einer geringfügigen Entlohnung bekamen die Schützen Kleidung von der Stadt gestellt. Im Schnitt umfasste die Truppe 50 Männer, je zur Hälfte Bogen- und Armbrustschützen. Sie wurden, wenn auch nicht regelmäßig, zur Stadtbewachung herangezogen (etwa auf der Ark am Bayenturm oder an den Hafenkranen), versahen darüber hinaus bei Turnieren eine Art von Ehrendienst, indem sie in Harnisch und „wapenrocke" das Aufziehen des städtischen Banners bewachten oder vor dem Gürzenich, dem städtischen Tanzhaus, Spalier standen, wenn hochgestellte Gäste in der Stadt weilten.[23]

Söldner im Dienste der Stadt Köln sind seit dem 13. Jahrhundert belegt. Eine ständige Truppe, die nur aus Söldnern bestand, gab es seit 1387, in der Regel aus Berittenen bestehend, die sich per Vertrag für eine bestimmte Zeit zum Kriegsdienst verpflichteten. „Im Gegensatz zu den Bürgern und Schützen, die ihren Dienst in erster Linie innerhalb der Stadt wahrnahmen, war es die Aufgabe der Söldner, außerhalb Kölns das Feld zu verwahren, wie der Terminus der Zeit lautete."[24] Sie wurden vornehmlich bei Kriegszügen und Fehden eingesetzt, daneben sicherten sie in der Umgebung Kölns die Verkehrswege und übernahmen den Geleitschutz für Kaufleute.

Die militärische Befehlsgewalt über das städtische Aufgebot lag beim Rat, der sowohl militärische Verordnungen erließ als auch Befehlshaber ernannte. Die Bürgermeister traten als Befehlshaber nur selten in Erscheinung, zumeist waren es kriegserfahrene Bürger, oft Ratsherren, aber auch Anführer von Soldtruppen, denen man Kommandos übertrug. Der erste namentlich bekannte städtische Hauptmann war Herbort Ruwe, der 1382 bestallt wurde. Er gehörte dem weiten Rat an, war nach 1396 Mitglied der Gaffel Eisenmarkt und brachte es sogar zum Bürgermeister. Auch seine Nachfolger, Johann van Effern und Goedart van Liskirchen, entstammten bedeutenden Kölner Familien. Des Weiteren setzte der Rat auch immer wieder Kommissionen und Ausschüsse zur Beratung militärischer Angelegenheiten ein. Als Aufsichtsbehörde für das Wachtwesen wurde 1452 das Ratsamt der „Wachtmeister" geschaffen. In Zusammenarbeit mit den Gaffeln waren die Wachtmeister für die disziplinierte Durchführung der Bürgerwacht zuständig; sie legten die Zahl der Bürger fest, welche je nach Gefahrenlage für die einzelnen Abschnitte der Stadtmauer erforderlich waren.

Eine wichtige Rolle im Militärwesen Kölns sollten die „Stimmmeister" (ebenfalls ein Ratsamt) übernehmen. Erstmals um das Jahr 1400 erwähnt, schätzten die beiden Stimmmeister ursprünglich den Wert von Söldnerpferden, um bei Verlust über mögliche Schadensersatzforderungen zu entscheiden. Im Laufe des 15. Jahrhunderts wurden ihre Befugnisse ständig erweitert, die Stimmmeister führten schließlich die Aufsicht über Dienstverträge und andere Angelegenheiten der Söldner, und sie waren für fast alle Fragen der städtischen Sicherheit, etwa im Befestigungswesen, zuständig.

Dem städtischen Aufgebot wurde wie zu Zeiten der Patrizierherrschaft ein Feldzeichen vorangetragen, das städtische Banner mit den drei Kronen. Die Gaffeln als militärische Abteilungen verfügten über Standarten mit ihren Insignien und Schutzheiligen. In den Gaffeln, die aus mehreren Zünften gebildet wurden, führten die einzelnen Zünfte zudem noch ein Fähnlein. Die „Bannerherren", denen die Standarten der Gaffeln anvertraut waren, besaßen indessen keinerlei militärisches Kommando. Bannerherr zu sein bedeutete, ein Ehrenamt auf Lebenszeit auszuführen.

Das Kölner Entsatzheer vor Neuss, Ölgemälde, Arnold Colyns, 1582

Der Neusser Krieg

Annähernd 200 Jahre lang sollte die Einteilung der Bürgerschaft nach Gaffeln die Grundlage des städtischen Militärwesens bleiben. In der Regel wurde diese Einteilung nur bei Defensivaktionen im Umfeld der Stadt umgesetzt, nur selten rückten die Bürgermilizen zu regelrechten Kriegszügen in die nähere oder weitere Umgebung aus. Eine der größten und folgenreichsten kriegerischen Auseinandersetzungen, in welche die Reichsstadt Köln in ihrer Geschichte involviert wurde, war der Neusser Krieg.

Ausgelöst wurde er durch einen Streit zwischen dem Erzbischof Ruprecht von der Pfalz und dem Kölner Domkapitel. Als Ruprecht sich nicht an Vereinbarungen hielt, die er nach seiner Wahl im Jahre 1463 beschworen hatte, wählte das Domkapitel im März 1473 den Landgrafen Hermann von Hessen zum Administrator des Stifts, zum „Beschirmer und Stiftsverweser".[25] Ruprecht von der Pfalz suchte daraufhin Verbündete. In Karl dem Kühnen, Herzog von Burgund und einer der mächtigsten Fürsten seiner Zeit, fand er den Bündnispartner, der die ihm angetragene „Erbvogtei" des Stifts annahm. Karl glaubte wohl, auf diese Weise seinen Einfluss im Westen des Reiches vergrößern zu können. Er versprach dem Erzbischof, die ungehorsame kurkölnische Stadt Neuss zu unterwerfen, und Köln unter die Herrschaft des Erzbischofs zurückzuführen.

Als burgundische Truppen sich dann tatsächlich anschickten, Neuss anzugreifen, läuteten in Köln, das sich auf die Seite des Stiftsverwesers Hermann von Hessen gestellt hatte, die Alarmglocken: Nur wenige Jahre zuvor hatte die Stadt Mainz ihre Freiheit verloren, Karl von Burgund hatte Lüttich niedergeworfen. Die Freiheit Kölns stand also auf dem Spiel. So wurden in der Stadt ungeheure Anstrengungen unternommen, um einem Angriff der Burgunder standzuhalten. Die städtischen Befestigungen wurden ausgebessert und ausgebaut, mehrere Stadttore mit zusätzlichen Bollwerken ausgestattet, kleinere Tore vor allem an der Rheinseite zugemauert. Zwei Wochen lang mussten alle Bürger zu Ausbesserungsarbeiten antreten. Gebäudekomplexe und Höfe in der Nähe der Stadtmauer, die dem Gegner als Stützpunkte hätten dienen können, wurden abgerissen, darunter die Klöster Weiher und Mechtern, das Leprosenhaus Melaten und der jüdische Friedhof am Judenbüchel vor dem Severinstor.[26] Zugleich wurde fieberhaft gerüstet, zur Deckung der Kriegskosten hatte jeder Kölner Bürger eine fünfprozentige Vermögensabgabe zu entrichten. Am Oberrhein ließ der Rat mehr als 1.000 Fußknechte anwerben, an die Außenbürger der Stadt erging die Aufforderung, die festgelegten Hilfskontingente zu entsenden. Im Sommer 1474 begann die Belagerung von Neuss durch die Truppen des Burgunderherzogs. Daraufhin schickte der Kölner Rat etwa 500 Fußknechte als Hilfstruppen in die belagerte Stadt, die während des gesamten Krieges in Neuss blieben. Es waren ebenfalls von Köln bezahlte Söldner, die im November 1474 ein Bravourstück vollbrachten, indem sie bei Nacht und Nebel mehrere hundert Säcke Salpeter durch den Belagerungsring in die Stadt schmuggelten. Auch diese Männer, man schätzt ihre Zahl auf etwa 550, blieben in Neuss. Im Februar 1475 – inzwischen hatte Kaiser Friedrich III. dem Burgunderherzog die Fehde angesagt – entsandte die Stadt Köln eine Streitmacht von etwa 2.000 Fußkämpfern und 200 Berittenen nach Neuss, etwa die Hälfte davon waren Bürger und Eingesessene des Gaffelaufgebotes. An der Spitze der Bürgermiliz standen zwei Hauptleute, Dietrich von Landskron und Werner von Lyskirchen; die Söldner befehligte der Hauptmann Wilhelm von Aremberg, der wohl auch den Oberbefehl innehatte.[27]

Die kölnischen Truppen schlugen weisungsgemäß auf der rechten Rheinseite, gegenüber der belagerten Stadt, ihr Lager auf. „Die Truppe war letztlich zu klein, zu weit vom Feind entfernt und wahrscheinlich weder gut genug ausgerüstet noch ausgebildet, um den Burgundern schaden zu können", so fasst eine moderne Chronistin des Neusser Krieges die militärischen Bemühungen der Kölner zusammen. „Die Wirkung auf die eingeschlossenen Neusser, die endlich sahen, dass jemand zu Hilfe kam, darf dagegen nicht unterschätzt werden."[28]

Infolge der erzwungenen Untätigkeit und der katastrophalen Verhältnisse im Lager soll es aber auch zu Disziplinlosigkeiten, Fahnenflucht und einer allgemeinen Demoralisierung unter den Soldaten gekommen sein. Der Kölner Rat sah sich mehrfach gezwungen, die vor Neuss weilenden Bürger und Eingesessenen zu ermahnen, ihren Dienst getreulich zu versehen. Allen, die aus der Truppe desertieren wollten, wurde angedroht, dass sie für einen Monat bei Wasser und Brot „in den Turm" (einige Stadttore dienten auch als Gefängnis) gelegt würden, dass man sie fortan als „eynen ungetruwen burger und veltfluchtigen unman" halten werde.[29]

Erst als Anfang Juni der Kaiser mit einem Reichsheer doch noch vor Neuss erschien, begannen Verhandlungen, die zu einem Waffenstillstand und Frieden führen sollten. Die Stadt Köln, die den größten Beitrag zur Verteidigung von Neuss geleistet hatte, war an diesen Verhandlungen nicht beteiligt – der Kaiser hatte sie ohne Angabe von Gründen davon ausgeschlossen.

Karl der Kühne konnte sich ohne großen Gesichtsverlust aus dem Rheinland zurückziehen. In Köln war man indessen unzufrieden. Der Krieg hatte der Stadt immense Kosten verursacht, der Rat veranschlagte eine Summe von insgesamt etwa 800.000 Gulden. Die Finanzen der freien Reichsstadt Köln, wie sie sich nach Verleihung des „Reichsstadtprivilegs" durch den Kaiser endlich nennen durfte, waren über Jahre, wenn nicht über Jahrzehnte hinweg zutiefst zerrüttet.

„Die finanziellen Verluste hatten noch drei große innerstädtische Krisen zur Folge",[30] nämlich die von 1481/82, 1512/13 und 1525.

Die Militärordnung von 1583

Die schwierige finanzielle Lage der Stadt hatte Auswirkungen auf das Militärwesen. Die Zahl der Soldverträge wurde erheblich reduziert, schon an der Wende zum 16. Jahrhundert verfügte Köln nur noch über eine kleine ständige Truppe. Die Stadt versuchte fortan noch mehr als früher, sich aus regionalen Fehden herauszuhalten. Diese Politik strikter Neutralität wurde im Zeitalter der Glaubensspaltung insofern aufgegeben, als die Stadt am katholischen Glauben festhielt und sich in Fragen der Religionspolitik eng an den Kaiser anlehnte. Als im Laufe des 16. Jahrhunderts zwei Erzbischöfe, Hermann von Wied und Gebhard Truchsess von Waldburg, auf verschiedene Weise versuchten, die Reformation im Rheinland „von oben" einzuführen, erwies sich die Stadt Köln als „treue Tochter der römischen Kirche", wie es das Kölner Stadtsiegel seit Jahrhunderten verkündete.

Eine vergleichsweise geringfügige Auseinandersetzung mit dem zweiten der genannten Erzbischöfe führte im letzten Viertel des 16. Jahrhunderts zu einem Umbruch in der städtischen Wehrordnung. Damals, im Jahre 1581, kursierten schon Gerüchte über Gebhards angeblich unkatholischen Lebenswandel in Köln. Es war vielleicht ein Zeichen des gespannten Verhältnisses zwischen der Stadt

Der Kölner Rat im 17. Jh., Kupferstich nach einer Zeichnung von Joh. Toussyn, vor 1654

und dem Erzbischof und Kurfürsten, dass dieser dem Rat in einem Schreiben mitteilte, er werde die Abhaltung von Schießspielen vor dem Severinstor nicht dulden, dieses Gelände sei kurkölnisches Territorium. Auf dem Gelände vor der Torburg waren häufig Schützenfeste durchgeführt worden, was auch schon zu Auseinandersetzungen mit den Kurfürsten geführt hatte. Im Sommer 1581 ließ der Rat jedoch zwischen Bonner Straße und Rhein erneut Schießstände und ein Festzelt errichten, um hier Schützenwettbewerbe durchzuführen; zahlreiche Schausteller sorgten darüber hinaus für großen Besucherandrang. Trotz Gebhards Protestes ließ der Rat die Wettbewerbe durchführen, und so kam es zum Streit, als angetrunkene kurkölnische Soldaten auftauchten. Sie wurden von den erbosten Schützen aufgegriffen. Dem Zusammenstoß fielen drei Menschen zum Opfer. Als Folge des Handgemenges verbreitete sich eine Schreckensmeldung wie ein Lauffeuer in der Stadt: Eine starke erzbischöfliche Streitmacht greife Köln an, „der bischof ist mit sinem folk in der stat". Die Alarmglocke wurde geschlagen, die wehrpflichtigen Bürger eilten, wie vorgeschrieben, zu den Gaffelhäusern und Sammelplätzen, die den einzelnen Gaffeln vorgegeben waren. Nach dem Augenzeugenbericht des Hermann von Weinsberg muss es bei der Aufstellung des Bürgeraufgebots zu einem wüsten Durcheinander gekommen sein. Der erwartete Angriff erzbischöflicher Truppen blieb allerdings aus, „und als die Nachricht kam, dass es still war, geboten die Herren, ein jeder sollte von seiner Gaffel nach Hause gehen", schreibt Weinsberg.[31]

Angesichts der Notwendigkeit einer schnellen Mobilisierung des städtischen Aufgebotes, das war die bei diesem Ereignis gewonnene Erfahrung, „hatte die Gaffelordnung versagt".[32] Daher sah sich der Rat genötigt, eine neue Wehrverfassung zu schaffen.[33] Das geschah im August 1583, also auf dem Höhepunkt des Kölner Krieges, als Truppen des mittlerweile abgesetzten Erzbischofs Gebhard gerade Deutz gestürmt hatten. Da bei der gaffelbezogenen Mobilisierung gewöhnlich viel Zeit verging, bis alle Gaffelbrüder, deren Wohnsitze über die ganze Stadt verstreut waren, an den Sammelplätzen erschienen, wurde bei der Neuordnung größter Wert „auf örtliche Zusammengehörigkeit und Geschlossenheit" gelegt.[34] Man griff indessen nicht auf die Kirchspiele zurück, wie etwa beim Brand- und Alarmwesen, sondern teilte die Stadt ohne Rücksicht auf die vorgegebenen organisatorischen Einheiten in acht räumlich zusammenhängende Standquartiere ein, wie bei Weinsberg nachzulesen ist: „1583 den 17. aug. ist umb diese zeit im raide vertragen, das man die ganse burgerschaft in acht quarteir sult verteilen und jedem quarteir einen obersten oder colonellen verordnen, auch jedem obersten sein heubleut und fendrich zugeben. Dieselben sulten dan ihr ordnung und laufplan in der statt haben, im pfall der noit mit flegenden fendlin, pfiffen und trummen uff die wacht ziehen."[35]

Jedes der acht Quartiere hatte ein Regiment oder „Colonellschaft" zu stellen, die acht Regimenter wiederum waren in 54 „Fähnlein" (Kompanien) unterteilt.[36] Die Quartiere umfassten zwischen vier und acht Fahnen, das erste, zweite, vierte und sechste Quartier bestand aus acht Fahnen, das siebte aus sieben Fahnen, das achte stellte sechs Fahnen, das fünfte fünf Fahnen, das dritte Quartier nur drei Fahnen. Die genaue Einteilung der Quartiere (in der auch die zu jeder Fahne gehörenden Straßen genannt sind) muss an dieser Stelle nicht wiedergegeben werden.[37] Hier sei als Beispiel die Umgrenzung der ersten „Colonellschaft" zitiert: „Diese Colonellschaft thuet anfangen an St. Severini-Thor, gehet rheinwärts die hohestraß hinunder bis an die pfannenschläger, von dannen St. Stephan und St. Marien in Capitolio vorbey durch die rheingass einer seide severiniwarts biss an die rheingassenpfort, von dannen den rhein hinauff Liesskirchen vorbey über den holtzmark biss bayen und weiteres fort den wall vorbey bis an St. Severini-pfort. Obige Colonellschaft hatt zwey sammel- oder allarmplätz, einen für die vier erstere Fahnen bey St. Severin, den anderen für die letzere auff St. Georgii-Closter oder auff dem Weidmark."

Bei der Neuordnung war man von etwa 7.000 bis 8.000 waffenfähigen Bürgern ausgegangen, das heißt, jedes Fähnlein zählte etwa 150 bis 160 Männer. An der Spitze einer jeden Colonellschaft stand, wie Weins-

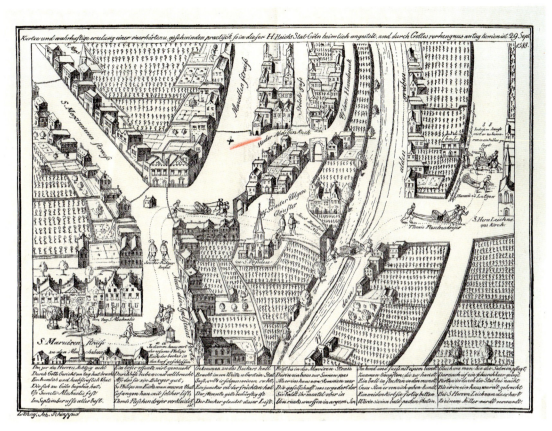

Zur Kontrolle der Stadt wurden in Köln schwere Ketten über die Straßen gespannt, Lithographie von Joh. Schlappal, um 1825

berg berichtet, ein Oberst. Sechs davon waren in der Regel die amtierenden und die vier „gewesenen" Bürgermeister (in Köln hatte sich ein Dreijahresrhythmus bei der Besetzung des Bürgermeisteramtes entwickelt, das heißt, gewesene Bürgermeister wurden in der Regel drei Jahre später wiedergewählt) sowie die beiden Stimmmeister. Die Obersten bildeten zugleich, wenn Gefahr drohte, eine Art von Kriegsrat. Die Fähnlein wurden von Hauptleuten befehligt. Obersten wie Hauptleute wurden offiziell vom Rat ernannt, die Hauptleute wiederum ernannten einen Leutnant und einen Fähnrich. Die unteren Ränge der Fähnlein, Feldwebel, Pfennigmeister, Wachtmeister, Profoss und Rottenmeister wurden von den Wehrfähigen

Schlussstein der Pauluswache, des letzten Kettenhauses in Köln, 1756, heute angebracht an der Ulrepforte

Wachthaus am Hahnentor aus dem 18. Jh.

selbst gewählt. Man kann davon ausgehen, dass die einzelnen Fähnlein keine einheitliche Bewaffnung und Uniformierung hatten, die Fahne der Kompanien richtete sich nach der Farbe des jeweiligen Obersten. „Mit fliegenden Fahnen, Pfeifen und Trommeln zogen die einzelnen Fähnlein auf die ihnen durch das Los zugefallene Mauerwacht", so wurde der Aufzug der Kompanien, die nach Augenzeugenberichten einen farbenfrohen Anblick boten, einmal beschrieben.[38]

Die Colonellschaften wurden in erster Linie zum Schutz der Stadt gegen äußere Angriffe aufgeboten, außerhalb Kölns wurde das Bürgeraufgebot nur in seltenen Fällen, wie im Dreißigjährigen Krieg, eingesetzt. Zumeist bot man nur Teile der Fähnlein auf, so im Jahre 1601, als wegen Streitigkeiten um die Herrlichkeit Niehl von jeder Fahne 16 Schützen und vier Mann „mit langen spiesen, helebarden und schlachtschwertern" mobilisiert wurden.[39]

Gewöhnlich war die Wache die einzige Verpflichtung, der sich die Wehrfähigen stellen mussten (von den Wachdiensten befreit waren unter anderem Männer über 70 Jahre, Studenten, Junggesellen, Ratsmitglieder, Ratsschreiber, Pastöre, Kapläne, Küster und die städtischen Söldner). Nach Lage der Dinge zogen zwei bis vier Fahnen auf Wache. Bewacht wurden die Stadttore, die Wichhäuser (kleinere Walltürme) sowie das Rathaus, die Geburhäuser und der Schützenhof am Neumarkt. Den Torwachen wurden jeden Morgen die Ratsinstruktionen vorgelesen; sie sollten um fünf Uhr morgens, wenn die Tore geöffnet wurden, zum Dienst erscheinen, ihr Befehl lautete, keine Kriegsleute und Knechte fremder Herren einzulassen, aber auch keine Bettler und Müßiggänger.[40]

Neben der Fahnenwacht an den Stadttoren waren die Quartiere (bzw. die Fähnlein) auch zur Stellung von Wachtposten „an den Ketten" verpflichtet. Wie in vielen Städten hatte man auch in Köln im Spätmittelalter damit begonnen, bestimmte Straßen nachts mit schweren Ketten zu sperren, nicht zuletzt zur Aufrechterhaltung der öffentlichen Ordnung. Die Ketten, die an Häusern oder Pfählen angeschlossen waren, sollten Massenaufläufe verhindern sowie das Vordringen schwerer Wagen und bewaffneter Gruppen, vor allem Berittener, erschweren.[41] Bei jeder Kette hatten im Sommer von 21 bis 5 Uhr, im Winter von 20 bis 6 Uhr etwa sechs Mitglieder eines Fähnleins Wache zu schieben – eine Quelle steten Streits innerhalb der Bürgerschaft. Seit der Mitte des 17. Jahrhunderts werden neben den Ketten „Ketten- und Wachthäußel" erwähnt, vom 12. Oktober 1768 stammt ein Plan der „53 Kettenhäuser wie solche in ihrer Situation in der Stadt sich befinden und wie sowohl Winters als Sommers eines dem anderen die Visite geben können zur Sicherheit der Stadt". Die Kettenhäuschen hatten die Kirchspiele zu unterhalten, sie waren im Schnitt für vier bis sechs „starke Leute" eingerichtet, welche die Häuschen als Wachtlokal nutzten.

Vom Wachdienst konnte man sich durch Zahlung von Ablösesummen befreien lassen. Diese Gelder bildeten die Haupteinnahmequelle für die Fähnlein, die einen großen Teil ihrer Auslagen selbst bestreiten mussten. Das Geld wurde aber auch für gesellige Zusammenkünfte verwendet, die innerhalb der Fähnlein allmählich einen immer höheren Stellenwert einnehmen sollten. Vor allem in Friedenszeiten war der ursprünglich militärische Charakter der Fähnlein kaum noch zu erkennen. Einer der besten Kenner hat das einmal so formuliert: „Das Leben und Treiben innerhalb der Fahnen, auch der Verkehr zwischen Vorgesetzten und Untergebenen, bekam einen familiären Ton. Jeder nahm teil an den Leiden und Freuden seiner Fahnengenossen, wurde ein Sohn oder eine Tochter verheiratet, so wurde vom Fähnlein zur Aussteuer beigesteuert."[42]

Köln im Dreißigjährigen Krieg

Wegen ihrer weit reichenden Handelsbeziehungen auch zu protestantischen Mächten wie England und den Niederlanden nahm die freie Reichsstadt Köln nach Ausbruch des großen Krieges eine strikt neutrale Haltung ein. Deren Vorteil: Man konnte mit allen Kriegsparteien Geschäfte machen.

Schon 1618 gingen in Köln lothringische und französische Bestellungen ein – natürlich orderte man Waffen. 1620 berichtet die Zunft der Harnischmacher voller Stolz, sie liefere ihre Erzeugnisse nach Nürnberg, Frankfurt, Straßburg, Lübeck und auf andere Messen und Märkte. Für die „Hispanische Majestät" kaufte ein Waffenhändler 1624 sämtliche Harnische auf, die Kölner Meister liefern konnten. Später überwogen dann Lieferungen an die kaiserliche Armee, so etwa 1634, als 1.000 Kürasse, 2.000 kleine Rüstungen, 1.000 Paar Pistolen, 3.000 Karabiner, 2.000 Musketen, 1.000 ganze und 500 halbe Piken bei Schmieden und Büchsenmachern bestellt wurden, insgesamt ein Auftrag in Höhe von 29.000 Reichstalern. Auch die Kölner Tuchmacher, Schneider und Schuhmacher profitierten von umfangreichen Bestellungen an Waffenröcken, Stiefeln und Sätteln. Gefragtes Marketendergut waren zudem Branntwein und Bier, die Kölner Brauer konnten ihren Betrieb den ganzen Krieg hindurch aufrecht erhalten, was nur in wenigen deutschen Städten möglich war.

Das Kriegsgeschehen verlagerte sich in den 1620er Jahren vom Osten in den Norden Deutschlands. Der Kölner Rat, der aus seiner Sympathie für die katholische Sache keinen Hehl machte, betonte dennoch bei jeder Gelegenheit, die Stadt wolle neutral bleiben. Das führte nach dem 1630 erfolgten Kriegseintritt Schwedens zunächst dazu, dass die schwedischen Truppen die Handelsgüter der freien Reichsstadt ungehindert passieren ließen und dass ganze Kompanien schwedischer Soldaten in Köln Verpflegung, Waffen und Munition einkaufen konnten.

Doch dann geriet auch Köln plötzlich in Gefahr, ein Schreckensruf ging durch die Stadt: „Die Schweden kommen!" König Gustav II. Adolf von Schweden, der selbst ernannte Retter des deutschen Protestantismus, hatte seinen Siegeszug, der ihn bis nach München führte, im Herbst 1631 in die Gebiete von Main, Mosel und Mittelrhein gelenkt. So beschloss der Kölner Rat im Januar 1632, mit dem König, der in Frankfurt Hof hielt, vorsichtshalber ein förmliches Neutralitätsabkommen zu schließen. In der Instruktion für die Gesandten hieß es, sie sollten Gustav II. Adolf ersuchen, er möge „alle Eingesessene, Kauf-, Handels- und Schiffleute der Stadt Köln in ihren Hantieren und ihrer Nahrung frei und ungehindert passieren, repassieren und negotiieren lassen; dagegen solle Ihre Königliche Majestät von Seiten der Stadt Köln keine Widerwärtigkeiten zu befahren, im Gegenteil von derselben sich zu versehen haben, daß der Rat und die ganze Gemeinde in solcher Weise, wie bis dahin und bei allen benachbarten Kriegen und Unruhen geschehen, sich jeder Zeit unverweislich zeigen würden."[43]

Am 26. Februar 1632 erstatteten die Gesandten Bericht über die Bedingungen, unter denen die Schweden bereit waren, der Stadt Neutralität zuzugestehen: Die Anhänger des reformierten Bekenntnisses sollten fortan von allen „Beschwerungen und Bedrängnissen" verschont bleiben, in den Genuss des freien und ungehinderten *Exercitiums* ihrer Religion gesetzt und in gleicher Weise wie die Katholiken zu Bürgerrecht und Zunftrecht zugelassen werden. Zugleich sollte einem schwedischen Kommissar der Aufenthalt in Köln gestattet werden: zur Beaufsichtigung von Rat und Volk.[44] Über derart weitgehende Forderungen wollte der Rat nicht allein entscheiden, man holte an der Universität ein Gutachten ein. „Wenn der ehrsame Rat die Stadt und die Religion nicht gefährden wolle", hieß es in der Stellungnahme der juristischen Fakultät, müsse er das Ansinnen ablehnen. Und so ging am 18. März 1632 ein Schreiben ins schwedische Hauptquartier, in dem erklärt wurde, dass Köln gemäß den „constitutionibus und Fundamentalsatzungen des heiligen Reiches" eine katholische Stadt sei und bleiben wolle. Eine Neutralitätsvereinbarung kam daher nicht zustande. Inzwischen war der König jedoch nach Osten

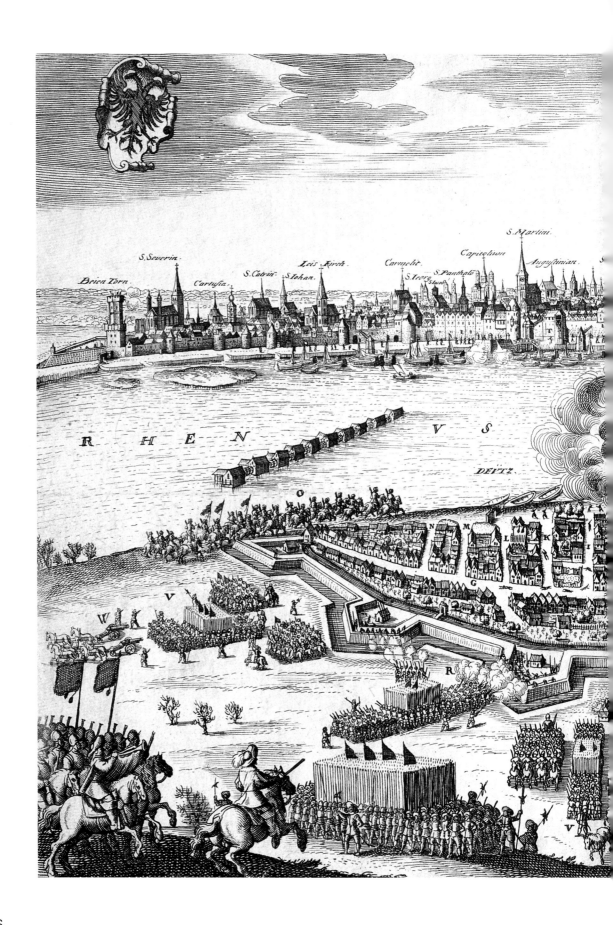

Köln und der Angriff der Schweden auf Deutz,
Kupferstich,
Matthäus Merian, 1650

abgezogen, um schließlich am 6. November 1632 bei Lützen eine Schlacht zu gewinnen – und sein Leben zu verlieren. Doch unbeeindruckt vom Tod ihres Oberbefehlshabers stieß eine zweite schwedische Armee unter dem Befehl des Generals Wolf Heinrich Graf von Baudissin, die schon im Oktober 1632 Siegburg erobert hatte, rheinabwärts vor. Der Kölner Rat hatte inzwischen mit dem ungeliebten Erzbischof und Kurfürsten verhandelt, damit das zum Erzstift gehörende Deutz in die *Defension* der Stadt einbezogen werden konnte. Nachdem zu Beginn des Oktober ein kurfürstlicher Hofrat angedeutet hatte, dass „Ihro kurfürstliche Durchlaucht zur Fortification von Deutz gnädigsten Consensus erteilet"[45] habe, begann der Lütticher Ingenieur Johann Gallé, der bereits damit beschäftigt war, die Kölner Befestigungen zu modernisieren, Deutz mit Wall und Graben sowie vier Bollwerken zu umgeben. Ende Oktober ließ Kurfürst Ferdinand sogar kundtun, „er könne wohl leiden, daß die Stadt Köln zu ihrer eigenen wie des Erzstiftes Sicherheit sich der *Freiheit* Deutz in dieser gefährlichen Zeit annehme und dieselbe mit städtischen Soldaten besetzen lasse".

Sofort wurden 900 Soldaten, überwiegend angeworbene Söldner, unter dem Befehl des Obristleutnants Wenemar von Diependahl mit allen verfügbaren Kähnen und Nachen nach Deutz übergesetzt.[46] Ohnehin wurde fieberhaft aufgerüstet, der Rat ließ eine freiwillige *Fortifications*-Steuer ausschreiben. Weitere Söldner wurden angeworben, die man auch zur Wache aufbot. Neue Kompanien wurden aufgestellt, in den Nächten zogen acht Fähnlein zum Wachdienst auf der Stadtmauer auf. Ein „Junggesellen-Fähnlein" stand bereit, „jeder ein ehrliebender, getreuer Patriot zur *Defension* dieser Stadt und des Vaterlandes". Darüber hinaus wurde eine weitere Truppe reaktiviert, die „Wartschützen", die sich ausschließlich aus Bürgern rekrutierten. Die Wartschützen gab es seit 1594,[47] damals hatte man sie für ein Jahr aufgestellt, 1607 für einige weitere Jahre. Sie waren verpflichtet, gegen einen geringfügigen Sold für militärische Aktionen auf Abruf zu stehen, daher wohl der Name. Für ihren Einsatz im Krieg mussten sie ein Seitengewehr und ein „lang rohr", also ein Schießgewehr, besitzen; Lunte, Pulver und Blei wurden vom Rat gestellt. Da die Kölner Waffenproduktion ohnehin mehr als ausgelastet war, wurden Waffen unter anderem in Lüttich gekauft, 3.000 Musketen, 500 Gewehre und 300 Piken. Büchsengießer inspizierten und präparierten Geschütze, „Feuerwerk" und Granaten auf den Stadtmauern. Aufgrund der bedrohlichen Nachrichten ordnete der Rat am 8. November 1632 an, noch einmal 2.000 Söldner anzuwerben. Und schließlich ging man noch einen Schritt weiter, um den Bedarf an Soldaten zu decken: Der Rat beschloss, geeignete Bürger in Dienst zu nehmen, „da zur Zeit nicht viele gute Soldaten zu bekommen sind".[48]

Baudissin, dem das alles nicht verborgen geblieben war, warf dem Rat Ende November vor, den Ort Deutz wider alle Absprachen „in eine ungewöhnliche *Fortification* zu bringen". Die Befestigungsarbeiten müssten eingestellt werden. Als der Rat keine Anstalten machte, diesen Forderungen nachzukommen, unternahm der General einen Handstreich gegen Deutz: In der Nacht vom 21. auf den 22. Dezember 1632 bemächtigten sich die Schweden gleich im ersten Ansturm des Fleckens und nahmen zahlreiche Kölner Soldaten, darunter Diependahl, gefangen. Was dann geschah, ist in verschiedenen Berichten überliefert, in einem Protokoll des Kölner Rats, einem Brief Baudissins an den schwedischen Reichskanzler Oxenstierna und in dem Büchlein „Historie Der Schmerzhaften Mutter Mariae zu Kalk", das der Benediktinerpater und Deutzer Pfarrer Rupertus Hollwegh 1715 veröffentlichte. Zu Baudissins Handstreich läßt Hollwegh einen Augenzeugen zu Wort kommen: „Am Abend auf St. Thomae that der schwedische General Baudis einen Einfall in Deutz, raubte und plünderte den Flecken aus, überfiel auch die Abtey, in der Meynung, Geistliche zu fangen, die sich aber in Eyle in einen hohen Thurm salvierten und die Brück hochzogen. Es kam aber der hochehrwürdige Herr Everhardus Bleckmann, nachmaliger Pfarrer von Deutz, etwas zu spät, und als er in den Thurm springen wollt, falliert ihm der Sprung, er fällt herunter und brach beyde Bein. Unterdessen wurde das Gotteshaus von oben bis unten ausgeplündert, sie trugen den Wein in das Refectorium, erfülleten damit grosse Waschbüden, da soff, wer nur ein Maul hatte. Es währete aber dieses Baudische Wesen nicht lang, es canonierten die Cöllnischen stark auf ihn, wurden auch die Bürger, Soldaten und Handwerksleut durch Trommelschlag in der Nacht versammelt, fuhren auf St. Thomae Tag am frühen Morgen mit vielen Schiffen über, und trieben die Schweden aus der Abtey und aus Deutz. Am folgenden Tag lagen die Cöllnischen Wachtschützen auf dem Kirchhof, warfen (weiß nicht, aus welcher Ursach) Feuer in die Pfarrkirche, dieses fiel in den Pulver, welchen die Schweden hinterlassen hatten, sprengten also die Kirch und flogen in die Luft."[49] Mit dem Abzug der Schweden war Köln nicht mehr unmittelbar bedroht, und der „Baudische Krieg" hatte gerade mal einen Tag gedauert. Der große Krieg ging indessen weiter. „Der Versuch der Stadt, sich aus dem Dreißigjährigen Krieg herauszuhalten, war gescheitert."[50]

In der Folgezeit erwies sich Köln, trotz ständiger Hinweise auf die herkömmliche Neutralität der Stadt, als treuer Verbündeter des Kaisers. Wie der Rat im Jahre 1643 in einem Schreiben an den kaiserlichen Hof formulierte, habe er „der großen Stadt Köln samt der ganzen Bürgerschaft und allen Einwohnern mit guter Mannschaft und Soldaten in gute Gegenverfassung gestellt, um dieselbe bei der kaiserlichen Majestät und dem heiligen Römischen Reich zu erhalten, er wolle, wie die Vorfahren es getan, auch jetzt in beständiger Treue gegen den Kaiser und das Reich sich erzeigen".[51]

So verbot die Stadt nun strengstens heimliche Werbungen für die schwedische Armee ebenso wie Lieferungen an Munition, Geld und Proviant. Man zahlte häufig größere Geldsummen an kaiserliche Kriegskommissare sowie Feldherren, und neben den unablässigen Arbeiten zur Ausbesserung der Stadtbefestigungen (1646 erhielt das Eigelsteintor zusätzlich zu den modernisierten Bastionen ein neues Bollwerk) wurden immer wieder Anstrengungen unternommen, um das Waffenarsenal zu vergrößern. In einer 1634 erstellten Inventarliste des Zeughauses (das zwischen 1594 und 1606 neu errichtet worden war) ist zu lesen, dass man über „87 Mörser, Karthaunen, Falkonetten und Quartierschlangen mit Lafetten, Rädern und Windenzeug" verfüge, zudem lagerten dort exakt „65.348 Kugeln, 4.820 Musketen mit Ladestöcken und Gabeln, 1.229 Spieße, 1.954 Kürasse und Harnische mit Sturmhauben" und viele andere Waffen.[52]

Zugleich beschloss der Rat, weitere Soldtruppen anzuwerben, so im Winter 1633/34, als man mittels spanischer Subsidien fast 6.000 Söldner in Dienst nahm, die nicht nur zum Schutze Kölns eingesetzt wurden, sondern auch in Bonn, Andernach, Mülheim und Deutz stationiert waren. 1.500 Mann unterstellte der Rat sogar einer in Niedersachsen operierenden kaiserlichen Armee, mit der Maßgabe, „eintzig und allein gegen die schwedische Soldatesca aufzulauffen".[53]

Die Kölner „Stadtsoldaten" im 17. und 18. Jahrhundert

Der Dreißigjährige Krieg war, darüber ist man sich einig, relativ glimpflich für die freie Reichsstadt Köln verlaufen, man hatte kaum gekämpft, viele Branchen in der Stadt hatten am Krieg gut verdient. Nur zwölf Jahre nach dem Friedensschluss von Münster und Osnabrück 1648 soll sich der Rat indessen veranlasst gesehen haben, zur Unterstützung der Colonellschaften erneut eine ständige Truppe aufzustellen,[54] was angesichts früherer Vorgänge nichts grundlegendes Neues war.

In einem Ratsbeschluss, den der Chronist der Kölner Polizei zitiert, heißt es, dass „beständige Roll und Fuß der stadtkölnischen

Titelkupfer der „Apologia des Erzstiftes Cöllen", A. Aubry, 1659

Soldateska durch Gutsbefinden eines löblichen Ausschusses und sämtlicher Herren Kriegskommissarien Berathung durch einen hochweisen Rath approbirt und zu Friedenszeiten fest und unverbrüchlich gehalten werden, auch in keinerlei Weise, als mit obbesagter Herren Rath und Gutsbefinden immutiert, innoviert und augmentiert werden soll; auf den Fall aber, daß mit Veränderung der Zeiten mehr Soldaten angenommen werden müssen, soll darob eine absonderliche Liste eingereicht und verhandelt werden."[55]

Obwohl im Rat gerade zu jener Zeit immer wieder Vorschläge zur Reduzierung der Aufwendungen für das Militär gemacht wurden,[56] passt die Aufstellung einer ständigen Truppe dennoch in die Situation der Jahre um 1660. So hatte der Reichstag in Regensburg 1654 eine neue Reichskriegsverfassung erlassen, die auf der zu Beginn des 16. Jahrhunderts vorgenommenen Einteilung des Reiches in Kreise basierte. Jeder Kreis hatte im Falle eines Reichskrieges einer neu zu bildenden Reichsarmee eine bestimmte Anzahl von Soldaten zu stellen. Die Reichsstadt Köln gehörte zum niederrheinisch-westfälischen Kreis, dessen Kontingent nach der Reichsmatrikel von 1681 insgesamt 1.321 Mann zu Pferd und 2.708 Mann zu Fuß umfassen sollte. Der Anteil Kölns wurde damals auf 383 Mann festgelegt.

Des Weiteren steuerten die endlosen Auseinandersetzungen „Köln gegen Köln" seit 1654 auf einen neuen, zunächst publizistischen Höhepunkt zu.[57] Ein Krieg der Sentenzen war ausgebrochen, in dem der Kölner Kurfürst Maximilian Heinrich die Oberhoheit über die Stadt Köln beanspruchte. Ein von ihm erlassenes Manifest sprach der Stadt die Reichsunmittelbarkeit und das Recht auf eine eigene Jurisdiktion ab. Der Stadtrat antwortete mit einem „wohlbegründeten Gegenbericht", in dem in allen Punkten widersprochen wurde. Köln sei – das bezeugten alle kaiserlichen Privilegien – von alters her eine freie Reichsstadt. Die Hofjuristen des Kurfürsten legten daraufhin 1659 eine „Apologie des Erzstiffts Cöllen wider Burgermeister und Rath" vor, in dem die Rechtmäßigkeit des Reichsstadtprivilegs von 1475 bestritten wurde. In Köln ging man davon aus, dass der Kurfürst die Streitfrage zur lange ersehnten Unterwerfung der freien Reichsstadt nutzen wollte, und so wurden, wieder einmal, die Festungswerke ausgebessert, die Arsenale gefüllt und die Zahl der Truppen erhöht.

Es ist nicht auszuschließen, dass die Bildung der ständigen Truppe, deren Angehörige man später „Stadtsoldaten" nannte, in diesem geschilderten Kontext erfolgte. Es sei in diesem Zusammenhang aber auch daran erinnert, dass die Stadt seit dem Spätmittelalter mehrfach eine „ständige Truppe", gebildet aus Söldnern, unterhalten hatte, dass die „Wartschützen", die sich ja aus Kölner Bürgern rekrutierten, mit geringen Soldzahlungen entlohnt wurden, dass man 1632 erwog, kriegstüchtige Bürger in ein regelrechtes Dienstverhältnis zu übernehmen, und dass schon 1671 für eine Kompanie der „stadtkölnischen Soldateska" auch Bürger gemustert und „einheimische Knechte" geworben wurden. Letztlich spielte auch der Gedanke eine Rolle, die Colonellschaften und Fähnlein beim Wachdienst zu entlasten und die Wehrfähigen nicht dauernd ihren Gewerbetätigkeiten zu entziehen und somit vor allem den Bürgern die Verpflichtung zu ersparen, an Kriegszügen der Reichsarmee außerhalb des Rheinlandes teilzunehmen.

Was die damals gebildete ständige Truppe von ihren Vorgängern unterschied, sind im Wesentlichen drei Punkte: Sie sollte eine stets einsatzbereite Einheit bilden, sozusagen ein kleines stehendes Heer, sie bestand bis zum Ende der Reichsstadt, und auch Kölner Bürger konnten sich, vor allem im 18. Jahrhundert, als „Stadtsoldaten" anwerben lassen.

Eine erste Kompanie der Stadtsoldaten wurde um das Jahr 1660 aus 182 angeworbenen Söldnern gebildet. Befehligt wurde sie von zwei „Oberoffizieren", nämlich einem Hauptmann und einem Fähnrich, als weitere Ränge werden vier Unteroffiziere und zwölf Korporäle genannt. Zur Truppe gehörten auch zwei Trommelschläger, ein „Bereiter", zwei Turmschützen sowie vier Büchsenmacher.[58] Nach der schon erwähnten Aufstellung einer zweiten Kompanie wurde 1671 ein Oberst zum Befehlshaber beider Kompanien eingesetzt. 1681 standen bereits drei Kompanien bereit, die man zu einem Bataillon zusammenfasste. Dem Obersten – der erste namentlich bekannte hieß Gerhard von Kiberin – stellte man im Laufe des Spanischen Erbfolgekrieges (1700–1714) einen Kapitänleutnant zur Seite, zudem wurde jeder Kompanie ein Leutnant zugeteilt. Auch das zivile Personal ist damals aufgestockt worden, es gab schließlich drei Feldscherer, einen Gerichtsschreiber, vier Kettendiener und den Profoss mit seinem „Steckenknecht" (der die Strafen vollzog), um nur einige zu nennen. Die Truppe sollte eigentlich aus 500 Mann bestehen, in Friedenszeiten waren es zumeist etwa 350, für deren Unterhalt die städtische Verwaltung zu sorgen hatte.

Obwohl die Hauptaufgabe der Stadtsoldaten, wie man sie im 18. Jahrhundert zu nennen pflegte, die Verteidigung der Stadt gegen äußere Feinde sein sollte, wurden den Soldaten nach und nach auch Polizeiaufgaben übertragen. Es waren Stadtsoldaten, die den „Aufrührer" Nikolaus Gülich im August 1685 verhafteten, und im Frühjahr 1686, nach der Hinrichtung Gülichs, sorgten ebenfalls Stadtsoldaten – neben in der Stadt weilenden Truppen des niederrheinisch-westfälischen Kreises – für Ruhe und Ordnung.[59]

Dass die Zahl der Streitkräfte, Stadtsoldaten wie Angehöriger der Fähnlein, nicht ausreiche, Köln in kriegerischen Zeiten zu verteidigen, zeigte sich schon am Beginn des Pfälzischen Krieges (1688–1697), als französische Truppen ins Rheinland einrückten und schließlich auch Köln bedrohten.[60] Im Herbst 1688 beschloss der Rat zunächst, „200 ungeweibte wackere Kerls" als Verstärkung der städtischen Aufgebote anzuwerben,[61] zugleich wurde das Verbot fremder Werbungen in der Stadt erneuert. Angesichts französischer Drohungen bat der Rat schließlich um Entsendung von Kreistruppen. Am 20. September 1688 erschienen dann 1.200 Mann brandenburgischer Truppen und 1.200 Mann aus Pfalz-Neuerburg vor dem Eigelsteintor; nachdem sie den Eid auf den Rat geleistet hatten, wurden sie in die Stadt eingelassen. Als bekannt wurde, dass die Franzosen schon Pläne ausgearbeitet hätten, wie man Köln am leichtesten einnehmen könne, wuchs in der Stadt die Angst. Das Schicksal der Reichsstadt Straßburg, die von den Franzosen 1681 erobert worden war, stand den Ratsherren warnend vor Augen. Zur Beruhigung der Kölner trafen im November 1688 nochmals 1.200 brandenburgische Soldaten in Köln ein. Bezieht man weitere Hilfstruppen ein, lagen im Winter 1688/89 annähernd 5.000 Mann verbündeter Truppen in der Stadt, an der, dank dieser Streitmacht, die Gefahr eines Angriffs oder einer Belagerung durch die Franzosen vorüberging.

In diesen Jahren waren die Bürger erstmals damit konfrontiert, dass Truppen verbündeter Mächte bzw. Truppen des niederrheinisch-westfälischen Kreises in der Stadt einquartiert werden mussten. Seit Beginn des

Lottoziehung unter Aufsicht der Kölner Stadtsoldaten, Ölgemälde, um 1770

18. Jahrhunderts versuchte man, das Quartierwesen zentral zu regeln. Eine Quartierkommission des Rates wurde gegründet, man arbeitete Listen aller Fahnen aus, in denen mögliche Einquartierungsplätze verzeichnet wurden. Bürger, die keine Kreissoldaten aufnehmen wollten, mussten 40 Albus an „Quartiergeld" entrichten, das an diejenigen ausgezahlt wurde, die einen Soldaten beherbergten.[62] Die wohl drückendste Einquartierung des 18. Jahrhunderts war die von den Franzosen erzwungene im Verlauf des Siebenjährigen Krieges (1756–1763).[63] Die Stadt hatte sich damals mit Erfolg geweigert, Truppen des französischen Königs, der mit dem Kaiser verbündet war, mit Lebensmitteln zu versorgen. Auch Einquartierungsforderungen der Franzosen konnte man zunächst abweisen, doch dann setzten sich die „fränkischen Völker" mit einer List in der Stadt fest. Beim Durchmarsch durch die Stadt, die man ihnen als Verbündeten nicht verweigern konnte, besetzten französische Einheiten am 18. April 1757 den Neumarkt sowie einige Stadttore. Bis zum Ende des Siebenjährigen Krieges blieben die Truppen in Köln, fast jedes Haus war mit französischen Soldaten belegt, beim Rat häuften sich nach und nach Beschwerden über die zahlreichen Leistungen, welche die Bürger zugunsten der „verbündeten" Truppen hatten erbringen müssen. Noch viele Jahre später versuchte der Rat vergeblich, die ungeheuren Ausgaben Kölns vom französischen Hof zurückerstattet zu bekommen.

Nicht zuletzt die Ereignisse des Siebenjährigen Krieges führten dazu, dass man in der Reichsstadt Köln strengere Maßstäbe bei der Anwerbung von Stadtsoldaten anzulegen versuchte. Nur „Ledige von gesundem und kräftigen Wuchse und im Alter von 20 bis 36 Jahren" sollten in die Truppe aufgenommen werden,[64] die Männer mussten mindestens 1,65 Meter groß sein. Bewerber, die sich eines Verbrechens schuldig gemacht hatten, sowie Angehörige „unehrenhafter Berufe" (etwa Abdecker) durften nicht angenommen werden. Das Handgeld betrug 15 Gulden,

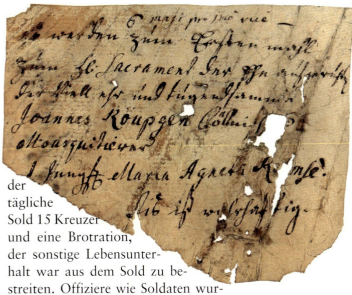

Notiz des Kölner Musketiers Johannes Röupgen zu seiner Hochzeit, 17./18. Jh.

der tägliche Sold 15 Kreuzer und eine Brotration, der sonstige Lebensunterhalt war aus dem Sold zu bestreiten. Offiziere wie Soldaten wurden bei ihrem Dienstantritt auf die Stadt Köln vereidigt. Untergebracht waren die Soldaten nicht in einer Kaserne, sondern sie wohnten zumeist zur Miete in Bürgerhäusern. Damit gehörten sie dem Kirchspiel an, in dem sie wohnten. Starb ein Soldat, der nicht aus Köln kam, wurde er auf dem „Elendsfriedhof", dem Friedhof für Ortsfremde, bestattet.

Seit dem 18. Jahrhundert trugen die Soldaten, wie das Militär in anderen Hansestädten, bevorzugt rote Waffenröcke, daher der Name „Rote Funken". Ihnen wurde aufgetragen, „ein jeder soll mit seiner Soldung so hausen, daß er seinem Hausherren, den Bäckern und Wirthen nichts schuldig bleibt", und „ein jeder soll seine Montour und Rüstung wie auch sein Gewehr in guter Bereitschaft halten".[65] Bei Zuwiderhandlungen gegen die Dienstanweisungen (wie etwa den 1735 erlassenen „Kriegsartikel") gab es einen Strafenkatalog, der von Stockschlägen und Spießrutenlaufen („Gassenlaufen") bis zum „Eselsreiten" reichte. Dabei mussten die Delinquenten in geradezu demütigender Weise einen hölzernen Esel besteigen. Dieser stand auf dem Neumarkt, wo sich auch die für Soldaten bestimmte Gerichtsstätte befand.

Im Laufe des 18. Jahrhunderts sollten dann Wachdienste an den Stadttoren, am Rathaus, auf dem Waidmarkt und dem Neumarkt sowie am Zeughaus zu den Diensten der Stadtsoldaten gehören, ebenso wie die Durchführung nächtlicher Patrouillen durch die Stadt. Bis 1794 versahen jeweils drei bis vier Soldaten ihren Dienst auch an den 53 Kettenhäusern. Zu repräsentativen Aufgaben wurden die Stadtsoldaten ebenfalls herangezogen, etwa bei der Großen Gottestracht. Wegen der geringen Besoldung war den Soldaten ein Nebenerwerb gestattet, es heißt aber, dass es dennoch immer wieder zu Bestechungen vor allem der Torwachen gekommen sein soll.[66] Der nächtliche Wachdienst auf der Stadtmauer blieb indes weiterhin im Zuständigkeitsbereich der Fähnlein der Bürgerwache. Da viele Bürger von der Möglichkeit Gebrauch machten, sich von dieser Verpflichtung freizukaufen und sich durch einen „Heuerling" vertreten zu lassen, kam es, wie schon erwähnt, immer wieder zu Streitigkeiten über die Verwendung dieser Gelder, die wie die Strafgelder direkt in die Fahnen- und Rottenkassen flossen. Erst 1784, nach dem Eisgang und Hochwasser, wurde eine zentrale Wachtgeldkasse eingerichtet, um die gewaltigen Summen aufbringen und finanzieren zu können, die zur Beseitigung der Schäden an öffentlichen Gebäuden, an den Kaimauern und an der rheinseitigen Stadtmauer benötigt wurden. Im März 1784 beschloss der Rat, die Bürgerwache auf der Stadtmauer ersatzlos zu streichen, dafür aber das Wachtgeld weiterhin als eine Art Wiederaufbausteuer von allen Wehrfähigen für die Dauer von sechs Jahren zu erheben.[67] Damit waren die Stadtsoldaten fortan allein für die Bewachung der Reichsstadt Köln zuständig.

Zu jener Zeit hatte das städtische Militär, die „kölnischen Funken", durch in stadtkölnischen Diensten stehende, später bei der österreichischen Armee dienende Stabsoffiziere,

Ehrenwache der Kölner Stadtsoldaten vor dem Rathaus, Kupferstich von Charles Dupuis, um 1790

vor allem durch den Obersten Caspar Joseph Carl Mylius (der 1783 zum Kölner Stadtkommandanten ernannt worden war), eine äußerst zweckmäßige Reform erfahren.[68] Damals bestand das Kölner Bataillon aus drei Kompanien Infanterie und einer Batterie Artillerie. Es wurde nun nicht so viel Wert auf Drill gelegt, sondern man verbesserte in erster Linie die waffentechnische und taktische Ausbildung der Soldaten – mit dem Ergebnis, dass die Stadtsoldaten zehn Jahre später, als die Truppen der französischen Republik das Rheinland bedrohten, im Rufe standen, „den Truppen jeder Macht zur Seite gestellt werden zu können".[69]

Als im Verlauf des 1. Koalitionskrieges, der 1792 begonnen hatte, die französischen Revolutionsarmeen Belgien eroberten und das Rheinland bedrohten, beschloss der Regensburger Reichstag den „Reichskrieg" gegen Frankreich. Damit trat die „Reichs-Executions-Ordnung" in Kraft, die zur Aufstellung einer Reichsarmee führte. Auch die Reichsstadt Köln wurde aufgefordert, ihre Verpflichtungen gegen das Reich zu erfüllen. So musste Köln aus seinem Waffenarsenal zahlreiche Kanonen an die preußische und österreichische Armee übergeben, letztere erhielt sieben „Vierundzwanzigpfünder"-Kanonen sowie Tausende von Kanonenkugeln. Schon im Mai 1793 wurden die Stadtsoldaten auf Kaiser und Reich vereidigt, die Gesamtstärke des stadtkölnischen Reichskontingents betrug 258 Mann.[70]

Nach dem französischen Sieg über die verbündeten Österreicher, Engländer und Niederländer bei Fleurus (25. Juni 1794) rollte die Kriegslawine unaufhaltsam auf Köln zu. Die österreichische Niederrhein-Armee, Teil der Reichsarmee, zog sich unter dem Befehl des Generals Clerfayt von der Roer in Richtung Köln zurück. Schon Ende September wurden gegenüber Mülheim zwei Brücken gebaut, über die sich die Reichsarmee ins Rechtsrheinische retten sollte. Den Befehl zum Rheinübergang erteilte der General am 4. Oktober 1794, einen Tag später erging auch der Marschbefehl an die drei Kompanien Stadtsoldaten. Vorher, so wird berichtet, ließ der Kölner Rat die Soldaten auf Kosten der Bürger mit neuen Caputröcken einkleiden.[71]

Mit dem Auszug der Stadtsoldaten – die letzten verließen Köln am 6. Oktober um 3 Uhr morgens – war die Stadt, trotz der aufgebotenen Fähnlein der Bürgerwacht, ohne militärischen Schutz. Der Rat teilte den anrückenden Franzosen denn auch mit, sie würden die Stadt „unter Waffen" antreffen, die Bewaffneten würden sich aber zurückziehen, wenn die französische Generalität es wünsche.[72] Um 10.30 Uhr überreichte eine Abordnung des Rates dem französischen General Jourdan die Stadtschlüssel. Köln hatte kapituliert, das Ende der freien Reichsstadt war gekommen. Und obwohl die abgezogenen Kölner Stadtsoldaten noch einige Jahre ihren Dienst in der Reichsarmee versehen sollten, war mit dem Ende der Reichsstadt auch das Ende ihres Militärwesens in Sicht.[73]

Zum guten Schluss sei eine Bemerkung erlaubt: Der eingangs zitierte Satz, der die Stadtsoldaten berühmt und populär gemacht hat, ist natürlich so nie gefallen, ist sogar schlicht unhistorisch. In Köln wird immer wieder erzählt, dass Angehörige der Truppe 1794, als die Franzosen vor Köln standen (meistens heißt es sogar: „als Napoleon vor Köln stand"), den feindlichen Truppen in dieser oder einer anderen Version zugerufen hätten: „Nit scheeße, he stonn doch Minsche!"

Ein wunderschöner Satz. Ältere Kölner beziehen ihn auf die Schlacht bei Roßbach im Jahre 1757. Auch dort, an der Saale nahe Halle, ist er heute noch verbreitet. In einem Pilgerführer durch einige der ostdeutschen Bundesländer schreibt der Kölner Kunsthistoriker Christoph Schaden über „la bataille amusante", in der die Reichsarmee so schnell vor den Preußen flüchtete, dass sie „Reißausarmee" genannt wurde: „Während des Siebenjährigen Krieges standen sich in Roßbach verfeindete Heere gegenüber, die Preußen sollten für ihren Überfall auf Sachsen von den Reichstruppen und den Franzosen abgestraft werden. Das Reichsheer war ergänzt durch eine Kompanie Kölner Stadtsoldaten, die auch als rote Funken bekannt waren. Sie hatten nie schießen gelernt und waren auch sonst mit den Gepflogenheiten des Krieges recht unvertraut. Nun trafen sie hier an einem Tag des Jahres 1757 auf ein Regiment gedrillter preußischer Infanteristen, die ihr akkurates Procedere vollzogen – abnahmen, anlegten und schossen. Erbost riefen die Kölner Stadtsoldaten ihnen zu: *Hüürt op zu scheeße, sitter nit, dat he Lück stonn!* Da sich die Preußen davon scheinbar nicht umstimmen ließen, flohen die Funken und die Reichstruppe ebenfalls. Damit war die wohl kürzeste Schlacht des Siebenjährigen Krieges beendet. Die Roten Funken wurden nie wieder zu einer Schlacht eingeladen."[74]

Anmerkungen

[1] *Ernst Zander,* Köln als befestigte Stadt und militärischer Standort, in: Jahrbuch des Kölnischen Geschichtsvereins 23, 1941, S. 1–132, hier S. 10.
[2] Das Folgende nach *Heinrich Johann Wiethase* (Hrsg.), Die Cölner Thorburgen und Befestigungen 1180–1882. Reprint der Ausgabe von 1884, Braunschweig 2002, S. 5 (die Seitenzahlen beziehen sich auf den Kommentarband).
[3] *Johannes Helmrath,* Eine kaiserliche Urkunde für Köln: Die Stadterweiterung von 1180, in: Wolfgang Rosen/Lars Wirtler (Hrsg.), Quellen zur Geschichte der Stadt Köln, Bd. 1, Köln 1999, S. 154.
[4] *W. Altmann/E. Bernheim,* Ausgewählte Urkunden zur Verfassungsgeschichte Deutschlands im Mittelalter, Berlin 1909, Nr. 115, Reichslandfriede von 1152, § 13: *mercator negotiandi causa provinciam transiens gladium suum selle alliget vel super vehiculum suum ponat, ne unquam laedat innocentem, sed ut a praedone se defendat.*
[5] Vgl. *Erich Sander,* Die Wehrhoheit in den deutschen Städten, in: Archiv für Kulturgeschichte, Bd. 36, 1954, S. 347.
[6] So *Paul Holt,* Die militärische Einteilung der Reichsstadt Köln von 1583–1794, in: Jahrbuch des Kölnischen Geschichtsvereins 8/9, 1927, S. 135–176, hier S. 135.
[7] Vgl. *Zander,* Köln als befestigte Stadt (wie Anm. 1), S. 9.
[8] *Toni Heinzen,* Zunftkämpfe, Zunftherrschaft und Wehrverfassung in Köln, Köln 1939, S. 11.
[9] Zitiert nach: ebd., S. 15.
[10] Die Chroniken der niederrheinischen Städte. Cöln, Bd. 1, Leipzig 1875, S. 587.
[11] Das Folgende nach *Hugo Stehkämper,* Die Stadt Köln und die Schlacht bei Worringen, in: Wilhelm Janssen/Hugo Stehkämper (Hrsg.), Der Tag bei Worringen – 5. Juni 1288, Düsseldorf 1988, S. 311–406.
[12] *Wilhelm Janssen,* Köln vor Gericht: Eine Zeugenaussage über die Rolle der Stadt bei der Schlacht von Worringen, in: Rosen/Wirtler (Hrsg.), Quellen zur Geschichte der Stadt Köln (wie Anm. 3), S. 245.
[13] *Jan van Heelu,* Die Schlacht von Worringen, in: Werner Schäfke (Hrsg.), Der Name der Freiheit 1288–1988. Handbuch der Ausstellung des Kölnischen Stadtmuseums, Köln 1988, S. 105–154.
[14] *Ulrich Lehnart,* Teilnehmer der Schlacht von Worringen, in: Janssen/Stehkämper (Hrsg.), Der Tag bei Worringen (wie Anm. 11), S. 184.
[15] *Jan van Heelu,* Die Schlacht von Worringen (wie Anm. 13), S. 146.
[16] *Janssen,* Köln vor Gericht (wie Anm. 12), S. 245.
[17] Ebd.
[18] *Hans J. Domsta,* Die Kölner Außenbürger. Untersuchungen zur Politik und Verfassung der Stadt Köln von der Mitte des 13. bis zur Mitte des 16. Jahrhunderts, Bonn 1973, S. 121.
[19] Vgl. dazu *Klaus Militzer,* Ursachen und Folgen der innerstädtischen Auseinandersetzungen in Köln in der zweiten Hälfte des 14. Jahrhunderts, Köln 1980.
[20] Zitiert nach *Brigitte Maria Wübbeke,* Das Militärwesen der Stadt Köln im 15. Jahrhundert (Vierteljahrschrift für Sozial- und Wirtschaftsgeschichte; Beihefte, 91), Stuttgart 1991, S. 54.
[21] Gedruckt bei *Heinzen,* Zunftkämpfe (wie Anm. 8), S. 116ff.
[22] Zitiert nach: ebd., S. 40.
[23] *Clemens von Looz-Corswarem,* Die Ausgaben der Stadt Köln 1500/1501 nach dem Ausgabenbuch der Mittwochrentkammer, Bonn 1973 (ungedruckte Examensarbeit), S. 81.
[24] *Wübbeke,* Das Militärwesen (wie Anm. 20), S. 71.
[25] Das Folgende weitgehend nach *Brigitte Maria Wübbeke,* Die Stadt Köln und der Neusser Krieg, in: Geschichte in Köln 24, 1988, S. 35–64.
[26] Die Chroniken der niederrheinischen Städte. Cöln, Bd. 3, Leipzig 1877, S. 834.
[27] Ebd.: *Die burgere van Coellen [...] hatten vur einen capitain in irem zoult den her Wilhelm van Arburch.*
[28] *Wübbeke,* Die Stadt Köln (wie Anm. 25), S. 56.
[29] HAStK, Verfassung und Verwaltung V 126a, Fol. 18 vom 22.2.1475.
[30] *Wübbeke,* Die Stadt Köln (wie Anm. 25), S. 62.
[31] *Friedrich Lau* (Bearb.), Das *Buch Weinsberg,* Bd. 3, Bonn 1897, S. 104f.
[32] So *Heinzen,* Zunftkämpfe (wie Anm. 8), S. 96.
[33] Möglicherweise ging es aber auch darum, die Macht einzelner Gaffeln zu beschneiden. Holt glaubt zudem, dass 1583 zunächst ein Kriegskommissariat von acht Obersten geschaffen wurde, dass anschließend für diese „acht vorher bestimmten Männer" Kommandobezirke geschaffen wurden, *Holt,* Die militärische Einteilung (wie Anm. 6), S. 138.
[34] *Paul Lauing,* Die Geschichte der Kölner Polizei, Köln 1926, S. 18.
[35] *Lau* (Bearb.), Das Buch Weinsberg (wie Anm. 31), S. 200f.
[36] Das Folgende nach *Holt,* Die militärische Einteilung (wie Anm. 6).
[37] Sie ist auf der Basis zweier aus dem 18. Jahrhundert stammenden Aufstellungen gedruckt bei *Holt,* Die militärische Einteilung (wie Anm. 6), S. 143ff.
[38] *Zander,* Köln als befestigte Stadt (wie Anm. 1), S. 19.
[39] Zitiert nach *Holt,* Die militärische Einteilung (wie Anm. 8), S. 138.
[40] Vgl. *Lauing,* Die Geschichte der Kölner Polizei (wie Anm. 34), S. 29.
[41] Vgl. *Josef Bayer,* Das letzte Kölner Kettenhäuschen, in: Beiträge zur Kölnischen Geschichte, Sprache, Eigenart 1,1, 1914, S. 3–11.
[42] *Holt,* Die militärische Einteilung (wie Anm. 8), S. 140.
[43] Der Text der Instruktion ist abgedruckt bei *Wilhelm Beemelmans,* Der Kölner Stadtsyndikus Dr. Friedrich Wissius und die Reichsstadt Köln im Dreißigjährigen Krieg, in:

[43] Jahrbuch des Kölnischen Geschichtsvereins 8/9, 1927, S. 1–96, hier S. 34f.
[44] *Leonard Ennen*, Geschichte der Stadt Köln, Bd. 5, Düsseldorf 1880, S. 600.
[45] HAStK, Rpr. 78, 4. Oktober 1632 (f. 409b).
[46] Das Folgende nach *Wilhelm Becker*, Der Überfall der Schweden auf Deutz im Jahre 1632, in: Rechtsrheinisches Köln 23, 1997, S. 1–44.
[47] Vgl. *Paul Holt*, Die Wartschützen der Reichsstadt Köln, in: Jahrbuch des Kölnischen Geschichtsvereins 6/7, 1925, S. 237–240.
[48] Zitiert nach *Becker*, Der Überfall (wie Anm. 46), S. 17.
[49] Abgedruckt ebd., S. 31f.
[50] *Hans-Wolfgang Bergerhausen*, Die Stadt Köln im Dreißigjährigen Krieg, in: Bergische Forschungen 28, 2002, S. 102–131, hier S. 117.
[51] Zitiert nach *Zander*, Köln als befestigte Stadt (wie Anm. 1), S. 16.
[52] Zitiert nach ebd., S. 20.
[53] Zitiert nach *Bergerhausen*, Die Stadt Köln (wie Anm. 50), S. 122.
[54] Wie die Stadt Köln ihr Militärwesen im 17. und 18. Jahrhundert organisierte, ist bislang nicht wissenschaftlich untersucht worden. Der Bestand 33 (Militaria) des Historischen Archivs der Stadt Köln (HAStK) harrt also weiterhin seiner Bearbeitung und Auswertung.
[55] *Lauing*, Die Geschichte der Kölner Polizei (wie Anm. 34), S. 30, ohne Quellenangabe. Möglicherweise hat sich Lauing auf die Schrift „Lieder der kölschen Funken 1905 bis 1906", hrsg. von *Gerhard Becker*, Köln 1906, bezogen, wo dieser Beschluss erstmals, ebenfalls ohne Quellenangabe, zitiert ist. Bei einer Durchsicht der Ratsprotokolle des Jahres 1660 (HAStK, Rpr. 107) konnte dieses Zitat indessen nicht verifiziert werden.
[56] Z. B. HAStK, Rpr. 107, 30. Juli 1660: „[...] ob nit die Soldatenzahl oder inde deren Gehalt beständig und also zu reducieren, daß dadurch das gemeine Gut in kontinuierlicher Weise der größer Ausgaben Erleichterung sei."
[57] Siehe dazu *Hans-Wilhelm Becker*, Köln contra Köln, Köln 1992, S. 84ff.
[58] *Lauing*, Die Geschichte der Kölner Polizei (wie Anm. 34), S. 31.
[59] Vgl. *Adolf Hieronymi*, Die Haltung der Reichsstadt Köln zu Beginn des sog. Pfälzisch-Orléans'schen Krieges 1688 bis 1689, in: Jahrbuch des Kölnischen Geschichtsvereins 49, 1978, S. 115–172, hier S. 118ff.
[60] Vgl. *Max Braubach*, Kurköln, Münster 1949, S. 114ff.
[61] Zitiert nach *Hieronymi*, Die Haltung der Reichsstadt Köln (wie Anm. 59), S. 132.
[62] Vgl. *Clemens von Looz-Corswarem*, Das Finanzwesen der Stadt Köln im 18. Jahrhundert, Köln 1978, S. 162ff.
[63] Vgl. *Wilhelm Hamacher*, Die Reichsstadt Köln und der Siebenjährige Krieg, Bonn 1911, S. 22ff.
[64] Vgl. *Friedel Schwarz*, Werbung, Sold und Ausrüstung des „Militär Contingents der Kay. F. R. Stadt Cöln", in: Jahrbuch des Kölnischen Geschichtsvereins 49, 1978, S. 259–276.
[65] Zitiert nach *Lauing*, Die Geschichte der Kölner Polizei (wie Anm. 34), S. 32.
[66] Mehr darüber und über das Ansehen der Stadtsoldaten im Beitrag von *Michael Euler-Schmidt* in diesem Band.
[67] Vgl. *von Looz-Corswarem*, Das Finanzwesen (wie Anm. 62), S. 172ff.
[68] Vgl. *Friedrich von Mering/Ludwig Reischert*, Zur Geschichte der Stadt Köln am Rhein, Bd. 4, Köln 1840, S. 229f.
[69] *Friedel Schwarz*, Die Kölner Stadt-Soldaten am Ende der reichsstädtischen Zeit, in: Jahrbuch des Kölnischen Geschichtsvereins 48, 1977, S. 151–198, hier S. 152.
[70] Die Musterungsliste abgedruckt ebd., S. 154f.
[71] Ebd., S. 162f. Dort auch eine eingehende Schilderung des Auszugs.
[72] Vgl. *von Looz-Corswarem*, Das Finanzwesen (wie Anm. 62), S. 177.
[73] Über das weitere Schicksal der Stadtsoldaten siehe *Schwarz*, Die Kölner Stadt-Soldaten (wie Anm. 69), S. 164ff.
[74] *Christoph Schaden*, Der ökumenische Pilgerweg durch Sachsen, Sachsen-Anhalt und Thüringen, Dresden 2003, S. 91.

Soldat de la Ville de Cologne, farbige Zeichnung eines vermutlich französischen Kriegsgefangenen, um 1795

Die Uniform der Kölner Stadtsoldaten

Von Rita Wagner

Denkt man heute an Uniformen und Stadtsoldaten, dann hat man in Köln gleich das Bild eines Roten Funken mit seiner konisch zulaufenden schwarzen Grenadiersmütze vor Augen. Dabei geht dessen heutige Uniform auf die letzten Tage des Alten Reiches zurück. Im Laufe der Zeit jedoch sah die Bekleidung der besoldeten wie unbesoldeten städtischen Verteidiger höchst unterschiedlich aus.

Die Entwicklung der Uniformen vom Mittelalter bis ins 17. Jahrhundert

Kölns Geschichte als freie Stadt beginnt mit der legendären Schlacht bei Worringen am 5. Juni 1288, als die stadtkölnischen Truppen auf Seiten des (siegreichen) Herzogs von Brabant gegen die Söldner des Kölner Erzbischofs antraten. Ein kleines stadtkölnisches Kontingent hatte sich unter Führung der Kölner Geschlechter am Kampf beteiligt. Einheitliche Kleidung gab es nicht. Die überschaubaren Verbände, die sich um ein gemeinsames Banner scharten, kannten sich von Angesicht zu Angesicht – jeder Unbekannte musste ein Feind sein. Die schwer bewaffneten Adligen, zu denen sich auch die Angehörigen der Kölner Geschlechter zählten, waren rundum gepanzert, ihre Gesichter nicht zu erkennen. Daher trugen sie Waffenröcke mit ihren Farben oder Wappen, Truppenführer zudem gerne noch eine auffallende Helmzier, die man schon von weitem erkannte. Auch viele Gefolgsleute nutzten die Farben ihrer Feldherren. Nun waren aber vielen der einfachen Soldaten die zahlreichen Wappen und Farben der Herren nicht geläufig. So kam es, dass die Bauern, die für den Grafen von Berg auf der Seite des Herzogs von Brabant gegen den Kölner Erzbischof Siegfried von Westerburg in den Kampf zogen, sich an einen Graben stellten „und schlugen nieder Freund und Feind, ohne Schonung, denn wer zu den einen oder den anderen gehörte, davon hatten sie keine Kenntnis".[1] Die Rüstung sollte sich in den nächsten Jahrhunderten im Wesentlichen nicht ändern, nur die Bewaffnung bzw. die Kleidermode, der auch (und besonders) die Männer damals gerne folgten.

Bei der nächsten großen Auseinandersetzung, an der stadtkölnische Kontingente teilnahmen, der Neusser Fehde 1474/75, waren neben Kölner Bürgern auch zahlreiche Söldner beteiligt. Diese wurden von ihrem Auftraggeber beköstigt und bezahlt, mussten aber ihre Bewaffnung und Kleidung selbst stellen.[2] Da sie in der Regel nur für die Dauer der Auseinandersetzung entlohnt wurden, trugen sie selten die Farben ihrer Dienstherren, mitunter vielleicht eine Schärpe in den Stadtfarben. Aber auch die Kölner Bürger waren uneinheitlich gekleidet. Der Aufzug von bewaffneten Bürgern bot daher ein farbenprächtiges und abwechslungsreiches Bild.[3]

Auf Gemälden, die Arnold Colyns 1582 für die Buntwörtergaffel anfertigte, sind die Kölner Kontingente bzw. deren Anführer durch rot-weiße Federn am Helm ausgezeichnet. Inwiefern dies üblich oder nur ein künstlerischer Kniff des Malers zur Kenntlichmachung der Protagonisten war, kann nicht mehr festgestellt werden. Auch beim großen Umzug zu Ehren der Geburt und Taufe des

Die Schlacht bei Worringen: Freund und Feind sind von niemandem zu unterscheiden. Aus: Brabantsche Yeesten des Jan van Boendale, südliche Niederlande, 15. Jh.

50

Schlachtformation mit Soldaten in den Schärpen der Kölner Stadtfarben, Ölgemälde, kölnisch, Ende 16. Jh.

„Königs von Rom" – Napoleons Sohn – im Juni 1811 wurde das große Stadtbanner von einem beharnischten Ritter mit rot-weißen Federn am Helm getragen.[4] Da aber damals das ritterliche Zeitalter schon mehr als drei Jahrhunderte zurück lag, kann dies einem kölntümelnden Einfall entsprungen sein, zumal das übrige ‚Drum und Dran' ebenfalls den Stadtfarben Rot und Weiß huldigte.

Bis zur Wehrreform von 1583 waren im Kölner Gemeinwesen die Gaffeln Träger der Verteidigung,[5] wobei jede unter ihrem eigenen Gaffelbanner antrat.[6] Die Gaffelfreunde kannten sich natürlich untereinander, bei den mitkämpfenden Söldnern war dies schon schwieriger. Vermutlich kam es bei diesen Mann-zu-Mann-Kämpfen darauf an, sich in der richtigen Haltung in die richtige Richtung zu bewegen und sich dabei möglichst nahe bei der Fahne zu halten, um nicht den eigenen Kampfgenossen zum Opfer zu fallen. Durch die Statuten war lediglich die Art von Waffen, welche die Bewaffneten zu tragen hatten, vorgeschrieben. Im späten 14. Jahrhundert besaßen die Zünfte, in Köln Ämter genannt, eigene Harnische, die man nach Bedarf ausgab.[7] So berichtet Hermann Weinsberg, ein Kölner Ratsherr des 16. Jahrhunderts, dass jeder seine Waffen auf seiner Gaffel aufbewahrt habe. In der Öffentlichkeit durften Harnisch und Waffen nicht getragen werden.[8] Vielleicht hängte man deshalb großformatige, repräsentative Waffenstillleben in den Vorhallen der Kölner ‚Paläste' auf.[9]

Schon in der Mitte des 15. Jahrhunderts erbaute die Stadt ein eigenes Zeughaus. Nach Errichtung des heute noch bestehenden Gebäudes wurden die kostbarsten Waffen im Waffensaal im oberen Stockwerk ausgestellt. Eine im Mai 1634, also während einer für Köln gefahrvollen Zeit inmitten des Dreißigjährigen Krieges, durchgeführte Inventur ergab neben zahlreichen Geschützen aller Art, Granaten und Kugeln „einige hundert erdene Sturmhauben", „4.820 Musketen mit Ladestöcken und Gabeln", „681 lange Spieße", „74 Hellebarten", „43 Leichte Reuter Cuirassen", „67 schutzfreie Tragharnische mit dem linken Handschuhe und Casket", „57 gemeine Harnische [...] für die Offiziere", „1797 Landsknecht Harnische mit Sturmhauben" sowie „6 Trommeln". 1786 sollen im Zeughaus Rüstungen für 15.000 Mann vorhanden gewesen sein.[10]

Ein Ratsbeschluss vom 25. September 1444 legte fest, dass jedes Zunftmitglied wenigstens einen Harnisch,[11] bestehend aus „kreifftz" (Brustharnisch) und „ruck", besitzen solle. Ersatzweise konnten die Mitglieder einen solchen auch leihen.[12] Von vermögenderen Bürgern, insbesondere Amtsträgern, wurden neben Panzer, „yseren hoet" und Büchse auch ein Paar Handschuhe („waepen bzw. iserhenschen") und ein Pferd erwartet.[13] Eine Morgenansprache (Bekanntmachung)[14] vom 10. November 1582 verpflichtete jeden Bürger, sich und sein „manhaft gesindt" wehrhaft zu machen, wozu aber sicherlich nicht jeder in der Lage war, umfasste diese Ausrüstung doch Harnisch, Spieß, Hellebarde, Muskete, Lanzen und kurze Büchsen.[15] Jede Gaffel legte zudem fest, welche Waffen ihre Mitglieder aufzubringen hatten: Die Maler hatten sechs Monate Zeit, sich einen Vollharnisch zuzulegen; bei den Leinenwebern wurde erst ab dem vierten Webstuhl ein Harnisch erwartet. Allerdings scheinen viele der Vorschriften nicht allzu genau eingehalten worden zu sein.[16] Aus dem 16. Jahrhundert haben sich im Bestand des Kölnischen Stadtmuseums Morione der Fassbindergaffel erhalten, alle mit dem Gaffelwappen an prominenter Stelle gekennzeichnet.

Mit dem Anwachsen des städtischen Bürgertums im späten Mittelalter war die Bezeichnung „Spießbürger" entstanden.[17] Auch damals war der Begriff schon abwertend gemeint, allerdings nicht wie heute im Sinne von engstirnig und rückwärts gewandt. Der Adel als Schwertträger machte sich damit lustig über den Stadtbürger, der vor der Einführung von Feuerwaffen lediglich mit dem Spieß bewaffnet war, dessen Benutzung im Gegensatz zu Bogen, Armbrust oder Schwert wenig Übung bedurfte.

Rückkehr von der Schlacht bei Worringen durch das Neugassentor, Ölgemälde, Köln, Arnold Colyns, 1582

Nach 1396 wurden von der Stadt zwei je 25 Mann starke Abteilungen besoldeter Armbrust- und Büchsenschützen aufgestellt, die einem Schützenmeister unterstanden.[18] Ihnen oblagen ordnungspolizeiliche Aufgaben – Pflichten also, die in der zweiten Hälfte des 17. Jahrhunderts die Stadtsoldaten übernehmen sollten. Sie sind die einzige Gruppe Bewaffneter, die sich von Anfang an in die Kölner Stadtfarben Rot und Weiß kleiden musste. Ihren einfachen Rock ohne Futter bezahlte die Stadt. Bei Turnieren dienten sie mit Harnisch und städtischem Waffenrock[19] als repräsentativer Ordnungsdienst und Begleitschutz. Anders als bei kriegerischen Einsätzen wurde bei diesen oder ähnlichen Festlichkeiten größerer Wert auf ein einheitliches Bild der städtischen Truppen gelegt. Die Stadt sorgte sich jedoch nur um die Farbigkeit des Erscheinungsbildes. Dem Einzelnen blieb dagegen überlassen, bei welchem Schneider er ein Gewand nach seinem persönlichen Geschmack und Geldbeutel anfertigen ließ.

Neben den Schützen wurden weitere Amtsträger einheitlich gekleidet. Die bekannteste Kölner Amtskleidung ist die Mi-Parti-Tracht der Kölner Bürgermeister, deren Mäntel seit der Erhebung zur Reichsstadt farblich längs geteilt waren.[20] Bürgermeister und Rentmeister erhielten schon zu Beginn des 15. Jahrhunderts jährlich eine bestimmte Menge kostbaren Stoff für ihre Kleidung, den Macherlohn hatten sie selbst zu tragen. Auch den Stadtärzten, Stadtboten und Werkleuten waren „geteilte" Kleider vorgeschrieben, für die sie zweierlei Tuch von der Stadt erhielten. Noch vor 1513 wurden gar zweifarbige Hüte eingeführt. Die Qualität und Quantität des gelieferten Materials war dabei abhängig vom Status des Empfängers.[21] Arbeiter, Gehilfen, einfachere Boten oder Holzhüter erhielten nur „myddel cleydong", aus der ein geteiltes Kleid herzustellen war, das vorn und hinten je einen Streifen in den zwei verschiedenen Farben haben sollte.

Von allen Amtsträgern wurden die städtischen Schützen am schlechtesten ausgestattet.[22] 1446 wurde festgelegt: „Item der schutzen cleydonge sall sijn ouch zweyerleye varve, mer sij soilen haven van eynreleye zome lijve 3½ ellen doichs ind zome kampschilde van der andere varven 2½ ellen."[23] Sie sollten „eynletzige roecke ind geyn voeder darunden", d. h. kein Pelzfutter, tragen. Für Macherlohn und Futtertuch wurde ihnen 32,

Bidenhänder, der im 16. Jh. zur bürgerlichen Ausrüstung in Köln gehörte

53

Aufmarsch zur Schlacht bei Worringen, Ölgemälde, Köln, Arnold Colyns, 1582

Morion der Fassbindergaffel, Ende 16. Jh.

den Schützenmeistern 64 Schilling gewährt. Das waren immerhin zwei Ellen und ein Lammfutter weniger, als die städtischen Arbeiter erhielten – mithin war der Status der Schützen äußerst niedrig. Sie waren auch nicht mi-parti gekleidet. Eher scheint es so, dass Unter- und Überkleid in zwei verschiedenen Farben gehalten waren. Denn bei den übrigen Amtsträgern wird ausdrücklich erwähnt, dass ihre „cleydonge sall [...] gedeilt sijn van zweyerleye varven halff eyn ind halff ander tgeen eynander gesneden"[24]. Aus dem Zeughausbestand hat sich eine Schützenhaube aus der Anfangszeit des Dreißigjährigen Krieges erhalten.

Durch die Umstellung der Wachordnung vom Gaffelsystem auf lokale Einheiten 1583 kamen anstelle der Gaffelsymbole immer häufiger städtische Symbole bei der Kleidung und Bewaffnung zum Tragen. Auch danach wurden weiterhin angeworbene Söldner eingesetzt. Das Ende des Truchsessischen Krieges bot der Stadt eine willkommene Gelegenheit, mit der Entlassung eines Teils der Söldner den städtischen Etat zu entlasten. So verfiel man 1594 erstmals „auf die Einrichtung der Expectanten oder Wartschutzen" aus den Reihen der Bürgerschaft.[25] Diese waren gegen Bezahlung auch von Privatpersonen zu mieten. Sie erhielten eine Entlohnung, mussten jedoch ein eigenes „seidtgewehr" und „lange Rohr" besitzen und durften diese weder verkaufen noch verleihen. Über eine besondere Uniformierung ist nichts bekannt. Vermutlich handelt es sich um solch einen Trupp Wartschutzen, der auf dem Kalenderblatt, welches für das Jahr 1655 dem Rat dediziert wurde, links vor dem Rathaus zum Schutz der Ratsherren aufzieht: Männer in Zweierreihen mit vorgehaltener Muskete marschieren hinter zwei Offizieren, kenntlich an ihren Spontons.[26] Die Hüte der beiden Offiziere sind zu Dreispitzen oder Kaskets hochgeschlagen, während die Mannschaft die damals noch üblichen Schlapphüte trägt. Über die Farben lässt sich anhand des unkolorierten Kupferstichs nichts aussagen. Bei den Offizieren sind deutlich der Uniformrock und die in hohen Stiefeln steckenden Hosen zu erkennen. Die Mannschaft scheint Wämser und Kniehosen zu tragen.

Auch auf einem weiteren Kalenderblatt für das Jahr 1655 mit einer Ansicht des Rathauses von Westen erscheinen Soldaten. Vor einer Tür zwischen Turm und Vorhalle stehen aufgestellte Musketen und drei Uniformierte, von denen einer in der damals üblichen Art mit breit gestellten Beinen Wache steht.[27] In der rechten Hand hält er eine Pike, an der Seite erscheint der Säbel. Der Hut hat eine breite Krempe, die Uniformjacke hebt sich etwas ab vom weißen Wams und der weißen Kniebundhose. Die hier dargestellten Wartschützen wurden in der zweiten Hälfte des 17. Jahrhunderts durch die Stadtsoldaten abgelöst.

Noch während des Dreißigjährigen Krieges hatten sich die zahlreichen Söldner darin gefallen, ihre Individualität mittels Kleidung auszudrücken und sich dabei von der Enge der höfischen (spanischen) Mode zu befreien.[28] Der gängige Anzug, der sich an der zivilen Kleidung orientierte, bestand aus einem groben Leinenhemd und weiten Reithosen aus Tuch, die am Knie mit Bändern zusammengefasst waren.[29] Hauptbekleidungsstück war das stark wattierte Wams. Darüber fiel

Landsknechtsdolch, Eisen, um 1560/70

ein kurzer Umhang oder Casaque, der mittels Knöpfen geschlossen und als Rock getragen werden konnte. Dazu trug man Schuhe oder hohe Reiterstiefel, wollene Strümpfe, Schlapphüte mit breiten Krempen und hohem Hutkopf, lang wallendes Haar, Schnurr- und Spitzbärte. Die Kleidung der Offiziere war ähnlich der der Mannschaften, aber aufwendiger und der neuesten Mode entsprechend. Eine Schutzbewaffnung wurde angesichts der Feuerwaffen unwichtig. „Wie ein Zeitgenosse bemerkte, brachte es einen um, wenn man in einem vollen Harnisch kämpfte."[30]

in Friedenszeiten Truppen zu unterhalten, die nicht mehr an ihren Hauptmann, sondern an den Landesherrn (im Falle Kölns: den „Hochedlen und Hochweisen Rat"[32]) gebunden waren. Dieser zahlte ihnen Sold und kleidete sie einheitlich ein. Um die eigenen Soldaten auch im Getümmel und bei Pulverdampf vom Gegner unterscheiden zu können, wählte man dabei grelle Farben.[33] Anfänglich beschränkte sich die Einheitlichkeit auf die Grundfarbe der Uniform und das Rockfutter. Schnitt und Besatz waren abhängig vom Geschmack und von der Zahlungsfähigkeit des Trägers. Mit Beginn des 18. Jahr-

Wachtsoldaten, zu sehen im Hintergrund links von der Rathauslaube, Kupferstich von A. Aubry nach J. Toussyn, vor 1655

Eine erste Uniformierung führten der Schwedenkönig Gustav Adolf und der kaiserliche Feldherr Wallenstein ein. Als dann Mitte des 17. Jahrhunderts in fast allen Staaten stehende Heere geschaffen wurden, erhielten diese Truppen einheitliche Uniformen.[31] Gleichzeitig löste der Begriff des „Soldaten" den des „Kriegsmanns" oder „Knechts" ab. Die Staaten gingen nun vermehrt dazu über, auch

hunderts jedoch nahm die Vereinheitlichung der Uniform innerhalb eines Regiments zu.[34] Offiziere trugen schon früh einen Ringkragen, nicht selten aus Silber, auf dem das Abzeichen, Monogramm und Wappen des Herrschers eingraviert waren.

Auch das Heilige Römische Reich Deutscher Nation legte sich stehende Heere zu. Durch seine dezentrale Organisation gab es jedoch keine feste, dem Kaiser ständig zur Verfügung stehende Armee. Die Reichskreise[35] mussten Militärkontingente unterhalten, die im Kriegsfalle die Reichsarmee bildeten. Die Reichskriegsverfassung beschränkte sich auf die Festsetzung der Größe der zu stellenden Kontingente. Einzelheiten wie Zusammensetzung, Bewaffnung und Bekleidung des Heeres wurden durch besondere Reichsgesetze in jedem einzelnen Falle geregelt. Die – häufig recht mangelhafte – Ausführung dieser Gesetze lag in den Händen der Kreise.[36] Selbst für die österreichischen Haustruppen wurden erst 1708 genauere Kleidervorschriften erlassen.[37]

Anfangs trugen die Soldaten der stehenden Heere langschößige Röcke, breitrandige Filzhüte, einen kleinen Bart, die Offiziere Allongeperücken.[38] Zu Beginn des 18. Jahrhunderts löste sich die Uniform immer mehr vom bürgerlichen Habit. Aus dem Oberrock wurde der lange Uniformrock in Form des gefütterten „justaucorps",[39] zweireihig und auf der Brust aufgeschlagen zu „Rabatten", die umgeschlagenen Schöße wurden schmaler. Der Rock erhielt zunächst einen kleinen, dann immer größer werdenden Kragen, die umgeschlagenen Aufschläge wurden kleiner, die Ärmel enger. Eine wichtige Rolle spielte der Futterstoff, den man zunächst nur an den zurückgeschlagenen Ärmeln sah, später auch an den Kragen, an den Revers und an den umgeschlagenen Rockschößen.[40] Der Schal oder das Halstuch wurden zur Krawatte umgebildet. Aus dem unteren Rock, dem Kamisol,[41] entstand die gefütterte Weste, zunächst noch mit Ärmeln. „Aus dem Brandenbourg[42] entwickelt sich der weit geschnittene und ebenfalls mit einem Doppelkragen versehene Surtout, dem wir auch in der Uniform eines jungen kölnischen Offiziers begegnen."[43]

Der gewöhnliche Soldat des 18. Jahrhunderts besaß keinen Mantel. Dieser war auch in der Zivilbevölkerung kaum verbreitet. Stattdessen trug man den bequemeren weiten Rock mit Unterkleidung. Auch wurden Kriege meist im Sommer geführt. Die kalten Monate verbrachten die Armeen im Winterquartier. Wachmäntel gaben Soldaten auf Posten untereinander weiter.[44] Nach 1745 wurden die Röcke eleganter, ab 1770 zeichnete sich mit dem schmalen Rücken, den schrägen Vorderseiten, den engen Ärmelaufschlägen und hohen Umschlagekragen der Übergang zur Ausgehuniform des 19. Jahrhunderts ab. Gleichzeitig entwickelte sich ein Rock für den alltäglichen Dienst, der zweireihige Überrock mit zurückgeknöpften Rabatten. Beim Marschieren erwies es sich als praktisch, die Uniformschöße nach hinten zurückzuschlagen und zusammenzuhaken.[45] Die Stoffe waren sehr grob, teilweise sogar filzartig, und wurden oft mit feuchter Kreide angestrichen, „gekollert" (weiß gefärbt).[46]

Die Kniebundhosen waren anfangs recht schlicht und bequem. Als Rock und Kamisol enger und kürzer wurden, erhielten auch die nun sichtbaren Hosen an den Schenkeln und Knien einen schmaleren Schnitt. Um 1750 ersetzte der Latz den Mittelschlitz.[47] Auch hatten sich Hosen aus weißem Leinen als praktikabel erwiesen – man konnte sie waschen und bleichen. Die Schuhe der (preußischen) Infanteristen hatten für beide Füße die gleiche Form, um sie täglich vertauschen und ein Krummlaufen verhindern zu können. Im Feld trug der Soldat in der Regel ein zweites Paar Kniestrümpfe, um seine Kniehosen vor Schmutz zu schützen. Erst nach 1700 kamen Gamaschen auf.[48] Der Soldat half der Natur gelegentlich nach und legte eine falsche Wade an, d. h., er füllte den Hohlraum zwischen der Kniekehle und der Wade aus.[49]

Der Filzhut wurde nun dreiseitig zum „Dreispitz" aufgeschlagen, der Bart verschwand. Auch die Haartracht der Soldaten änderte sich. Am Ende des 17. Jahrhunderts hatten Offiziere der Mode der Zeit entsprechend Perücken getragen, wohingegen die einfachen Soldaten ihre Haare lang und offen ließen, was sich aber bei Wind und Regen als äußerst störend erwies.[50] Der preußische König Friedrich Wilhelm I. führte daher zu Beginn seiner Regierungszeit 1713 den mit Bändern fest umwickelten Zopf ein, andere europäische Staaten folgten diesem Beispiel. Auch

Österreichische Grenadiersmütze mit Pelzbesatz, 1740–1764

ein Kölner Reglement aus dem Jahre 1749 forderte vom Soldaten, dass „zu jeder Zeit, auch außer Herren-Dienst, sein Haar beisammen geflochten" sein müsse. „Er habe zuvor wohl gekammt und gewaschen, sein Haar in den Zopf gebunden".[51]

Die Uniformen der Kölner Stadtsoldaten

Die Kölner Stadtsoldaten verbindet man automatisch mit der hohen spitzen Mütze. Diese Kopfbedeckung wurde von den Grenadieren getragen. Am Ende des 16. Jahrhunderts war die (Hand-)Granate (vom spanischen Wort für Granatapfel: granada; französisch: grenade) eingeführt worden.[52] Das Zeitalter Ludwigs XIV. und seiner Belagerungskriege verhalf ihr zu neuer Bedeutung: Man brauchte jetzt zunehmend Grenadiere, um eine Bresche in die belagerte Festung zu sprengen. Ihre Zahl stieg gewaltig an, und bald hatten alle europäischen Armeen Grenadierkompanien. Zum Zünden und Werfen einer Handgranate musste der Soldat beide Hände frei haben. Deshalb hängte er sein Gewehr auf den Rücken. Dabei störte jedoch der Hut, weshalb er durch die Zipfelmütze der Bauern und Handwerker ersetzt wurde. Daraus entwickelte sich die Grenadiersmütze: Vor die konische Mütze aus gesteiftem Tuch wurde ein aufrecht stehender Vorderschild gesetzt, zuerst als Tuch mit Stickereien, schließlich mit Beschlägen aus Blech. Später bestand dieser Vorderschild, der den Träger der Mütze wesentlich größer erscheinen ließ, aus geprägtem gelbem oder weißem Blech. Der ursprünglich frei herabhängende Zipfel wurde senkrecht am Vorderschild befestigt. In anderen Ländern, u. a. seit etwa 1748 in Österreich, entschied man sich für die hohe, spitze, pelzbesetzte Mütze mit einem Metallschild auf der Vorderseite. Bayern hatte die Bärenfellmütze schon 1702 eingeführt, um 1770 folgte der Metallschild mit dem kurfürstlichen Wappen.[53] Auch nach Aufgabe der technisch unzulänglichen Handgranaten um die Mitte des 18. Jahrhunderts blieben Grenadiere bei den Grenadiersmützen. Sie hatten sich den Ruf als besonders entschlos-

Uniform der Kölner Stadtsoldaten, 1774, nach der Uniformkunde Richard Knötels

sene Soldaten erworben.⁵⁴ Ihre Bewaffnung bestand aus Radschlossmuskete, Tüllenbajonett und Säbel.

Die einzig bekannten zeitgenössischen Darstellungen zeigen Kölner Stadtsoldaten mit pelzbesetzten Mützen. Dies verwundert eigentlich nicht. Zum einen zählten die Kölner zum kaiserlichen Lager, waren Parteigänger der katholischen Habsburger. Zum anderen orientierten sie sich in modischen Fragen am kurfürstlichen Hof in Bonn, der von 1588 bis 1761 fest in Wittelsbacher Hand war. Und sowohl österreichische als auch bayerische Grenadiere trugen Pelzmützen „mit dem großen und reichverzierten Beschlag auf der Vorderseite".⁵⁵ Auch darf der französische Einfluss nicht unterschätzt werden. Seit den Kriegen Ludwigs XIV. hatte es in Köln immer wieder französische Einquartierungen gegeben, zuletzt während des Siebenjährigen Kriegs. Auch die Franzosen setzten auf die Köpfe ihrer Grenadiere Pelzmützen.⁵⁶ Auf der Mütze der Kölner Stadtsoldaten war ein Messingschild angebracht, der nicht etwa das Wappen der Stadt, sondern eine brennende Granate zeigt. Das Schild mutierte zunehmend zu einem relativ kleinen Anstecker. Auch das Gemälde zur Kölner Lotterie aus dem Jahr 1770 zeigt die Kölner Stadtsoldaten mit pelzbesetzten Mützen. Warum aber tragen die Kölner Funken dann von Anfang an in den Rosenmontagszügen schwarze, mit Filz bezogene Mützen? Vermutlich war es angesichts der zunehmenden Ausrottung von Bären in den heimischen Wäldern immer schwieriger geworden, Bärenfellmützen zu bekommen. Zudem belastete der Ankauf von teuren Pelzmützen die Kriegskasse. Entsprechend waren die Pelzmützen der Grenadiere der französischen Nationalgarde bald nach 1789 „als zu kostspielig" abgeschafft worden.⁵⁷

Der Funken-Aufmarsch auf dem Kupferstich, den Charles Dupuis um 1790 anfertigte, gibt keine genauere Auskunft über die Beschaffenheit der Mütze. Zu erkennen sind lediglich einige Stadtsoldaten mit schwarzen Grenadiersmützen. Kommandiert werden sie von einem Offizier mit Dreispitz. Friedel Schwarz notierte zum Erscheinungsbild der Funken gegen Ende des Alten Reichs: „Die Uniformen bestanden aus roten Röcken, weißen Hosen und als Kopfbedeckung schwarze Grenadiersmützen."⁵⁸ Wie am Beispiel der Mützen schon gezeigt wurde, ist damit nicht allzu viel über das genaue Aussehen der Uniform gesagt. Die farbige Darstellung eines Stadtsoldaten, vermutlich von einem französischen Kriegsgefangenen um 1795 gezeichnet (s. Abbildung S. 48), zeigt eine rote Uniformjacke mit weißem Futter und ebensolchen Rabatten, darunter ein weißes Kamisol, eine weiße Hose und schwarze Gamaschen über Halbschuhen. Der Soldat trägt ein Koppel und ein Bandelier, beides in Weiß, mit Messingbeschlägen. Bewaffnet ist er mit einem Gewehr mit aufgepflanztem Bajonett und einem Säbel, der bei den Mannschaften den Degen ersetzte. Auch der prachtvolle Schnauzbart deutet darauf hin, dass der Dargestellte höchstens den Rang eines Unteroffiziers bekleidete.⁵⁹ Es fehlt jedoch der für den Einsatz im Koalitionskrieg auf Kosten der Stadt neu angefertigte graue Caputrock „nach echt kaiserlichem Schnitt".⁶⁰

Über die farbliche und vor allem die schnittmäßige Gestaltung der Uniform eines Kölner Stadtsoldaten fehlen schriftliche Überlieferungen. Vielmehr kennen wir neben dem Porträt eines im bekannten Rot, wenn auch mit neuartiger Mütze bekleideten Funken nur noch eine farbliche Abbildung von Kölner Stadtsoldaten, und zwar in der lebhaften Darstellung einer Lotterieszene aus dem Jahr 1770. Auch hier tragen die einfacheren Soldaten Fellmützen, allerdings nicht mit vorgebundenem Messingschild, sondern nur mit kleineren Messinganstecker. Ihre Uniformjacken sind schwarz mit roten Rabatten über weißer Hose und weißem Kamisol. Dazu tragen sie schwarze Gamaschen oder vielleicht auch hohe Stiefel. Möglicherweise ist das ein Hinweis darauf, dass sich die farbliche Zusammensetzung wie auch die modische Erscheinung der Uniform der Kölner

Lottoziehung unter Aufsicht der Kölner Stadtsoldaten, Ölgemälde, um 1770, Ausschnitt

Ausschnitt aus Rechnungen über Uniformenmaterialien für Kölner Stadtsoldaten, 1740er Jahre

Capitain Leopold von Carpffen

		Rth	alb	h
	Silber auf den Rock à 70 alb.	17	47	9
	Silber auf das Camisol à 70 alb.	7	49	
	Scharlach à 2 rth 14 alb.	11	47	
	gelb Lacken à 1 rth 42 alb.	9	3	
	gelben Zay à 24 alb.	2	24	
	weißen Zay à 24 alb.	1	30	
	große Knöpf à 6 alb.	2	0	
	kleine Knöpf à		31	
	kleine Knöpf zu den 2ten büxen		32	
	2 paar Schafffelle à 40 alb.	1	2	
	Silberne Galonen auf den Hut à 70 alb	3	7	
	Silberne Litzchen auf den Hut		12	
	1 Silbern Knöpf auf den Hut		5	
	Macherlohn, Noßseide, Stifftuch und Taschen	5		
	die Garnatur in die Falten	1		
	Futter in die Mauen		20	
	Futter in das Camisol		12	
	Macherlohn vor die zweyte büxen		24	
	2 paar Knie bänder à 20 alb.		40	
	Camisolsacc, Noßseide und Stifftuch zu den 2ten büxen		10	
	1 Echarpe	~~35~~		
	1 Neuen Hut	1	62	
	Suma	101	77	9
	+ C.	5		
		106	77	9

Stadtsoldaten im Laufe der Zeit änderten. Meist wurden die Kölner Stadtsoldaten im innerstädtischen Bereich als Zoll- und Polizeibeamte eingesetzt. Hier war anders als im Kampf eine leuchtende Uniform nicht unbedingt vonnöten. Gleichwohl kommt immer wieder der kölnische Vierklang von Weiß, Schwarz, Rot und Gold (bzw. Messing) zum Tragen, der uns seit dem späten Mittelalter im Kölner Wappen begegnet. Es fällt auf, dass in den Rechnungsbüchern beispielsweise der 1730er und 1740er Jahre nie größere Mengen schwarzen oder dunkelblauen Tuchs erwähnt werden, im Gegensatz zu rotem, gelbem und weißem.[61] So erhielten 470 Tambours, Gefreite und Gemeine neben „rothem carsaye" auch „gelben boy [...] zum futter und camisol".[62]

Schwarz und Thielen gehen davon aus, dass zwischen 1730 und 1750 „die Bekleidung der Kölner Stadtsoldaten aus tuchenem roten Rock ohne Kragen, mit strohgelben Futter und Ärmelaufschlägen" bestand. „Die Knöpfe und der Besatz der Röcke waren weiß, schwarz die Beinkleider. Das Kamisol war strohgelb, die Halsbinde schwarz." Die Uniformröcke der Offiziere waren mit silbernen Litzen verziert.[63] „In der zweiten Hälfte des 18. Jahrhunderts erhielten die Röcke weiße Rabatten. Die Ärmelaufschläge, Futter und Kamisol wurden ebenfalls weiß. Die Beinkleider fielen weg, statt dessen [sic] wurden weißlederne Hosen mit schwarzen Gamaschen eingeführt."[64]

Anders als die farbliche und sonstige modische Ausformung der Uniform waren die übrige Ausrüstung, die Pflege der Uniformen und anderes mehr streng reglementiert. Die Monturordnung von 1749[65] schrieb vor, dass die große Montur aus Rock und „Kamisohl" bestehe, welche vier Jahre halten mussten. Offizieren bewilligte man „eine Parade- und zwei tägliche Uniformen", die anderthalb Jahre täglich getragen werden mussten.[66] Für die kleine Montur erhielt der Soldat jährlich ein Paar Strümpfe, ein Paar Schuhe und ein Paar schwarze Gamaschen sowie der „Mousquetier" wohl infolge der großen Abnutzung auch einen neuen Hut. Alle zwei Jahre bewilligte die Stadt Köln lederne Hosen und den unteren Offiziersrängen einen neuen Hut sowie alle vier Jahre ein Paar weiße Gamaschen für Paraden und für andere repräsentative Auftritte. Wurden Teile der Uniform früher verschlissen, musste der Soldat diese selbst ersetzen. Der Soldat durfte keine langen Halstücher, wie es damals Mode war, tragen, sondern nur ein schwarzes Hals-Bändel. Die Haare mussten auch außerhalb des Dienstes geflochten getragen werden, gewaschen und gekämmt sein. Zur Parade hatte man mit geputzten Schuhen und Gamaschen zu erscheinen. Da Sauberkeit im höfischen Zeitalter nicht zu den höchsten Tugenden zählte, musste den Kölner Stadtsoldaten eigens verordnet werden, Koppel und Bandelier vier- bis fünfmal im Jahr zu besonderen Gelegenheiten zu waschen und mit Kreide zu weißen. Auch die Mannschaftsausrüstung war vorgeschrieben. Die Patronentasche musste aus Leder und (umgerechnet) 32 cm lang und 24 cm hoch sein. Sie wurde an einem 10 cm breiten weißen Bandelier getragen. Ein weiterer, schmälerer weißer Riemen – mit dem anderen ein Kreuz bildend – war für den Tornister aus rauem Kalbfell vorgesehen. Um den Leib geschnallt trugen die Stadtsoldaten an einem weißen Koppel Säbel und Bajonett. Auch hierfür gab es Vorschriften: Der Säbel eines Mannschaftsgrades sollte 43 cm lang und mäßig gebogen sein, der Griff gelb montiert, mit Parierkreuz. Für Charge und Grenadiere waren Säbel von 67 cm Länge erlaubt, mit Bügelgriff und vergoldeten Beschlägen, wenn man es sich leisten konnte. Die Hauptwaffe der Kölner Infanterie war ein Vorderlader mit Feuersteinschloss: 150 cm lang (da traf es sich gut, dass die Mindestgröße für die Linieninfanterie 165 cm betrug),[67] 4,86 kg schwer und mit einem 32 cm langen, dreischneidigen Bajonett versehen.[68] Der Kölner Maler Johann Anton de Peters, der lange Jahre in Paris gelebt hatte, fertigte, vermutlich nach seiner Rückkehr nach Köln, eine Zeichnung zu einem Kupferstich an, auf der anlässlich der Ableistung des Bürgereides

Die „Nazional Garde" bei Ableistung des Bürgereids auf die französische Verfassung, Kupferstich nach Johann Anton de Peters, Köln 1791

auf die neue französische Verfassung 1791 im Hintergrund ein Trupp „Nazional Garde" erscheint. Möglicherweise orientierte er sich dabei an den Kölner Stadtsoldaten: Die einfachen Soldaten tragen hohe Bärenfellmützen mit einem Metallschild auf der Vorderseite. Darunter erkennt man Zopffrisuren, anscheinend in der natürlichen Haarfarbe. Ihre Gesichter zieren elegante Schnurrbärte, über die Köpfe ragen Musketen mit aufgesteckten Seitengewehren. Die Rabatten der Uniformröcke sind wohl weiß, die Röcke selbst zweireihig geknöpft und mit einem kleinen Kragen ausgestattet. Der zugehörige Offizier – etwas derangiert wirkend – trägt über dem vollen Gesicht mit der weiß gepuderten Zopfperücke einen keck aufgesetzten Dreispitz. Sein Uniformrock steht am Hals etwas offen. Dort scheint ein Offiziersringkragen zu sitzen. Als Zeichen seiner Offizierwürde hat er einen Säbel gezogen.[69] Hat ihm vielleicht die Garde seiner Heimatstadt als Modell gedient?

So muss man sich heute vor Augen halten, dass auch ein bewusst in traditioneller Überlieferung agierendes Corps wie die Roten Funken keineswegs ein Klon der reichsstädtischen Stadtsoldaten ist. Selbst die Uniform, die auf den ersten Blick doch so historisch aussieht, erweist sich bei näherer Betrachtung als dem Lauf der Zeit unterworfen. Aber „die" Funken-Uniform gab es ohnehin nie. Sie passte sich den Modetrends an, änderte sich entsprechend den waffentechnischen Entwicklungen und wäre auch ohne die französische Besetzung den neuen militärischen Erfordernissen zum Opfer gefallen. So bewahren die heutigen Roten Funken in ihren Uniformen zwar die Erinnerung an die Freie Reichsstadt, sind aber alles andere als ihr Relikt.

Anmerkungen

[1] *Jan van Heelu*, Die Schlacht von Worringen, nach der Übersetzung von Frans W. Hellegers, in: Werner Schäfke (Hrsg.), Der Name der Freiheit. 1288 – 1988. Aspekte Kölner Geschichte von Worringen bis heute. Handbuch zur Ausstellung des Kölnischen Stadtmuseums in der Josef-Haubrich-Kunsthalle Köln 29.1.–1.5.1988, 2. Aufl., Köln 1988, S. 155–176, hier S. 141, Z. 6301ff.

[2] Vgl. *Oskar Bluth*, Uniform und Tradition, Berlin/DDR 1956, S. 8.
[3] Vgl. *Paul Lauing*, Die Geschichte der Kölner Polizei vom Mittelalter bis zur Gegenwart, Köln 1926, S. 28.
[4] Vgl. *Reiner Dieckhoff*, Vexillum civitatis. Vom städtischen Dreikronenbanner, in: Werner Schäfke (Hrsg.), Der Name der Freiheit (wie Anm. 1), S. 403–409, hier S. 408, Abb. S. 409.
[5] Vgl. *Toni Heinzen*, Zunftkämpfe, Zunftherrschaft und Wehrverfassung in Köln. Ein Beitrag zum Thema „Zünfte und Wehrverfassung", Köln 1939.
[6] Vgl. *Dieckhoff*, Vexillum civitatis (wie Anm. 4).
[7] Vgl. *Edith Wurmbach*, Das Wohnungs- und Kleidungswesen des Kölner Bürgertums um die Wende des Mittelalters, Bonn 1930, S. 84. Als 1798 das Inventar des Gaffelhauses der Schneider erfasst wurde, gab es dort u. a. auch noch „eine größere Zahl alter Waffen, darunter sechzehn lange Schlagschwerter" (*Josef Klersch*, Geschichte des Kölner Schneiderhandwerks, Teil 1, Köln 1951, S. 5–201, hier S. 77).
[8] Vgl. *Brigitte Maria Wübbeke*, Das Militärwesen der Stadt Köln im 15. Jahrhundert (Vierteljahrschrift für Sozial- und Wirtschaftsgeschichte; Beihefte, 91), Stuttgart 1991, S. 59.
[9] Vgl. *Johann Jacob Merlo*, Kölnische Künstler in Alter und Neuer Zeit, neu bearb. und erw. Ausg., hrsg. von Eduard Firmenich-Richartz und Hermann Keussen (Publikationen der Gesellschaft für Rheinische Geschichtskunde, IX), Köln 1895, Sp. 323f.; *Ilka Stitz*, J. M. Hambach, in: Wallraf-Richartz-Jahrbuch. (Westdeutsches) Jahrbuch für Kunstgeschichte 51, 1990, S. 203–220.
[10] *Heinrich Höfer*, Das Zeughaus der freien Reichstadt Köln, in: Beiträge zur Kölnischen Geschichte/Sprache/Eigenart, Bd. 3, H. 15 u. 16, 1919, S. 180–196.
[11] Vgl. *Wurmbach*, Das Wohnungs- und Kleidungswesen des Kölner Bürgertums (wie Anm. 7), S. 83.
[12] Vgl. *Heinzen*, Zunftkämpfe (wie Anm. 5), S. 37 Anm. 3, S. 39; *Wübbeke*, Das Militärwesen (wie Anm. 8), S. 60 Anm. 49.
[13] Vgl. *Heinzen*, Zunftkämpfe (wie Anm. 5), S. 40f.; *Höfer*, Das Zeughaus der freien Reichstadt Köln (wie Anm. 10), S. 181f. u. 184ff.
[14] Vgl. *Heinzen*, Zunftkämpfe (wie Anm. 5), S. 38.
[15] Vgl. ebd., S. 40. Ich halte dies aber eher für eine Aufzählung möglicher Waffen – wer trägt schon Spieß, Hellebarde, Lanze und Muskete gleichzeitig.
[16] Vgl. *Wübbeke*, Das Militärwesen (wie Anm. 8), S. 60f.
[17] Vgl. *Rita Wagner*, Der Spießbürger, in: Werner Schäfke (Hrsg.), Der Name der Freiheit (wie Anm. 1), S. 360f., Kat.-Nr. 3.23. Zur ritterlichen Kleidung vgl. *Erika Thiel*, Geschichte der Mode. Von den Anfängen bis zur Gegenwart, 7. Aufl., Berlin/DDR 1990, S. 114 u. Abb. 203f.
[18] Vgl. *Max-Leo Schwering*, Von Kölner Schützen und ihren Schießspielen, in: Kölnisches Stadtmuseum. Auswahlkatalog, Köln 1984, S. 149ff., hier S. 150.
[19] Ebd.; vgl. auch *Bluth*, Uniform und Tradition (wie Anm. 2), S. 8.
[20] Vgl. *Veronica Mertens*, Wappenrock und Narrenkleid. Die Mi-Parti als offizielles Abzeichen und zeichenhaftes Standeskleid, in: Anzeiger des Germanischen Nationalmuseums und Berichte aus dem Forschungsinstitut für Realienkunde 1993, S. 189–204, hier S. 189ff., 201 Anm. 17 bis 26.
[21] Vgl. *Wurmbach*, Das Wohnungs- und Kleidungswesen des Kölner Bürgertums (wie Anm. 7), S. 82f.
[22] Vgl. ebd., S. 83; auch *Mertens*, Waffenrock und Narrenkleid (wie Anm. 20), S. 193.
[23] *Walther Stein* (Bearb.), Akten zur Geschichte und Verwaltung der Stadt Köln im 14. und 15. Jahrhundert (Publikationen der Gesellschaft für Rheinische Geschichtskunde,

X), Bd. 2, Bonn 1895, S. 323, Nr. 202: Register der Rentmeister [...] 1446 Juni 6, S. 319 u. 322f.
²⁴ Ebd. Anders als *Wurmbach*, Das Wohnungs- und Kleidungswesen des Kölner Bürgertums (wie Anm. 7) gehen sowohl *Mertens*, Waffenrock und Narrenkleid (wie Anm. 20) als auch *Klersch*, Geschichte des Kölner Schneiderhandwerks (wie Anm 7), S. 25, davon aus, dass die „Soldaten" (wohl die Stadtschützen) in ständigen Diensten der Stadt mi-parti tragen mussten.
²⁵ *Paul Holt*, Die Wartschutzen der Reichsstadt Köln, ein Beitrag zur Geschichte ihrer militärischen Einrichtungen, in: Jahrbuch des Kölnischen Geschichtsvereins 6/7, 1925, S. 237–240, hier S. 237.
²⁶ Vgl. Handbuch der Uniformkunde. Die militärische Tracht in ihrer Entwicklung bis zur Gegenwart, begründet von *Richard Knötel*, grundlegend überarbeitet, fortgeführt und erweitert von *Herbert Knötel d. J.* und *Herbert Sieg*, Hamburg 1937, S. 2.
²⁷ Vgl. *Lauing*, Die Geschichte der Kölner Polizei (wie Anm. 3), S. 32.
²⁸ Vgl. *Thiel*, Geschichte der Mode (wie Anm. 17), S. 209ff.
²⁹ Vgl. *John Mollo*, Die bunte Welt der Uniform. 250 Jahre militärischer Tracht. 17. – 20. Jahrhundert, Stuttgart 1972, S. 22.
³⁰ Ebd., S. 23.
³¹ Vgl. *Bluth*, Uniform und Tradition (wie Anm. 2), S. 5, auch ebd., S. 9; Handbuch der Uniformkunde (wie Anm. 26), S. 1f.
³² Vgl. *Lauing*, Die Geschichte der Kölner Polizei (wie Anm. 3), S. 30f.
³³ Vgl. *Mollo*, Die bunte Welt der Uniform (wie Anm. 29), S. 17ff.
³⁴ Vgl. *Bluth*, Uniform und Tradition (wie Anm. 2), S. 13, 15 u. 17; Handbuch der Uniformkunde (wie Anm. 26), S. 4; *Thiel*, Geschichte der Mode (wie Anm. 17), S. 231.
³⁵ Schon nach der Wormser Matrikel von 1521 musste jeder Reichskreis 4000 Reisige und 20.000 Fußknechte stellen, 1681 wurde die Zahl auf 12.000 bzw. 28.000 erhöht. Das stadtkölnische Simplum umfasste 1521 30 Reisige und 322 Fußsoldaten. Die Zahlen reduzierten sich in der Folgezeit immer mehr. 1734 musste die freie Reichsstadt nur noch 106½ Mann zu Fuß stellen bzw. dafür bezahlen. Vgl. *Wilhelm Hamacher*, Die Reichsstadt Köln und der Siebenjährige Krieg, Bonn 1911, S. 12ff.
³⁶ Vgl. *Sarmin G. W. Kohlhepp*, Die Militär-Verfassung des deutschen Reiches zur Zeit des siebenjährigen Krieges, Stralsund 1914, S. 60f.
³⁷ Vgl. *Mollo*, Die bunte Welt der Uniform (wie Anm. 29), S. 37.
³⁸ Vgl. *Thiel*, Geschichte der Mode (wie Anm. 17), S. 230, Abb. 405-407.
³⁹ Vgl. *Mollo*, Die bunte Welt der Uniform (wie Anm. 29), S. 31; *Thiel*, Geschichte der Mode (wie Anm. 17), S. 231: „juste-au-corps" bedeutet „dem Körper eng anliegend".
⁴⁰ Vgl. Handbuch der Uniformkunde (wie Anm. 26), S. 2.
⁴¹ Kamisol bedeutet laut Duden: Unterjacke, kurzes Wams.
⁴² Ein untaillierter Mantel des Adels mit großem Kragen, langen Ärmeln, vorderem Knopfverschluss, Reitschlitz und Litzenbesatz. Vgl. *Thiel*, Geschichte der Mode (wie Anm. 17), S. 236; Mollo interpretiert „Brandebourgs" als den Litzenbesatz auf kaftanähnlichen Uniformröcken; vgl. *Mollo*, Die bunte Welt der Uniform (wie Anm. 29), S. 48.
⁴³ *Klersch*, Geschichte des Kölner Schneiderhandwerks (wie Anm. 7), S. 67.

⁴⁴ Vgl. *Bluth*, Uniform und Tradition (wie Anm. 2), S. 22f.
⁴⁵ Vgl. *Mollo*, Die bunte Welt der Uniform (wie Anm. 29), S. 48.
⁴⁶ *Bluth*, Uniform und Tradition (wie Anm. 2), S. 17. „Kollern" kommt vom franz. „couleur" = Farbe.
⁴⁷ Vgl. *Mollo*, Die bunte Welt der Uniform (wie Anm. 29), S. 49.
⁴⁸ Vgl. ebd., S. 31.
⁴⁹ Aus der "Neuen Dienstvorschrift für die Preußische Infanterie" von 1757, zit. nach *Mollo*, Die bunte Welt der Uniform (wie Anm. 29), S. 52.
⁵⁰ Vgl. Monturordnung von 1749: „Reglement Betreffend die Mondur / auff welche Arth selbige zu tragen und zu menagiren seye"; HAStK 33, Militaria, Nr. 6 Bl. 673; vgl. auch *Lauing*, Die Geschichte der Kölner Polizei (wie Anm. 3), S. 33f.
⁵¹ Ebd.
⁵² Vgl. *Mollo*, Die bunte Welt der Uniform (wie Anm. 29), S. 28.
⁵³ Vgl. Handbuch der Uniformkunde (wie Anm. 26), S. 51f. u. 269 Abb. 107; *Mollo*, Die bunte Welt der Uniform (wie Anm. 29), S. 37 u. 45.
⁵⁴ Vgl. *Bluth*, Uniform und Tradition (wie Anm. 2), S. 20f.; Uniformes de l'armée allemand à l'Éxposition uinverselle de Paris en 1900, pub. p. Le Ministère Royal de la Guerre de Prusse, Berlin/Leipzig [1900], S. 14f.
⁵⁵ *Mollo*, Die bunte Welt der Uniform (wie Anm. 29), S. 84.
⁵⁶ Vgl. Handbuch der Uniformkunde (wie Anm. 26), S. 153 Abb. 59 b; S. 155 Abb. 60 i u. S. 157f.: seit 1763 vorschriftsmäßig verlangt.
⁵⁷ Vgl. Handbuch der Uniformkunde (wie Anm. 26), S. 158.
⁵⁸ *Friedel Schwarz*, Die Kölner Stadt-Soldaten am Ende der reichsstädtischen Zeit, in: Jahrbuch des Kölnischen Geschichtsvereins 48, 1977, S. 151-198, hier S. 151f. u. 183.
⁵⁹ Vgl. Handbuch der Uniformkunde (wie Anm. 26), S. 9 u. 52.
⁶⁰ Vgl. *Schwarz*, Die Kölner Stadt-Soldaten am Ende der reichsstädtischen Zeit (wie Anm. 58), S. 162f. u. Anm. 4: Der Caputrock war ein Mantel aus starkem Tuch mit Stehkragen, der über dem Waffenrock getragen wurde.
⁶¹ HAStK 33, Militaria, Nr. 6 (für die Überlassung der Materialien aus dem Historischen Archiv der Stadt Köln danke ich Marcus Leifeld).
⁶² HAStK 33, Militaria, Nr. 6 Fol. 634r; vgl. auch *Friedel Schwarz/Helmut Thielen*, Geschichte der Soldaten der „Freien Reichsstadt Cölln" genannt „Rote Funken", MS.
⁶³ Ebd. Vgl. HAStK 33, Militaria, Nr. 6, z. B. Fol. 453r, wo die Kosten einer Hauptmannsmontur aufgelistet werden.
⁶⁴ *Schwarz/Thielen*, Geschichte der Soldaten der „Freien Reichsstadt Cölln" (wie Anm. 62).
⁶⁵ Vgl. auch *Lauing*, Die Geschichte der Kölner Polizei (wie Anm. 3), S. 33f.
⁶⁶ HAStK 33, Militaria, Nr. 6 Fol. 637r-640r (Entwurf um 1755).
⁶⁷ *Friedel Schwarz*, Werbung, Organisation, Sold und Ausrüstung des „Militär Contingents der Kay. F. R. Stadt Cöln", in: Jahrbuch des Kölnischen Geschichtsvereins 49/1978, S. 259-276, hier S. 260.
⁶⁸ Vgl. ebd., S. 261.
⁶⁹ Vgl. Johann Anton de Peters. Ein Kölner Maler des 18. Jahrhunderts in Paris. Wallraf-Richartz-Museum 12.6. bis 9.8.1981, S. 16, 225, Kat.-Nr. 159.

Monturordnung der Kölner Stadtsoldaten, Köln 1749

Reglement

Betreffend die Mondur / auff welche Arth selbige zu tragen und zu menagiren seye.

Bey außtheilender neuer Mondur so wohl / als auch drey Tag nacheinander nach derselben Außgebung soll bey öffentlicher Parade publicirt werden.

1mo Daß die grosse Mondur, bestehend in Rock und Kamisohl dauren müsse vier Jahr / belangend die kleine / so thut ein jeder Jährlich bekommen ein Paar Schuh / ein Paar Strümpff / ein Paar schwartzer Camaschen / alle zwey Jahr Lederne Hosen / der Mousquetier alle Jahr einen neuen Huth / diejenige aber / so ein silbernes Bord an ihrem Huth haben / als da seynd Unter-Officiers / Corporäls / Hautboisten / Gefreyte / Tambours und Pfeiffer nur alle zwey Jahr einen Huth / anebens jedesmahl bey neuer Montirung ein Paar weisser Camaschen / welche nur auff Parade-Tägen / und wan es sonsten vom Stadt-Commandanten expressè befohlen wird / gebraucht werden / und obige vier Jahr hindurch dauren müssen / welcher aber von Unter-Officiers und Corporalen so wohl als Gemeinen etwas von Mondur früher / als die vorgeschriebene Zeit ist / verschlissen / selbiges soll diesem auff seine eigene Kösten aus der Monathlicher Gage, oder aus den Lohn-Wachten auffs new angeschafft werden.

2do Auff daß nun sothane neue Mondur desto besser verschönet werde / soll ein jeder vom Unter-Officier anzufangen / bis auff den Mousquetier seine so groß als kleine Mondur auffbehalten / selbige nicht verschneiden / noch zu anderem Gebrauch verwenden / sonderen annoch täglich / und in schlechtem Wetter / bis an die Zeit der newer Montierung tragen.

3tio Soll keiner ein langes Halß-Tuch / sonderen nur ein schwartzes Halß-Bändel tragen / anbey jeder Zeit / auch ausser Herren Dienst seine Harr beysammen geyflochten haben / vor allem aber keiner auff die Parade kommen / er habe dan zuvorn sich wohl gekähmt und gewaschen / seine Harr in den Zopff eingebunden / und seine Schuhe und Kamaschen wohl und rein abgeputzet.

4to Soll ein jeder seine Degen Kuppel / und sein Bandoulier an der Patron-Taschen vier oder fünffmahl im Jahr sauber waschen / und farben / nemblich umb die Gottes-Tracht / nach St. Joann bey angehender Regierung der Herren Bürgermeisteren / an des Kaysers Nahmens-Tag / und wan es sonsten vom Stadt Commandanten besonder befohlen werde.

5to Soll ein jeder Unter-Officier und Corporal jedesmahl bey der Parade die seiner Corporalschafft untergebene visitiren und zusehen / ob Rock und Camisol / auch was zur kleiner Mondur gehöret / annoch gantz und propre, oder ob zerrissen und befleckt / ingleichen soll eines jeden sein Gewehr / Degen / und was weiters zur Rüstung gehöret / beschauen und visitiren / ob gantz oder mangelhafft seye / anbey denjenigen / bey welchem eins oder das ander abgehet / wan es eine geringschätzige Sach ist / selbst abstraffen / sonsten aber solches dem Commandanten oder dem Ober-Officier gebührend melden / vor allem aber sorgen / daß vor zukünfftiger Wacht alles hergestelt und gebessert seye.

6to Was hiebevor ist gesagt worden von denen Unter-Officiers und Corporalen / thuet zugleich die Ober-Officiers angehen / und werden selbige hiemit erinnert / daß nicht allein auff die Unter-Officiers und Corporalen / sondern auch auff die Gemeine gleichmässige Obsicht haben sollen / daß auff ihren Leib propres, und ihre Mondur so wohl / als Gewehr sauber halten / und daß diejenige / so in einem oder anderem Punct saumselig seynd / hervor gebührend angesehen / und zur Correction und Straff gezogen werden.

7mo Kan Magistratus zwar erleyden / daß diejenige / welche ein Handwerck verstehen / und als Maurer-Gesellen / Zimmer-Leuth / und sonsten als Handlanger in der Stadt außarbeiten gehen / nach vollendeter Exercitien-Zeit mit solcher Arbeit ihre Nahrung suchen / und ihr Brod gewinnen / dergestalt jedoch / daß in solcher Arbeit und ausser

*Ulrepforte,
Bleistiftzeichnung
von Walter Huisel,
Köln 1994*

Die Ulrepforte und der Bau der Kölner Stadtmauer

Von Henriette Meynen

Die Ulrepforte gleicht keinem der drei erhaltenen mittelalterlichen Kölner Stadttore, auch nicht den mittelalterlichen Türmen oder den überkommenen Resten der Windmühlen auf der Stadtmauer. Andererseits hat sie mit allen etwas gemein. Ihre Geschichte erklärt ihre besondere Beschaffenheit.

Schon der Name der Ülepooz, wie sie im Volksmund heißt, ist missverständlich; vor allem die gelegentlich vorkommende Übersetzung ins Hochdeutsche als Ulrichspforte ist irreführend. Das Ulrethor oder Ulrengassenthor, wie der Gebäudekomplex früher vielfach benannt wurde, leitet sich nicht von einer Person mit Namen Ulrich ab, nach der die Ulrichgasse benannt sein könnte, sondern von dem mittelalterlichen Wort Uler, der Bezeichnung für die Töpfer. Bevor es zum Bau der mittelalterlichen Stadtmauer kam, gingen diese, die auch als Üler, Euler oder Auler bezeichnet wurden, hier außerhalb des dichter bebauten, mit Wällen umgebenen Stadtgebietes ihrem feuergefährlichen Gewerbe mit den Tonbrennöfen nach.

Der Bau der Stadtmauer

Diese Handwerker waren vermutlich nicht lange auf ungeschütztem Gelände außerhalb Kölns tätig. Erste Überlegungen, das Stadtgebiet zu erweitern und hiermit auch das Töpferareal in das befestigte Halbrund mit einzubeziehen, stammen schon aus dem Jahr 1154.[1] Im Jahre 1179 begannen die Kölner Bürger endgültig, sich den Herrschaftsansprüchen des Kölner Erzbischofs Philipp von Heinsberg zu widersetzen und eigenmächtig eine neue Befestigungsanlage weit außerhalb des vorherigen Stadtgebietes anzulegen. Als Erstes sind nach dem gegenwärtigen Forschungsstand ein hoher Wall und davor ein breiter Graben erstellt worden. Durch eine Bußzahlung wegen vorangegangener Querelen erkauften sich die Kölner ein Jahr später auch die Zustimmung des Erzbischofs zum Mauerbau, und Kaiser Friedrich Barbarossa unterzeichnete hierzu die Urkunde am 27. Juli 1180. Der Erzbischof sah ab diesem Zeitpunkt im Festungsbau einen zukünftigen Schmuck und Schutz der Stadt Köln.[2]

„Aber im Jahre 1187 gerieth Philipp mit dem Kaiser in Uneinigkeit und nun befestigten die Kölner ihre Stadt zum Vortheil des Erzbischofs und zum Schutz der Heiligen drei Könige [...] Sie umgaben die Stadtmauer mit einem Graben; sie erbauten mit Eil und Gewalt neue Pforten".[3] Es ist überliefert, dass der Kaiser die Stadt deshalb bestrafte und forderte, ein Stück der Mauer und eine Pforte in der Höhe niederzubrechen. Daraus ist zu schließen, dass beachtliche Mauerteile damals bereits bestanden. Allerdings setzten die Kölner den Ausbau ihrer Festungsanlage gleich wieder fort.

Nicht nur im Bereich der Ulrepforte im Südwesten des Stadtkerns, sondern auch im Süden, Westen und Norden der Stadt umschloss die neue Befestigungsanlage weitgehend unbebautes Land, im allgemeinen Gärten, zwischen denen außer dem erwähnten Töpferviertel vereinzelt Klöster und Höfe lagen. Die sechs Kilometer lange, zur Landseite einen Halbkreis bildende Mauer umfasste ein auf etwa 405 ha angewachsenes Stadtgebiet. Ihre Nord-Süd-Erstreckung in Rheinnähe umfasste 3.075 m, während die Ost-West-Erstreckung 1.575 m ausmachte. Auf der Feldseite errichtete man in Abständen von 75 bis 95 m einzelne Wehrtürme.[4]

Ab 1200[5] bauten die Kölner die circa sieben Meter hohe Mauer vermutlich in folgender Weise: Zunächst wurden „die Pfeiler, auf denen die Bögen der Mauer aufliegen, errichtet, [...] sodann wurde der Grabenaushub als Wall aufgeschüttet und auf die Wallkrone wurde auf die Pfeiler die Bogenstellung aufgesetzt, die insgesamt von der Feldseite einen sehr imposanten Eindruck machte, jedoch aus fortifikatorischen Gründen nicht als sehr sehr sicher bezeichnet werden kann, da man mit einer Schaufel diesen Mauerkörper unschwer durchgraben kann. Der repräsentative Charakter des Mauerberings steht also im Vordergrund, auch wenn eine Annäherung durch Grabenfangfeuer [Beschuss innerhalb des Grabens], Graben und Wall keineswegs leicht gewesen sein dürfte."[6] Diese Erkenntnis, dass die Pfeiler der Mauer tiefer gegründet waren, jedoch die dazwischen befindlichen Mauerscheiben nur etwa 20 cm tief reichten,[7] ergab sich aus einer Grabung um 1990 anlässlich einer Erweiterung der neuzeitlichen Anbauten am erhaltenen Mauerstück nahe der Ulrepforte.

Auch wenn 1205 der Mauerbau so weit gediehen war, dass die Stadt Köln im Stande war, einer achtzehnmonatigen Belagerung standzuhalten,[8] war das riesige Bauwerk damals noch nicht vollendet. In den folgenden Jahrhunderten wurde die Anlage ständig weitergebaut, überarbeitet und den fortschreitenden Entwicklungen der Kriegstechnik angepasst. So sind ein Grabenbau an der Ulrichgasse 1213 und weitere Grabenbauabschnitte bis 1259 nachgewiesen.[9]

Im Jahre 1268 wurde die Stadtmauer zum ersten und einzigen Mal bezwungen, und zwar nahe der Ulrepforte. Nach einer Sage drangen damals 5.000 Verbündete des Erzbischofs nach dem Verrat eines Bewohners, eines Schusters namens „Haveniet", durch ein Loch unterhalb der Stadtmauer in die Stadt. Im Lichte der heutigen Kenntnis der relativ geringen Gründung der Mauerabschnitte erscheint eine solche Unterhöhlung nicht unwahrscheinlich. Allerdings müssen wir uns dieses Ereignis folgendermaßen vorstellen:

Denkmal der Schlacht an der Ulrepforte, vor 1378

Das „Loch", welches der Schuster hinter seiner Hütte – der Überlieferung nach gegen ein ansehnliches Entgelt – grub, war lediglich 80 cm breit und 1,60 m hoch. Das ließ sich aus der jüngsten Grabung erschließen.[10] Eine Vorhut drang im Dunkel der Nacht vom 14. auf den 15. Oktober durch dieses Schlupfloch und öffnete die Ulrepforte von innen, so dass das Hauptkontingent der Angreifer bequem in die Stadt eindringen konnte. An der sich im Morgengrauen entfaltenden Schlacht beteiligten sich die verschiedenen, bis zuletzt in wechselnden Koalitionen untereinander zerstrittenen Parteien, das Patriziat, die Partei der Overstolzen, die Zünfte und der Erzbischof Engelbert II. von Falkenburg, der in dieser Auseinandersetzung unterlag.

Ein steinernes Relief, das 100 Jahre später dieses Ereignis figürlich darstellte, erinnert heute noch an diesen Sieg. „Dieses Bild war so bedeutend, dass es bereits 1693, 1778, 1815 und schließlich 1886 wiederhergestellt und erneuert wurde und schließlich durch die heutige Kopie nach dem Zweiten Weltkrieg ersetzt wurde."[11] Josef Klinkenberg erklärte 1903 in seinem Führer durch Köln die Darstellungen auf dieser Relieftafel folgendermaßen: Die Tafel zeige in ihrem „oberen Felde Christus am Kreuze und daneben wie darunter betende Männer und Frauen. Dieser Teil veranschaulicht die dankbare Erinnerung der Bürgerschaft an die in der Stadt begrabenen Heiligen, welche bei der Belagerung Kölns durch Engelbert II. die Stadt durch ihre Fürbitte gnädig beschirmt haben. Unterhalb der die beiden Darstellungen scheidenden Mauerzinnen erblickt man kämpfende Panzerreiter, umgeben von zwei Engels- und zwei Teufelsgestalten – eine Versinnbildlichung des trotz schnöden Verrats glücklich abgewiesenen Überfalls, bei welchem die schon eingedrungenen Feinde von den Patriziern im Verein mit den Zünften teils getötet, teils gefangen wurden. Die Inschrift lautet: ‚Anno domini MCCLXVIII up der heilger more naicht do wart hier durch de mure gebrochen', d. h. Im Jahre des Herrn 1268 in der Nacht der hl. Mauren (aus der Gesellschaft des hl. Gereon) ward hier durch die Mauer gebrochen."[12] Allerdings ist das Relief heute einen Mauerbogen weiter nördlich des um 1990 ergrabenen geschichtsträchtigen „Loches" angebracht.

Die Fortsetzung des Mauer- und Grabenbaus bzw. die Verstärkung der Anlagen ist auch für die Jahrzehnte nach der Schlacht von 1268 nachgewiesen. So schreibt der Historiker Leonard Ennen: „Als die Kölner 1288 die Schlösser Worringen, Zons und Neuburg dem Boden gleichgemacht hatten, schleppten sie einen Teil der Mauersteine nach Köln, um damit den Stadtgraben auszumauern und zu befestigen."[13] Ein mittelalterlicher Zeitgenosse, der Mönch Gottfried von Pantaleon, berichtete: „Die Bürger vergossen ihren Schweiß beim Bau der Mauer."[14]

Im Jahre 1386 verstärkte die Kölner Bürgerschaft die Befestigung nochmals durch einen zweiten vorgelagerten Wall- und Grabenring. Dziobeck beschreibt dies folgendermaßen: „1386 ward ein Vorgraben, gleichlauffend mit der Stadtmauer angefangen und zu besseren Schutze, zwei Hecken gepflanzt, eine außerhalb des Grabens, welche einen breiten Weg vom Felde trennte, und eine auf dem Graben."[15] Wie auf dem Plan von Mercator von 1571 zu sehen, säumten zudem Baumreihen den Rand des inneren Walls und des äußeren Grabens. Dziobeck schreibt nicht nur von Bäumen auf den Wällen, sondern auch in den Gräben, die „zur Sommerzeit den Studierenden angenehme schattige Spaziergänge darbot[en]".[16] Eine umfangreiche Mauerreparatur ist 1421 und 1446 bis 1450 belegt.[17] Die eigentliche Stadtmauer war damit in ihrer endgültigen Gestalt fertiggestellt.[18] Zur Zeit des Burgundischen Krieges „1474 ward der Weg vor dem äußeren Graben mit einer brustwehr (Mauer) versehen, welche Schießlöcher hatte".[19] Von 1670 bis 1680 sind weitere Verbesserungen an den Festungswerken vorgenommen worden.[20] Ab 1693 wurden die Festungsbauverbesserungen eingestellt, so dass gegen Ende der reichsstädtischen Zeit die Kölner Festung als „verwahrlost und unordentlich" bezeichnet wurde.[21]

Stadtbefestigung an der Ulrepforte und Kartäuserkloster, Detail des Mercatorplans von 1571

Die Torburgen

Ihr imposantes geschlossenes Erscheinungsbild erhielt die Kölner mittelalterliche Stadtbefestigung durch die erst im Laufe des 13. Jahrhunderts erstellten Torburgen. Waren es ab 1187 zunächst provisorische Tore,[22] die den Durchgang durch die Wallmauer ermöglichten, so begannen die Kölner den eigentlichen Torburgenbau erst ab 1220. Um 1260 sind wahrscheinlich die landseitigen Toranlagen, von denen heute noch das Severinstor, das Hahnentor und das Eigelsteintor bestehen, vollendet gewesen. Auf der Landseite betrug die Anzahl der Tore 13. Die Tore am Rheinufer waren zahlreicher und wesentlich kleiner. Der Archivar Ennen berichtet von insgesamt 34 Toren um Köln im Jahre 1470.[23] Die Abstände der Tore auf der Landseite variierten. Besonders gering war die Entfernung der acht Tore im Westen voneinander, im Süden und Norden standen lediglich drei bzw. zwei derartige Tore. Die wichtigsten Torburgen, nämlich Severins-, Eigelstein-, Ehren-, Hahnen- und Weyertor lagen an den alten Römerstraßen.

Die Ulrepforte, die erstmals 1245 urkundlich erwähnt wurde,[24] war eine dieser Torburgen. Sie gehörte wie die weiteren Toranlagen im Südwesten der Stadt zu den ersten fertiggestellten Toren Kölns.[25] Von ihr ging jedoch allenfalls ein Feldweg, nicht aber eine fernverbindende Straße aus, und sie wurde daher auch nur mit einer relativ schmalen, vier Meter breiten Tordurchfahrt versehen. Sie war damit das schmalste landseitige Tor. Die Höhe des Torturms entsprach der des Severinstors, was sich aus einer wesentlichen Funktion derartiger Toranlagen erklärt: Von den hohen Türmen aus konnten die Wachposten einen sich aus dem flachen Umland nähernden Feind frühzeitig erspähen.

Den Wachdienst übernahmen besoldete so genannte Burggrafen. Sie hatten ihren Sitz in den Torburgen und waren für die ständige Kontrolle und Erhaltung der Befestigung zuständig. Nach der auf den Gaffeln basierenden städtischen Wachtordnung, die seit dem Ende des 14. Jahrhunderts bis 1583 bestand, mussten die Brauer im Verteidigungsfall 16 Mann für den Mauerabschnitt entlang des Kartäuserwalls stellen. Davon sollten vier die Ulrepforte bewachen, die übrigen waren für die benachbarten Türme – ein Turm nordöstlich und drei Türme südwestlich – zuständig.[26] In den Zwischengeschossen der Torburgen befanden sich Aufenthaltsräume für die Soldaten und neben den Treppenaufgängen kleine Gelasse zur Unterbringung von Gefangenen. Die Torburgen dienten des Weiteren der Verwahrung von Waffen und Kriegsgerätschaften; in einigen waren zudem die städtischen Gefängnisse untergebracht.

Bei genauerer Betrachtung der Ulrepforte erkennt man an dem heutigen Bau noch zwei mächtige, zum Sachsenring orientierte, durch eine mittlere rundbogige Öffnung verbundene relativ kurze Turmschäfte. Sie lassen noch heute das einstige Doppelturmtor erkennen, das wie die gleichartigen Eigelstein-, Gereons-, Ehren-, Hahnen-, Schaafen-, Weyer-, Bach- und Pantaleonstorbauten in der Tradition der römischen Stadttore stand. Das Deutzer Kastell, das zur Erbauungszeit der mittelalterlichen Stadttore noch existierte, mag als Anschauung gedient haben. Auch Mainzer führt das Prinzip der halbrunden Flankentürme auf römische Ursprünge zurück. Er fügt aber hinzu: „In ihrer individuellen Ausbildung sind die Tore Kölns eine eigenschöpferische Leistung, die die zeitgenössische Hochblüte Kölner Baukunst widerspiegelt."[27] Die mittelalterlichen Kölner Torburgen hatten wiederum Vorbildcharakter für niederrheinische Befestigungen.

Grundriss der Ulrepforte mit vorgelagerter Kaponniere, ehemaligem Wohnhaus des Müllers vor Südturm und Lagergebäude vor Nordturm, Köln 1882

Die wenigen und kleinen Fenster mit ihren einst schrägen Laibungen und rundbogigen Abschlüssen weisen einerseits auf die Verteidigungsfunktion der Torburgen und andererseits auf ihre Entstehungszeit in der Bauepoche der Romanik hin. Die schlichten und zugleich monumentalen Bauformen, die heute beispielsweise noch am Eigelsteintor ablesbar sind, entsprechen dem Stil der gleichzeitig in Köln entstandenen zahlreichen romanischen Kirchen. Es ist anzunehmen, dass die Baumeister der Kirchen und Tore die gleichen waren. Die mittelalterliche Kölner „Bürgerschaft erkannte die hohe Bedeutung der Zwingburgen für ihre Herrschaft über die Stadt"[28] und sorgte nach der Errichtung jahrhundertelang für ihre Instandhaltung. Insgesamt kann zur Kölner Stadtmauer gesagt werden: Sie war nach der Aachener Mauer die erste mittelalterliche Stadtbefestigung des Rheinlandes und zudem die größte nördlich der Alpen. Sie umschloss dreißigtausend Einwohner und somit die „volkreichste Stadt des Mittelalters".[29] Von den Kölner Bürgern um die Mitte des 13. Jahrhunderts als Halbrund mit zahlreichen Türmen und zwölf Stadttoren auf der Landseite vollendet, war sie in ihrem Umfang nicht zuletzt auch der Anzahl der Tore wegen als Abbild des himmlischen Jerusalem gedacht. Wehrtechnisch war diese Vielzahl von Torburgen nicht notwendig und schon gar nicht sinnvoll. Die Wehranlage besaß vor allem eine wichtige repräsentative Funktion, wozu die architektonisch ansprechende Gestaltung der Torburgen wesentlich beitrug. Der Provinzialkonservator Edmund Renard bezeichnet sie daher 1907 zu Recht als „erstes monumentales Werk seiner Art nach den Zeiten römischer Kultur".[30]

Auch zu der Zeit, als der Abbruch dieser damals verkommenen Mauer zur Diskussion stand, war der repräsentative, insbesondere durch Monumentalität erzeugte Charakter der Mauer noch nachvollziehbar. Ihre Wirkung auf den Betrachter schätzte die *Neue Preußische Zeitung* 1876 folgendermaßen ein: „Diese Bauwerke aus dem Mittelalter, in den Augen aller Kunstkenner Prachtstücke ersten Ranges, müssen auch auf den Nichtkenner schon durch ihre Massenhaftigkeit und ihre Verhältnisse einen imponierenden Eindruck machen."[31]

Stadttorschlüssel der „Carthauser Windtmuhl", Eisen, 18. Jh.

Die Windmühle

Vermutlich im ersten Drittel des 15. Jahrhunderts wurde die Ulrepforte zur Windmühle umgebaut, indem man in den nördlichen Torturm auf der – wie bei allen Halbrundtürmen nur mit gewöhnlichen Gebäudewänden abschließenden – stadtwärtigen Seite einen massiven Windmühlenturm einfügte. Auf diesem errichtete man dann die bewegliche Kappe mit dem Windrad und hatte somit eine Kappenmühle fertiggestellt. Wahrscheinlich verlor die Ulrepforte damit zugleich ihre Torfunktion. Diese Mühle wurde zwar erst 1446 erwähnt, aber sie war wohl eine der Windmühlen, deren Bau die Stadt seit 1393 geplant hatte. Sie lag der westlichen Ecke des Immunitätsbereichs des Kartäuserklosters gegenüber, an das heute u. a. noch die der Mauerecke Kartäuserwall/Ulrichgasse vorgesetzte Kreuzigungsgruppe erinnert.

Die Gestaltung dieser Windmühle wurde schon sehr früh positiv vermerkt. So wird sie in einer Chronik von 1528 beschrieben als „eine schön-starke steine Windmühl, bowen umb mit ein steinen verhauen Umbgang ind unden mit eynen steinen Boghen ind Pilaren umbher gebaut".[32] Da die Windmühle gewisse Parallelen in der Gestaltung mit der in den Jahren 1426/27 entstandenen Marienkapelle der Kartäuserkirche aufweist, ist es denkbar, dass letztere der um die gleiche Zeit errichteten Mühle als Vorbild diente oder die gleichen Baumeister

Ulrepforte, Skizze der Mühle in der ursprünglichen Form, Federzeichnung, um 1800

Ulrewindmühle mit Kartäuserklosterbau im Hintergrund, Lithographie um 1824

tätig waren. Die Strebepfeiler mit der Abtreppung auf halber Höhe und die Einfassung der gotischen Bögen mit Werkstein kennzeichnet beide Bauten. Es ist aber unwahrscheinlich, dass die Mühle den Kartäusern gehörte. In der Chronik des Kartäuserklosters ist kein entsprechender Nachweis enthalten. Auch behielt sich die Stadt vor, die Mühlen selbst zu besitzen. Der schon in früher Zeit gängige Name „Kartäusermühle" rührt lediglich von der Lage in unmittelbarer Nähe zum Kartäuserkloster her.

350 Jahre später, 1884, stellte der Architekten- und Ingenieurverein diesen Mühlenbau in seiner besonderen Bauweise heraus, indem er schrieb, dieser Bau sei „mit einigen architectonischem Luxus [erfolgt], indem der Müllergang nicht wie sonst eine gewöhnliche, auf hölzernen Streben vorkragende Galerie mit Bretterboden bildete, vielmehr auf einer durch Bogen und Gewölbe verbundenen Pfeilerstellung aufgeführt war, und zwar in ebenso solider wie malerischer Art und Weise".[33]

Die Torburgen waren wie die Stadtmauer in ihren unteren Teilen aus Tuffstein mit regelmäßigen Basaltaussteifungen gebaut und wiesen in ihren unteren Geschossen im Innern mächtige Gewölbedecken auf, so auch die Ulrepforte. Die Mauern des in die Torburg eingefügten Mühlenturms haben im unteren Bereich eine Stärke von etwa zwei Metern. In einer Höhe von 9,40 m, d. h. oberhalb des zweiten Obergeschosses, ist die Turmwandstärke auf eineinhalb Meter zurückgesetzt, und nach weiteren elf Metern weist sie im Obergeschoss in Höhe der Galerie nur noch ein Maß von einem Meter auf. Dieser schlankere viergeschossige Turmaufbau unterscheidet sich von den übrigen Stadtmauertortürmen auch in seiner Materialwahl. Während die Obergeschosse der übrigen Türme ganz in Tuffstein errichtet sind, ist beim Mühlenturm der Ulrepforte der Wechsel von Basalt und Tuffstein über den gesamten Turmschaft verwendet und entspricht diesbezüglich der etwa zeitgleich entstandenen ehemaligen Gereonsmühle.

Im Jahre 1588 ist eine Ausbesserung der Mühle nachgewiesen.[34] Wie lange der Mühlenbetrieb hier existierte, ist nicht gewiss. Im Urriss des Katasters ist 1836 Anna Katharina Herriger als Besitzerin eingetragen. Laut Unterlagen des Katasterarchivs[35] hatte sie die Mühle am 21. Juli 1829 von Engelbert Kreutzmann geerbt. Den Beleg hierzu unterschrieb in Vertretung von Catharina Herriger, die „auf der Kartäusermühle" als wohnhaft angegeben wurde, ein Friedrich Herriger. 1841 wird sie als Pächterin der Mühle genannt.

In diesem Jahr kaufte Andreas Hochkirchen aus Sürth, der bereits 1838 von der Stadt die Gereonsmühle für 1.460 Taler erworben hatte, die Kartäusermühle für fast das Doppelte, für 2.835 Taler, von der Stadt. Der Grund und Boden blieb dabei allerdings im Besitz der Fortifikation. Hochkirchen musste versichern, keine Veränderungen am Mühlenwerk ohne Zustimmung der Kommandatur vorzunehmen. Umbauten der Verteidigungseinrichtungen konnten dagegen auch ohne Einwilligung des Besitzers durchgeführt werden.[36]

Von Andreas Hochkirchen gelangte die Ulrepforte im selben Jahr in die Hände von Johann Schoengen. Wann die Mühle danach wiederum den Liegenschaften der Stadt Köln zugeschlagen wurde, ist noch nicht ermittelt. Sicher ist, dass Franz Carl Guilleaume die „sogen. Ulrepforte, Kartäuserwall 3/5 nebst Zubehör" am 2. August 1884 von der Stadt Köln erwarb.

Es ist wahrscheinlich, dass der Betrieb der Mühle irgendwann um die Mitte des 19. Jahrhunderts aufgegeben wurde, da inzwischen Dampfmaschinen den herkömmlichen Wind- und Wasserantrieb der Mühlen weitgehend ersetzten. So nutzten 1828 die Gebrüder Jacobi in Köln als Erste eine Dampfmaschine als Kraftquelle einer Getreidemühle, und 1850 gründete Heinrich Auer in Nippes eine zweite Dampfmehlmühle im Kölner Raum.[37] Die Vermutung wird auch durch einen Zeitungsartikel aus dem Jahr 1885 plausibel gemacht, in dem es rückblickend über die Ulrepforte heißt: „Die Stadt hat in den 30er Jahren diese Mühle an die Müller verkauft, deren Geschäfte indes in der anbrechenden neuen Zeit der Maschinen sehr bald zu Ende gingen."[38] Als Guilleaume die Mühle übernahm, war der Betrieb gewiss eingestellt. Der Mühlenturm und der anliegende Schuppen dienten der Firma Felten & Guilleaume als Lager und das Wohnhaus des Müllers als Arbeiterwohnhaus.

Von der Warte zur Kaponniere

Natürlich war im Mittelalter trotz der Veränderung der Turmfunktion der Wehrcharakter der Ulrepforte nicht völlig aufgegeben. Im Jahr der ersten urkundlichen Erwähnung der Windmühle (1446) wurde auch von einer „neuen Warte bei der Windmühle vor den Karthäusern" gesprochen. Nach Dziobeck war dies „ein gemauerter Thorzwinger, welcher auf einem Damm über den Hauptgraben ging, bis an den inneren Rand des Vorgrabens reichte und mit Ausgängen zur Seite versehen war. Solche wurden vor allen Thoren erbauet."[39] Von der stadtauswärtigen Seite des Zwingers führte der Weg durch ein Tor und über eine den Vorgraben überspannende Brücke ins Umland. Die heutige Kaponniere vor der Ulrepforte hat vermutlich ihren Ursprung in diesem Wehrbau im Hauptgraben.

Die vordringlichsten Sicherungsarbeiten wurden in der Folgezeit zunächst an den Torbauten vorgenommen. „Im Jahre 1528 besaßen Severinstor, Weyertor, Hahnentor, Ehrentor und Eigelsteintor Vorwerke; 1571 sind äußere mauerumgebene Vorhöfe an allen Toren mit Ausnahme der nicht mehr als solche benutzten Ulre- und Kahlenhauser Pforte angegeben."[40] Als aber 1632 die ersten neuzeitlichen Bastionen zur Verstärkung der Verteidigungsanlage gegen Kanonenbeschuss angelegt wurden, erhielt auch die Ulrepforte schon sehr früh ein derartiges vorgelagertes Verteidigungswerk. Es ist überliefert, dass um 1635 die Bastion vor der Ulrepforte bereits vorhanden war.[41]

Diese Bastion hatte, wie Dziobeck beschrieb, Verbindung zum äußeren Graben. Von der Mühle konnte man in den äußeren Graben durch zwei „Communikationsgewölbe oder Ausfälle" und von hier aus nach oben zum von einer „kleinen defension umgebenen" Wachthaus gelangen.[42] Der Kranz der Bastionen wurde dann 1670 bis 1689 vollendet.[43] Die insgesamt 25 Bastionen erhielten vielfach Bezeichnungen nach Heiligen, so die Bastion vor der Ulrepforte den Namen S. Maria. Sie war gerahmt von den Bastionen S. Bruno und S. Joseph.[44]

Nachdem das Rheinland 1815 preußisch geworden war, wurde Köln zur Festungs- und Garnisonsstadt erhoben, und man begann sofort mit dem Ausbau der Festung nach dem damaligen Stand der Kriegs- und Verteidigungstechnik. Und die hieß baulich nun nicht mehr „möglichst noch über dem Feind", sondern angesichts der Weiterentwicklung der Geschütze „in Deckung gehen". Die relativ weit herausragenden Bastionen 4 (d. h. die Bastion vor der Ulrepforte) sowie 6, 10, 12, 14, 16 und 18 wurden zur Erreichung einer wirksameren Verteidigung im Graben in tiefer gelegene sogenannte Envelloppenkaponnieren umgewandelt.[45]

Zu dieser Zeit erhielt die noch vorhandene Kaponniere an der Ulrepforte ihr heutiges Aussehen. Die zweigeschossige Kaponniere befand sich im Stadtgraben und ragte nur mit ihren oberen Partien der Schießscharten des oberen Geschosses, den heutigen oberen Fensterabschlüssen, aus dem Stadtgraben hinaus. Von den Schießscharten des Untergeschosses konnte der Graben bestrichen werden. Die Kaponniere war in der üblichen preußischen Art in Backstein errichtet und backsteinsichtig gehalten. Auf der nach oben abschließenden Plattform konnten Geschütze aufgestellt werden.

Im Innern weist der rechtwinklige Bau „in jedem Geschoss drei durch drei Rundbögen mit Stichkappen verbundene Tonnengewölbe"[46] auf. Im zentralen Bereich stützen in jedem Geschoss vier mächtige Pfeiler den Bau. Die etwa 1,30 m dicken Außenwände

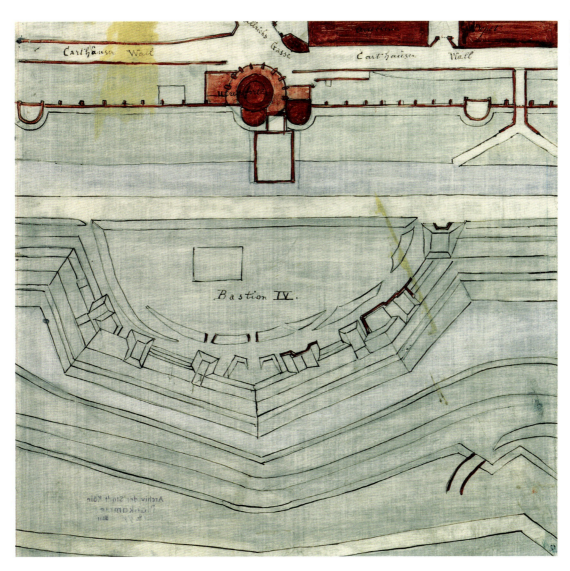

Situationsplan der Befestigungswerke an der Ulrepforte, Bastion IV, um 1860

sind im Innern durch 63 cm starke Mauervorsprünge zwischen den Schießscharten verstärkt, die am Außenbau durch flache Pilaster angedeutet sind.

Die Ulrepforte als Teil der preußischen Festung

Als Anfang Oktober 1794 französische Revolutionstruppen die Stadt besetzten, endete die jahrhundertelange Stellung Kölns als freie Reichsstadt, und es begann eine völlig neue Ära auch für die Kölner Festungsanlagen. Die Franzosen planten den Ausbau der Festung, wovon allerdings kaum etwas umgesetzt wurde. Erst nachdem Köln Teil des preußischen Staates geworden war, begannen größere bauliche Maßnahmen. Der preußische Kriegs- und Finanzminister erließ am 11. März 1815 die Ordre, Köln solle zur Festung ersten Ranges ausgebaut werden. Als erstes wurden der Graben vor der Mauer, der Hauptwall und das vorgelagerte Glacis instand gesetzt.[47] Insgesamt verstärkte man die Stadtmaueranlage als modernes Festungsbauwerk.

Verbunden damit war die Aufgabe aller Gärten in den Gräben und gleichzeitig die Anlage neuer Werke in diesen Gräben sowie der oben angesprochenen Kaponnieren. Zudem wurden alle Lager und Anbauten für bürgerliches Gewerbe an der Stadtmauer entfernt. Weitere Lager, Vorratsräume und Wohnungen in den Stadtmauertürmen wurden geräumt.[48] Zwecks besserer Verteidigung wurden beispielsweise in den Torburgen bombensichere Zwischendecken eingezogen, dagegen die für die veränderte Verteidigungstechnik unbrauchbaren Bauwerke vernachlässigt.

Es waren nun nicht mehr die Stadtsoldaten, die Köln verteidigen sollten, sondern Soldaten, die als Fremde aus den preußischen Stammlanden nach Köln kamen und außer dem Stadtgebiet die gesamte weitere Umgegend als zu schützenden Bereich bewachen sollten. Die Kölner Bürger, denen während des 19. Jahrhunderts so die Verantwortung für ihre Festungsanlage genommen war, verloren vermutlich infolgedessen das Interesse an diesem riesigen Verteidigungswerk völlig. Hinzu kam das schnelle Wachstum innerhalb der Mauern nicht zuletzt durch die ersten Manufakturen und die folgende Industrialisierung. Dem Verbleib der großen neuen Firmen innerhalb des bebauten Stadtgebietes stand nun die Mauer im Wege. In der zweiten Hälfte des 19. Jahrhunderts war die zur Verfügung stehende Freifläche innerhalb der Mauern endgültig verbaut, und es fehlte so an Bauland für die weitere Stadtentwicklung. Außerdem behinderten die mächtigen Toranlagen mit den vorgelegten Zwingern die Transportmöglichkeiten sperriger Waren in die und aus der Stadt.

Es ist daher nicht erstaunlich, dass Köln seit 1864 begann, beim preußischen Staat um Verlegung der Festungsanlage nachzusuchen. Der optische Zustand der mittelalterlichen Bauteile der Stadtmauer war ohnehin sehr verkommen. Seit 1693 waren die Erhaltungsarbeiten an der Stadtbefestigung eingestellt, und dementsprechend wurde sie gegen Ende der reichsstädtischen Zeit als „verwahrlost und unordentlich" bezeichnet.[49] Dennoch preisen die frühen Reiseführer wie Baedeker im Jahre 1849 in seiner Beschreibung der Rheinreise von Basel bis Düsseldorf die mittelalterliche Befestigungsanlage als „eines der großartigsten und merkwürdigsten Bauwerke seiner Art" und heben „die noch sehr gut erhaltene Ringmauer der Stadt mit ihren tiefen und breiten Gräben und ihren ausgezeichnet schönen Thortürmen" hervor.[50]

Diskussionen über den Erhalt der mittelalterlichen Stadtmauer

Als um 1875 die öffentliche Debatte für und wider den Erhalt der Stadtmauer lebhafter wurde, brachten die Zeitungen entsprechende Beiträge. Der Kölner Altertumsverein wurde vom Oberbürgermeister beauftragt, ein Gutachten über die Maueranlage zu verfassen und herauszustellen, welche Teile unbedingt erhaltenswert wären. Leonard Ennen als Vertreter dieses Vereins nahm dazu wie folgt Stellung: „Die Stadt wird beweisen, daß sie der Väter werth ist und daß sie die Denkmale einer großen Vergangenheit zu würdigen versteht, wenn sie sich entschließen will, für die Erhaltung dieser Thorburgen ein Opfer zu bringen. Außer dem Bayenthurm und dem Thürmchen würden das Denkmal: die Ulrepforte, die Ulrewindmühle, das Severinsthor, das Hahnenthor, das Gereonsthor und das Eigelsteinthor, als diejenigen Bautheile der alten Befestigung bezeichnet werden können, auf deren Erhaltung gedrungen werden müsste."[51]

Dabei verwies er auf die historische Bedeutung der Anlagen: „Die Tore sind das Wahrzeichen der hohen politischen Macht des Kölner Gemeinwesens, [...] Zeugen, welche Kunde geben von der Treue der Kölner Bürgerschaft gegen den Kaiser, von der Kraft, mit welcher die Stadt ihre Rechte und Freiheiten gegen die Erzbischöfe verteidigte."[52] In einem Zeitungsartikel stellte er überdies die kunsthistorische Bedeutung der Befesti-

Ulrepforte mit vorgelagerter Kaponniere im Stadtgraben, 1882

gungen heraus, die man als „ehrwürdige Reste der romanischen Baukunst" anzusehen habe;[53] an anderer Stelle bezeichnete er die „schloßähnlichen gewaltigen Thortürme" als „hervorragende monumentale Werke der romanischen Bauperiode".[54]

Auch der Architekten- und Ingenieurverein setzte sich seit Mitte der 1870er Jahre für den Erhalt der Mauerreste ein. Sein Sprecher, der Architekt Christian Mohr, schrieb: „Die riesigen Werke sind einzig aus den städtischen Mitteln errichtet und zeugen an sich schon von dem ungeheuren Reichtum der Stadt. [...] Architektonische, historische und archäologische Gründe sprechen für deren Erhaltung. Aus verkehrlichen und finanziellen Gründen ist die Erhaltung aller Torburgen nicht möglich."[55]

Ennen schloss sich diesem Vorschlag eines selektiven Erhalts der Stadtbefestigung an: „Die meisten Thore haben im Laufe der Jahrhunderte vieles von ihrem ursprünglichen Charakter verloren und sind durch mannigfache An- und Umbauten so entstellt worden, dass man keine Veranlassung hat, gegen ihren Abbruch Einspruch zu erheben."[56] Im Jahre 1874 wurde erstmals festgestellt, dass der Abbruch dieser riesigen Anlage nicht nur eine Angelegenheit des Kriegsministeriums, sondern auch der Kulturbehörden sei.[57] Die Reichsregierung holte 1874 ein Gutachten vom Landbaumeister Brauweiler ein und schließlich 1877 ein weiteres Gutachten durch Professor Bergau, der die Kölner Stadtmauer als die bedeutendste mittelalterliche Anlage ihrer Art bezeichnete.

Die Gutachten glichen einander weitgehend in ihren Ergebnissen. Als erhaltenswert sahen alle die Ulrepforte neben dem Bayenturm, dem Severinstor, Hahnen- und Eigelsteintor an. Ehrentor und Gereonstor zählten für die meisten ebenfalls zu den denkmalwerten Bauwerken. Dagegen war es das Bestreben der Stadtverordneten, alles zu beseitigen und allenfalls das Severinstor und die Ulrepforte zu erhalten. Vor allem die Ulrewindmühle wurde immer wieder als etwas Besonderes herausgestellt, so u. a. 1875 von Ennen mit den Worten: „Der Unterbau der Ulrewindmühle ist ein höchst beachtenswerthes und äußerst geschmackvoll entworfenes und ausgeführtes Werk, welchem wegen seiner neuen und orginellen gothischen Formen voller Anspruch auf Erhaltung und sorgfältige Restauration zugestanden werden muß."[58]

Der am 23. Februar 1881 zwischen der Stadtverordnetenversammlung und dem Kriegsministerium abgeschlossene Kaufvertrag sah dann den Erhalt des Severins-, Hahnen- und Eigelsteintors sowie des Ulredenkmals mit einem Stück Mauer zwischen zwei Halbtürmen vor. Vom Verkauf ausgeschlossen blieben die Mühlen auf der Stadtmauer, also die Bottmühle, die Ulremühle, die Pantaleonsmühle und die Gereonsmühle nebst Wohnhaus und Garten, da diese, wie es hieß, damals schon Privatleuten gehörten.[59] Die Stadt wiederum schloss mit diesen Privaten eigens Verträge zum Erhalt dieser Mühlen ab. Am 5. Mai 1881 kam dann der eigentliche Vertrag zur Übernahme der gesamten Festungsanlage zustande. Die Übergabe des Mauerhalbrunds erfolgte abschnittsweise, und zwar am 5. November 1881 das mittlere, am 5. Juni 1883 das südliche und schließlich am 5. Juni 1885 das nördliche Drittel. Danach erfolgte jeweils die Sprengung und Abtragung der einzelnen freigegebenen Mauerpartien.

Die Ulrepforte am Sachsenring

Auch wenn die Ulrepforte bei allen Vorschlägen als erhaltenswert angesehen wurde, gedachte doch der Altertumsverein der „Ulrepforte nebst der Ulrewindmühle" als „eines unseren meisten Mitbürgern fast unbekannten alten Denkmals".[60] Diese geringe Beachtung erklärt sich nicht zuletzt auch aus der Tatsache, dass, wie in einem Zeitungartikel von 1885 berichtet wurde, dieser Bau „in einen zerfallenen Zustand geraten" war.[61] Die Ulrepforte hatte wie auch die mittelalterliche Maueranlage ihre eigentliche Funktion verloren und keinen Bezug mehr zu ihrem Umfeld,

Ulrepforte neben der Seilerei Felten & Guilleaume im Rosenthal, Kartäuserwall, Aquarell, W. Scheiner, 1909, nach J. Scheiner 1866

das sich im Rahmen des Ausbaus der Neustadt völlig wandelte.

Während im Mittelalter[62] und auch noch zu Beginn des 19. Jahrhunderts das Stadtgebiet im Umfeld der Ulrepforte vorwiegend offenes Gartenland war, änderte sich dies mit der einsetzenden industriellen Entwicklung Kölns in preußischer Zeit. 1827 kaufte Franz Carl Guilleaume, der die Tochter von Johann Theodor Felten geheiratet hatte und als Teilhaber in dessen Seilereibetrieb eingetreten war, zusammen mit seinem Schwiegervater das Gut Rosenthal am Kartäuserwall. Die Seilherstellung erfolgte entlang des nördlich der Ulrepforte gelegenen Stadtmauerabschnitts. Nachdem die Firma Felten & Guilleaume dann 1838 zur Herstellung ihrer Produkte eine Dampfmaschine einsetzte, entwickelte sich rasch ein großer Industriebetrieb jenseits der Ulregasse, was ein Bild des Malers Jakob Scheiner von 1866 sehr anschaulich darstellt. Als dann 1874 der Betrieb von Felten & Guilleaume nach Mülheim verlagert wurde, nutzte die preußische Regierung den frei gewordenen Raum und baute an der Ulrichgasse zwischen 1875 und 1877 auf dem ehemaligen Fabrikgelände eine Infanteriekaserne, die sogenannte Ulrichkaserne. An ihrer Stelle wurde nach dem Zweiten Weltkrieg die Berufsschule errichtet.

Während sich so an die stadtwärtige Seite der Ulrepforte eine aufgelockerte Bebauung mit Militäreinrichtungen anschloß, plante Josef Stübben im Zuge der Stadterweiterung durch die Neustadt Anfang der 1880er Jahre auf dem stadtauswärtigen Festungsring eine lang gestreckte repräsentative Grünanlage mit beiderseits anliegenden Villengrundstücken, den Sachsenring. Die nun von prachtvollen Villen gerahmte Ulrepforte war als Blickfang am mittleren Teil des Sachsenrings gedacht. Gegenüber der Ulrepforte erfuhr dieser Grünzug eine begrünte Ausweitung, und schließlich erhielt 1903 die Ulrepforte selbst einen architektonischen Gegenpol mit der Kirche St. Paul.

Die Stadt wollte einem Zeitungsbericht von 1885 zufolge damals die Ulrepforte erwerben: „Die von der Stadt eingeleitete Erwerbung oder Enteignung des Bauwerks stellte sich jedoch als schwierig heraus. Der Schluß der Verhandlungen war, daß die Stadt nur einige für den Verkehr unbedingt nötige Teile des Mühlengrundstücks erwarb, die Grabenkaponniere jedoch an Herrn Commerzienrat Guilleaume verkaufte, wogegen letzterer sich zur stilgerechten Wiederherstellung der ganzen Bau-Anlage bereit fand."[63] Die Stadt kam damit in den Besitz von 214 qm, und Guilleaume besaß seitdem auf diesem Gelände 769 qm, wovon 506 qm Festungsgelände ausmachten, 186 qm zur Mühle und 77 qm zum Wohnhaus gehörten.[64] 1886 sanierte die Stadt ihrerseits den jenseits der Ulrichgasse befindlichen Stadtmauerabschnitt mit dem Ulredenkmal als weitere Attraktion der Grünanlage Sachsenring.

Guilleaume beauftragte den renommierten Dombaumeister Vincenz Statz, die Ulrepforte zu sanieren und auszubauen. Sicherlich spielte bei der Architektenwahl eine Rolle, dass Statz als Neugotiker besonders geeignet erschien, an einer im gotischen Stil gehaltenen Windmühle eine passende Neugestaltung vorzunehmen. Damals schon wurden auch die den Umgang des Mühlenturms

Ulrepforte vor den Umbauten der 1880er Jahre, Aquarell von J. Scheiner, 1878

Sachsenringanlage mit Lindenallee des einstigen Befestigungswalls; Ulrepforte gerahmt von Villen, um 1900

stützenden acht rechteckigen Pfeiler aus Trachyt und Basalt mit ihren wasserabweisenden Giebeln und die darunter befindliche schmale „Bogenhalle" mit den acht Kreuzgewölben von Kennern als ein wesentlicher optischer Bestandteil herausgestellt. So berichtet der oben zitierte Zeitungsartikel 1885 von der „schlanken Bogenhalle [...] mit zierlichen Kreuzgewölben in den besten gothischen Formen" und charakterisiert sie weiter als „künstlerisch sehr wertvolle Bogenhalle, deren volle Schönheit erst nach der Wiederherstellung des Zerstörten in die Augen fallen wird".[65]

Die Begeisterung für die Gotik war so groß, dass der schlichte flache kegelförmige Turmhelm als „unschön"[66] empfunden wurde und ein Umbau erfolgte. „Statt dessen ist über dem Turmzylinder auf kräftigen Kragsteinen ein Hausteingesims vorgebaut, auf welcher eine hölzerne Pfeilerstellung in Zwanzigeck sich erhebt." Dadurch entstand die noch heute vorhandene offene Galerie, die ein „in schlanker Kegelform emporwachsender neuer Dachhelm"[67] bekrönt. Dreieckgauben beleben diesen Knickhelm.

Auch weitere Detailformen wie die umlaufende Brüstung oberhalb der Bogenhalle sowie Blendbögen und Fensteröffnungen zwischen den Kragsteinen unterhalb der Galerie sind in gotischen Spitzbögen gehalten. Auf der vorgelagerten Grabenkaponniere wurde ein neuer villenartiger Aufbau mit allseitigen hohen Spitzbogenfenstern und einem Mansarddach errichtet, der als Gastwirtschaft diente.

Eine Umbauung der Kaponniere durch eine zum Ring hin vorgesetzte, auf Pfeilern gestützte Freitreppe sowie einen nördlich im Winkel zwischen Kaponniere und Stadtmauer vorgelagerten niedrigen Rundbau kaschierte die architektonische Strenge des preußischen Wehrbaus. Der zweigeschossige turmartige Aufbau oberhalb des Verbindungsgangs zwischen Ulrepforte und Kaponniere mit den zu einer Dreiergruppe zusammengefassten Lanzettfenstern im Obergeschoss verstärkte die neugotische Stilausrichtung. Den gesamten am 11. Juni 1886 fertiggestellten Gebäudekomplex rahmte ein von einem schmiedeeisernen Gitterzaun begrenzter Ziergarten.

Als Guilleaume an der 25.500 qm[68] umfassenden Grünanlage auf dem Sachsenring einen Gastronomiebetrieb eröffnete, entsprach er damit der im 19. Jahrhundert üblichen Verbindung von Parkanlagen mit Gastwirtschaft. In dem 1903 erschienenen Führer durch Köln von Klinkenberg steht denn auch: „In das landschaftliche Bild des Sachsenrings fügt sich aufs beste das daselbst erhaltene Stück der mittelalterlichen Befestigung, die zu einer Restauration umgebaute Ulrepforte mit Turm sowie die mit Efeu bewachsene Stadtmauer mit den ehrwürdigen von Fuchs wiederhergestellten Ulredenkmal."[69]

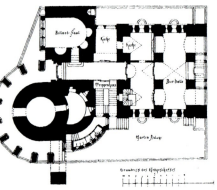

Grundriss der Ulrepforte nebst Wirtschaft, um 1888

Vom „galerieumzogene[n] Aussichtsturm"[70] genossen die Besucher den Ausblick nicht nur auf die zahlreichen bedeutenden Bauten des mittelalterlichen Köln, sondern auch auf die relativ große parkartige Anlage Sachsenring mit dem lang gestreckten Gewässer in seiner Mitte und einer älteren Lindenallee sowie dem im einstigen Stadtgraben befindlichen Spielplatz vor einer mittelalterlichen Stadtmauerpartie. Guilleaume hatte mit dem Ausbau einer Gastwirtschaft ganz im Sinne seiner Zeit gehandelt, denn die Sachsenringanlage war „die schönste und größte Anlage der Neustadt",[71] in der die damaligen Kölner flanieren und sich erholen konnten.

Eine zeitgenössische Beschreibung lässt uns heute noch etwas von dem damaligen Erscheinungsbild dieses Ringabschnittes erahnen: „Gleich beim Betreten des Sachsenrings hört der aufmerksame Beobachter das Murmeln einer Quelle, die er bald aus einem künstlichen Felsen hervorspringend entdeckt. Dieser Quell speist einen kleinen mit Goldfischen belebten Teich, in dessen Mitte eine kleine Fontaine – ein wasserspeiender Kranich – für etwas Abwechslung sorgt. Die Pestpflanze mit ihren großen, auf langen Stielen sitzenden Blättern säumt die Ufer des Teiches ein. Die anliegenden Rasenflächen sind mit hohen Weidenbäumen, Birken, stellenweise auch mit Rhododendron besetzt. Der herrlichen Lindenallee, die seinerzeit aus dem alten Festungsterrain für die Neustadt gerettet wurde, zuschreitend, gelangt man bald an einen Rest der alten Umwallung – ähnlich der am Hansaring –, nur hat dieser Rest für die kölnische Geschichte eine sehr große Bedeutung. Ein Weg längs der alten Stadtmauer führt" zum Ulredenkmal.

Beschrieben werden dann das Denkmal und die ihm zugrunde liegenden historischen Be-

Ulrepforte mit Gaststätte, Postkarte, um 1910

gebenheiten. Den Spaziergang fortführend heißt es dann: „Den schattigen Weg weiterschreitend, den Blick etwas nach rechts wendend, zeigt sich abermals eine herrliche Anlage vor der noch im Rohbau begriffenen Pauluskirche. Hier hat die Gärtnerkunst auch etwas Schönes geschaffen. Rondells mit Rosen, Begonien, Fuchsien, Geranien wechseln mit pyramidenförmig geschnittenen Taxussträuchern ab, zwei große Lebensbäume ragen über das Ganze hoch hinaus. Der Blumen- und Gartenfreund ist überwältigt von

Parkanlagen am Sachsenring, Postkarte, vor 1900

all dem Schönen, das mit dieser Anlage geboten wird."[72]

Die Umgestaltung der Restauration nahm auf die Umgebung Bezug, und die vielfältigen Funktionen trugen den Bedürfnissen einer gehobenen Bevölkerungsschicht Rechnung. Während im Untergeschoss der Kaponniere der Weinvorrat lagerte, befand sich darüber ebenerdig zugängig die „Bierhalle" und im Anschluss daran vor dem südlichen Halbturm die Küche. In diesem Turm selber wurde ein Billardraum ausgebaut und die Front zum Kartäuserwall mit einem großen gotischen Maßwerkfenster ausgestattet. Im villenartigen Aufbau der Kaponniere war ein großer Saal untergebracht mit einer vorgelagerten, über eine zweiläufige Treppe erreichbaren Terrasse, die wiederum von etwas erhöhter Warte einen Blick auf das Treiben am Sachsenring freigab. Ein eisengestütztes Vordach schützte hier die Besucher vor Regen. Ein weiterer, etwas höher gelegener Aussichtspunkt wird wie folgt beschrieben: „Von dem Wirtschaftssaal führt ferner eine breite mehrläufige Haussteintreppe auf eine Plattform und dann auf die über dem stadtseitigen Umgang des Mühlenturms liegende Altanterrasse. Auf diesem Wege hat man einen höchst anziehenden Blick auf das unberührt erhaltene, zum Teil malerisch bewachsene Mauerwerk der ursprünglichen Toröffnung und der beiderseits sich anlehnenden Halbtürme."[73] Von der geschilderten Altanterrasse, dem früheren Müllerumgang, aus war es möglich, den Turm zu besteigen und zur neu geschaffenen Aussichtsgalerie unterhalb des neuen spitzen Turmhelms zu gelangen. Die somit durch Um- und Aufbauten für den damaligen Geschmack allseitig äußerst schmucke Ulrepfortenanlage fand seit den 1880er Jahren allgemein Beachtung. Stübben sprach 1888 von der „interessanten" Ulrepforte, durch die u. a.

Farbige Werbeanzeige für die „Ulrepforte", „Café-Restaurant ersten Ranges", Köln 1888

die Ringstraße „einen besonderen Reiz gewinnt".[74]

Die Witwe des Commerzienrats Franz Carl von Guilleaume, Antoinette von Guilleaume,

Die Ulrepforte neben der Firma Felten & Guilleaume im Rosenthal, 1900

geb. Gründgens, vermachte diese sicherlich damals sehr gut laufende Wirtschaft 1907 der Stadt Köln.[75] Als die Schenkung angenommen war, wollte die Stadt auch noch die Schenkungssteuer durch die Stifterin bezahlt bekommen, was diese aber mit Hinweis auf die zukünftigen Einnahmen durch die Verpachtung der Wirtschaft verweigerte. Der gastronomische Betrieb überdauerte dann bis in den Zweiten Weltkrieg, als ihm durch die Zerstörung der Baulichkeiten ein Ende gesetzt wurde.

Die Ulrepforte seit dem Zweiten Weltkrieg

Nach dem Krieg sollte die der Ulrepforte vorgelagerte Gastwirtschaft nach dem Willen der Verantwortlichen auf keinen Fall wieder hergerichtet werden, zumal sie nicht mehr dem Geschmack der Zeit entsprach. Dazu schrieb der *Kölner Stadt-Anzeiger* am 8. April 1953: „Um die Jahrhundertwende hatte man dem alten Tor zum Sachsenring hin eine Gaststätte aus roten und gar nicht zu dem mittelalterlichen Bauwerk passen wollenden Ziegelsteinen vorgesetzt. Der Krieg verwandelte die Gaststätte in eine Ruine, und diese Ruine wurde in diesen Tagen von den Abbrucharbeitern abgetragen." Nicht zuletzt, weil inzwischen der Baustil des Historismus,

Entschuttung der Ulrepforte am 24.9.1955, beteiligt u.a. (von links): Jean Abriel, Eberhard Hamacher, Bürgermeister Theo Burauen, Fritz Everhan und Hans Urbach sen.

wozu auch die neugotische Bauweise gehörte, nicht mehr gefiel, ja geradezu verpönt war, verzichtete man auf einen Wiederaufbau des in seinen Außenmauern noch komplett erhaltenen Restaurationsgebäudes.

Der Denkmalpfleger Hans Vogts hatte bereits in den 1930er Jahren den Umbau der Windmühle beklagt: „Der Mühlenturm hat durch den Ausbau seine klare alte Form verloren".[76] Schon im August 1946 legte der Konservator Hans Vogts die ersten Pläne zur Wiederherstellung der Ulrepforte vor. Zunächst war damals folgerichtig ein Rückbau des Turmhelms vorgesehen, obwohl dieser nicht zerstört war. Im etwa um die gleiche Zeit verfassten Schreiben an den Beigeordneten Schweyer schrieb Vogts allerdings: „Die 1886 ausgeführte Bekrönung des Mühlenturms mit der Aussichtsgalerie ist noch so wohlbehalten, daß vorgeschlagen wird, daran jetzt nichts zu ändern. In dem Entwurf ist jedoch die alte Dachform eingetragen, die wesentlich besser und einfacher ist."[77] Ein kleines zweigeschossiges Wohnhaus sollte in Entsprechung des einstigen Müllerhauses auf der innenstadtwärtigen Seite neben dem Umgang entstehen, zudem anliegend ein kleiner Rundturm.[78] Insgesamt wurde auch noch 1954 als Ziel geäußert: „Denkmalpflegerisch sei es erwünscht, den mittelalterlichen Bestand wieder herauszuschälen."[79]

Der Stadt fehlte aber das Geld, Sanierungsarbeiten in dieser Form durchzuführen. Wie sehr sich die denkmalpflegerischen Ansichten um die Mitte des 20. Jahrhunderts von den Auffassungen der Gründerzeit unterschieden, belegt der oben zitierte Zeitungsartikel von 1885,[80] der den entgegengerichteten „romantisierenden" Umbau des Turmhelms gerechtfertigt hatte.

Schon direkt nach dem Krieg gab es Überlegungen, im Bereich der Ulrepforte einen kleinen Restaurationsbetrieb, „vielleicht mit Café, mit Konditorei oder Milchausschank"[81] zu eröffnen oder in Verbindung mit einem kleinen Clubbetrieb die Ulrepforte der Allgemeinheit zugänglich zu machen. Die notwendigen Sitzgelegenheiten sollten „vor dem Tore und auf der Plattform des südlichen Turmes sowie auf dem Umgang"[82] eingerichtet werden. „Zu diesem Zweck wird der Innenraum des Mühlenturms unten als Schenkraum (mit Ausschank), der Raum dahinter als Vorratsraum, der Raum darüber als Küche für bescheidene Betriebe (Kaffeeküche), der Raum auf Plattformhöhe als oberer Ausschankraum vorgeschlagen, die Treppe darin für den Wirt vorbehalten, der größere Raum in dem Turm als Gaststätte."[83] Die Kaponniere sollte lediglich als Vorratsraum genutzt werden.

Die Gesamtanlage befand sich in der frühen Nachkriegszeit in einem kläglichen Zustand, insbesondere die Kaponniere war mit Trümmerschutt aufgefüllt. Vom nördlichen Halbturm ist überliefert, dass er mit Eisentüren und Eisenstäben vor den Fenstern gesichert war, die aber 1952 gestohlen wurden.[84]

Hatten sich in der Folgezeit zunächst die Pfadfinder für die Ulrepforte interessiert, so teilte der Konservator am 10. September 1947 mit, die *Kölnische Rundschau* berichte, die Roten Funken stünden bezüglich der Ulrepforte in Verhandlungen mit der Stadt.[85] 1954 verhandelte der Künstler Georg Meistermann mit der Stadt Köln, um in der Ulre-

Ulrepforte während der Entschuttung, Oktober 1955

pforte sein Atelier einzurichten. Schließlich existiert eine Notiz vom 27. Juni 1955, in welcher der damalige Bürgermeister Burauen der Konservatorin Frau Dr. Hanna Adenauer mitteilt, dass die Roten Funken sich für die Ulrepforte interessierten. Am 8. September 1955 stimmte der Liegenschaftsausschuss der Nutzung der Ulrepforte durch die Roten Funken zu. Ein Erbpachtvertrag wurde auf 60 Jahre beschlossen. Der Konservator äußerte sich zufrieden: „Neben der Instandsetzung des Bauwerkes im Interesse der Denkmalpflege ist vor allem die traditionsgebundene Verwendung erfreulich."[86]

Am 24. September 1955 übernahmen die Funken die Ulrepforte und begannen mit der Aufräumarbeit. Das Motto stand schon am 20. September 1955 in der *Neuen Rhein Zeitung*: „Funken opgepaß! För et ehzte Funkejohr nohm Kreeg – et wor 1946 – hatte mer die Parol ausgegovve: Dä Kreeg eß am Eng, un Kölle ging drop, Funk speu en de Häng un bau widder op!" – und es ging wirklich zur Tat. Der *Kölner Stadt-Anzeiger* berichtete darüber am 26. September 1955: „Selbst der Bürgermeister griff zur Schaufel. [...] Zur Stärkung der Gemüter gab es zwischendurch e Gläsje Kölsch und Mettwurst vom Schmitze Schang. Um 14.30 Uhr waren die Roten Funken so weit, daß sie stolz ihre Fahnen heraushängten. Die Kapelle Hardy von den Driesch und der Spielmannszug von Fritz Hohn lieferten musikalische Untermalung zum kölnischen Ehrendienst. Kein Wunder, daß das ungewohnte Leben zwischen Sachsenring und Kartäuserwall viele Zuschauer anzog. Vor allem waren es auch die Nachbarn aus dem ‚Veedel', die den Funken das erste Willkomm in der neuen Heimstatt entboten. So wurde aus der Aktion an der Ulrepforte eine Art Volksfest, das die Herzen der Kölner höher schlagen ließ. Damit auch die Jugend auf ihre Kosten kam, hatten die Funken sich mit Bonbons bewaffnet. Während der Arbeitspausen regnete es also ‚Kamelle', als ob Rosenmontag wäre. [...] Mit Schaufeln, Hacken, Gießkannen, Eimern und Schubkarren hielt das Funkenkorps um 18 Uhr siegesbewußt einen Umzug um die Ulrepforte. 80 Kubikmeter Schutt verluden die Funken an diesem Tage von 8 bis 18 Uhr."

In der Folgezeit übernahmen die Roten Funken die Instandsetzungsarbeiten in eigener Regie, und der Architekt Karl Band, der auch schon die benachbarte mittelalterliche Mauerpartie betreute, übernahm die planerische Bearbeitung und die Überwachung der Bauarbeiten unentgeltlich. Die Stadtkonservatorin Frau Dr. Hanna Adenauer verfolgte die Baumaßnahmen sehr genau. Sie stimmte zu, dass die Wendeltreppe im Innern des Mühlenturms in der Art derjenigen der Bottmühle errichtet werden sollte. Exakte Vermessungen der Stockwerkshöhen und inneren Durchmesser der einzelnen Etagen und dergleichen wurden durchgeführt und in Zeichnungen festgehalten. Anstelle der alten Balkendecken wurden Stahlbetondecken eingezogen.

Nach Abschluss der Sanierungsmaßnahmen haben die Roten Funken sich weiterhin bis zum heutigen Tage vorbildlich um eine sach- und fachgerechte Erhaltung der Ulrepforte und der vorgelagerten Kaponniere gekümmert und die Anlage weiter ausgebaut. Maßgeblichen Anteil daran hatte der 1966 gegründete „Verein Freunde und Förderer der Ühlepooz – Fritz Everhan-Stiftung e. V.", der sich dem Erhalt und der Erforschung der Geschichte des historischen Denkmals am Sachsenring widmet und dem viele namhafte Personen aus der Kölner Gesellschaft angehören. Als Ergänzung der Bauten erfolgte Mitte der 1990 Jahre eine Rekonstruktion des südlichen Pfortenturmaufsatzes.

Die gut 33 Meter hohe Ulrepforte mit ihren verschiedenen Bauteilen bildet so heute ein beachtenswertes komplexes Gebäudeensemble aus den verschiedensten Bauepochen innerhalb eines verkehrsreichen Umfeldes: Die unteren massiven Turmschäfte und die nördlich anstoßende kurze Mauerpartie entstammen dem 13. Jahrhundert, der eigentliche Mühlenturm mit dem stadtwärtigen pfeilergestützten Umgang datiert aus dem beginnenden 15. Jahrhundert, sein oberer Abschluss mit Galerie und Turmhelm aus dem ausgehenden 19. Jahrhundert und die vorgelagerte, leider nicht mehr backsteinsichtige, sondern verputzte Kaponniere aus dem Anfang des 19. Jahrhunderts. Als attraktive Dominante an der Ulrichgasse und am Sachsenring bildet die Ulrepforte eine unverzichtbare

Ulrepforte um 1997

Ergänzung zu dem benachbarten, von zwei Türmen flankierten mittelalterlichen Stadtmauerabschnitt. Diese Stadtmauerreste spiegeln in Verbindung mit dem noch weitgehend begrünten Sachsenring etwas vom Glanz der einstigen Ringstraßenanlage, der Prunkstraße der Kölner Neustadt.

Anmerkungen

[1] *Hermann Keussen,* Topographie der Stadt Köln im Mittelalter, Bd. 1, Bonn 1910, S. 183*.
[2] Ebd.
[3] *Dziobeck* Kriegs- und Befestigungsgeschichte der Stadt Köln am Rhein, Manuskript 1826, in: HAStK 7030, Chroniken und Darstellungen, Nr. 534, S. 245.
[4] Alle Zahlen nach *Brigitte Maria Wübbeke,* Das Militärwesen der Stadt Köln im 15. Jahrhundert (Vierteljahrschrift für Sozial- und Wirtschaftsgeschichte; Beihefte, 91), Stuttgart 1991, S. 195.
[5] *Keussen,* Topographie der Stadt Köln (wie Anm. 1).
[6] *Marianne Gechter/Sven Schütte,* Die Schlacht an der Ulrepforte 1268 und das profane Monument. Ein Dokument der Ereignisgeschichte, unveröffentlichtes Manuskript [1994].
[7] Laut Auskunft von Frau Elisabeth Spiegel, Römisch-Germanisches Museum der Stadt Köln.
[8] *Leonard Ennen,* Die Festungswerke (Annalen des Historischen Vereins des Niederrheins, 33), 1879, S. 8.
[9] *Keussen* (wie Anm. 1), S. 184*.
[10] *Gechter/Schütte,* Die Schlacht an der Ulrepforte 1268 (wie Anm. 6), S. 4.
[11] Ebd., S. 3.
[12] *Joseph Klinkenberg,* Köln und seine Kirchen nebst einem Führer durch die Stadt, Köln 1903, S. 162–164.
[13] *Ennen,* Die Festungswerke (wie Anm. 8), S. 10.
[14] *Hans Vogts,* Die profanen Denkmäler (Die Kunstdenkmäler der Rheinprovinz, Bd. 7, Abt. 4: Die Kunstdenkmäler der Stadt Köln), Düsseldorf 1930, S. 73.
[15] *Dziobeck,* Kriegs- und Befestigungsgeschichte der Stadt Köln (wie Anm. 3), S. 253f.
[16] Ebd., S. 261.
[17] *Ennen,* Festungswerke (wie Anm. 8), S.11.
[18] *Dziobeck,* Kriegs- und Befestigungsgeschichte der Stadt Köln (wie Anm. 3), S. 250.
[19] Ebd., S. 256; *Keussen,* Topographie der Stadt Köln im Mittelalter (wie Anm. 1), S. 186*.
[20] *Ennen,* Festungswerke (wie Anm. 8), S. 38.
[21] *Ernst Zander,* Befestigungs- und Militärgeschichte Kölns, Köln 1944, S. 137.
[22] *Keussen,* Topographie der Stadt Köln (wie Anm. 1), S. 184*.
[23] *Leonard Ennen,* in: *Kölnische Volkszeitung* vom 29.1.1875.
[24] Schreinsbuch St. Severin 380, Fol. 3b.
[25] *Udo Mainzer,* Rheinische Stadttore, Zusammenstellung der Daten der Kölner Torburgen, S. 241–252.
[26] *Toni Heinzen,* Zunftkämpfe, Zunftherrschaft und Wehrverfassung in Köln, Köln 1939, S. 116.
[27] *Udo Mainzer,* Stadttore im Rheinland (Rheinischer Verein für Denkmalpflege und Landschaftsschutz e. V., Jahrbuch 1975), Neuss 1976, S. 21.
[28] *Ennen,* Festungswerke (wie Anm. 8), S. 10.
[29] *Peter Fuchs,* Chronik der Geschichte der Stadt Köln, Bd. 1, Köln 1990, S. 164.
[30] *Edmund Renard,* Köln, Leipzig 1907, S. 66.
[31] *Neue Preußische Zeitung,* Beilage zur Nr. 78 vom 1.4.1876.
[32] Zitiert nach: *Vogts,* Die profanen Denkmäler (wie Anm. 14), S. 95.
[33] *Heinrich Wiethase,* Cölner Thorburgen und Befestigungen 1180–1882, Linderhöhe 1884, Bl. 27.
[34] *Vogts,* Die profanen Denkmäler (wie Anm. 14), S. 97.
[35] Diese und folgende Angaben verdanke ich den Nachforschungen von Herrn Ralf Gier, Mitarbeiter des Liegenschafts- und Katasteramtes der Stadt Köln, der diese Angaben aus ehemaligen Fortschreibungsprotokollen des Katasterarchivs, die heute im Stadtarchiv Köln gelagert sind, entnommen hat.
[36] HAStK Abt. 26, Nr. 452.
[37] Vgl. *Klara van Eyll,* Wirtschaftsgeschichte Kölns vom Beginn der preußischen Zeit bis zur Reichsgründung, in: Hermann Kellenbenz (Hrsg.), Zwei Jahrtausende Kölner Wirtschaft, Bd. 2, Köln 1975, S. 163ff., hier S. 187.
[38] Der Ausbau der Ulrepforte zu Köln (*Colonia,* Sonntags-Beil. der *Kölnischen Volkszeitung* vom 13.9.1885).
[39] *Dziobeck,* Kriegs- und Befestigungsgeschichte der Stadt Köln (wie Anm. 3), S. 255.
[40] *Vogts,* Die profanen Denkmäler (wie Anm. 14), S. 79.
[41] Ebd., S. 83.
[42] Vgl. Eintrag im Reinhardtplan von 1752 und *Dziobeck,* Kriegs- und Befestigungsgeschichte der Stadt Köln (wie Anm. 3), S. 280.
[43] *Vogts,* Die profanen Denkmäler (wie Anm. 14), S. 77.
[44] Ebd., S. 84.
[45] *Zander,* Befestigungs- und Militärgeschichte Kölns (wie Anm. 21), S. 352.
[46] *Vogts,* Die profanen Denkmäler (wie Anm. 14), S. 97.
[47] *Zander,* Befestigungs- und Militärgeschichte Kölns (wie Anm. 21), S. 333.
[48] Ebd., S. 340.
[49] Ebd., S. 137.
[50] *Karl Baedeker,* Rheinreise von Basel bis Düsseldorf, Koblenz 1849, S. 329.
[51] LHAKo 403/11387, Festungswerke von Köln 1872 bis 1892, Fol. 74.
[52] *Ennen,* Festungswerke (wie Anm. 8), S. 3.
[53] *Ders.,* in: Kölnische Volkszeitung vom 29.1.1875.
[54] *Ennen,* Festungswerke (wie Anm. 8.), S. 9.
[55] *Christian Mohr,* in: Kölnische Volkszeitung vom 18.3.1875.
[56] *Leonard Ennen,* in: Kölnische Volkszeitung vom 29.1.1875.
[57] *Hiltrud Kier,* Die Kölner Neustadt (Beiträge zu den Bau- und Kunstdenkmälern im Rheinland, Bd. 23), Düsseldorf 1978, S. 23.
[58] *Leonard Ennen,* in: Kölnische Volkszeitung vom 29.1.1875 bzw. LHAKo 403/11287, Festungswerke von Köln 1872–1892, Schreiben von Leonard Ennen vom 5.1.1875, Fol. 74–75.
[59] *Alfred Stooß,* Die städtebauliche Entwicklung der Stadt Cöln, in: Die Stadt Cöln im ersten Jahrhundert unter preußischer Herrschaft, 1815–1915, hrsg. v. d. Stadt Köln, Bd. 2, Köln 1916, S. 370 u. a.
[60] *Christian Mohr,* in: Kölnische Zeitung vom März 1875.
[61] Der Ausbau der Ulrepforte zu Köln (wie Anm. 38).
[62] Vgl. Plan von *Mercator* von 1571.
[63] Der Ausbau der Ulrepforte zu Köln (wie Anm. 38).
[64] Angaben von Ralf Gier aus dem Liegenschafts- und Katasteramt der Stadt Köln.
[65] Der Ausbau der Ulrepforte zu Köln (wie Anm. 38).
[66] Vgl. Der Ausbau der Ulrepforte zu Köln (wie Anm. 38).
[67] Der Ausbau der Ulrepforte zu Köln (wie Anm. 38).
[68] *Eberhard Gothein,* Verfassungs- und Wirtschaftsge-

schichte der Stadt Cöln vom Untergange der Reichsfreiheit bis zur Errichtung des Deutschen Reiches, in: Die Stadt Cöln im ersten Jahrhundert unter preußischer Herrschaft, 1815–1915, hrsg. v. d. Stadt Cöln, Bd. 1, Teil 1, Cöln 1916, S. 230.
[69] *Joseph Klinkenberg,* Köln und seine Kirchen (wie Anm. 12), S. 162.
[70] Der Ausbau der Ulrepforte zu Köln (wie Anm. 38).
[71] *Kölner Stadtanzeiger* vom 7.9.1907.
[72] Ebd.
[73] Der Ausbau der Ulrepforte zu Köln (wie Anm. 38).
[74] Köln und seine Bauten, Festschrift zur VIII. Wanderversammlung des Verbandes deutscher Architekten- und Ingenieurvereine in Köln vom 12.–16. August 1888, Köln 1888, S. 261.
[75] Schenkungsurkunde vom 16.9.1907, Genehmigung der Stadtverordneten 17.10.1907, landesherrliche Genehmigung am 18.1.1908 (HAStK Best. 22 Nr. 3/56, Fol. 1r – Fol. 4r u. Fol. 10r).

[76] *Vogts,* Die profanen Denkmäler (wie Anm. 14), S. 98.
[77] Schreiben vom 16.8.1946, HAStK, Acc. 484 Nr. 98, Fol. 1r.
[78] Vgl. Abb. S. 80
[79] HAStK Acc. 484 Nr. 98 Fol.1r, S. 83.
[80] Der Ausbau der Ulrepforte zu Köln (wie Anm. 38).
[81] Entnommen aus ehemaligen verwaltungsinternen Unterlagen des Konservators HAStK Acc. 484 Nr. 98 Fol 1r, S. 5.
[82] Ebd., S. 9.
[83] Ebd.
[84] Entnommen aus ehemaligen verwaltungsinternen Unterlagen des Konservators HAStK Acc. 229 Akte 193 (Wiederaufbau), Fol. 55r.
[85] HAStK Acc. 484 Nr. 98 Fol. 1r, S. 18.
[86] Ebd., S. 103.

Blick vom Sachsenring auf die Ulrepforte mit der Gastwirtschaft, Zeichnung von 1888

Ansammlung von Stadtsoldaten in der Löhrgasse, Auszug aus dem Kölner Adressbuch 1797

Lit. G.
5752 Joh. Krüppel, *Notarius und Procurator am Bürgermeister-Gericht.*
5753 Joh. Simson, *Becker.*
5754 Franz Offermann, *Krœmer.*
5755 Joh. Henr. Leck, *Schneider.*
5756 Joh. Ryvisch seel. wittwe.
5757 Michael Quarin,) *Taglöhner.*
5758 Christian Kürten,)
5759 Wilh. Wirtz seel. wittwe, *Wirkerin.*
5760 Gerard Pohl, *Taglöhner.*
5761 Joh. Körber, *Schuster.*
5762 Theodor Wiertz, *Becker.*

In der Löhrgasse ohnweit der Kaymergasse.

5763 Arnold Prudenzky, *Mœurergesell.*
5764 Henr. Willems,) *Stadtsoldaten.*
5765 Caspar Neven,)
5766 Henr. Wichterich, *Wollkämmergesell.*
5767 Christian Türnich, *Stadtsoldat.*
5768 Christian Schmitz, *Wollspinner.*
5769 Mathias May, *Stadtsoldat.*
5770 Anton Leopold, *Mœurergesell.*
5771 Jacob Marr, *Posamentirer.*
5772 Johan Greven,) *Stadtsoldaten.*
5773 Paul Guthbier,)
5774 Stephan Beckers, *Wein- und Gemüsgärtner.*
5775 Jacob Kollhausen.
5776 Nicolaus Bonn, *Stadtsoldat.*
5777 Nicolaus Frings, *Posamentirer-Gesell.*
5778 Johan Kreuer, *Stadtsoldat.*
5779 Jacob Sieburg, *Kratzen-Macher.*
5780 Joh. Marter, *Leyendeckergesell u. Stadtsoldat.*
5781 Franz Schürmann, *Wollspinnergesell.*
5782 Henr. Köhnen, *Leyendeckergesell.*
5783 Andr. Humfle, *Posamentirer.*
5784 Herman Blauartz seel. wittwe, *Strickerin.*
5785 Stephan Ossendorff, *Becker.*
5786 Joh. Derdan seel. wittwe, *Spinnerin.*
5787 Henr. Abels, *Stadtsoldat.*

Die Kölner Stadtsoldaten im Adressbuch von 1797

Von Ulrich S. Soénius

Die folgenden Ausführungen beschäftigen sich mit dem Kölner Adressbuch von 1797 und den dort aufgeführten Stadtsoldaten. Mit Hilfe weiterer Quellen sollen Aufschlüsse über die Anzahl der in Köln lebenden Stadtsoldaten und ihre soziale Stellung, wie sie aus dem Wohnumfeld ablesbar ist, gewonnen werden. Das Jahr 1797 fungiert dabei als Momentaufnahme. Es wird nicht versucht, die Lebensläufe der einzelnen Soldaten nachzuvollziehen. Dargeboten wird vielmehr ein kleiner Ausschnitt stadtkölnischer Geschichte, der sowohl zu weiteren Forschungen anregen wie auch den Leser mit einer Quelle vertraut machen soll, die für ihn selbst neue Welten erschließt, zumindest für die beiden zurückliegenden Jahrhunderte. Einleitend wird das Adressbuch als historische Überlieferung der stadtkölnischen Geschichte vorgestellt.

Adressbücher sind für die historisch interessierten Laien wie auch für die Wissenschaft eine wertvolle Quelle, geben sie doch häufig als einzige Auskunft über Personen und Institutionen aus vergangenen Zeiten. Daher werden Adressbücher auch von Archiven und Bibliotheken dauerhaft aufbewahrt, obwohl ihr ursprünglicher Zweck mit der Publikation des jeweiligen Folgebandes eigentlich erfüllt war. Heute sieht man in ihnen „eine eigene Gattung der Dokumentation, in der Orte, Städte, Gesellschaftsgruppen Wissen über sich selbst organisieren und speichern".[1]

Die Adressbücher dienten der schnellen, aktuellen Information, etwa für die exakte Adressbezeichnung, die Suche nach einer bestimmten Person, dann Ende des 19. Jahrhunderts auch das Auffinden der Telefonnummer.[2] Unternehmen nutzten die Adressbücher zur Werbung, indem sie ihre Produkte oder Dienstleistungen ankündigten. Verbraucher und Konkurrent konnten im Gewerbeteil eine Liste von Händlern und Produzenten einer bestimmten Ware oder den Anbieter einer Dienstleistung finden. Im Straßenteil waren die Eigentums- und Mietverhältnisse überprüfbar.

Ging der Herausgeber des Kölner Adressbuchs von 1797 noch davon aus, dass die aktuelle Ausgabe für mehrere Jahre reichte[3] – was dann auch geschah –, so wuchs in der Mitte des 19. Jahrhunderts das Bedürfnis nach jährlichen Neuauflagen, weil Zu- und Abwanderung stetig zunahmen und die Binnenwanderung innerhalb der Stadt fortschritt; letzteres am Ende dieses Zeitalters vor allem aufgrund der Erweiterung des Stadtgebietes um die Neustadt, die neue Wohnquartiere jenseits der Wälle und der neu angelegten Ringstraße anbot. Vorausgegangen war seit den 1850er Jahren die Gründung von zahlreichen industriellen Großunternehmen in rasanter Abfolge, die neue Arbeitskräfte in die Stadt lockten.

Das erste deutsche Stadtadressbuch erschien 1701 in Leipzig. In Köln dauerte es 94 Jahre länger. Möglich wurde es erst durch die inzwischen erfolgte fortlaufende Nummerierung der Häuser. Vorher hatten diese eigene, teilweise sehr lange Namensbezeichnungen.[4] Damals erhielt das Haus von Wilhelm Mülhens „In der Klöckergasse" (Glockengasse) die Hausnummer 4711, die wohl berühmteste Hausnummer der Welt. Das nächstfolgende Adressbuch erschien 1797, im Unterschied zu der Erstauflage nunmehr versehen mit Berufsangaben. Sein genauer Titel lautet: „Verzeichnis der Stadt-Kölnischen Einwohner". Das Titelblatt verkündet zudem, dass es „Zum Grösten Nutzen der In- und Auswaertigen herausgegeben" sei. Der Verleger Theodor Franz Thiriart brachte erst 1813 das nächste Adressbuch heraus, die einzige Ausgabe für Köln in französischer Sprache. Es folgten zwei weitere Ausgaben 1822 und 1828.

In diesem Jahr wurde Anton Greven Herausgeber des städtischen *Fremden-Blattes*. Drei Jahre später veröffentlichte er sein erstes Adressbuch, dem weitere folgten. Die Daten stammten aus einer privaten Erhebung, während ein zeitweiliger Konkurrent in den 1850er Jahren sich auf städtische Quellen berufen konnte. Mit diesem kam es 1860 zu einer Kooperationsvereinbarung, denn auf

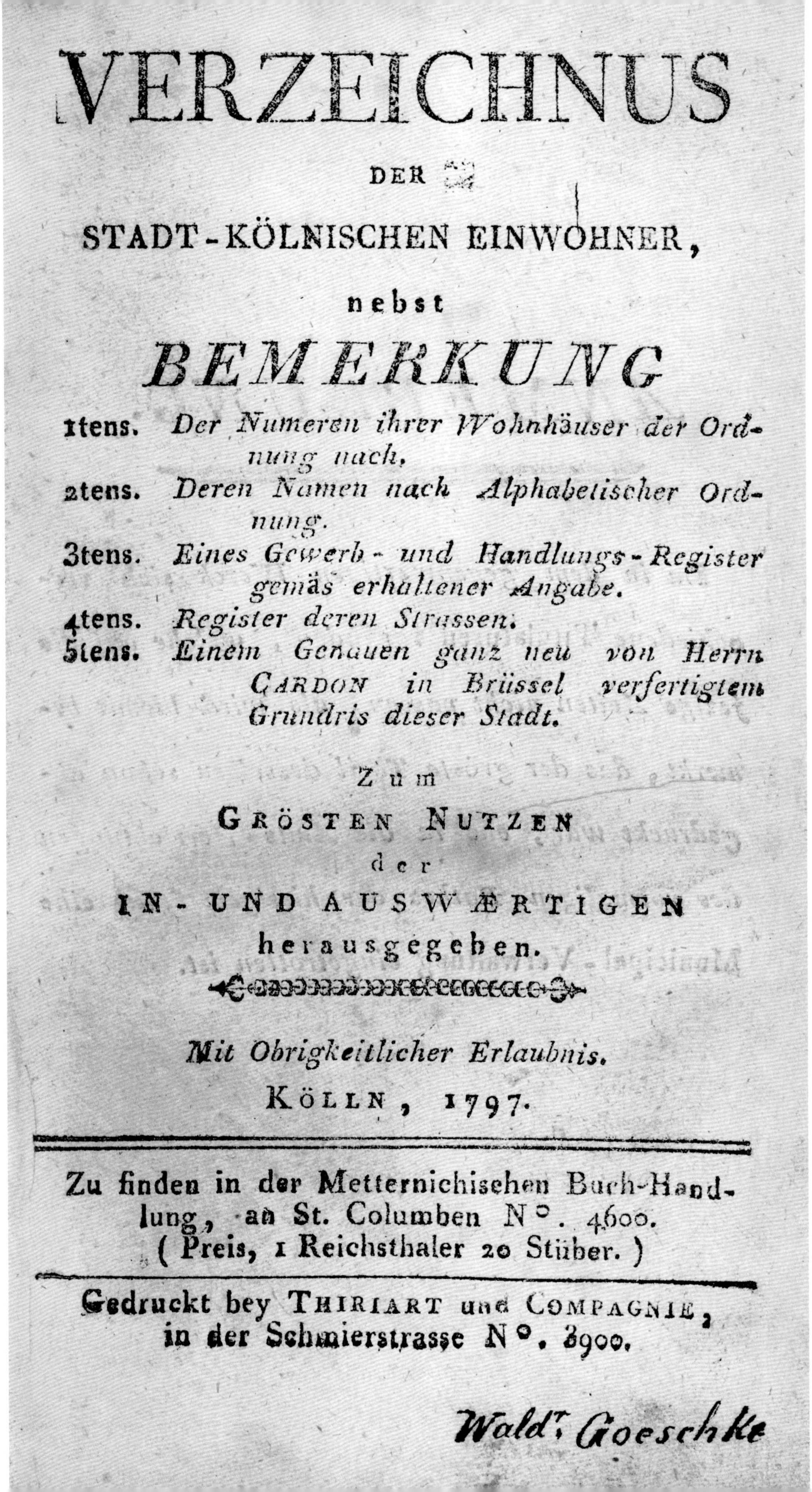

VERZEICHNUS
DER
STADT-KÖLNISCHEN EINWOHNER,
nebst
BEMERKUNG

1tens. Der Numeren ihrer Wohnhäuser der Ordnung nach.
2tens. Deren Namen nach Alphabetischer Ordnung.
3tens. Eines Gewerb- und Handlungs-Register gemäs erhaltener Angabe.
4tens. Register deren Strassen.
5tens. Einem Genauen ganz neu von Herrn GARDON in Brüssel verfertigtem Grundris dieser Stadt.

Zum
GRÖSTEN NUTZEN
der
IN- UND AUSWÆRTIGEN
herausgegeben.

Mit Obrigkeitlicher Erlaubnis.
KÖLLN, 1797.

Zu finden in der Metternichischen Buch-Handlung, an St. Columben N°. 4600.
(Preis, 1 Reichsthaler 20 Stüber.)

Gedruckt bey THIRIART und COMPAGNIE, in der Schmierstrasse N°. 8900.

Titelblatt, Adressbuch 1797

Dauer konnten sich zwei konkurrierende Adressbücher in der Stadt nicht halten. Nunmehr stand der Name Greven als Synonym für das Adressbuch in der westdeutschen Metropole. Bereits seit 1848 erschien das Adressbuch (mit Ausnahme von 1851, 1853 und 1858) jährlich. Erst 1919 kam es wieder zu einer Lücke, was sich in den wirtschaftlich schlechten Jahren 1921, 1923 und 1924 wiederholte. Auch zwischen 1942 und 1950 erschien kriegsbedingt kein Adressbuch, danach wurde es bis 1973 veröffentlicht. Mit der Begründung, die Verbreitung des Telefons und die Verzeichnung des Anschlussinhabers im Telefonbuch sei ausreichend, wurde die Publikation eingestellt.

Bereits gegen Ende des 19. Jahrhunderts hatte der Umfang des Kölner Adressbuches so zugenommen, dass das Buch kaum noch handhabbar war. 1929 wurde es erstmals auf zwei Bände verteilt. Umfangreiche Werbeteile machten das Jahrbuch zwar schwerer, waren aber für die Finanzierung notwendig und stellen heute eine besondere Quelle dar. Das Kölner Adressbuch wurde überdies zur Chronik. Über die Jahre 1861 bis 1940 wurde in den jeweiligen Folgejahren berichtet und so ein Rückblick auf das vergangene Jahr erstellt, der neben den wichtigsten Ereignissen in der Stadt auch Ehrungen, Todesfälle, Vermächtnisse etc. verzeichnete.[5] Der Verleger Greven wollte mit dieser Chronik das „nützliche, doch immerhin trockene Buch" auflockern, überliefert hat er eine einzigartige Quelle für 80 Jahre Stadtgeschichte. Das gliedernde Prinzip des Adressbuchs ist die alphabetische Ordnung, es ist auch die demokratischste. Alle drei Teile – Einwohner, Straßen und Branchen – unterwarfen sich seit 1813 dieser Systematik. Das Adressbuch von 1797 hingegen ist im Hauptteil nach Häusernummern geordnet. Von Hausnummer 1 bis 7404 sind alle Haushaltsvorstände verzeichnet, was aber nicht heißt, dass dies der Zahl der bewohnten Häuser entspricht. Abzuziehen sind leere Häuser, Pack- und Kaufhäuser, eventuell Gasthäuser, teilweise Häuser mit Gemeinschaftszweck. Manche benachbarte Häuser firmieren unter demselben Haushaltsvorstand, z. B. die Nummer 421 und 422 („In der Weberstraße"). Unter den beiden Nummern ist die „Henr. Junckersdorff seel. [W]ittw[e]" mit ihrer „Wirck-Schule" verzeichnet. Zudem gibt es Häuser mit Zusätzen wie „½" – in der Regel Kirchen und Klöster –, „¼" oder „⅓". In der gleichen Straße unterhielt die „J[ung]fr[au] Maria Clara Loehr" eine „Lehr-Schule", und zwar in den Häusern 423 und 423 ½. Einige Häuser standen zudem leer, waren „abgebrannt", oder unter den Nummern befand sich nur jeweils ein „Ausgang". Die Nummer 4120 bezeichnet ein „verfallenes Haus", manche Nummern tragen auch die Bemerkung „existirt nicht". Unter einigen Nummern sind auch doppelte Nennungen, so z. B. unter 3900. Bei dem dortigen Eintrag findet man die Drucker und Verleger des Adressbuches, Theodor Franz Thiriart und Caspar Oedenkoven, die gemeinsam die Firma „Thiriart et Compagnie, Buchdrucker u[nd] Verleger des Journal-Géneral" bildeten. „In der Weisengasse hinter St. Gereon" wurden sechs Häuser einfach bei der Zählung vergessen, so dass sie im Adressbuch anstelle von Nummern die Buchstaben A bis E erhielten.

Neben diesen numerischen Überraschungen bietet das Studium des Kölner Adressbuches eine Reihe von absonderlichen Berufsbezeichnungen, wie Schröpfer, Kälberträger oder auch den Stadt-Parole-Schreiber.[6] Welche Parolen er wohl verfasst hat? Wen hat der Erstgenannte „geschröpft"? Und trugen gar starke Männer ganze Kälber durch die Straßen? Ein Einwohnerverzeichnis ermöglicht die Suche nach einzelnen Personen, die Straßennamen sind ebenfalls in einem Index erfasst. Das vorhandene Gewerberegister ist lückenhaft und nur für die oberflächliche Suche geeignet. Ein genaues Register existiert nur als handschriftliche Kartei des Verfassers. Darin finden sich – immerhin drei Jahre nach Beginn der französischen Besatzung – auch einige Stadtsoldaten, auf die im Folgenden näher eingegangen wird. Die Schreibweise der Namen wird aus dem Adressbuch übernommen, in einigen Fällen weicht sie von der in anderen Quellen ein wenig ab.

Die Jahre um 1797 waren für Köln erlebnisreich. 1794 war die französische Armee nach Köln einmarschiert, kampflos hatten die Stadtoberen dem französischen Kommandanten die Stadt übergeben. Obwohl vielfach bis in die heutige Zeit hinein kolportiert, war es nicht Napoleon, der Köln einnahm. Zu dieser Zeit war er noch ein relativ unbedeutender Offizier, der erst 1799 zu höheren Ämtern aufstieg und der 1804 erstmals Köln besuchte, mittlerweile als Kaiser der Franzosen und damit auch als Staatsoberhaupt der Kölner. Denn seit 1798 war Köln de facto, seit 1801 de jure Bestandteil des französischen Staatsgebiets. In der Stadt lebten etwas weniger als 40.000 Menschen in vermutlich 10.000 Häusern.[7]

Für das Alte Reich hatte die Stadt Köln ein Kontingent Soldaten bereithalten müssen, das im Kriegsfall dem Reichsheer zugeordnet wurde. Die Kölner Streitmacht bestand 1793 aus 258 Mann.[8] Kurz vor Einmarsch der französischen Armee setzten sich die Reichstruppen in das Rechtsrheinische ab – dazu gehörten auch die beiden Kompanien kölnischer Infanteristen. In (Porz-)Eil wurde wenige Tage später die kölnische Armee neu strukturiert. Die beiden Kompanien waren nun jeweils 94 Mann stark, sie stellten eine Division von 188 Mann und wurden nach Mainz zur Verstärkung der dortigen Festung gesandt. Ende 1795 waren von den 4.359 reichsdeutschen Soldaten in der Festung Mainz 172 aus Köln, 16 Mann waren vermutlich bis dahin bei Kämpfen mit den Franzosen gefallen.[9] Nach dem Frieden von Campo Formio am 17. Oktober 1797 räumten die Truppen die Festung Mainz, das nun Teil Frankreichs war. Die stadtkölnische Armee zog im Dezember von dort nach Philippsburg ab.[10]

1798 kehrten 21 Artillerie-Soldaten zurück nach Köln.[11] Von diesen sind zwei, der Feuerwerker Mathias Horn (Nr. 7379, „Auf St. Severinstraße") und der Stadtkanonier Peter Josef Buchholz (Nr. 5435, „Ohnweit St. Reinold"), im Adressbuch genannt. Alle anderen 19 Soldaten kommen nicht im Adressbuch vor; in den aufgeführten Häusern werden andere Personen mit anderen Berufen, allerdings auch zwei andere Soldaten genannt. Dies gilt auch für die 48 Offiziere, Unteroffiziere, Musiker und Gefreiten, die 1795 den beiden in Eil gegliederten Kompanien angehörten. Von diesen sind im Adressbuch von 1797, das ja auf dem Vorgängerband von 1795 aufbaut, nur vier genannt.[12]

An der Jahreswende 1794/95 sollen in der Stadt noch etwa 50 aktive und ehemalige Stadtsoldaten ansässig gewesen sein, die von den sich laufend dezimierenden Besatzungstruppen als Bewachung eingesetzt wurden – nicht mit Gewehren bewaffnet, sondern mit

Alltägliches Treiben auf dem Vorplatz von St. Maria im Kapitol im Jahr 1793, Ölgemälde, Johannes Heribert Puns

Stöcken.[13] Doch die Zahl der Stadtsoldaten in der Stadt war vermutlich sehr viel höher als in der Forschung angegeben. Zum einen umfasst die Gruppe der Kölner Stadtsoldaten im Kölner Adressbuch von 1797 insgesamt 175 Personen: elf Offiziere, 15 Unteroffiziere, 145 Mannschaften und vier Spielleute. Davon waren mindestens zwei Hauptmänner, zwei Leutnants, ein Unteroffizier und neun Mannschaften (sieben Kanoniere und zwei Feuerwerker) Artilleristen.

Zum anderen deuten Listen in den städtischen Akten auf eine sehr viel höhere Zahl

Karte der Stadt Köln im Adressbuch 1797

von Stadtsoldaten hin. So führen einige Listen aus dem Jahr 1797 monatlich ehemalige städtische Soldaten als Soldempfänger auf.[14] In der Liste vom Monat September sind 119 Personen genannt. Dies waren sechs Offiziere, zwei „Feldscherer", vier „Compagnie Feldscherer", drei Pfeifer, drei Tamboure, drei Feldwebel, neun „Corporale" (also zwölf Unteroffiziere), elf Gefreite und 78 „Gemeine". Von den Offizieren sind zwei im Adressbuch von der Berufsbezeichnung her nicht als stadtkölnische Offiziere zu erkennen.[15] Auch die sechs „Feldscherer" tauchen im Adressbuch nicht als Militärärzte, sondern als Chirurgen auf. Einer der Pfeifer ist im Adressbuch als einfacher Stadtsoldat bezeichnet, einer der Trompeter fehlt. Von den Korporalen sind fünf und von den Mannschaften (Gefreite sowie Gemeine) 43 nicht im Adressbuch genannt.[16] Demnach sind also im Jahr 1797 insgesamt 51 Soldaten – unter Auslassung der Ärzte – nicht im Adressbuch beschrieben worden. Warum andererseits von den 175 Soldaten im Adressbuch nur 62 in dieser Liste auftauchen, lässt sich aus den Quellen nicht erklären.

Zwei sechs Jahre später erstellte Listen geben weitere (und teilweise dieselben) Namen preis. Diese wurden aufgrund eines „Circulaire du Prefet" vom 21. Nivoise an 11, also aufgrund einer Verordnung des französischen Präfekten vom 11. Januar 1803, aufgenommen. In einer Vorliste, die vermutlich nicht beim Präfekten eingereicht wurde,[17] sind 83 Soldaten aufgeführt, die im Alter zwischen 35 und 83 Jahren unterschiedlich lange Dienstzeiten aufzuweisen hatten: zwischen zwölf und 55 Jahren. Dabei hatten Jüngere in einigen Fällen schon lang gedient, wie Johann Elvenich, der im Alter von 35 Jahren schon 20 Dienstjahre absolviert hatte. In anderen Fällen waren ältere Soldaten als „Spätberufene" dabei, wie Franz Müller, der mit 72 Jahren „erst" 25 Dienstjahre aufweisen konnte. Eine zweite Liste mit in der Stadt anwesenden Militärpersonen führt diese 83 Soldaten sowie 51 weitere auf.[18] Auch diese Liste ist im Rahmen der Beantwortung der Anweisung des Präfekten am 4. Pluviôse des Jahres 11 (am 24. Januar 1803) entstanden.[19] Die 134 Soldaten aus beiden Listen weisen ein Durchschnittsalter von 58,9 Jahren mit einer durchschnittlichen Dienstdauer von 29,2 Jahren auf.[20] Von diesen 134 Soldaten sind 66 nicht im Adressbuch von 1797 genannt.[21] Angesichts des hohen Durchschnittsalters dürften darunter nur wenige Soldaten gewesen sein, die 1797 oder 1803 an der Seite des Reichsheeres kämpften. Vielmehr werden die meisten von ihnen deshalb nicht aufgeführt sein, weil sie als Untermieter oder in sonstigen Unterkünften wohnten, wie etwa der „Gemeine" Franz Müller, unter dessen genannter Hausnummer 221 im Adressbuch das Armenhaus aufgeführt ist.

Zu der Gesamtzahl von 175 Soldaten im Adressbuch müssen noch weitere dort aufgeführte Personen gezählt werden. So ist der Quartier- und Zahlmeister Rabanus Vassen (Nr. 5971, An St. Agatha) in der städtischen Pensionsliste für ehemalige Stadtsoldaten aufgeführt,[22] im Adressbuch sind unter seiner Adresse genannt: die „Ross-Mühle" und „Rabanus Vaasen [!], Muster-Schreiber". Einen anderen Beruf haben dem Anschein nach jedoch nur wenige Soldaten ergriffen. Dennoch wird die Gesamtzahl der Stadtsoldaten höher gewesen sein als bisher angenommen, selbst wenn einige Soldaten, die im Adressbuch auftauchen, zu dieser Zeit in Mainz und später in Philippsburg waren. Die Summe der nach Mainz abmarschierten (188) und der im Adressbuch genannten Soldaten (175) beträgt 363. War die Teilmenge wie bei den Artilleristen im Jahr 1798 etwa zehn Prozent, so hätten Ende des 18. Jahrhunderts 326 Soldaten im Sold der Stadt Köln gestanden. Diese Zahl käme auch dem 1793 geschlossenen Vergleich zwischen Bürgermeister Johann Jakob von Wittgenstein und dem Reichsgeneralkriegskommissar Graf von Westfalen nahe, wonach Köln nur noch 331 Mann – also ein Drittel des ursprünglichen Pflichtkontingents – stellen musste. Wenn diese Vermutung zutrifft, dann wurden zwar fast 200 Stadtsoldaten kurz vor dem Einmarsch der

Franzosen durch den Oberst Caspar Joseph Carl von Mylius dem Reichsheer übergeben, aber es ist kaum glaubhaft, dass nur „die kranken und felduntauglichen Soldaten" in der Stadt verblieben.[23]

Da als historische Quelle primär das Adressbuch betrachtet werden soll, wird hier nur von 175 verifizierten Soldaten ausgegangen. Dabei werden die (wenigen) Witwen unter den Beruf der Soldaten subsumiert, da die Aussagen auch für die Jahre gelten, als ihre Männer noch lebten. Dies betrifft auch die Offiziere. Unter diesen wird aber nicht mitgezählt Caspar Joseph Carl Freiherr von Mylius, „Obrister und k. u. k. wirckl. Obristlieutenant, des Westpfael. Kreises General-Adjudant", der vor Einmarsch der Franzosen die Stadtsoldaten dem Reichsheer übergab und sich als Offizier in das k. u. k. Hauptquartier begab. Seit 1783 war er Stadtkommandant in Köln gewesen.[24] Er wohnte beim Rathaus, „Aufm Rathplatz", unter der Nummer 1992, zwei Häuser neben der Ratskapelle.

Bei den Offizieren im Adressbuch handelt es sich um folgende elf Personen. Heinrich Severin Schülgen war „Obristlieutenant", „Rathsverwandter" „und thut in wilden Häuten", das heißt, er gehörte zu der wohlhabenden Schicht der Häutehändler in Köln. Er wohnte unter der Nummer 49 „Im Filzengraben". Als „Obristwachtmeister" fungierten Johann Theodor Hillesheim, Rathsverwandter, 2047, Vor St. Laurenz, und Caspar Josef Anton Schnikel, „Stimmeister […] und Amtmann am Abteilich Weltlichen Gericht Weyerstrasse", Nr. 5529, „Aufm Neumarck". Unter der Nummer 3495¹/₂ ist in der Straße „An St. Claren" Robert von Carphen als „Stadtkölnischer Hauptmann" verzeichnet. Im gleichen Rang stand Johann David Grell, der jedoch bei Erscheinen des Adressbuches schon verblichen war – „Aufm Berlich" wohnte nur noch seine „seel. wittwe" (Nr. 4643). Josef Baurmann (Nr. 4859, „In der Heimersgasse ohnweit den Franciskaner") und Tobias Koller (Nr. 5157, „Auf St. Aposteln-Strasse") standen im Range tiefer, sie waren Leutnant. Seinen genauen Rang verriet der „Stadtkölnische Officier" Franz Josef Werry, wohnhaft in der Nummer 4326, „Auf St. Margarethen-Kloster ohnw[eit] Fetten-Hennen", nicht,[25] ebensowenig Ludovic Lünninghausen unter der Nummer 5672 („In der Fleischmänger-Gasse"), der unter demselben Titel firmierte (Hauptmann). In direkter Nachbarschaft wohnten der Artillerieleutnant Carl DuPuis (Nr. 3650, „Auf St. Gereonstraße") und die Witwe des Artilleriehauptmannes Josef Otto (Nr. 3675, Unter Sachsenhausen).

Die Unteroffiziere sind als „Stadtkölnischer Fähndrich" (Franz Mechelen, Nr. 3645, „Auf St. Gereonstrasse"), „Stadtkölnischer Feldwebel", „Stadtcorporal", „Canonier-Unteroffizier" oder auch als „Stadt-Führer" eingetragen.[26] Sie hatten kölsche Namen wie Bertzdorff, Dohmen, Esser oder Meinertzhagen; einige wohnten in der Gegend südlich des Neumarkts („In der Diepengasse" = Thieboldsgasse, „In der Lung-Gasse" = Lungengasse, „Auf kleinem Kriegsmarck" = Kleiner Griechenmarkt).[27]

Die einzelnen Angehörigen der Mannschaften werden meist als „Stadtsoldat" bezeichnet, sieben tragen den Titel „Stadt-Canonier", zwei „Stadt-Feuerwercker", zwei „Stadt-Militär-Gefreiter" und einer „Stadtgefreiter". Aus der Pensionsliste sind zudem drei Stadtinvaliden bekannt, die zu den Mannschaften gezählt wurden. Hinzu kamen noch Spielleute, die ebenfalls zu den Stadtsoldaten gehörten. Die Musterungslisten von 1793 führen in den beiden Kompanien jeweils zwei Pfeiffer und drei Tamboure auf.[28] Das Adressbuch von 1797 nennt jeweils zwei solcher „Stadtkölnischen Pfeiffer" und „Stadt-Tamboure". Nicht eindeutig ist die Zugehörigkeit weiterer neun Musiker zu den Kompanien der Stadtsoldaten zu erkennen. Sie bleiben daher von der folgenden Betrachtung ausgeschlossen. Es handelt sich dabei um zwei „Stadthautboisten", drei Stadttrompeter und vier Stadtmusikanten.

Betrachtet man die Wohnorte der einfachen Stadtsoldaten, so sind sie auf den ersten Blick zwar über die ganze Stadt verteilt, aber bei genauerem Hinsehen kristallisieren sich doch Hauptorte heraus. Die Stadt war bereits in reichsstädtischer Zeit unterteilt in acht Quartiere bzw. „Colonelschaften", für die jeweils ein Bürgerhauptmann zuständig war. Die Einteilung geschah über manche Straßen hinweg, so dass eine Straße verschiedenen Quartieren angehören konnte und dadurch auch unterschiedlich hohe Hausnummern hatte. Die Häuser an der Ehrenstraße beispielsweise trugen die Nummern 3987 bis 4030, 5201 bis 5222 und 5250 bis 5261.

Die 145 Stadtsoldaten verteilten sich auf die acht Hauptbezirke wie folgt: 1 = 12 / 2 = 0 / 3 = 1 / 4 = 5 / 5 = 24 / 6 = 22 / 7 = 55 / 8 = 26. Allein die Hälfte der Stadtsoldaten (Bezirke 7 und 8) wohnte demnach südlich Hahnenstraße/Neumarkt/Schildergasse, westlich Hohepforte/Severinstraße bis hin zur Stadtmauer. Nur vereinzelt lebten Stadtsoldaten im nördlichen Teil und am Rhein. Auch die Unteroffiziere und die Offiziere lebten mehrheitlich in diesen Bezirken. Bei den Unteroffizieren sieht die Verteilung wie folgt aus: 1 = 0 / 2 = 0 / 3 = 0 / 4 = 0 / 5 = 3 / 6 = 1 / 7 = 7 / 8 = 4. Die Zahl der elf Offiziere ist eigentlich zu gering für einen Vergleich, aber in der Übersichtstabelle sollen sie der Vollständigkeit halber doch – inklusive der Witwe – bedacht werden.

Verteilung der Stadtsoldaten über die acht Quartiere:

	1. Q.	2. Q.	3. Q.	4. Q.	5. Q.	6. Q.	7. Q.	8. Q.
Spielleute	0	0	0	0	0	3	0	1
Soldaten	12	0	1	5	24	22	55	26
Unteroffiziere	0	0	0	0	3	1	7	4
Offiziere	1	0	1	0	3	4	2	0
Gesamt	13	0	2	5	30	30	64	31
%	(7,43)	(0)	(1,14)	(2,86)	(17,14)	(17,14)	(36,57)	(17,71)

Damit war weit über die Hälfte der Soldaten in den beiden beschriebenen Quartieren 7 und 8 ansässig. Sie lebten damit weitab der stattlichen Bürgerhäuser, die am Neu-, Heu- und Altermarkt, an der „Machbäer-", Gereon- und Apostelnstraße sowie an der vom Severinstor zum Eigelsteintor führenden Hauptstraße standen.[29] Ihre Wohngegenden waren vielmehr die der Arbeiter und kleinen Handwerker.[30] Dies wird deutlich an der Sozialstruktur einzelner Straßen. Als Beispiel möge ein Teil der „Löhrgasse" im 7. Quartier dienen. Dieses Straßenstück befand sich „ohnweit der Kaymergasse". Ein weiteres Teilstück der „Löhrgasse" lag im achten Quartier. Sie ist heute die Agrippastraße, die Kaymergasse und die Kämmergasse. Betrachtet man nun den Straßenabschnitt mit den Hausnummern 5763 bis 5793, so waren von 31 genannten Haushaltsvorständen zehn Stadtsoldaten. Die restlichen Berufsgruppen verteilen sich auf Bauhandwerker (zwei Maurergesellen, ein Anstreicher, zwei „Leyendecker"-Gesellen und ein Zimmermanngeselle) sowie vor allem auf Arbeiter der Textilbranche (Wollkämmergeselle, drei Wollspinner – davon zwei Frauen –, Wollspinnergeselle, zwei Posamentierer, Posamentiergeselle und eine Strickerin). Auch der ansässige Kratzenmacher stellte Werkzeug für Textilarbeiten her. Zusätzlich waren noch ein Wein- und Gemüsegärtner, ein Bäcker und zwei Tagelöhner verzeichnet; ein Haushaltsvorstand ist ohne Beruf genannt. Eine ähnliche Sozialstruktur weist auch ein Teil der Thieboldsgasse („In der Diepengasse") im selben Quartier auf. Zwischen den Nummern 6165 und 6260 lebten nicht nur zehn Stadtsoldaten, sondern auch zwei Stadtkorporale. Des Weiteren findet man im Adressbuch wie-

Der Waidmarkt mit Blick auf St. Georg im Jahr 1795, Aquarell, Benedikt Beckenkamp

derum Handarbeiter der Textilbranche und Bauleute, aber auch einen Vertreter („geht mit kleinen Waren über Land") oder einen Fassbinder. Der durchschnittliche Häuserwert in der „Löhrgasse" lag 1798 bei 346 Livres, in der Thieboldsgasse bei 540 Livres. Dagegen betrug der Wert für den Heumarkt 3.358 Livres, für den Gülichplatz 3.150 Livres.[31]

Die Unteroffiziere wohnten vergleichbar mit den Mannschaften in denselben Sozialstrukturen, ebenso aber auch die Offiziere. Die vier Offiziere, die im sechsten Quartier gemeldet waren, hatten dagegen durchaus andere Nachbarn. Franz Josef Wery lebte „Auf St. Margarethen-Kloster ohnweit Fetten-Hennen", wo in Nachbarschaft Domkapitulare und Domvikare ihr Domizil hatten. Die Witwe des Stadtkölnischen Hauptmanns Johann David Grell wohnte „Aufm Berlich", benachbart einem Bäcker, dem Stadttrompeter und der Witwe eines Stadtfeuerwerkers. Der „Stadtlieutenant" Josef Baurmann hingegen war in der Heimersgasse zu Hause, wo zwei Mediziner, ein Orgelmacher, zwei Perückenmacher, fünf Krämer, ein Knopfmacher etc. wohnten. Der im selben Range stehende Tobias Koller war an der St. Apostelnstraße ansässig, benachbart von Tagelöhnern und Branntweinbrennern, aber auch einem Polizeidiener, einem Notar und zwei Vikaren sowie einem „Unteropfermann" an St. Aposteln. In der „Fleischmänger-Gasse" wohnte der Stadtoffizier Ludovic Lünninghausen in der Nähe von mehreren Stadtsoldaten.

Einige der Soldaten übten zusätzliche Berufe aus. Zwei waren Posamentierer, einer Buchdrucker, zwei Maurer, einer „Leyendecker" und einer Zimmerer. Dies waren aber nur sieben von 140 einfachen Soldaten, also nur 4,29 Prozent.[32] Die Mehrzahl der genannten Soldaten scheint nur diesen einen Beruf ausgeübt zu haben. Sicher werden einige andere, die sich vorher als Soldaten betätigt hatten, sich in anderen Berufen versucht haben.

Das Adressbuch kann auch Hinweise auf eventuelle Verwandtschaftsverhältnisse von Stadtsoldaten geben. Damit könnte die Frage geklärt werden, ob regelrechte Dynastien von Stadtsoldaten existiert haben. Träger gleichen Namens tauchen 14mal auf, in einigen zusätzlichen Fällen gibt es Namensverwandtschaften (so finden sich die Schreibweisen Collbach – Kollbach; Elfenich – Elvenich; Klammer – Klemmer; May – Mey). Bei den Personen mit Namensgleichheit deuten weit verbreitete Namen wie Esser, Koch, Müller und Schmidt nicht unbedingt auf eine Verwandtschaftsbeziehung. Auch zwischen Franz (6754) und Hermann Baur (5191) muss keine Verwandtschaft bestanden haben. Dabei wäre eine solche zwischen Franz (5184) und Nicolaus Bonn (5776), zwischen den beiden Stadtkanonieren Peter Josef (5435) und Peter Buchholz (5467), zwischen Theodor (3320), Johann (7004) und Gerard Gleuel (7119), zwischen zwei Trägern des Namens Wilhelm Krauss (5183, 5237), zwischen Johann (5778) und Hubert Kreuer (6778), zwischen Johann (6280) und Jonas Moll (6293), zwischen Ignatius (4173) und Johann Schilling (4537), zwischen Peter und Reiner Schockhoven – die in den Häusern 5179 und 5180 nebeneinander wohnten – oder zwischen Adam (4036) und Bernard Schwerger (6054) durchaus möglich. Das Adressbuch kann weitere Verwandtschaftsbeziehungen, etwa durch Schwiegerverhältnisse, zwischen Onkel und Neffen mütterlicherseits etc. natürlich nicht nachweisen, aber es bietet Anhaltspunkte für weitere genealogische Forschungen, die dann auch die Frage zu klären hätten, ob es Dynastien von Stadtsoldaten gegeben hat und das Amt weitervererbt wurde.

Nicht verschwiegen werden sollen zuletzt auch Hinweise auf andere Militärpersonen in dem Adressbuch, die anscheinend nicht zu den Kölner Stadtsoldaten zählten. So wohnten mit Rudolph von Monschaw ein kurpfälzischer Major (Nr. 949) und mit Gerard Weber ein „Bönnischer Soldat" (Nr. 6779) in Köln.

Die Ausführungen zur Geschichte der Stadtsoldaten nahmen ihren Ausgang bei dem Kölner Adressbuch von 1797, das mit 414 Seiten, etwa 7.400 Namen, den Straßen und besonderen Gebäuden einen Querschnitt durch die stadtkölnische Gesellschaft am Ende des 18. Jahrhunderts bietet. Selbstverständlich kann nicht nur diese Quelle für historische Aussagen zu dieser Zeit herangezogen werden, aber es sollte der Quellenwert dieser Schriftgutgattung deutlich gemacht werden.

Anmerkungen

[1] *Karl Schlögel*, Im Raume lesen wir die Zeit, München u. a. 2003, S. 329. Zu den Adressbüchern insgesamt *Hartmut Zwahr*, Das deutsche Stadtadreßbuch als orts- und sozialgeschichtliche Quelle, in: Jahrbuch für Regionalgeschichte 3, 1968, S. 204–229; *Klara van Eyll*, In Kölner Adressbüchern geblättert, Köln 1978, S. 21–29; dies., Stadtadreßbücher als Quelle für die wirtschafts- und sozialhistorische Forschung – das Beispiel Köln, in: Zeitschrift für Unternehmensgeschichte, 24, 1979, S. 12–26; *Hartmut Jäckel*, Adressbücher in Geschichte und Gegenwart, in: Das Archiv, H. 2, 2004, S. 37–45.
[2] Da die Funktion der Adressbücher zeitlich begrenzt war, wurden sie auf qualitativ geringwertigem, seit der Einführung des Holzschliffs in den 1850er Jahren säurehaltigem Papier gedruckt, das heute – am Beginn des 21. Jahrhunderts – oftmals zerfällt. Daher ist die Benutzung von Adressbüchern häufig mit deren physischer Zerstörung verbunden. Aus diesem Grund schützen Archive und Bibliotheken die vorhandenen Exemplare durch Sicherheitsverfilmung, das heißt die Reproduktion des Adressbuchs beispielsweise auf Mikrofiches. Das Kölner Adressbuch ist auf Mikrofiche einsehbar im Historischen Archiv der Stadt Köln und in der Wirtschaftsbibliothek der Industrie- und Handelskammer zu Köln.
[3] Verzeichnis der Stadt-Kölnischen Einwohner, Köln 1797, Vorwort.
[4] Nach neuesten Erkenntnissen führten nicht die Franzosen, sondern der Rat der Stadt Köln wenige Tage vor deren Besatzung 1794 die Nummerierung ein, die dann aber tatsächlich nach Einzug der Truppen aus dem westlichen Nachbarland durchgeführt wurde. *Stefan Volberg*, Ein falscher Pinselstrich der Geschichte, in: *Kölnische Rundschau* vom 27.10.2004.
[5] Die Chroniken wurden zusammengefasst publiziert unter dem Titel Alte Adressbücher erzählen … Leben und Alltag in Köln. Auswahl und Einleitung *Klara van Eyll*, Köln 1993.
[6] *Ulrich S. Soénius*, Von Schröpfern, Kälberträgern und Flanbeau-Machern, in: markt + wirtschaft 52, 1997, H. 11, S. 102–106.
[7] *Hans Pohl*, Wirtschaftsgeschichte Kölns im 18. und beginnenden 19. Jahrhundert, in: Hermann Kellenbenz (Hrsg.), Zwei Jahrtausende Kölner Wirtschaft, Köln 1975, S. 9–162, hier S. 12 u. 23; *Wilfried Feldenkirchen*, Aspekte der Bevölkerungs- und Sozialstruktur der Stadt Köln in der französischen Zeit (1794–1814), in: Rheinische Vierteljahrsblätter 44, 1980, S. 182–227, hier S. 186. Auf die Angabe allgemeiner Literatur zur stadtkölnischen Geschichte dieser Zeit wird verzichtet.
[8] *Friedel Schwarz*, Die Kölner Stadt-Soldaten am Ende der reichsstädtischen Zeit, in: Jahrbuch des Kölnischen Geschichtsvereins 48, 1977, S. 151–198, hier S. 153–155. Schwarz hat das Adressbuch von 1797 nicht als Quelle benutzt. Siehe zu dem Gesamtkomplex auch den Beitrag von Carl Dietmar in diesem Band. Die von Schwarz teilweise zitierten zwei Musterungslisten von 1793 sind in der von ihm im Quellenverzeichnis angegebenen Akte des Historischen Archivs der Stadt Köln, Best. 350, Nr. 5205, nicht vorhanden. Die Paginierung beginnt dort mit Blatt 34, laut

Schwarz sollen die Listen von Blatt 16 an vorhanden sein. Dies entbehrt jedoch der Logik, da die städtische Verwaltung diese Akte in der Zeit von 1803 bis 1813 – so der Originaltitel – zur Zahlung der Pensionen angelegt hat. Auch in dem 1994 neu gebildeten Bestand 33 (Militaria) – sind diese beiden Musterungslisten nicht nachweisbar. Daher muss auf einen Vergleich mit den laut Schwarz im Original vollständigen Namenslisten verzichtet werden. Schwarz selbst nennt in seinem Beitrag namentlich nur die Offiziere und Unteroffiziere.

[9] So *Schwarz*, Die Kölner Stadt-Soldaten am Ende der reichsstädtischen Zeit (wie Anm. 8), S. 176.

[10] *Schwarz*, Die Kölner Stadt-Soldaten am Ende der reichsstädtischen Zeit (wie Anm. 8), S. 165–168, 175 u. 177.

[11] HAStK 350, Nr. 5205 Fol. 48; s. a. *Schwarz*, Die Kölner Stadt-Soldaten am Ende der reichsstädtischen Zeit (wie Anm. 8), S. 180f.

[12] *Schwarz*, Die Kölner Stadt-Soldaten am Ende der reichsstädtischen Zeit (wie Anm. 8), S. 166–168. Führer Nicolaus Ehser im Adressbuch: Stadtcorporal Nicolaus Esser (4160), Gefreiter Peter Schimmel = Stadtsoldat Peter Schimmel (381), Führer Josef Kramp (5638) und Gefreiter Peter Wohlzufrieden im Adressbuch Stadtsoldat (5587). Zu den fehlenden Angaben über die Mannschaften s. Anm. 8.

[13] *Schwarz*, Die Kölner Stadt-Soldaten am Ende der reichsstädtischen Zeit (wie Anm. 8), S. 170.

[14] Status der hiesig städtischen Employés, so ehemals zum hiesigen Militair gehört haben, HAStK 350, Nr. 3829.

[15] Christian Schneichels, Auditeur, Nr. 6561, und Franz Vanck, Nr. 5897: Die Reitschule, Stadtkölnischer Universität Reitmeister.

[16] Berücksichtigt wurden verschiedene Schreibweisen; nicht immer stimmen Adressbuch und Listen überein. Einige der Korporale bezeichneten sich im Adressbuch nur als Stadtsoldat.

[17] Eingab über die annoch befindliche Militaire, HAStK 350, Nr. 5205 Fol. 38–39. Diese Liste ist unterteilt in „Zin alt und Zin langgetiend", „Spielleuth", dann folgen ohne Überschrift Gefreite und Gemeine sowie auf der letzten Seite der „Pensionirten Stand".

[18] Etat des anciens militaires domiciliés en cette ville..., HAStK 350, Nr. 5205 Fol. 41–44. In der Liste sind auch Nicht-Militärs genannt, die hier nicht weiter beachtet werden.

[19] In Einzelfällen entstehen durch die Quellen einige Datierungsprobleme. So ist in Liste zwei der Gemeine Franz Kerpen unter der Hausnummer 252 enthalten, im Adressbuch von 1797 – sechs Jahre früher – findet sich unter dieser Nummer seine Witwe. Ein weiteres Problem stellen Vergleiche mit der Pensionsliste von 1818, HAStK 350, Nr. 5205 Fol. 86–88 (s. a. *Schwarz*, Die Kölner Stadt-Soldaten am Ende der reichsstädtischen Zeit [wie Anm. 8], S. 196), dar – die Altersangaben zu den Listen von 1803 differieren bei einzelnen Soldaten zwischen 13 und 34 Jahren! Daher sind die hier genannten Durchschnittsaltersangaben nur mit aller Vorsicht zu interpretieren. Dies wird auch bestätigt durch die Altersangabe von Ludovic Lünninghausen – Ludwig Lünickhausen, der im November 1811 ein Gesuch an den Kaiser richtet und dabei sein Alter mit „68 ans" angab – in der Pensionsliste vom 26. Januar 1818, also sechseinhalb Jahre später, wird sein Alter mit 72 Jahren angegeben. Nr. 5205 Fol. 62 u. 87.

[20] Der Divisor bei der Berechnung der durchschnittlichen Dienstjahre beträgt 133, da für einen Soldaten das Dienstalter nicht angegeben wurde.

[21] Eine Reihe von Soldaten waren nicht unter den in den Listen angegebenen Hausnummern genannt, sondern wurden über das Register identifiziert. Drei der in den Listen genannten Soldaten – ein Gefreiter und zwei Gemeine – werden im Adressbuch als Stadtinvalide bezeichnet.

[22] HAStK 350, Nr. 5205 Fol. 86–88; s. a. *Schwarz*, Die Kölner Stadt-Soldaten am Ende der reichsstädtischen Zeit (wie Anm. 8), S. 196.

[23] So *Schwarz*, Die Kölner Stadt-Soldaten am Ende der reichsstädtischen Zeit (wie Anm. 8), S. 163. Übergabe Mylius an Reichsheer ebd., S. 152.

[24] *Schwarz*, Die Kölner Stadt-Soldaten am Ende der reichsstädtischen Zeit (wie Anm. 8), S. 152.

[25] In Wirklichkeit war er Fähndrich, s. Musterungsliste 1793, *Schwarz*, Die Kölner Stadt-Soldaten am Ende der reichsstädtischen Zeit (wie Anm. 8), S. 154, und Soldliste von September 1797, HAStK 350, Nr. 3829.

[26] Vgl. die Rangeinteilungen bei *Schwarz*, Die Kölner Stadt-Soldaten am Ende der reichsstädtischen Zeit (wie Anm. 8), S. 154f.

[27] Zu den Straßennamen s. *Rüdiger Schünemann-Steffen* (Hrsg.), Kölner Straßennamen-Lexikon, Köln 1999. Siehe dazu auch *Johannes Kramer*, Straßennamen in Köln zur französischen Zeit (1794–1814), Gerbrunn bei Würzburg 1984 (Romania Occidentalis, 9).

[28] *Schwarz*, Die Kölner Stadt-Soldaten am Ende der reichsstädtischen Zeit (wie Anm. 8), S. 154f.

[29] *Pohl*, Wirtschaftsgeschichte Kölns im 18. und beginnenden 19. Jahrhundert (wie Anm. 7), S. 14; *Feldenkirchen*, Aspekte der Bevölkerungs- und Sozialstruktur (wie Anm. 7), S. 214, grenzt das Zentrum der Oberschicht aufgrund der ermittelten Häuserwerte durch Filzengraben, Mühlenbach, Waidmarkt, Hohepforte, Hohestraße, am Hof, Große Neugasse und Rheinwerft ab.

[30] Zur Sozialstruktur Kölns siehe *Feldenkirchen*, Aspekte der Bevölkerungs- und Sozialstruktur (wie Anm. 7), S. 184, mit einer Einteilung in Ober-, Mittel- und Unterschicht.

[31] *Feldenkirchen*, Aspekte der Bevölkerungs- und Sozialstruktur (wie Anm. 7), S. 220f.

[32] „3237 Peter Heyden, […] und Buchdruckergeselle; 4238 Christian Welter, […] und Maurergeselle; 4242 Jakob Göttings, […] und Posamentierer; 5483 Adolph Plück, […] und Posamentiergeselle; 5780 Johann Marter, Leyendeckergeselle und […]; 5807 Wencelius Diche, […] und Maurergeselle; 6511 Gereon Becker, […] und Zimmergeselle".

Hoch zu Ross der erste Funkenkommandant General vun Künningsfeld (r.) mit seinem Adjutanten, kolorierte Lithographie von W. Goebels und H. Goffart, Köln 1824

Häme, Armut und die Ironie des Schicksals

Wie die traurige Gestalt des Stadtsoldaten zum Kölner Held und Vereinsmitglied wurde

Von Michael Euler-Schmidt

Kurz vor seinem Tod, im Herbst 1836, begann Georg Büchner in Straßburg sein Drama „Woyzeck" niederzuschreiben, das unvollendet bleiben sollte. Büchner, der bedeutendste deutsche Dramatiker zwischen Romantik und Realismus, hielt mit dieser Geschichte des realen Falls des hessischen Stadtsoldaten Johann Christian Woyzeck das Schicksal eines einfachen Soldaten für die Nachwelt fest: Woyzecks Liebe zu Marie, mit der er ein uneheliches Kind hat, ist ihm das Wichtigste auf der Welt. Um diese beiden zu ernähren, ist er gezwungen, seinen kärglichen Lohn als Stadtsoldat mit Nebeneinkünften aufzubessern. Er rasiert täglich seinen Hauptmann und stellt sich einem medizinischen Experiment zur Verfügung, bei dem er sich längere Zeit nur von Erbsen zu ernähren hat und seinen Urin abliefern muss. Als ein Tambourmajor seiner Marie nachstellt und sie mit ihm ein Verhältnis eingeht, wird Woyzeck psychisch krank und ersticht sie.[1]

Durch Georg Büchner wurde der Stadtsoldat Woyzeck der bekannteste seiner Zunft und der einzige, dessen schwierige Lebensumstände nachhaltig und auf hohem literarischem Niveau dokumentiert wurden. Büchners Woyzeck war aber im frühen 19. Jahrhundert und auch in den Jahrhunderten zuvor kein Einzelfall. Es gab viele einfache Stadtsoldaten in den deutschen Städten. Sie standen in der Gesellschaft an unterster Stelle, waren meist angeworbene Söldner mit entsprechender Vergangenheit oder durch die Wirren der Zeit herangespülte, die in dieser Tätigkeit eine letzte Existenzmöglichkeit für sich sahen.

Auch in der Freien Reichsstadt Köln gab es Woyzecks. Ihre Einzelschicksale stießen jedoch nie auf größere öffentliche Aufmerksamkeit. Interessierte sich Büchner für „Menschen von Fleisch und Blut [...] deren Leid und Freude mich mitempfinden macht und deren Tun und Handeln mir Abscheu oder Bewunderung einflößt",[2] so wandte

Klaus Kinski in der Rolle des Stadtsoldaten Woyzeck

Rostocker Stadtsoldaten von 1829, aquarellierte Lithographie, um 1850

man sich im Köln des beginnenden 19. Jahrhunderts der Figur des Stadtsoldaten aus anderen Motiven zu. Die zum romantischen Gedankengut hin tendierenden intellektuellen Festordner um ihren ersten Sprecher Heinrich von Wittgenstein suchten nach „Bildern" für ihren ersten Rosenmontagszug 1823 und nutzten diese als Balsam auf die Seelen der von den preußischen Besatzern gebeutelten Bevölkerung. Ein „Bild" aus vergangenen „Freien Reichsstadt-Zeiten" fanden die ersten Festordner dann mit der darzustellenden Gruppe der Stadtsoldaten. Dass man dabei aus eigentlich traurigen Gestalten „Kölner Helden" machte, akzeptierten die Preußen, und sie gewährten deshalb eine Ausnahme vom Uniformverbot für Zivilisten, weil es sich nach ihrer Auffassung um ein Kostüm handelte. Dass zu jener Zeit (1818)[3] noch 130 wirkliche Stadtsoldaten in Köln mehr schlecht als recht – meist als Invalide oder Tagelöhner – ihr Dasein fristeten und dass diese am Rosenmontag 1823 am Zugweg ein Déjà-vu-Erlebnis der besonderen Art haben mussten, war für die Festordner von untergeordnetem Interesse.

Georg Büchner und die Kölner Festordner waren deshalb auch zwei ganz verschiedene Dramaturgen, die mit unterschiedlichen Ansätzen an ihren Stoff herangingen: Büchner war mit seinem Stadtsoldaten Woyzeck dem Realismusgedanken der Jahre 1836/37 verhaftet, die Festordner von 1822/23 dagegen waren völlig durchdrungen vom romantischen Gedankengut eines Novalis. Dieser hatte geschrieben: „In dem ich dem Gemeinen einen hohen Sinn, dem Gewöhnlichen ein geheimnisvolles Ansehen, dem Bekannten die Würde des Unbekannten, dem Endlichen einen unendlichen Schein gebe, so romantisiere ich es."[4] Christian Samuel Schier, der erste Literat des Festordnenden Comités, fand in Novalis seinen kongenialen Gedankenpartner, um die Kölner Stadtsoldaten für den Kölner Karneval positiv zu instrumentalisieren. Gleichzeitig wurde er damit dem „Übervater" der Kölner Intellektuellen, Ferdinand Franz Wallraf, gerecht, der schon 1814 in einem Gedicht die Stadtsoldaten zurück ins Stadtbild gefordert hatte.[5] In der Zugbeschreibung schrieb Schier 1823: „Die Funken, deren Glänzen unterging, aufs neue prangen sie im vollen Staat."[6]

Die persönlichen Schicksale der eigentlichen Kölner Stadtsoldaten, ihre Lebens- und Arbeitsbedingungen gingen in diesem Prozess der romantischen, karnevalistischen Verklärung fast völlig verloren. Erst 1905/6 erinnerten die Funken im Liederheft an einige Namen.[7] In das „Johrbuch" von 1932 wurde dann nachträglich eine ausführliche Dokumentation zu den Stadtsoldaten eingeklebt.[8] Erst die heutigen Darsteller der Kölner Stadtsoldaten im Kölner Karneval fragen präziser nach der Identität dieser Männer und ihrer Familien, fragen nach ihrem Platz in der Kölner Stadt- und Karnevalsgeschichte.

Häme – Söldner ohne Ansehen und Disziplin

„…gegen die köllnische funcken Hertz-brenner und Knupp-panduren…"[9]

Köln 1744

Seit der zweiten Hälfte des 17. Jahrhunderts beschäftigte die Freie Reichsstadt Köln ein dauerhaftes Kontingent Stadtsoldaten, das im Kriegsfall den kaiserlichen Truppen zugeführt werden musste.[10] Nach Paul Lauing erließ der Rat der Stadt Köln 1660 den Beschluß, dass „beständige Roll und Fuß der stadtkölnischen Soldateska durch Gutsbefinden eines löblichen Ausschusses und sämtlicher Herren Kriegskommissarien Berathung durch einen hochweisen Rath approbirt und zu Friedenszeiten fest und unverbrüchlich gehalten werden".[11] Eine erste Kompanie bestand aus 182 angeworbenen Söldnern.[12] Hauptaufgabe dieser Stadtsoldaten in der Stadt war der Schutz gegen äußere Feinde und die Aufrechterhaltung der öffentlichen Sicherheit, Ruhe und Ordnung. Bis 1798 versahen jeweils drei bis vier Soldaten ihren Dienst an den 53 Kettenhäusern in der Stadt und an den Toren.[13]

Das letzte Kölner Kettenhaus, Ecke Kleine Marzellenstraße/ An den Dominikanern, vor dem Abbruch Mitte 1866

Im Laufe der Jahre musste Köln sein Reichskontingent erhöhen. 1779 gab es drei Kompanien Infanterie und eine Batterie Artillerie in der Stadt.[14] Die Artillerie trug blaue Waffenröcke.[15] Bisher wenig beachtete Listen von 1769 bzw. 1779 zur Artillerie bzw. zu den drei Kompanien Infanterie haben sich im Historischen Archiv der Stadt Köln erhalten. Sie geben u. a. Auskunft über die Anzahl der Soldaten, die Namen, Dienstgrade, Gehälter und zum Teil über den Geburtsort, das Alter und die Anzahl der Kinder.[16] Der Obristleutnant von Kaysersfeldt befehligte danach 172 Stadtsoldaten, der Hauptmann Bernard Harz 171 und der Hauptmann Robert von Karpffen 170 Männer.[17] Einige der 1779 verzeichneten Infanteristen wie Matheis Pohl (Kompanie von Kaysersfeldt), Ludwig Bierbaum (Kompanie Harz), Ludwig von Lunickhausen (Kompanie von Karpffen), Jacob Leges (Kompanie von Kaysersfeldt), Hubert Wiertz (Kompanie von Kaysersfeldt), Remigius Gottschalk (Kompanie von Kaysersfeldt) und Robert von Karpffen (Kompanie-Chef) wurden für diesen Beitrag, neben anderen, exemplarisch ausgewählt – sie werden später noch eine Rolle spielen. Auch über den Leutnant der Artillerie Joseph Otto werden wir mehr erfahren.

Zunächst aber stößt man bei der Auswertung der frühen Quellen des 17. und 18. Jahrhunderts, die in Zusammenhang mit den Stadtsoldaten stehen, immer wieder auf Missstände. Wir lesen von Korruption in den Reihen der Soldaten, aber auch davon, dass sie von Kölner Bürgern gedemütigt, geschlagen oder gar getötet wurden. So wurde 1699 der Stadtsoldat Johann Bernhard Schwartz auf dem Heimweg am Marsilstein von fünf Maskierten überfallen und niedergeschossen.[18] In der Nacht des 2. Oktober 1711 erstach ein Kamerad den 22-jährigen Stadtsoldaten Laurenz Eschweiler, der dann mit einem „geringen Gebet" auf dem Elendsfriedhof nach „Kriegsmanier eingesegnet, begraben" wurde.[19] Ein „Kriminalprotokoll" aus dem Jahr 1737 ist der früheste Beleg über Auseinandersetzungen mit Teilen der Bevölkerung. So war es „ohnwiedersprechlich und stattkundig, daß die Studenten, und in specie Luxemburgirer, durchgehendts, mit allerlei straffbahrlichen gewaldthätigkeiten bey tag- und nachtszeiten anfallen, also daß die soldathen offtmahlen mit bluthigen köpffen undt wunden abweichen undt acquiesciren müßen".[20]

Doch die Stadtsoldaten bekamen nicht nur Schläge von den Studenten oder den Rheinschiffern, „Ringrollern" (Hafenarbeiter) und anderen Menschen. Auch mit Worten wur-

Kaysersfeldt Compagnie Credit

Ausschnitt aus einer Soldliste der Compagnie Kaysersfeldt von 1779

	Transport	über zahlt		
	Aloysius gangen	26	60	—
	Ferdinand Heuysgen	3	60	8
	Anton Schilling	5	26	—
	Wilhelmus Herckenrath	3	26	—
	Joannes Klein	24	60	—
	Jacob Dresch	14	—	—
Tabul	Nicolaus Runck	30	8	—
	Mathias Schmitz	10	52	—
	Joan Peter Cochem	15	26	—
	Joan Herman Weber	5	6	—
	Arnold Falckenberg	12	8	—
	Nicolaus Esser	11	34	—
	Stephan Backhausen	14	8	—
	Arnoldus Henn	20	8	—
	Henrich Schauff	20	8	—
	David Henrichs	20	60	—
	Carl gobbels	10	8	—
	Henricus Esch	10	8	—
	Joannes Wolff	10	8	—
	Christian Mierman	16	8	—
	Frantz Hendrichs	9	34	—
	Bernard Hatt	10	8	—
	Mathias Pohl	9	64	10
	Michael Mondt	5	34	—
	Henrich Elvenich		60	—
	Ferdinand Kayser	2	8	—

den sie oft auf das Übelste traktiert. Adam Wrede fand in diesem Zusammenhang 1956 den bisher frühesten Beleg für den Begriff „Funck". In einem 1744 entstandenen lateinischen Gedicht in Form einer Horazischen Ode werden die Kölner Studenten zum Kampf „gegen die köllnische funcken Hertzbrenner und Knupp-panduren" aufgerufen. Wie er schreibt, werden die Stadtsoldaten hier mehrfach böse tituliert.[21] Die Stimmung wurde weiter vergiftet, da die Stadtsoldaten im 18. Jahrhundert als Werber von Soldaten für fremde Truppen ihren Nebenverdienst fanden und dabei nicht gerade zimperlich mit den Söhnen Kölner Bürger umgingen.[22]

Auch über Köln hinaus wurde jetzt über sie geschrieben und mit deutlichem Amüsement, ja Häme publiziert. 1784 erschienen im *Journal von und für Deutschland* folgende Zeilen eines unbekannten Autors über Köln: „Die Policey ist äusserst elend. Die Gewaltrichter pflegten wohl sich der feilen Dirnen zu bedienen, um junge Leute in's Netz zu ziehen, damit sie durch Strafen einiges Geld verdienten. [...] Wenn ein Maleficant gesetzt wird, so lassen ihn die mitleidigen Stadtsoldaten um einige Stüber wieder laufen. Und können dergleichen Leute in ein Kloster springen, so sind sie gewiß vor den Händen der Gerechtigkeit sicher."[23]

Sechs Jahre später veröffentlichte der Koblenzer Geistliche und Gymnasiallehrer Joseph Gregor Lang seinen Band „Reise auf dem Rhein". An Bord eines Schiffes genoss er die Sehenswürdigkeiten „Von Andernach bis Düsseldorf". Auch in Köln ging er von Bord und beschrieb folgende Szene an der Rheinpforte: „Die Wache ward eben abgelöst und ich musste warten, bis dieser Akt zu Ende war, der mir einen ganz besonderen Begriff von der Kölner Militairverfassung machte. Die beiden Mann, die zur Ablösung aufgeführt wurden, bekamen unter sich einen Disput, – weil ein jeder von ihnen den Posten betretten wollte, – der in ihrer Aussprache wirklich possierlich liess. Ich fragte den Führer, was dies bedeute, ob sie nicht kommandirt würden? – Ach, sagte er, wir kommandiren uns selbst. – Wozu dienen denn eure Offiziers? – Wir müssen ja doch Offiziers haben. – Das ist eine wunderbarliche Ordnung, erwiederte ich lächelnd. – Ich weiss es wohl,

Rheinansicht von Köln mit Schiffen, links zu sehen ein Offizier der Stadtsoldaten, Ölgemälde, 1750

mein Herr, sagte der Führer mit einer Röthe, die ihm die Schamhaftigkeit auf sein bejahrtes Gesicht legte, aber es ist nicht anders. Ich habe 16 Jahre dem König von Preussen gedient, daher können Sie wohl schliessen, das ich ein Soldat bin und Ordnung verstehen muss. Ein nicht ganz gefälliger Zufall machte es, dass ich mich hier engagieren liess, und mache nun, wie die anderen, auf gut Köllnisch mit.
Die vornehmsten Posten sind an jenen Thoren, wo eine starke Passage ist; weil es nun da beim Visitieren der Fremden Trinkgelder giebt, so will keiner auf einen Nebenposten, und aus dieser Ursache entsteht allgemein beim Aufführen auf die Posten ein Zank; die Jüngeren müssen sich es also doch am Ende gefallen lassen, zu weichen. Was aber die Bürgermeister- oder der gleichen Wachen sind, diese werden kommandiert. – Ich schüttelte den Kopf, nahm den mir angewiesenen abgelösten Wächter zum Untersuchen mit, der sich ganz willig nach ohngefähr dreissig zurückgelegten Schritten, da ich ihm sagte, dass meine Equipage nur aus etwas Weiszeug und einigen Beinkleidern bestünde, mit 9 Stübern befriedigen liess, und ohne Besichtigung davon zog. Ich lachte recht herzlich und dachte noch lange dieser antipreussischen Militairverfassung nach."[24] In Joseph Gregor Langs Bericht ist uns die einzige nahezu authentische Schilderung eines Kölner Stadtsoldaten erhalten geblieben. Interessant ist der Hinweis des Soldaten, dass an den Toren die Posten ohne Kommando und damit völlig sich selbst überlassen waren. Dadurch bot sich für die Kölner und anreisenden Touristen gerade hier ein besonderes Bild der Belustigung.
Kurz bevor die Franzosen 1794 Köln besetzten, besuchte ein Reisender (vermutlich holländischer Nationalität) die Stadt. Nach seinen Schilderungen waren die Befestigungsanlagen der Stadt in einem erbärmlichen baulichen Zustand. Auch er hatte eine bemerkenswerte Begegnung mit einem Stadtsoldaten am „äusseren Thor": Es „sprang ein Soldat aus einem Schilderhaus, das in einem

Das Weyertor zu Köln am Rhein um 1810, nach einer Tuschezeichnung von Casp. Grein, J.A.H. Oedenthal 1875

dunklen Winkel stand, jählings hervor und gebot dem Postillion mit einer fürchterlichen Stimme, Halt zu machen. [...] Demohngeachtet fällte der Soldat das Bajonet und machte Mine. [...] Mich würde diese Farce zu jeder anderen Zeit sehr amüsiert haben". Der Soldat nahm „das Gewehr in den Arm, strich sich den Knebelbart und legte uns mit dem unerbittlich strengen Gesichte eines Rhadamonts, wenn er die angekommen Schatten verhört, die gewöhnlichen Fragen über unsern Stand, Herkunft und Verrichtung vor".[25]
Natürlich versuchten die Freie Reichsstadt Köln und der Rat diesem negativen Image mit Disziplinarmaßnahmen gegenzusteuern. Bereits 1735 wurde in den damaligen „Kriegsartikeln" u. a. festgehalten: „Es ist zur Notdurft erachtet worden, daß die bei hiesiger Miliz wegen der allzu milden obrigkeitlichen Langmuth nicht nur bei Ober- und Unteroffiziers, sondern auch bei den gemeinen Musketieren eingerissenen Mißbräuche, Ungehorsam und Unordnung gänzlich ausgerottet werden."[26]
Dem häufigen Gespött, dem die Stadtsoldaten ausgesetzt waren, begegnete der Rat mit Bekanntmachungen. 1784 wurde veröffentlicht, „dass hiesige [...] Soldatenwachen [...] bald durch strafbare Widersetzlichkeiten und eigenthätige Auflehnungen an Erfüllung ihrer Pflicht behindert werden, bald durch ausschweifende Nachtsschwärmer und Ruhestörer gefoppt, mißachtet und mißhandelt

werden. Alles kommt von der Soldaten bisherigen gelinden Nachsicht."[27] Da der Rat erkannte, dass dadurch das „öffentliche obrigkeitliche Ansehen" stark in Mitleidenschaft gezogen wurde, durften die Stadtsoldaten nun mit „scharf geladenem Gewehr" ihren Dienst versehen.[28] Wie wir aber aus den oben aufgeführten Reisebeschreibungen wissen, veränderten weder die „Kriegsartikel" noch die Bekanntmachungen des Rates irgendetwas Grundsätzliches.

Woran lag es also, dass Köln seine Stadtsoldaten nicht in den Griff bekam? Erzählt man Militärexperten diese Kölner Geschichte, dann können auch sie sich ein Schmunzeln nicht verkneifen. Denn vom rein militärischen Standpunkt her konnte diese Truppe angesichts spezifischer Rahmenbedingungen auch nie seriös funktionieren:

1. Die Stadtsoldaten wohnten nicht in Kasernen, sondern überall verteilt in der Stadt und dort in ärmlichen Gegenden.
2. Sie konnten heiraten und eine Familie gründen.
3. Die, die ein Handwerk erlernt hatten, durften z. B. als Maurergesell, Zimmermann oder als Handlanger ihren kargen Lohn aufbessern.
4. Die meisten waren angeworbene Söldner, zum Teil aus anderen Armeen unehrenhaft entlassen oder mit undurchsichtiger Vergangenheit.[29]

Hinzu kam, dass auf dem Militärwesen der damaligen Zeit ein enormer Spardruck lastete. Ein zehn Punkte umfassendes „Reglement", das 1749 gedruckt wurde und an jedem Posten angeschlagen war, macht dies im Bereich der Uniformierung deutlich: „Daß die grosse Mondur, bestehend in Rock und Kamisohl dauren müsse vier Jahr / belangend die kleine / so thut ein jeder Jährlich bekommen ein Paar Schuh / ein Paar Strümpff / ein Paar schwarzer Camaschen / alle zwei Jahr Lederne Hosen / der Mousquetier alle Jahr einen neuen Huth".[30]

Ein weiteres Beispiel dafür, dass das Sparen auf dem Rücken der Soldaten ausgetragen wurde, war die „Geometrische abteilung über 6 zugleich außgehende Patrouillen, wie solche in Einer Stundt die ganze Stadt durchkreutzen können." Diese Anweisung diente wohl dazu, dass die Stadtsoldaten in möglichst geringer Zahl und kurzer Zeit die nächtliche Sicherheit gewährleisten sollten.[31] Das „Reglement" sah außerdem noch eine ganze Reihe von Einschränkungen vor, die das Leben eines Kölner Stadtsoldaten nicht einfacher machten. Unter Punkt 10 führte der Rat der Stadt Köln noch die Art der Bestrafungen bei Fehlverhalten auf: „Welcher von Unter-Officiers und Corporalen so wohl als Gemeinen wider ein oder anderen aus vorbeschriebenen Posten dieses Reglements fehlen wird / soll ohn alle Einsicht / nachdem das Verbrechen ist / mit Esel reiten / Stock Schlägen / Gassen lauffen / Pfahl stehen / auch befundenen Umbständen nach / mit der Cassation selbst bestrafft werden."[32] Diese Form der Bestrafungen, vor allem aber das Eselreiten auf einem der exponiertesten Plätze von Köln, dem Neumarkt, wurde jedesmal von einer johlenden Menge verfolgt und war ganz bestimmt nicht autoritätsfördernd.

Doch der größte Teil dieser gefoppten und geschlagenen Truppe sollte noch seine Chance bekommen, als „richtiger" Soldat im Feld zu kämpfen. Als die Franzosen 1794 kurz vor Köln standen, übergab der Stadtkommandant, Baron Caspar Joseph Carl von Mylius, die Stadtsoldaten am 6. Oktober des Jahres dem kaiserlichen Heer. Hier nun kämpften sie endlich – durchaus tapfer – als stadtkölnisches Kontingent der Reichsarmee. Die Stadt hatte sie noch mit neuen Caputröcken ausgestattet. Diese Mäntel waren die letzte Gabe Kölns als „Freie Reichsstadt".[33]

Armut – Vom Stadtsoldaten zum Bittsteller und der Beginn des Mythos

„... habe ich bishehin freuhtlos geschmachtet, und mit Frau und Kinder im Elende geseufzet..."[34]

Köln 1800

Das Kölner Adressbuch von 1797 führt 180 Stadtsoldaten, Soldatenwitwen und Invaliden auf. Vermutlich sind darunter neben denen, die wegen Felduntauglichkeit, Krankheit und Invalidität 1794 zurückgeblieben waren, auch jene, die ins Feld zogen, aber weiter über ihre Familien gemeldet blieben. Oft lebten viele der Soldaten zusammen in einer Gasse. Diese Gassen zählten zumeist zu den ärmlicheren Orten der Stadt.[35]

Unter den Stadtsoldaten, die nachweislich nicht auszogen, waren auch die uns schon namentlich von der Liste des Jahres 1779 bekannten Infanteristen Matheis Pohl, Remigius Gottschalk und Hubert Wiertz, ebenso die Offiziere Ludwig von Lunickhausen und Robert von Karpffen. Ferner ist hier Franz Kessel als Invalide aufgeführt und Peter Wohlzufrieden, der in Mainz kämpfte. Von Franz Bonn, Christian Thönig und dem „Stadtsoldaten und Buchdruckergesellen" Peter Heyden ist nicht bekannt, ob sie 1794 ausgezogen waren.

Außer den drei Offizieren versah ein Teil der anderen in Köln verbliebenen Stadtsoldaten mit Billigung der Franzosen weiter seinen Dienst. Unter dem Kommando von Matheis Pohl standen Remigius Gottschalk und Hubert Wiertz, laut einem Postenzettel, bis 1798 mit 21 anderen Stadtsoldaten Wache an den Stadttoren.[36] Vermutlich trugen sie ihre alten roten Waffenröcke, jedoch ohne Rangabzeichen, und bewaffnet waren sie nun mit Holzstöcken.

Entlohnt wurden sie von den Franzosen mit Assignaten, da alles Geld dem öffentlichen Verkehr systematisch entzogen worden war.[37] Dies führte bei den Soldaten, Invaliden und Witwen wie beim Rest der Bevölkerung zum Teil zu dramatischen Lebensumständen. Der gemeine Stadtsoldat Hubert Wiertz schrieb 1795 an die französischen Behörden folgenden Bittbrief: „Da meine frau Vor einigen tagen im Kinderbett mit dem Kind gestorben und mir annoch 4 Kinder habe hinterlassen [...], daß ich monatlich an soldung mit assignaten auszahlt werde, so fallt mir den last der Vier Kinder sehr hart, und schwer bei dießer auserordentlicher Theurung der lebens-mitteln und lieben brodts selbige weiters zu ernähren [...] ich selbsten mangel, und noth leiden muß [...] mich alten, und betrübten wittwer im 68 Jahr meines alters bei diesen so wahren angeführten umständen [...] daß Von meinen obengemeldeten Vier Kindern Zwei kleinere mit dem grossen armenhauß gnädigst [...] auff- und angenohmen zu werden."[38]

Andere Stadtsoldaten überlebten die ersten Jahre unter französischer Herrschaft nicht, zum Beispiel der Artillerist Joseph Otto. 1724 in Prag geboren, leitete er 1769 die „Artillerie Compagnie in Cölln". Er war verheiratet, hatte drei Kinder und als erlernten Beruf gab er 1769

Dienstplan der Stadtsoldaten an den Stadttoren, 1798

Assignat de Quatre-Vingts livres, Oktober 1794

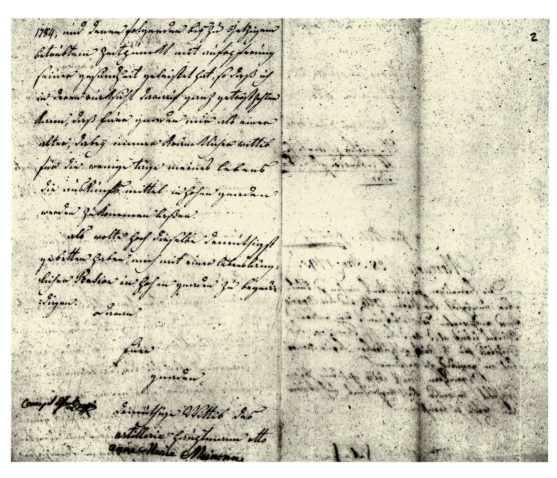

Bittbrief der verarmten Witwe des Artilleristen Joseph Otto vom 21. Januar 1795

„Student" an.³⁹ Im Jahre 1795 starb er im Alter von 70 Jahren. Erhalten geblieben ist der Bittbrief seiner Witwe vom 21. Januar 1795: „Nach einem Zeitverlauf von Vierzig sieben jahren Euer gnaden treu geleisteten diensten Verstarb gestern morgen Mein geliebter Ehegatt hoch dero artillerie hauptmann Otto, und hinterließ mich nebst Vielen nun hilflossen suckelen in meinem hohen Alter ohne auskunfts mitteln [...] schon seit Vier jahren angedaurter Franckheit außerstand bin mir und meinen [...] die Nothdürftige lebensmittel anzuschaffen."⁴⁰

Nach dem Friedensschluss von Campo Formio am 17. Oktober 1797 kehrten laut einer Liste von 1798 erstmals auch 21 ehemalige Stadtsoldaten der Artillerie nach Köln zurück. Unter ihnen waren Wilhelm Langenberg, Johan Koch, Caspar Baumheier und Mathias Horn.⁴¹ Wie lange sie noch ihren Sold von der Reichsarmee bekamen, bleibt unbekannt. Wahrscheinlich ist aber, dass auch sie Leid und Elend erfahren mussten. Die Not machte vor keinem Dienstgrad halt. Ein weiteres Beispiel dafür ist Hauptmann Robert von Karpffen, 1779 immerhin Chef der 3. Kompagnie mit 170 Stadtsoldaten. Er war am 1. März 1738 Stadtsoldat in Köln geworden und hatte es zum dienstältesten Hauptmann gebracht. Auch er, in Assignaten bezahlt, schrieb 1799: „dadurch ich mit meiner auch in die 80Jährige alte frau in die gröste Armuth übersätzt worden bin, dergestalten, daß wir in unserm so hoch erreichten alter an nöthigen speisen und dranck haben Kummer und gebrechen bis dahin leiden müssen."⁴² Die Municipal-Verwaltung bewilligte zwar sein Gehalt und bestätigte den Besitz seines Hauses, doch die „Denier Cassa" war zahlungsunfähig. Stattdessen sollte das „hospital zum h. geist" einspringen.⁴³ Da Hauptmann von Karpffen auf einer

118

1802 erschienenen Pensionsliste nicht mehr verzeichnet ist, hat der wohl über 80-jährige Veteran diese Zeit des Wartens nicht überlebt.[44]

Im Jahr 1800 war ein gewisser Grosholtz im „Bürgerhauße" als „Wäscher" eingeteilt. Sein Bittbrief an den „Bürger Maire" findet sich ebenfalls in den Archivalien zu den Stadtsoldaten im Historischen Archiv der Stadt Köln. Darin heißt es: „Es ist Jedermann bekannt, wie pünktlich ich im bürgerhauße meinen Dienst [...] versehen, und wie kümmerlich ich seither mich dabei mit Frau, und 4 Kinder hab durchbringen müssen; [...] allein unerachtet ihrer günstigen Vertröstungen habe ich bishehin freuhtlos geschmachtet, und mit Frau und Kinder im Elende geseufzet [...] daß Sie sich meiner verwenden, damit mir entweder ein Vortheilhafter Dienst [...] oder [...] ein zusatz geschehe."[45]

Bedingt durch ihre zunehmende Not organisierten sich die Stadtsoldaten. Dies geht aus einem Schreiben vom 23. März 1799 hervor, in dem Matheis Pohl – der schon 1798 der Torwache vorstand – als „Chef der Ordonnanzen ehemaliger Stadtsoldaten" bezeichnet wird. Wieder einmal war ein Stadtsoldat gestorben und hatte nicht so viel hinterlassen, dass die Begräbniskosten bestritten werden konnten. Pohl wurde als „Chef der Ordonnanzen eine angemessene Summa [...] zur Begräbniß des verstorbenen armen Soldaten aus der Wolthätigskeits Kassa" ausbezahlt.[46]

Am 9. Februar 1801 erfolgte der Friedensschluß von Lunéville. Das ganze linke Rheinufer, also auch Köln, kam endgültig an Frankreich; die Reichsarmee wurde aufgelöst. Die bei ihr in Diensten stehenden Stadtsoldaten bekamen noch bis Ende April ihren Sold. Von den 1794 ausgerückten Mannschaften kehrten ab 1801/02 weitere ca. 80 Soldaten nach Köln zurück.[47]

Die Franzosen riefen nun in den Kölner Zeitungen alle ehemaligen Stadtsoldaten auf, sich wegen ihrer Pensionszahlungen zu melden. Doch augenscheinlich gab es Schwierigkeiten bei der Registrierung und der Auszahlung der Pensionen. Der Hauptmann von Lunickhausen und Rabanus Vaasen, erst Quartier- und Zahlmeister, dann Musterschreiber, schrieben deshalb Anfang 1802 gemeinsam mit anderen Offizieren an den „Bürger Maire": „durch die offentliche Zeitungen wurden wir unterzeichnete aufgerufen, umb uns wegen der Militarischen pension zu melden mit guter Vertröstung, daß alles ohne mistand ins reine gebracht [...] ohnfehlbar mit recommendation solte abgeschicket werden. Nun haben wir bis herzu mit schmertzen auf eine tröstliche resolution Vergeblich gewartet, da wir aber nun ohne alle Nahrung sind, und uns keines weges mehr zu helffen wissen, so ersuchen wir sie bürger Maire, demütigst, diese unseren Elende umstände zu beherztigen."[48]

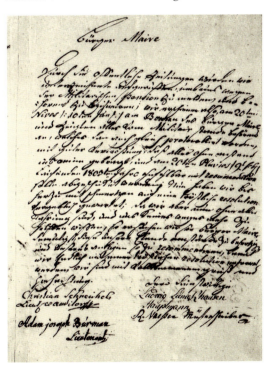

Pensionsgesuch der Kölner Offiziere Luninckhausen, Vaasen und anderer an den „Bürger Maire" Anfang 1802

Unterschiedliche Namenslisten wurden nun erstellt. Die umfangreichste Aufstellung stammt aus dem Jahr 1802. In ihr trugen sich 147 ehemalige Stadtsoldaten ein. Der älteste war 87 Jahre. Zu lesen sind auch die Namen der uns bekannten „roten" Infanteristen von Lunickhausen (56 Jahre), Rabanus Vaasen (43 Jahre), Matheis Pohl (71 Jahre), Ludwig Bierbaum (70 Jahre) und Remigius Gott-

119

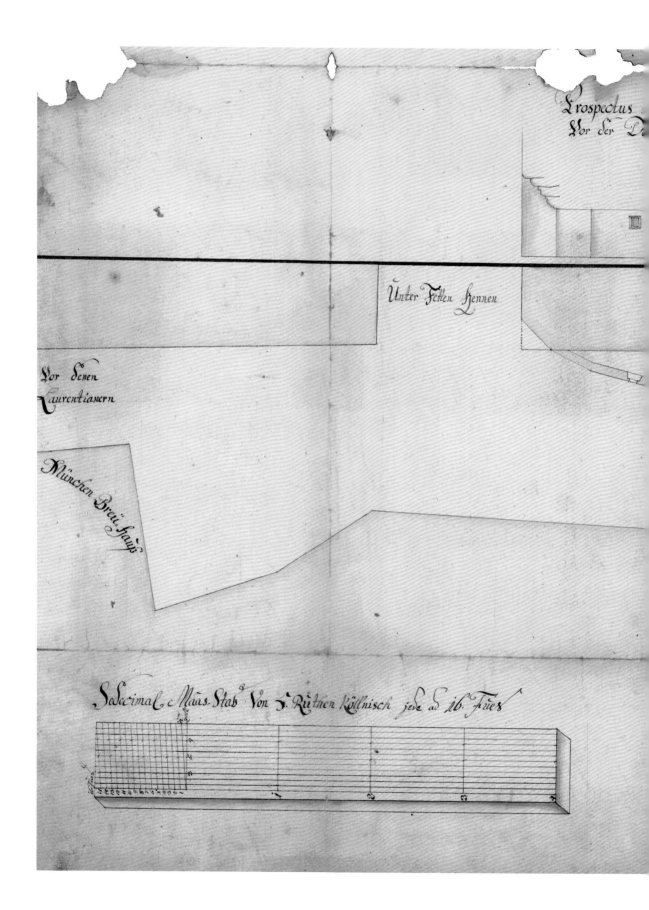

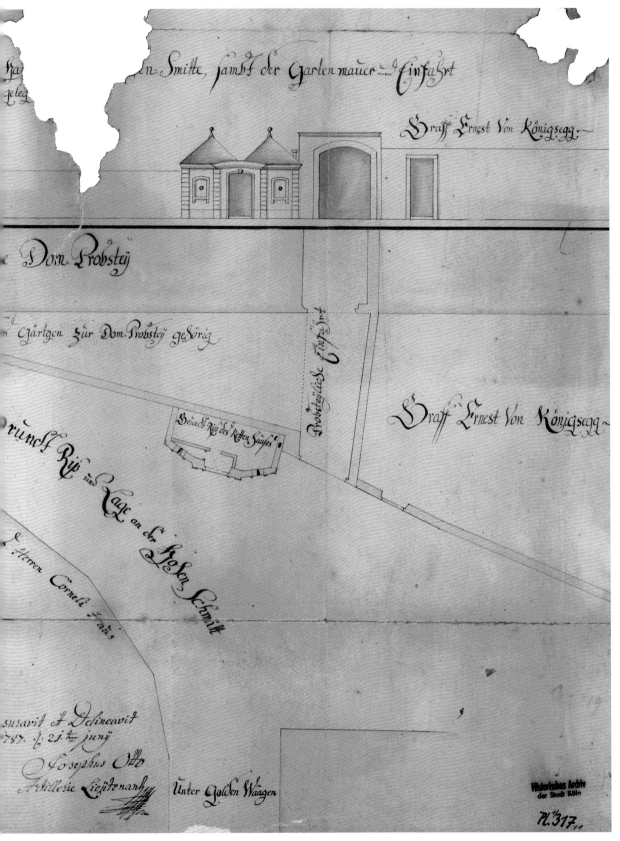

Prospectus eines Kettenhauses, Zeichnung des Artilleristen Joseph Otto vom 21. Juni 1787, womit er sich eine Zusatzpension verdiente

schalk (62 Jahre). Von den „blauen" Artilleristen schrieben sich nur noch die uns bekannten Matthias Horn (58 Jahre) und Johan Koch (50 Jahre) ein.[49] Nun also bekamen die Männer eine in ihrer Höhe unbekannte, aber sicher gering bemessene Pension von den Franzosen. Die Spur unserer ausgewählten und namentlich genannten Stadtsoldaten verliert sich nach dieser Liste von 1802 zunächst.

Ganz unverhofft aber treten die Stadtsoldaten – wenn auch namenlos – 1806 wieder im Stadtbild auf. Über den Rosenmontagszug des Jahres mit dem Motto „le génie français"[50] berichtete am 20. Februar 1806 *Der Verkündiger*: „Mehrere altkölnische Stadtsoldaten, in ihrer Uniform, die von den Heldenthaten ihres Anführers sehr lustige Dinge erzählten."[51] Dieses unerwartete Wiederauftauchen der Stadtsoldaten wirft viele Fragen auf: War es der „Chef der Ordonnanzen ehemaliger Stadtsoldaten" Matheis Pohl, der dies organisiert hatte? Zumindest gab es offenbar schon eine Ordnung im Zug. Erzählte Pohl – der 1779 unter Leutnant von Kaysersfeldt gedient hatte – von den „Heldenthaten" des Anführers, der dann bei den Festordnern von 1823 als Kommandant der darzustellenden Roten Funken den Namen „vun Künnigsfeld" bekam?

Für die Stadtsoldaten war die Zugteilnahme ein teures Vergnügen. Schon 1801 – die Erlaubnis des Platzkommandanten lautete: „il est permis au citoyen Bellengeck de faire son tour"[52] – machten die französischen Besatzer eine Teilnahme von der Zahlung eines Beitrags von „sechs Stüber" pro Maskenkarte abhängig. Der Erlös ging übrigens an die Armen in der Stadt.[53]

Wer erteilte den Stadtsoldaten damals die Genehmigung, in Uniformen aufzutreten? Galt doch 1801 die klare Anweisung für die Teilnehmer: „In der Wahl der Kleidung dürfen zwar die Civil- und Militärbeamten nicht nachgeahmt werden, auch Niemand bewaffnet erscheinen."[54] Versuchte etwa die „Olympische Gesellschaft zu Köln" – ein Männerbund von Intellektuellen mit karnevalistischem Interesse, dem auch Matthias Joseph DeNoël und Ferdinand Franz Wallraf angehörten – 1806 einen ersten „Probelauf" des Festes von 1823?[55]

DeNoël kannte wie Wallraf die Geschichte der Stadtsoldaten und dichtete schon als junger Mann vor 1802:

Matthias Joseph DeNoël, ab 1824 wichtiger Wegbereiter des neuorganisierten Kölner Karnevals, Selbstbildnis um 1820, Ölgemälde

„Beim Leges emm Makay-Culeeg
Watt geit et doh pläsant."[56]

Bei dem hier von DeNoël erwähnten Leges handelte es sich um den uns schon seit 1779 bekannten Stadtsoldaten Jacob Leges. Bis zu seinem Tod, vermutlich 1794, „bewohnte [er] an der Schnurgasse Nro. 7254 einen großen Garten und betrieb Milchwirthschaft. Es hatte sich daselbst ein förmliches College von Kölner Herren gebildet, welche dort regelmäßig zum Makay-Essen zusammenkamen. Scheinbar hatte sich Jacob Leges, als einer der ganz wenigen Stadtsoldaten, in Köln eingerichtet."[57]

Viele Vorgänge und Entwicklungen in der französischen Zeit erinnern an die karneva-

Ferdinand Franz Wallraf inmitten seiner Sammlungen, Kreidezeichnung von Nikolaus Salm, um 1820

listischen Bestrebungen unter den Preußen, vor allem an die Jahre 1822/23. Deutlich wird aber, dass der Prozess der Wandlung der Stadtsoldaten von traurigen Gestalten zu „Kölner Helden" als „Bild" für den Karneval schon in der Franzosenzeit vorangetrieben wurde. Dies belegen weitere Beispiele aus der Zeit.

1812 erschien ein kleines Heft von einem ungenannten Autor mit dem Titel „Funcke Vöör". Es war das Jahr, in dem „die ganze französische Besatzung am Festzug" teilnahm.[58] Deshalb mutet der Titel fast so an, als werde nachträglich auch ein Mitwirken der Stadtsoldaten eingefordert. Der Text liefert zudem erste Anhaltspunkte für den Mythos „Funcken":

„De köllsche Funcke sin bekannt;
Om Kölln erömm, un wick en't Land
[…]
Et hätt ens ümmes zogesinn
Om Nühmaat; noh Apost'len hin
Doh wooten se gekummedeht
Un, we hä sät, auch exerzeht
[…]
Dä Kreeg, dä wohr alt lang em Gang
Un keine köllsche Funck noch bang,
Sä streckden Flöck em Daagluhn fott
Un rechenten op Hölp vun Gott.

Noo woot den funcken doch get bang.
Der Kummedant besohg se lang
Om Nühmaat ungen dem Gewähr,
Un säät: kutt morgen noch ens hähr"[59]

Zwei Jahre später beim Abzug der Franzosen 1814 ging Wallraf in einem Gedicht mit dem Titel „Abschied an das wegziehende Personal der verhassten französischen Administration" ebenfalls auf die Stadtsoldaten ein und forderte sie zurück ins Stadtbild. Auch erinnerte er in dem Text an das „Geckebähnchen" aus den kirchlichen Prozessionen.[60] Dass Wallraf die Stadtsoldaten und das „Geckebähnchen" in einem Atemzug nannte, ist nicht ungewöhnlich. Die Stadtsoldaten waren immer wieder an Prozessionen beteiligt gewesen. Zum Beispiel hatten sie 1767 „am tag der Gottestracht d. 1ten Mai" in großer Montur teilgenommen.[61] Und über die Kölner Gottestracht um 1790 heißt es in dem Bericht des Sulpiz Boisserée aus dem Jahr 1862: „Vor dem Weiherthor war für das Stadtmilitär ein Lager abgesteckt, aus welchem die Mannschaft mit Kleingewehrfeuer salutierte."[62]

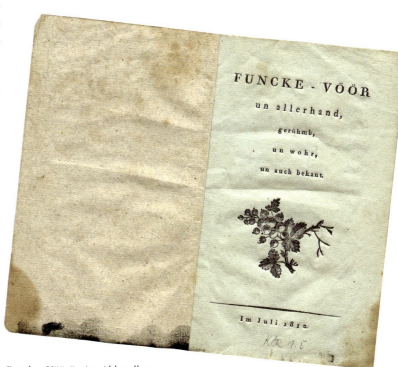

„Funcke–Vöör", eine Abhandlung in Versform über die Kölner Stadtsoldaten, Köln, Juli 1812

Die im Zuge der Befreiungskriege (1813 bis 1815) am 14. Januar 1814 den Rhein überschreitenden preußischen und russischen Militärverbände änderten die Verhältnisse in Köln grundlegend. Nach dem Frieden von Paris am 14. Mai desselben Jahres und den Vereinbarungen des Wiener Kongresses im Februar 1815 wurde die Stadt Preußen als Entschädigung für verlorene Territorien zugesprochen. Damit war Köln nach der Franzosenzeit abermals abhängig von einer politischen Macht, deren Interessenschwerpunkte mehrere hundert Kilometer weit entfernt lagen. Die restaurativen Vorstellungen, die sich nach dem Abzug der Franzosen bei den Kölnern bemerkbar machten und auf die alte städtische Selbständigkeit zielten, fanden bei den preußischen Entscheidungsträgern nur wenig Verständnis.[63]

Für die Stadtsoldaten in der Stadt begann nun wieder das Bitten und Betteln um ihre Pensionen. So reichte Hauptmann Ludwig von Lunickhausen am 22. Juli 1816 ein Pensionsgesuch bei der Verwaltung ein. Lunickhausen, der 1779 in der Kompanie von Karpffen gedient hatte, war inzwischen 70 Jahre alt und Invalide. Interessant ist, dass Lunickhausen ein Attest von Heinrich von Wittgenstein, dem späteren ersten Sprecher des Festordnenden Comités, vorlegen konnte.[64] Auch im Nachlass von Ferdinand Franz Wallraf findet sich schon 1792 Schriftverkehr mit Lunickhausen.[65]

Laut den Akten aus dieser Zeit bemühten sich die Preußen um eine zügige Bearbeitung. Einzelschicksale wie das des Stadtsoldaten Engelbert Baumann – er befand sich als „Züchtling in der Arbeitsanstalt zu Brauweiler"[66] – wurden ebenso behandelt wie die der „in hies. Stadt wohnenden erblindeten Krieger".[67] Eine erste offizielle Liste mit 130 Namen und der Höhe der jeweiligen Pensionen erschien aber erst am 26. Januar 1818. In diese Liste hatten sich auch einige unserer genannten Stadtsoldaten noch eintragen können: Franz Kessel (101 Jahre, 2 Taler Pension), Paulus Eveler (86 Jahre, 2 Taler, 19 Stüber, 8 Heller Pension), Ludwig Bierbaum (86 Jahre, 3 Taler, 19 Stüber, 8 Heller Pension), Franz Bonn (56 Jahre, 3 Taler, 19 Stüber, 8 Heller Pension), Peter Wohlzufrieden (66 Jahre, 3 Taler, 39 Stüber Pension), Christian Thönig (70 Jahre, 3 Taler, 19 Stüber, 8 Heller Pension), Ludwig von Lunickhausen (72 Jahre, 24 Taler Pension) und Rabanus Vaasen (59 Jahre, 20 Taler, 19 Stüber Pension). Auf der Liste finden wir Remigius Gottschalk und Mattheis Pohl nicht mehr.[68]

Ein Blick in das Adressbuch Kölns von 1822 dokumentiert den weiteren sozialen Abstieg der Stadtsoldaten. Hatten ihnen die Franzosen im Adressbuch von 1797 noch die Berufsbezeichnung „Stadtsoldat" gestattet, finden wir nun hinter fast jedem Namen ehemaliger Stadtsoldaten den Eintrag „Tagelöhner".[69] Natürlich hatte sich auch an ihrer Wohnqualität nichts geändert, es waren weiter dunkle, enge Gassen, in denen sie mit ihren Familien lebten und „wohin sich jedoch selten jemand ohne Notwendigkeit verlief".[70] Zwei unserer Stadtsoldaten blieben mit ihrer beruflichen Entwicklung Ausnahmen. Peter Heyden, schon 1797 „Stadtsoldat und Buchdruckergesell", machte sich als „Buchbinder und Händler mit Schreibstoffen" „An oben Marspforte 20" selbständig und verzichtete laut der Liste auf seine Pension.[71] Der Pensionär Rabanus Vaasen, ehemaliger „Quartier- und Zahlmeister sowie Musterschreiber" war mit 63 Jahren im Nebenerwerb Aufseher im Schlachthaus an der St. Johannesstrasse.[72] Fern vom Schlachthof und den düsteren Gassen entstand 1823 in der Ambivalenz von realer Armut und romantisch gespielter Verklärung der Mythos der karnevalistischen Funken.

Die Ironie des Schicksals – Das Festordnende Comité, die Funkengesellschaft und Mietlinge

„Die Funken, deren Glänzen unterging, aufs neue prangen sie im vollen Staat..."
Köln 1823[73]
„Jo! Jo ruft laut der Heldenverein..."[74]
Köln 1829

Viele der 130 ehemaligen Stadtsoldaten auf der Pensionsliste von 1818 haben Montag, den 10. Februar 1823, noch erlebt. Sie standen als Zuschauer am Zugweg des ersten geordneten Rosenmontagszuges und sahen, wie ihre elf Doppelgänger, eingekleidet in nagelneue Uniformen, als Funken vorbeimarschierten.[75] Hätte ein Blick in ihre Gesichter dort Stolz oder Unverständnis entdeckt? Wie sind sie mit ihrem „neuen Leben" als „Kölner Helden" umgegangen? Wir werden dies wohl nie erfahren. Aber wie und warum die Funken an ihrer Stelle im Kölner Karneval auftraten, darüber wissen wir mehr.

Die damalige Ordnung des Festes hatte einen politischen Hintergrund. Auslöser war die Aufhebung aller Abgaben auf öffentliche Lustbarkeiten durch den Preußischen Staat im Jahr 1821. Diese Abgaben hatte es schon unter französischer Herrschaft gegeben; sie waren die Finanzgrundlage der Kölner Armenverwaltung gewesen. Gleichzeitig hatte die Armenverwaltung für die besser gestellten Kölner Bürger dazu gedient, sich bei den Kölnern durch Wohltätigkeit in Erinnerung bringen zu können – eine Aufgabe, die in reichstädtischer Zeit die Klöster und Stifte mit Hilfe des Kölner Patriziats erfüllt hatten. Durch die nun fehlenden Einnahmen aus den Lustbarkeitsabgaben war die Versorgung der Krankenhäuser, Waisenhäuser und anderer Anstalten gefährdet. Eine der letzten, für das Volk sichtbaren und spürbaren Bastionen der einflussreichen Kölner funktionierte nicht mehr. Um sich aus dieser misslichen Lage zu befreien, bot Heinrich von Wittgenstein den preußischen Behörden einen Handel an. Er versprach, den bislang ungestüm sich auf den Straßen entfaltenden Karneval in geregelte Bahnen zu lenken, wenn im Gegenzug dafür die für die Armenverwaltung so schädliche Verordnung zurückgenommen würde. Als am 29. Januar 1823 die Lustbarkeitsabgaben an die Armenverwaltung wieder zugelassen wurden, war klar, dass die Kölner im Gegenzug einen geordneten Zug, einen geordneten Karneval präsentieren würden.[76]

Natürlich nutzten die Kölner Bürger um von Wittgenstein ihren Karneval auch, um den verloren gegangenen politischen Einfluss vorsichtig wieder geltend zu machen. Durch ganz bewusst ausgewählte „Bilder" erschien den Kölnern nun einmal im Jahr im Zug auch Bekanntes und Vertrautes aus der „freien" reichstädtischen Zeit – auch die Kölner Stadtsoldaten waren darunter.

Bis zum „Montagszug" am 10. Februar 1823 blieb den Festordnern nicht viel Zeit. Das damals erschienene Programmheft macht deutlich, wie straff der Zug dennoch organisiert war. Mit diesem Heft wurden den Teilnehmern in zwölf Paragraphen der Ablauf und das Thema „Die Thronbesteigung des Helden Carneval" vorgegeben. An fünfter Stelle wurden die „kölnischen Funken neben ihrem Commandanten" aufgeführt.[77]

§. 11. Der Zug setzt sich in folgender Ordnung durch die von den Mitgliedern bestimmten Straßen in Bewegung:
1. Der Bannerträger.
2. 4 Trompeter.
3. Das Geckchähnchen.
4. Fähnrich und Führer, Heiligen-Mädchen und Knechte.
5. Die kölnischen Funken nebst ihrem Commandanten.

Auszug aus dem Programm des Maskenzuges 1823

Die Aktenlage zum Jahr 1823 ist sehr dünn, und wir erfahren nicht, wer die Funken dargestellt hat. Erst das Jahr 1824 gibt darüber genauer Auskunft. Im Nachlass von Heinrich von Wittgenstein haben sich frühe Protokolle und Aufzeichnungen erhalten, die bis dato wenig Berücksichtigung gefunden haben.[78] Anhand dieser Unterlagen wird klar, dass das „Comité" bei der Organisation des Karnevals die einzig bestimmende Institution war. Das „Comité" führte die Gespräche mit den preußischen Behörden, und von ihm wurden die Gelder und Materialien für die Züge (donnerstags, sonntags und montags) und den großen Ball im Gürzenich (montags) verwaltet. Das „Comité" setzte sich anfangs (1823/24) aus dreizehn „Räthen" zusammen. Sieben dieser „Ausschußräthe" konnten einen „bindenden Entschluß fassen". In

Rote Funken mit Trommelschläger, Pfeifer, Fähnrich und Offizier im Zug 1825, Lithographie von J. Schlappal

der Zeit vor den Karnevalstagen kam das „Comité" „zweimal die Woche" zusammen. Jede Woche einmal wurde vor der „Plenar-Versammlung" Rechenschaft abgelegt.[79]
In den Belegen aus dem Jahr 1824 wird häufig auf eine „Funkengesellschaft" verwiesen, die Rechnungen einreichte für Bekleidung und den „Tagelohn" für Funken und „Spielleute". Derjenige, der diese Rechnungen vorlegte, war Georg Peffenhausen. Er war kein Mitglied des „Comités", ist aber wohl 1824 von diesem beauftragt worden, sich um das Organisatorische der Funken zu kümmern. Wie die Unterlagen belegen, vergab das „Comité" in diesem Zusammenhang den Titel „Kommandant".[80] Georg Peffenhausen war in der Franzosenzeit „Commissaire de quartier" gewesen und unter den Preußen Beamter der Justizpflege in der Funktion eines „Gerichtsvollziehers am Appellationhofe".[81]

Aufruf des „Comités der Kölnischen Funken" in der Kölnischen Zeitung zur Hauptversammlung am 22. Februar 1824

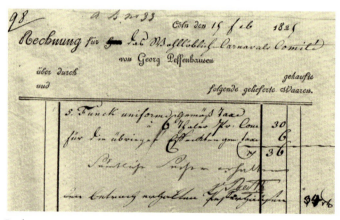

Rechnung von Georg Peffenhausen über „Funck uniform" vom 15. Februar 1825

Drei Aufrufe in der *Kölnischen Zeitung* vom 14., 15. und vom 21. Februar 1824, in denen bereits von der Vereinigung „mehrerer Fastnachtsfreunde", einem „Werbhaus" und von einer „Hauptversammlung" des „Kölnischen Funken-Vereins" die Rede ist, sind vermutlich von Peffenhausen initiiert worden.[82] Dass zur „Hauptversammlung" am 22. Februar 1824 „Das Commite der Kölnischen Funken" einlud, lässt aufhorchen, da ansonsten Veröffentlichungen des „Comités" als solche kenntlich gemacht wurden.[83] Warum verlegte Peffenhausen die „Hauptversammlung" „der Mitglieder dieses Vereins" in sein Privathaus in der Zeughausgasse 10 mit der Begründung: „Damit jedoch der Zweck dieses Vereins nicht verkannt und auch die Versammlung nicht gestört werde"?[84] Weshalb blieb er nicht in dem nahe gelegenen „Werbhaus" bei dem Hausbrauer Reiner Hennes in der Komödienstraße 28?[85]

Offensichtlich gingen Heinrich von Wittgenstein die Vereinsaktivitäten von Peffenhausen zu weit. Als die „Funkengesellschaft", „von denen nicht mehr als 18 sind", zum „Montagsball" im Gürzenich eine Wachstube „auf dem Saale" aufzustellen wünschte und „die Musketen" mitzubringen beabsichtigte, reagierte von Wittgenstein mit deutlichen Worten.[86] Da er zur „Comité-Sitzung" am 17. Februar 1824 verhindert war, schrieb er noch am selben Tag an die Sitzungsteilnehmer, dass er „dergleichen Wachstube-Spässe" ablehne.[87] Die von der „Funkengesellschaft" beantragten „Freibillets" für den Ball wurden den „Freiwilligen" (Funkengesellschaft) bewilligt, die angeworbenen „Söldner" (Mietlinge/Statisten) dagegen mussten für die Karten zahlen.[88] Da das „Comité" für die „Freiwilligen" wie für die „Mietlinge" die Kosten für die gesamte Bekleidung übernahm, bestimmte es auch die Modalitäten.

Doch von Wittgenstein und das „Comité" haderten mit der „Funkengesellschaft" und mit Peffenhausen. Mit Kaspar Arnold Grein, ehemals Zeichenlehrer von Matthias Joseph DeNoël,[89] beauftragte das „Comité" am 10. Februar 1824 einen engen Vertrauten, „für die Funkenwache zu sorgen". Auch die Anwerbung der Darsteller der Funken blieb ihm überlassen.[90] Warum aber schrieb dann Georg Peffenhausen am 23. Februar 1824 die offizielle Rechnung „für Bekleidung sechs Funken, wie an Tagelohn derselben nebst vier Spielleute zu zahlen" an das „Comité"?[91] Wo waren die „Freiwilligen", die „Funkengesellschaft" geblieben?

Ein Jahr später, am 21. Januar, berief das „Comité" Kaspar Arnold Grein offiziell zum „Commandanten der funcken".[92]

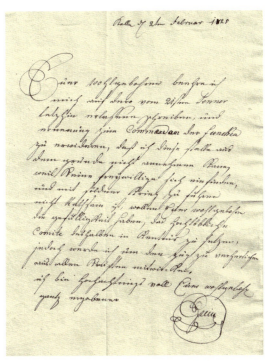

Mit diesem Schreiben vom 2. Februar 1825 lehnte Kaspar Arnold Grein die Funkenkommandantschaft ab

Dieser lehnte dieses Ansinnen aber bereits am 2. Februar des Jahres höflich ab und schrieb, „dass ich diese stelle aus gründen nicht annehmen kann, weil keine freiwillige sich finden, und mit söldner Krieg zu führen nicht rathsam ist".[93] Wieder ist es deshalb Georg Peffenhausen, der am 15. Februar 1825 die Rechnung an das „Comité" stellt.[94] Dies bleibt der letzte Beleg für Peffenhausens Ak-

tivitäten im Bereich des Karnevals. Im Kölner Adressbuch erscheint sein Name dann noch einmal 1838 mit dem Vermerk: „ohne Gewerbe".[95]

War der Abgesang in einem um 1824/25 aufgezeichneten Protokoll des „Comités" der Schlussstrich zum Kapitel Georg Peffenhausen und „seiner" „Funkengesellschaft"? Dort klagt ein namentlich nicht Genannter gegenüber dem Vorsitzenden: „So ist es doch unmöglich, mit diesen meinem schlechten Herren ins Feld zu ziehen, die Truppen sind in solchem schlechten Zustand, ohne Disciplin ohne Subordination und vor allem hergelaufene Deserteurs [...], jetzt, da in meinem Alter mein Körper fängt an wurmstichig zu werden, [...] so bitte ich Eure Majestät um meine Entlassung."[96] Schon damals war es guter Brauch, Querelen durch Dichtung zu übertünchen. Zuständig dafür war das „Comité".

Das „Comité" behielt in den nun folgenden Jahren das Prinzip der „Mietlinge" für die Funken im Zug bei. 1828 ließ es – um die „Qualität" der „Mietlinge" zu steigern – die Funken durch Militärpersonen darstellen.[97] Diejenigen, die nun für das Organisatorische der Funken zu sorgen hatten, und die „Commandanten" kamen jetzt direkt aus den Reihen des „Comités": Leutnant von Rath 1828 und Peter Leven 1831.[98] Da aus dem „Festordnenden Comité" 1844 durch eine Spaltung die „Große Karnevals-Gesellschaft" und die „Allgemeine Karnevalsgesellschaft" hervorgingen, blieben die Funken als „Bild" im Zug zunächst Bestandteil der „Großen Karnevals-Gesellschaft". 1845 wurde in ihrem Zugprogramm unter dem Motto „Der Conkurs-Congreß aller [...] Vereine" vermerkt: „Wie es sich geziemt und gebührt, eröffnet die hanswurstliche Ehrengarde, das Funkenkorps, [...] den Festzug."[99] Eine „hanswurstliche Artillerie" findet sich dagegen 1844 bei der „Allgemeinen Karnevalsgesellschaft", die auch 1845 noch ihren eigenen Zug veranstaltete.[100]

Zellteilung – Rote und Blaue Funken, Vereine und Gesellschaften

„Makrobiotik oder die Kunst, in Köln lange zu leben"[101]
Gedichtüberschrift in der Karnevals-Zeitung *1829*

Mitte des 19. Jahrhunderts wurden die Vereine „zu einer sozial gestalteten, Leben und Aktivität der Menschen prägenden Macht",[102] so dass das 19. Jahrhundert nicht zu Unrecht als „das Jahrhundert der Vereine" bezeichnet wird.[103] Diese bürgerlichen Vereine trugen zur sozialen Konstituierung des Bürgertums bei.

Das Gesetz vom 31. Januar 1850, das die Bildung von Vereinigungen und die Versammlung unter besonderen gesetzlichen Bestimmungen gestattete, hatte die Bildung von vielen Gesellschaften ermöglicht. So konnten in Köln bis 1857 31 Karnevalsgesellschaften gegründet werden.[104] Allerdings gelang es den Karnevalisten in jenen Jahren offensichtlich nicht, angesichts der restriktiven Haltung Berlins gegenüber dem Kölner Karneval Geschlossenheit zu demonstrieren. Zudem fehlte es ihnen offenbar an einem starken Festordnenden Comité bzw. einer bestimmenden Einzelgesellschaft, wie es früher einmal die „Große Karnevals-Gesellschaft" gewesen war, und an durchsetzungskräftigen Einzelpersönlichkeiten, wie ehedem von Wittgenstein und Peter Leven.[105]

Johann Heinrich Franz Anton von Wittgenstein, Erster Sprecher des Festordnenden Comités ab 1823, Ölgemälde von Julius Schrader, Köln 1863

Anton Reintgen, Präsident der Roten Funken von 1869 bis 1881

In diesen Jahren, wohl 1852, wurde der „Fabrikant tragbarer Schmiedeherde" Anton Reintgen zum „Funkenkommandant" ernannt.[106] Er füllte diese Funktion in seiner Eigenschaft als Mitglied des „Kleinen Rates" der „Großen Karnevals-Gesellschaft" aus, deren Teil die Funken immer noch waren. Mangelnden Zulauf zu den Funken musste er nicht fürchten: „Jedes Jahr trat eine Anzahl junger Leute zusammen oder es meldete sich irgendein Verein ‚för de Funke ze maache'".[107] In einem Brief hielt August Wilcke fest, dass die Funkengruppe seit 1858 mehrere Jahre von der Gesellschaft „Lokal-Bericht", dessen Vorsitzender er selbst war, in einer Stärke von etwa 60 Personen dargestellt wurde.[108]

Von 1858 bis 1864 bestimmte eine Initiative älterer Karnevalisten die Zugordnung, da die „Große Karnevals-Gesellschaft" in dieser Zeit der Uneinigkeit ihren Einfluss als „Festordner"

Johann Peter Hubert Leven, Erster Sprecher des Festordnenden Comités ab 1835, zeitgenössischer Druck 1844

August Wilcke, Präsident der Großen Karnevalsgesellschaft zu Cöln 1865–1872, Lithographie, um 1873

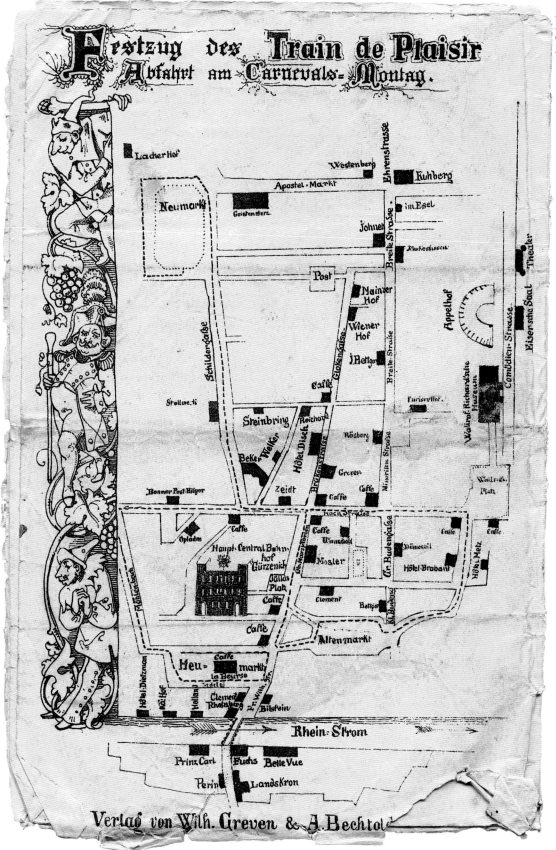

Festzug des Train de Plaisir, aus: Grosses Maskenfest, Programmheft 1858

verloren hatte. In jedem Jahr gründeten diese Karnevalisten zu diesem Zweck eine neue Gesellschaft mit neuem Namen, der gleichzeitig das Zug-Motto war.[109]

Erst 1865 fanden die Karnevalisten unter August Wilcke wieder zur „Großen Karnevals-Gesellschaft" als bestimmendem „Festordner" zurück.[110]

Entsprechend bezeichneten sich die Funken 1868 in einem Brief an den Kölner Oberbürgermeister auch wieder als der „Großen Karnevals-Gesellschaft" zugehörig.[111] Die wohl frühesten bekannten Photos der Funken aus den 1860er Jahren zeigen sie dann auch als deren Teil und gemeinsam als Infanterie und Artillerie in unterschiedlichen Uniformen. Gab es damals schon rote und blaue Uniformen? Im Zug ging die Gruppe bald gemeinsam (1862, 1867, 1869) und bald getrennt (1865). Im zuletzt genannten Jahr waren es „40 Funken-Artilleristen mit Geschütz und Munitionswagen".[112]

In jener Zeit kam es auch zu Bestrebungen, für die Funken endlich eine eigene Gesellschaft zu gründen. Die Vermutung liegt nahe, dass Anton Reintgen – vielleicht unterstützt von August Wilcke – dabei zur treibenden Kraft wurde. So ergibt eine genauere Analyse der *Kölnischen Zeitung* aus den 1860er Jahren, dass die Funken an den Karnevalstagen Aktivitäten entfalteten, die auf Vereinsstrukturen hinweisen.[113] Schon 1860 rief man zum „Funken-Apell" und zur „Fahnenweihe, später Infanterie-Retirade-Manöver mit Baponet-Gefecht und Artillerie-Schießübungen mit den uns verehrten gezogenen Kanonen" auf. Unterzeichnet war dieser Aufruf vom 9. Februar mit „Der Commandant".[114]

Auch in den folgenden Jahren blieb es bei diesen gemeinsamen Treffen im Vorfeld des

Gruppenbild der Roten Funken, 1864

Zuges. Zur „Funken-Mobilmachung" am 26. Januar 1864 wurden „sämtliche Funken und Reservisten aus den Jahren 1853 bis 1864" zur Zusammenkunft in dem „großen Ausstellungssaale bei Herrn Kreuzer, Weidengasse 11" eingeladen.[115] Irritierend ist die Meldung von „Trichinen-Funken", die sich am gleichen Tag zum „Funken-Apell" im „Römischen Hof bei Franz Kluth" trafen.[116] In einem weiteren Zeitungsbericht vom 4. Februar 1864 schreiben sie sogar von ihrem „Stammlocale" und einem dort nach der Versammlung folgenden „Bällchen".[117] Da weitere Unterlagen und Nachrichten zu den „Trichinen-Funken" fehlen, muss davon ausgegangen werden, dass es sich hierbei um eine Episode der Unterwanderung gehandelt hat, für die man den Namen der damals aktuellen Krankheit benutzte.

Vermutlich im Laufe des Jahres 1869 gründete Anton Reintgen dann aus der bis dahin lockeren Gruppierung der Funken die „Funken-Infanterie". Ein Jahr später, 1870, schloss sich die „Funken-Artillerie" zu einer Gesellschaft zusammen. Ob es sich hier tatsächlich um eine klassisch karnevalistische „kölnische Zellteilung" gehandelt hat, ist fraglich. Die Gründung dieser beiden uniformierten Gesellschaften von 1869/70 ist aber vor dem Hintergrund der politischen Ereignisse der Zeit zu sehen.

Der französisch-preußische Konflikt spitzte sich immer mehr zu und mündete schließlich in den Deutsch-Französischen Krieg (19.7.1870–18.1.1871). Die meisten Deutschen und Rheinländer vertraten die Auffassung, dass es nun galt, gemeinsam mit Preußen den „Erbfeind im Westen" zu besiegen. Diese kriegerische Atmosphäre um 1870 führte zu einem Umdenken in der Bevölkerung. Alles Militärische wurde nun positiv und auf einen Sieg gegen Frankreich hin und pro Preußen gewertet.[118]

1871 fiel der Rosenmontagszug wegen des Krieges aus, aber auch die Zugbeschreibung aus dem Jahr 1872 drückt diese gesellschaftliche Stimmung aus: „Die Musicierenden bildeten die Capelle der in Blau und Weiß uniformirten Funken-Artillerie, die, hoch zu Roß, mit bespannten Geschützen, die sieggekrönte Germania in Köln einführten. Der von vier Pferden gezogene Wagen der Germania gehörte zu den schönsten des Zuges. Er ruhte auf einem Felsen, aus welchem die bekannte Krupp'sche Riesenkanone hervorragte. Ueber der die kölnischen Farben tragenden Germania wölbte sich blau und weiß ein Baldachin und über diesem prangte in lauterem Gold eine kolossale Kaiserkrone [...] Nun das große mit vier Pferden bespannte scharlachrothe Funkenzelt, das bescheidene Arrestlokal der Funken, die eine Arrestierung nach der anderen vornahmen und gutmüthig ihre Arrestanten sofort wieder entspringen ließen [...] nun der sechsspannige Prachtwagen des Hanswurstes. Zum Schmucke desselben dienten auf den vier Ecken angebrachte preußische Adler [...] der Wagen gipfelt in einer mächtigen Kaiserkrone, in deren Mitte Held Carneval."[119]

Der Kölner Maskenzug erfüllte seit 1872 neben der karnevalistischen Kernaufgabe auch seine Funktion als historischer Festzug, der die patriotische Volksstimmung zu einem einheitlichen Nationalgefühl bündelte.[120] So wurden ein „gemeinsames patriotisches Vokabular und eine nationale Begriffswelt"[121] geschaffen, die vor allem das Bürgertum in seine selbstbewusste Rolle als Träger des Staates finden ließ. Gerade die von den „Funken-Infanteristen" von 1823 an gepflegte Dualität von Darstellung der einmal real existierenden Stadtsoldaten einerseits und der brauchtümlich-karnevalistischen Persiflage ihrer Eigenarten andererseits ließ sie in den Rosenmontagszügen ab 1872 zum festen Bindeglied zwischen den Polen Traditionsvergewisserung und Karneval werden. Der Kölner Stadtsoldat fand somit als Funk seine zweite Existenz. Er war durch die Geschichte und die Geschichten als Soldat zum tragischen, aber geliebten Mythos, als Vereinsmitglied zum Karnevalisten und als Darsteller im Zug zum unbeschwerten „Narr" geworden. Diese Metamorphose, diese Makrobiotik, garantierte ihm in Köln ein langes Leben.

Corpsbild der Roten Funken, 1869

Anmerkungen

[1] *Georg Büchner*, Woyzeck, hrsg. von Burghard Dedner, Stuttgart 2002.
[2] Georg Büchner, Brief an die Familie, Straßburg, 28.7.1835, in: Henri Poschmann (Hrsg.), Georg Büchner. Sämtliche Werke, Briefe und Dokumente in zwei Bänden, Frankfurt am Main 2002.
[3] HAStK 350, Nr. 5205 Fol. 86r–88r.
[4] *Novalis*, Werke, München 1978, Bd. 2, S. 334.
[5] *Jacob Kemp*, Zur Geschichte der Kölner Fastnacht, in: Zeitschrift des Vereins für rheinische und westfälische Volkskunde 3, 1906, S. 241–272, hier S. 241f., 255 u. 265.
[6] *Christian Samuel Schier*, Der Kölnische Carneval vom Jahre 1823, Köln 1823, S. 8–10.
[7] *Gerhard Becker* (Hrsg.), Lieder der kölschen Funken 1905–1906, Köln 1906.
[8] Johrbuch vum Fastelovend 1932 [Köln 1932] (Anhang).
[9] *Adam Wrede*, Neuer Kölnischer Sprachschatz, Bd. 1, Köln 1956, S. 259.
[10] *Paul Lauing*, Die Geschichte der Kölner Polizei, Köln 1926, S. 30.
[11] Ebd.; vgl. dazu den Beitrag von Carl Dietmar in diesem Band.
[12] *Lauing*, Die Geschichte der Kölner Polizei (wie Anm. 10), S. 31; vgl. *Friedel Schwarz*, Die Kölner Stadt-Soldaten am Ende der reichsstädtischen Zeit, in: Jahrbuch des Kölnischen Geschichtsvereins, Bd. 48, 1977, S. 151–198, hier S. 152.
[13] *Lauing*, Die Geschichte der Kölner Polizei (wie Anm. 10), S. 30f.
[14] HAStK 33, Militaria, Nr. 7 Fol. 54v–65r.
[15] *Schwarz*, Die Kölner Stadt-Soldaten am Ende der reichsstädtischen Zeit (wie Anm. 12), S. 152.
[16] HAStK 33, Militaria, Nr. 7 Fol. 618r–620r, Fol. 54v–65r, Fol. 618v–618r.
[17] Ebd. Fol. 55r–59r, Fol. 59v–62r, Fol. 62v–65r.
[18] *Peter Fuchs/Max-Leo Schwering*, Kölner Karneval, Köln 1972, Bd. 1, S. 30.
[19] *Kölner Stadt-Anzeiger* vom 13.7.1932.
[20] *Adam Wrede*, Geschichte der Alten Kölner Universität, Köln 1921, S. 37.
[21] *Wrede*, Neuer Kölnischer Sprachschatz (wie Anm. 9), S. 259. M. J. DeNoël hielt um 1830 zum Begriff „Funken" fest: „Vielleicht ist diese Benennung in die Zeit zu setzen, während welcher die in die Farben unseres Wappens, Roth und Weiß, uniformierten reichsstädtischen Soldaten, auch Funken genannt, auftraten. Diesen war nämlich, der Feuergeist abgerechnet, wenigstens ihrer Farbe nach, der Begriff des Wortes Funke eher anzupassen, als den an Gestalt und Farbe von wirklichen Funken sehr abweichenden Zeichen im kölnischen Wappen. So mögen denn die Hermelinflocken, Flammen oder Tropfen des kölnischen Stadtwappens wohl im umgekehrten Wege ihren Namen von der Stadtkölnischen Soldatesca übernommen haben", zitiert nach *Leonard Ennen*, Zeitbilder aus der neueren Geschichte der Stadt Köln, mit besonderer Rücksicht auf Ferdinand Franz Wallraf, Köln 1857, S. 463.
[22] *Ernst Zander*, Köln als befestigte Stadt und militärischer Standort, Köln 1941, S. 22f.
[23] *Journal von und für Deutschland* vom 29.7.1784, S. 189f.
[24] *Joseph Gregor Lang*, Von Andernach bis Düsseldorf, Koblenz 1790, in: Josef Bayer (Hrsg.), Köln um die Wende des 18. und 19. Jahrhunderts (1770–1830), Köln 1912, S. 243 bis 318, hier S. 51f.
[25] Bemerkungen auf einer Reise in den Rheingegenden, Leipzig 1797, in: *Bayer* (Hrsg.), Köln um die Wende des 18. und 19. Jahrhunderts (wie Anm. 24), S. 74f.
[26] *Lauing*, Die Geschichte der Kölner Polizei (wie Anm. 10), S. 31.
[27] Ebd., S. 34.
[28] Ebd., S. 35.
[29] Ebd., S. 30–32.
[30] HAStK 33, Militaria, Nr. 6 Fol. 673r.
[31] *Lauing*, Die Geschichte der Kölner Polizei (wie Anm. 10), S. 40.
[32] HAStK 33, Militaria, Nr. 6 Fol. 673r.
[33] *Schwarz*, Die Kölner Stadt-Soldaten am Ende der reichsstädtischen Zeit (wie Anm. 12), S. 162f.
[34] HAStK 350, Nr. 5211/2 Fol. 17r.
[35] Verzeichnis der stadt-kölnischen Einwohner nebst Bemerkungen..., Kölln 1797, S. 196 u. 231; vgl. zu den Stadtsoldaten in den Adressbüchern auch den Beitrag von Ulrich Soénius in diesem Band.
[36] HAStK 350, Nr. 5205 Fol. 92r.
[37] *Werner Behnke*, Aus Köln's Franzosenzeit, Köln 1901, S. 107f.
[38] HAStK 33, Militaria Nr. 4 (Gesuche 1715–1795) Fol. 257rf.
[39] Ebd. Nr. 7 Fol. 618v.
[40] HAStK 350, Nr. 5211/1 Fol. 1rf. In der Graphischen Sammlung des Kölnischen Stadtmuseums haben sich Zeichnungen von Joseph Otto zu St. Gereon erhalten. Otto sicherte sich so einen kleinen Nebenverdienst (für diesen Hinweis danke ich Dr. Werner Schäfke).
[41] HAStK 350, Nr. 5205 Fol. 48r.
[42] Ebd., Nr. 5211/2 Fol. 3v, 8r, 9r.
[43] Ebd.
[44] Ebd., Nr. 5205 Fol. 41r–44v.
[45] Ebd., Nr. 5211/2 Fol. 17r.
[46] Ebd., Nr. 3819/1 Fol. 36r.
[47] *Schwarz*, Die Kölner Stadt-Soldaten am Ende der reichsstädtischen Zeit (wie Anm. 12), S. 193–195.
[48] HAStK 350, Nr. 5205 Fol. 56r.
[49] Ebd., Fol. 41r–44v.
[50] *Anton Fahne*, Der Carneval, Köln/Bonn 1854, S. 168 Anm. 63.
[51] HAStK 400, Nr. IV 21 B–32/2 Fol. 7rf.
[52] *Fahne*, Der Carneval (wie Anm. 50), S. 167 Anm. 61.
[53] HAStK 400, Nr. IV 21 B–32/4, C Anlagen zu dem Bericht über die Carnevals-Feyer in Cöln, Fol. 17r.
[54] Ebd.
[55] *Michael Euler-Schmidt*, Kölner Maskenzüge 1823–1914, Köln 1991, S. 8–10.
[56] *M. J. DeNoël*, De kölsche Kirmessen, mit erläuterndem Text versehen von W. Scheben, Köln 1881, S. 5.
[57] *DeNoël*, De kölsche Kirmessen (wie Anm. 56), Anm. 29. Makay/Makei war Quarkkäse aus entrahmter dicker Milch und wurde mit Zucker und Zimt bestreut gegessen.
[58] *Fahne*, Der Carneval (wie Anm. 50), S. 157.
[59] Funcke – Vöör un allerhand, gerümb, un wohr un auch bekannt. Im Juli 1812, Köln 1812.
[60] *Kemp*, Zur Geschichte der Kölner Fastnacht (wie Anm. 5), S. 241f.
[61] HAStK 33, Militaria, Nr. 6 Bl. 657r.
[62] *Johann Jakob Hässlin* (Hrsg.), Köln. Die Stadt und ihre Bürger, Köln, 3. Aufl., 1996, S. 263f.
[63] Zitiert nach *Euler-Schmidt*, Kölner Maskenzüge 1823 bis 1914 (wie Anm. 55), S. 12.
[64] *Joachim Deeters*, Der Nachlass Ferdinand Franz Wallraf (Mitteilungen aus dem Stadtarchiv von Köln, Heft 71), Köln/Wien 1987, S. 162f.
[65] Ebd.
[66] HAStK 400, Nr. IV 5 A–11.
[67] Ebd., Nr. IV 5A–2 (2866).
[68] Ebd. 350, Nr. 5205 Fol. 86r–88r.
[69] Adress-Buch oder Verzeichniss der Einwohner der Stadt Cöln 1822, S. 142 u. 288.

70 *Ernst Weyden*, Köln am Rhein um 1810, 2. Aufl., Köln 1999, S. 77.
71 Adress-Buch oder Verzeichniss der Einwohner der Stadt Cöln 1822, S. 189.
72 Ebd., S. 278.
73 *Schier*, Der Kölnische Carneval vom Jahre 1823 (wie Anm. 6), S. 8–10.
74 Kölns Karneval im Jahre 1829, Köln 1829, S. 73.
75 Da am Rosenmontagszug 1824 elf Funken teilnahmen, ist es durchaus wahrscheinlich, dass auch schon 1823 elf Funken im Zug dargestellt wurden.
76 *Michael Euler-Schmidt*, „Gleiche Narren, gleiche Kappen", in: Ralf Bernd Assenmacher/Michael Euler-Schmidt/Werner Schäfke, 175 Jahre ... und immer wieder Karneval, Köln 1997, S. 11f.
77 *Euler-Schmidt*, Kölner Maskenzüge 1823–1914 (wie Anm. 55), S. 24f.
78 HAStK 1123, Kasten 15.
79 Ebd.
80 Ebd.
81 Adress-Buch oder Verzeichniss der Einwohner der Stadt Cöln 1822, S. 309.
82 *Kölnische Zeitung* vom 14.2, 15.2 u. 21.2.1824.
83 *Kölnische Zeitung* vom 21.2.1824.
84 Ebd.
85 Adress-Buch oder Verzeichniss der Einwohner der Stadt Cöln 1822, S. 186.
86 HAStK 1123, Kasten 15, Protokoll 1824.
87 Ebd.
88 Ebd.
89 *Leonard Ennen*, Zeitbilder aus der neueren Geschichte der Stadt Köln, mit besonderer Rücksicht auf Ferdinand Franz Wallraf, Köln 1857, S. 285.
90 HAStK 1123, Kasten 15, Protokoll 1824.
91 Ebd., Belege 1824, Nr. 26.
92 HAStK 1123, Kasten 16, Karneval 1825.
93 Ebd., Kasten 16.
94 Ebd., 1825.
95 Adress-Buch oder Verzeichniss der Einwohner der Stadt Köln 1838, S. 283.
96 HAStK 1123, Kasten 15, Protokoll 1824.
97 Ebd., Kasten 16, Belege 1828.
98 Ebd., Kasten 15, Belege 1828, Nr. 102.
99 Zitiert nach *Euler-Schmidt*, Kölner Maskenzüge 1823 bis 1914 (wie Anm. 55), S. 103.
100 Zitiert nach ebd., S. 102f.
101 Zitiert nach ebd., S. 24.
102 Zitiert nach *Christina Frohn*, Der organisierte Narr. Karneval in Aachen, Düsseldorf und Köln von 1823 bis 1914, Marburg 2000, S. 66.
103 Ebd.
104 Zitiert nach *Euler-Schmidt*, Kölner Maskenzüge 1823 bis 1914 (wie Anm. 55), S. 69.
105 Zitiert nach ebd., S. 70.
106 *Eberhard Hamacher*, Die Kölsche Funke Rut-Weiß. Geschichtliches über ihre Entstehung und Entwicklung, Köln 1940, S. 11.
107 Ebd.
108 Ebd.
109 Zitiert nach *Euler-Schmidt*, Kölner Maskenzüge 1823 bis 1914 (wie Anm. 55), S. 71.
110 Zitiert nach ebd., S. 71f.
111 Zitiert nach *Frohn*, Der organisierte Narr (wie Anm. 102), S. 68.
112 Zitiert nach *Euler-Schmidt*, Kölner Maskenzüge 1823 bis 1914 (wie Anm. 55), S. 110–114.
113 *Kölnische Zeitung* vom 5.2.1860, Beilage zu Nr. 36.
114 *Kölnische Zeitung* vom 9.2.1860, Beilage zu Nr. 40.
115 *Kölnische Zeitung* vom 24.1.1864, Nr. 27, Zweites Blatt.
116 *Kölnische Zeitung* vom 27.1.1864, Nr. 27, Zweites Blatt.
117 *Kölnische Zeitung* vom 4.2.1864, Nr. 34, Zweites Blatt.
118 Zitiert nach *Euler-Schmidt*, Kölner Maskenzüge 1823 bis 1914 (wie Anm. 55), S. 73.
119 Zitiert nach ebd., S. 115ff.
120 Zitiert nach ebd., S. 74.
121 *W. Hartmann*, Der historische Festzug. Seine Entstehung und Entwicklung im 19. und 20. Jahrhundert, in: Studien zur Kunst des neunzehnten Jahrhunderts, Bd. 35, München 1976, S. 162.

Narr und Mädchen mit kleinen Narren beim Kuss, geschnitzter Handtuchhalter von Arnt van Tricht, Kalkar um 1540

Von der Narrenidee zum rheinischen Narren

Von Gunther Hirschfelder

In der Kölner Karnevalssession 1889 wurde in Sälen und auf Sitzungen ein Lied gesungen, das besonders gut in die Zeit passte: „Der echte Narr". Den Text lieferte das „Liederheft der Großen Kölner Carnevals-Gesellschaft", und die Melodie war allgemein bekannt, denn sie folgte dem beliebten Lied „Herbei, herbei, du muntre Narrenschar". Der Text beschreibt einen Narren, der Narr ist, weil er in ewigem Frühling lebt, sein Herz keine Winterstürme kennt, der jung im Herzen ist und den Frohsinn gepachtet hat, der gerade heraus und ein echter Freund ist.[1] Bei dem hier skizzierten Narren handelt es sich um ein harmloses und sympathisches Wesen, aber er scheint auch ein wenig beliebig. Dieser Charakterisierung steht eine unvergleichliche Erfolgsgeschichte gegenüber. Es ist die der Symbolfigur alles Karnevalesken schlechthin, des Narren, der in seiner eigentlichen Form als theologische Idee im Mittelalter auftauchte, später zur realen Person wurde, zum Lebemann oder auch zur Lebefrau, der Politiker war und ist, Weiser, Schelm oder Scharlatan. Das Werden dieser offenbar notwendigen Figur – denn sonst gäbe es sie schließlich nicht mehr – gilt es im Folgenden knapp zu skizzieren. Die Symbolfigur des Narren ist nicht nur Schlüssel zum Verständnis der Phänomene Karneval und Fastnacht, sondern auch zur Auslotung des eigenen Narrenpotenzials eines jeden.

Der zeitlose Narr

Das Narrentum kann beinahe als universale Kategorie betrachtet werden. Es ist heute ebenso weit verbreitet wie in der Vergangenheit, vielleicht noch stärker, und zwar deshalb, weil die Vernunft immer auch ihr Gegenteil braucht, die Narretei, um überhaupt als Vernunft wahrgenommen werden zu können.

Narrenidee, Rote Funken und Karneval – das ist die Geschichte wechselvoller Verhältnisse. Heute ineinander verwoben, früher getrennt. Karneval und Narr finden schon früh zusammen, bereits im Mittelalter. Die Kölner Stadtsoldaten, als „Funken" des Volksmundes im 17. und 18. Jahrhundert, hatten damals noch nichts damit zu tun, jedenfalls im Dienst nicht. Das änderte sich 1823 mit der Gründung der vereinsmäßigen Roten Funken. Nun waren die Funken jedoch nicht mehr Träger der Wehrhaftigkeit – diese Aufgabe hatten die Preußen am Rhein übernommen –, sondern organisierte Narren. Seit beinahe zwei Jahrhunderten sind also Rote Funken und Kölner Karneval gleichermaßen närrisch. Der Narr ist im Karneval als Figur wie als Bild allgegenwärtig, und schließlich sind auch alle Funken bei Gelegenheit Narren. Diese große Bedeutung erfordert es, sich mit dem Wesen des Narrenbegriffs zu beschäftigen, denn der Narr ist nicht beliebig, sondern er steht heute am Ende einer langen Entwicklung, er hat nicht nur Geist und Charakter, sondern auch System. Der Begriff des Narren ist heute vielschichtig und diffus, klar allenfalls noch im Karneval, abseits davon aber undurchsichtig: Wer im Internet nach ihm fahndet, erhält Hunderttausende von Hinweisen, vom Esoterisch-Okkulten bis zum Kommerziellen, selten aber Seriöses. Narr ist kein rechtlich geschützter Begriff.

Wer ist heute ein Narr? Im modernen Sprachgebrauch zumal der Jugend begegnet der Begriff kaum. Dem Duden nach ist ein Narr „ein törichter Mensch; jemand, der sich (durch sein Benehmen, der sich durch dumme Fragen) lächerlich macht".[2] Dummes Benehmen und dumme Fragen – wären moderne Übersetzungen von „Narr" also etwa „Depp" oder „Idiot"? Keineswegs, denn der Narr ist auch liebenswert, denn die Redensart „Einen Narren an jemandem gefressen haben" impliziert ein Höchstmaß an Sympathie. Prägend sind aber nach wie vor Unvernunft und Unbeherrschtheit: „Narrenfreiheit" und „Jemanden zum Narren halten" gehören in diesem Zusammenhang zu den häufigsten Wendungen.[3] Der prominenten Rolle des Narrenbegriffs im Karneval müssen komplexere Bedeutungen zugrunde liegen, sonst hätten die Figur des Narren und das Kulturmuster des Närrischen nicht so große Beharrungskraft beweisen können.

Die Genese des Narren

Unvernunft und liebenswerte Tölpelhaftigkeit gibt es seit dem Beginn der Menschheit, ohne dass Genaueres darüber bekannt wäre. Figürliche Vorläufer des Narren kannten sowohl die griechische als auch die römische Antike. Obgleich es also bereits im römischen Köln Narrenfiguren gab, kann nicht von einer direkten Entwicklungslinie dieses Themas von der Antike in die Moderne gesprochen werden. Noch nicht einmal die Begriffsgeschichte ist klar. Das Althochdeutsche kannte das Wort „narro", das im Mittelhochdeutschen zu „narre" wurde, aber die Herkunft dieser Begriffe ist ungeklärt. Möglicherweise liegt beiden Begriffen das spätlateinische „nario" zugrunde, eine Bezeichnung für Spötter und Nasenrümpfer.[4]

Mit Spott und Witz hatte die Narrenidee des Mittelalters allerdings kaum etwas gemein, zumal die realen Ausprägungen des Närrischen nur schwachen Niederschlag in den Quellen gefunden haben. Zwar gab es an den Herrscherhöfen wie in den Städten Lustiges und Humorvolles, aber nicht unbedingt mit Bezug auf die Narrenidee. Die prägende Kraft für Gesellschaft und Geistesleben war die universelle Kirche, die auch die Deutungshoheit für das Närrische hatte. Im mittelalterlichen Köln, Sitz des Erzbischofs und zahlreicher geistlicher Institutionen, war dieser Einfluss besonders stark. Das hatte zunächst zur Folge, dass das Gebot des vorösterlichen Fastens deutlich ausgeprägt war. Entsprechend war die besondere Bedeutung jener Tage, die dem gemeinsamen Fasten vorangingen, im allgemeinen Bewusstsein verankert. Karneval war also bekannt und verbreitet, hatte aber in der expansiven Phase Kölns im 11. und 12. Jahrhundert noch nichts mit der Narrenidee zu tun. Diese war vielmehr prinzipiell von der Fastnacht isoliert.

Narrheit im Sinne des lateinischen Wortes *stultitia* bedeutete in der dominant christlichen Interpretation des Mittelalters in erster Linie das Fehlen der Erleuchtung durch den Heiligen Geist. Die didaktische Literatur, geschrieben, um den Ritterstand zu erbauen und zu belehren, verwendete den Begriff „Nerrischeit" seit dem frühen 13. Jahrhundert.[5] Wer hier als närrisch bezeichnet wurde, der war keineswegs zwangsläufig lustig, sondern ihm wurde unterstellt, fern jeder Gotteskenntnis in einem Zustand der Sündenverfallenheit zu leben.[6] Bildliche Darstellungen des späten Mittelalters setzten die Figur des Narren in diesem Sinn als Metapher ein. Sündiger Narr war hier etwa, wer Gott verachtete, oder aber, wer lediglich geschwätzig war. Das Närrische im Narren war die Missachtung der Gebote, die Abkehr von Gott. Weit über die gelehrten theologischen Zirkel hinaus wurde die Figur des Narren in dieser spannungsreichen Zeit im theologischen Sinn interpretiert. Die Holzschnitte in Sebastian Brants „Narrenschiff" legen von dieser Sündigkeit des Narren ein ebenso klares wie prägnantes Zeugnis ab.

Mit dem Karneval wurde die Figur des Narren dabei zunächst noch kaum in Verbindung gebracht. Nun stellte die Kirche jedoch

Geschwätziger Narr mit Marotte, Holzschnitt zu Kapitel 19 („Von vil schwaetzen") aus Sabastian Brant, Das Narrenschiff, Basel 1494

Narr als Gottesverächter, Holzschnitt zu Kapitel 86 („Von verachtung gottes") aus Sabastian Brant, Das Narrenschiff, Basel 1494

zunehmend einen Zusammenhang her. Zunächst war der Karneval vor allem ein kirchlich orientiertes Fest. Daher betrachtete die Kirche den mittelalterlichen Brauch, der seit dem 13. Jahrhundert in den Quellen etwas deutlicher zutage tritt, mit Wohlwollen. Bald wurde der Festkomplex aber zunehmend weltlich, er verließ den engeren Kontext der Kirche, wurde derber und fröhlicher. Von der Kirche wurden Karneval und Fastnacht daher seit dem 15. Jahrhundert nicht mehr vorbehaltlos positiv bewertet. Während die eigentliche Fastenzeit gottgefällig blieb, wurde die ausschweifende Zeit, die dieser Abkehr voranging, als Sinnbild der Sünde und Gottesferne gesehen. Daher, so Werner Mezger, „lag der Gedanke, das gesamte fastnächtliche Treiben einfach mit der Etikettierung ‚närrisch' zu belegen, doch sehr nahe".[7]

Um 1500 war der Narr im Karneval angekommen. Wie aber führte sein Weg dorthin? Im rheinischen Raum begegnet der Narr schon zu Beginn des Spätmittelalters in der weltlichen höfischen Gesellschaft. Es ist die Figur des Hofnarren, die hier mit ins Spiel kommt. Seit der Zeit der Kreuzzüge hatten solche berufsmäßigen Narren an den Königs- und Adelshöfen mit Witz zu agieren, wurden aber selbst durchaus auch verspottet.[8] Ausgerechnet dort also, wo sich die Welt des Mittelalters am hierarchischsten gab, war der Narr präsent, und drehte den strengen Ordnungen eine Nase.[9] Vor diesem entwicklungsgeschichtlichen Hintergrund ist die Gründung einer Narren-Gesellschaft zu sehen, die Adolf Graf von Cleve am 12. November 1381 im niederrheinischen Cleve initiierte. Das Ordenszeichen deutet auf den höfischen Kontext hin: Es zeigt einen Narren im rot-goldenen Kleid, der eine vergoldete Schüssel mit Früchten in der Hand hält. Da die Beziehungen zwischen den rheinischen Städten bereits damals eng waren, hatte diese Narrengesellschaft in Teilbereichen durchaus Vorbildcharakter für Köln.[10]

Wichtiger als die Rolle des Weltlichen blieb jedoch lange die der Kirche. So warnte ein im Geist des Franziskanerordens geschriebenes Gedicht den Leser vor einer besonderen Sündengefahr:

„Eines das ist noch hie vor,
Das macht mangen zu einem tor
Vnd wirt begangen nerricklich.
Des sult ir wißen sicherlich.
Man heist es die Faßnacht."[11]

Solche Verbindungslinien müssen häufig gezogen worden sein, im Bereich der Kirche ebenso wie weit darüber hinaus. Um 1450 dann, in der Blütezeit des späten Mittelalters, als Köln zur mächtigsten Handelsmetropole nördlich der Alpen aufgestiegen war, als der Buchdruck sich anschickte, die Kommunikation und damit das Antlitz

„Der alte Clevische Hanswurst des im Jahr 1381 durch den Grafen von Cleve gestifteten Narrenordens", Kupferstich 1827

der Welt grundlegend zu verändern, gleichzeitig am Vorabend der Entdeckung Amerikas, als die Welt gewissermaßen immer vernünftiger wurde, in dieser in jeder Hinsicht spannenden Zeit war jedem klar: Karneval und Narr, das gehört zusammen.[12]

Die Blütezeit des Narren

Ungefähr in den Jahren zwischen 1480 und 1550 stand die Narrenthematik im Zenith ihrer Popularität. Die komplexe, klassische Narrenidee war nun auch zentrales Thema der bildenden Kunst geworden. Ihre Schwerpunkte hatte sie am Oberrhein und in den Niederlanden, wobei Köln das Bindeglied zwischen diesen Räumen bildete. Die weit verbreiteten Narrenbilder wollten meist belehren und die herrschende Moral, die doch recht abstrakt blieb, einem Massenpublikum durch die Verkehrung nahe bringen. Allgemein richteten sich solche Bilder vor allem an ein leseunkundiges Publikum, wobei wir im Auge behalten müssen, dass die Lesefähigkeit im weltläufigen Köln damals recht verbreitet war.[13] Neben dem Aspekt der Moral war damals auch die Unterhaltung wichtig.

Damit war der Siegeszug der Narrenfigur aber noch nicht beendet. Ebenfalls im späten 15. Jahrhundert bildete sich mit Renaissance und Humanismus eine neue Geistesströmung heraus, die an antike Denkmuster anknüpfte und weite Bereiche der Welt in einem helleren Licht erscheinen ließ. Da das humanistische Weltbild die Unauflösbarkeit vieler Widersprüche anerkannte, entdeckte es auch das Närrische, und die humanistische Narrenphilosophie war geboren.[14] Daher wurde, so Barbara Könneker, das Phänomen der Narrheit an der Schwelle zum 16. Jahrhundert regelrecht zu einem „Signum der Epoche".[15] Der Narr, das war nicht mehr nur eine entweder im weltlichen oder im geistlichen Sinn interpretierte Figur. Vielmehr war die Figur des Narren um 1500 zu einem hochmodernen, multifunktionalen Konzept gereift. An diesem Konzept ließen sich viele Fragestellungen aufzeigen und diskutieren, die für die Spannungen der damaligen Gesellschaft prägend waren. Führende Geistesgrößen der Zeit, unter ihnen Erasmus von Rotterdam und Johann Geiler von Kaysersberg, beschäftigten sich ausführlich mit dem Narren. Der Narr war nun fast überall präsent: in der Literatur ebenso wie in der bildenden Kunst oder im weltlichen Drama, und schließlich auch im Alltag. Der Narr „existierte als fiktionales Wesen und als reale Person, als ‚künstlicher Narr', der seine Rolle nur spielte, und als ‚natürlicher Narr', dem das Stigma des Nichtnormalen ein Leben lang anhaftete".[16]

Bei aller Vielschichtigkeit – Narrensymbolik und Narrenidee hätten sich im heiligen Köln gegen die Kirche kaum durchsetzen können. Diese wirkte jedoch als Katalysator. Vor allem in den Jahren 1495 bis 1500 wurde die Narrenidee zu einem bevorzugten Predigtgegenstand, auch über den Karnevalssonntag hinaus. Insbesondere zwei Bibelabschnitte wurden herangezogen, um den Gottesdienstbesuchern das alte theologische Bild des Narren entgegenzuhalten, also das Bild eines Menschen, der deshalb närrisch ist, weil er verblendet ist und ohne Nächstenliebe vor sich hinlebt. Zum einen der Passus aus dem Lukasevangelium mit der Geschichte des Blinden am Wege (Lk 18,35 f.) sowie zum anderen der erste Korintherbrief mit dem Paulus-Wort von der Schelle der Lieblosigkeit (1. Kor 13,1).

Da der Bibelwortlaut und seine Interpretation durch die Predigt den Alltag der breiten Bevölkerung beeinflussten, nimmt es nicht wunder, dass sich das auf diese Weise thematisierte Narrenbild jetzt noch stärker als zuvor direkt auf die praktische Ausgestaltung des Karnevals auswirkte. Die Kirche mahnte, sie schalt den Narren. Der aber vernahm die Schelte, wurde durch die Drastik der Schilderungen auf dumme Gedanken gebracht und trieb es womöglich noch toller. Karneval und närrisches Treiben waren nun mit dem vorübergehenden Ausbruch aus den starren Ordnungen verbunden, die Figur des Narren

Musizierender Narr, von tanzendem Paar an den Eselsohren festgehalten, Detail vom Kaminfries des Kölner Gürzenich, um 1440 (im Zweiten Weltkrieg zerstört, Detail im Kölnischen Stadtmuseum)

wurde zu einem Menschen, der für eine begrenzte Zeit auch real närrisch handelte, der das Undenkbare leben durfte, und zwar in seiner gewohnten Umgebung. Dazu gehörten etwa die Verspottung weltlicher wie geistlicher Autoritäten, und „die phantasievolle Selbstdarstellung ohne Rücksicht auf bestehende Standesschranken, der freiere Umgang mit dem anderen Geschlecht und, damit zusammenhängend, endlich das offene Ausleben der eigenen Sexualität". Die Kirche duldete dies häufig – zumindest während der tollen Tage –, um den Kölnern ein Ventil zuzugestehen.[17]

Was bedeutete das für den Kölner Karneval? Am Ende des Mittelalters wurde der Narr von einer Rand- zu einer Zentralfigur. Viele andere Figuren wie alte Weiber, Dämonen oder Mohren wurden in den neuen Modekontext gestellt: den des Narren. Im Typus des karnevalesken Stadtnarren bündelten sich die Wesenszüge der übrigen Karnevalsgestalten. Auf diese Weise war der Narr zur Integrationsfigur und damit zum Hauptrepräsentanten des Festes, das Narrenkostüm zur häufigsten Verkleidung geworden.[18]

Die Übertragung des theologischen Narrenbegriffs auf die Ebene des Weltlichen muss sich in Köln vergleichsweise zeitig vollzogen haben. Als der Gürzenich kurz vor der Mitte des 15. Jahrhunderts als städtisches Tanz- und Festhaus errichtet wurde, als multifunktionale Einrichtung, die über 1000 Menschen Platz bot, war das Narrenbild immerhin schon so verbreitet, dass es auch dort Platz finden musste.[19] Ein Detail vom Kaminfries des Gürzenichs zeigt einen musizierenden Narren, der von einem tanzenden Paar an seinen Eselsohren festgehalten wird.

Das Narrenschiff

Über den Alltag im Köln des 16. Jahrhunderts gibt keine andere Quelle so beredt Auskunft wie das Tagebuch des Ratsherren Hermann von Weinsberg, der in seinen Lebenserinnerungen das Panorama eines ganzen Jahrhunderts eingefangen hat.[20] Im Erwachsenenalter gab sich Weinsberg abgeklärt und oft auch desillusioniert. 1579 aber war der inzwischen 61-Jährige begeistert. Sein Schwager hatte ihm ein in lateinischer Sprache geschriebenes Buch zum Kauf angeboten. Obgleich Weinsbergs Schwester bereits ein Exemplar des teuren Buches besaß, nahm er das Angebot an, denn der Schwager pries es als für Weinsberg überaus nützlich. Im Tagebuch legte er sogar ein eigenes Kapitel an: „Vom boich genant: navis stoltorum". Es handelte sich dabei um Sebastian Brants „Narrenschiff", in Weinsbergs Schreibweise „Narrschiftz boich".[21] Es sei in der Lage, ihn zu ermahnen, unter anderem, „das nichts uff erden bestendigh ist" (dass nichts auf Erden beständig sei). Von Inhalt und Illustrationen war Weinsberg angetan, und ironisch merkte er an, er glaube, wenn ihn der Buchautor gekannt hätte, so würde er ihn als Figur in die Schar der Narren aufgenommen haben („Und glaub, wan mich autor libri gekant und min vornemen gewist, er het mich mitten drin gasatzt").

Brants „Narrenschiff" gehörte seit seiner Entstehung im späten 15. Jahrhundert zu den am meisten verkauften und gelesenen Erzeugnissen des jungen, aufstrebenden und dynamischen Buchmarktes, für den Köln ohnehin eines der wichtigsten Zentren bildete.[22] Und ähnlich wie die Medien heute Feste und Bräuche inszenieren und dominieren – man denke an Halloween[23] –, verlieh Brants Bestseller dem Karnevalsbrauch im 16. Jahrhundert wesentliche Impulse. Dabei war das „Narrenschiff" zunächst kein Karnevalsbuch. Zuerst 1494 im schweizerischen Basel erschienen, beschrieb es in 112 illustrierten Kapiteln die verschiedenen Formen der Narrheit. Die Verbindung zwischen Karneval und Narrentum war thematisch nicht zentral, wurde aber programmatisch lanciert. Immerhin ließ Brant das Buch ganz bewusst „vff die Vasenaht" erscheinen. Auch fügte er ein 113. Zusatzkapitel an, das „von Fasnacht narre" handelte. Zentral im Buch und wohl auch im Bewusstsein der großen Leserschaft war das Bild von

Narrenkarren und Narrenschiff, Titelholzschnitt zu Sebastian Brant, *Das Narrenschiff,* Basel 1494

der Kirche als Schiff des Heils. Diesem Bild kontrastierte das Narrenschiff mit allegorisch verkehrten Gegenwelten: der verkehrten Welt des Karnevals, dem Schiff des Unheils und eben dem Narrenschiff. Das von Franziskanern erdachte bildhafte Narrenschiff (*navicula stultorum*) muss auf Steuermann und Kompass ebenso verzichten wie auf Mast und Segel. Außer den Narren, den einzigen Passagieren, ist niemand so dumm, sich einer solchen Schicksalsgemeinschaft auszuliefern. Das Narrenland „Narragonien" ist das Ziel, und die Katastrophe wäre vorprogrammiert, käme nicht der Aschermittwoch ins Spiel, denn am Aschermittwoch steigt der Narr um – vom Narrenschiff ins Kirchenschiff.[24] Diese Bildersprache war verständlich, sie traf den Nerv der Zeit (den sie heute auch noch trifft). Das Buch wurde zum Bestseller, und der Narr war als liebenswerte, nachahmenswerte und ein wenig traurige Figur auf dem Höhepunkt seiner Karriere angekommen.

Mit einer solchen Figur des Narren identifizierte sich auch der Kölner Ratsherr Weinsberg, wenn es bei ihm um Karneval ging. Freilich war Weinsbergs Feierverhalten eher spröde. Am Rosenmontag des Jahres 1578, als das Volk fröhlich war und sich vermummte, wollte auch er närrisch sein, aber ihm, so vertraute er dem Tagebuch an, fiel nichts Besseres ein, als sich selbst zu loben – seiner Ansicht nach genug rechten Narrenverhaltens („A. 1578 den 1febr. uff montag zu klein fastabent, als das folk frolich ware und sich vermommet, gedacht ich mich auch etwas zu vermachen und narrisch zu sein, wust aber bei mir eitz nit besser narheit und geckheit anzutriben, dan als ich mich selbst lobte, das were ein recht mommen und narrenwirk").[25] Den Abend des Rosenmontags verbrachte Weinsberg dann mit den übrigen Hausbewohnern daheim bei Wein und Kuchen – schon damals trotz Weinsbergs hintergründigem Humor ein untypisches Verhalten für einen Kölner.[26]

Narrensymbolik

Die Narrenfigur wurde im 16. Jahrhundert immer häufiger dargestellt, nachgespielt, gemalt oder geschnitzt. Bei aller Vielfalt gab es eine ganze Reihe von Symbolen, an denen der Narr zu erkennen war. Dies waren zunächst äußerliche Zeichen, allen voran die Kappe, die als Narrenkappe im späten Mittelalter entstanden war. Seit dem 19. Jahrhundert gehörte sie dann zur Ausrüstung der Roten Funken. Die Kopfbedeckung der kahl geschorenen Narren bestand zunächst aus einer runden Mütze mit Eselsohren an der Seite. Von der Stirn bis zum Nacken zog sich ein gezackter roter Tuchstreifen als Hahnenkamm. Eine solche Narrenkappe trug auch der legendäre Till Eulenspiegel. Sie wurde Gugel genannt, was sich vom lateinischen *cucullus* (Kapuze) ableitete. Aufwendige Verzierungen symbolisierten die lächerliche Eitelkeit des Narren: bunte Steine oder lange Federn, der Phantasie waren kaum Grenzen gesetzt. Um den Hals trug der ideale Narr der Renaissance einen breiten Kragen, dort, aber auch

Durch die Finger sehender Narr mit Marotte, kolorierter Holzschnitt von Heinrich Vogtherr d.J., um 1540

Narren, mit ihren Marotten scherzend, Kupferstich nach Pieter Bruegel, 17. Jh., reproduziert nach René van Bastelaer, Les estampes de Peter Bruegel l'ancien, Brüssel 1908, Nr. 226

an Kappe, Gürtel, Ärmeln und Beinkleid waren Schellen befestigt. Nicht, um zu warnen oder lustig zu bimmeln, sondern wiederum als Sinnbild, denn die Schellen bezogen sich auf einen Bibelvers. Im ersten Brief des Apostels Paulus an die Korinther heißt es: „Wenn ich in den Sprachen der Menschen und Engel redete, hätte aber die Liebe nicht, wäre ich dröhnendes Erz oder eine klingende Schelle." Vor den Zeiten der Lutherbibel wurde diese lateinische Passage *cymbalum tinniens* meist wörtlich verstanden, und genau solche Schellen trug eben der Narr.

Bei einem weiteren signifikanten Erkennungszeichen haben wir es wiederum mit einem Gegenstand zu tun, dessen Symbolträchtigkeit heute nicht mehr sehr bekannt ist. Gemeint ist die Marotte, ein Holzkolben, der im Laufe seiner Entwicklung einen häufig geschnitzten Narrenkopf mit ausgestreckter Zunge an seiner Spitze trug. Zunächst und primär war die Marotte als Verballhornung eines Königsszepters gedacht.[27]

Kappe, Schellen und Marotte – damit sind die wichtigsten Elemente jener Kostüme genannt, welche die rheinischen Karnevalisten seit den Jahren um 1500 trugen. Vom Charakter her dürfte es an dieser Schwelle vom Mittelalter zur Neuzeit einen Wandel gegeben haben. War der Narr im Mittelalter ein wirklicher Narr, jemand, der die Normen seiner Zeit verletzte, oft auch ein behinderter Mensch, so wurde das in der Neuzeit verbreitete karnevaleske Narrenkostüm zunehmend spielerisch genutzt, und kokett konnte die Rolle des Toren vorgetäuscht werden. Als Narren fungierten auf diese Weise verkleidete Menschen jetzt nunmehr auf Zeit.[28]

Närrisch war der Narr nicht nur durch seine Attribute, sondern vor allem durch sein Verhalten. Im Karneval bedeutete dies in der Mehrzahl der Fälle wohl vor allem Aus-

schweifungen und Exzesse, bei denen übermäßiger Alkoholkonsum und ein im Alltag nicht geduldetes Sexualverhalten Schlüsselrollen spielten. In bildlichen Darstellungen wird der Aspekt des Alkoholrausches kaum thematisiert, denn die Zeitgenossen waren für dieses Thema nicht sensibilisiert. Der Exzess war real, wurde aber nicht unbedingt als besonders abweichendes Verhalten wahrgenommen. Anders verhält es sich mit der Fäkal- und der Sexualsymbolik, die ebenso derb wie gerne zur Schau gestellt wurden. Unverfänglicher war das Tun des Narren, wenn es etwa durch das Führen eines Narren am Narrenseil dargestellt wurde.[29]

In der öffentlichen Diskussion, in gelehrten Disputationen und im Kölner Alltag – das Thema Karneval mit der Zentralfigur des Narren war im 16. Jahrhundert jedermann geläufig und häufig präsent. Davon zeugt auch ein Gemälde Pieter Bruegels. Dessen „gewaltige Komposition" veranschaulicht Werner Mezger zufolge „noch einmal die ganze Fülle damaligen Wissens sowohl um den Stellenwert fastnächtlicher Narretei als auch um die Bedeutung vorösterlicher Buße". Für die Entschlüsselung des Bildes bedarf es heute kundiger Hilfe. Den Zeitgenossen in Bruegels niederländischer Heimat und vielen Menschen im nahen Köln, aber auch einer breiten Schicht überall dort, wo Karneval bzw. Fastnacht gefeiert wurde, dürfte der komplexe Kosmos des Bildaufbaus dagegen klar gewesen sein. Zu sehen ist u. a. ein kleiner Narr just in der Bildmitte. Dem Betrachter dreht er seinen Rücken zu. Andere Figuren sind nicht durch unsere Narrenattribute gekennzeichnet. Das Narrenthema wird hier vielmehr symbolisch interpretiert, denn beim „Kampf der Fastnacht" mit dem Fasten geht es letztlich um den immer währenden Kampf der Fastnachtsnarren mit den dauerhaften

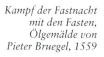

Spätmittelalterliche Narrenköpfe aus Pfeifenton

Kampf der Fastnacht mit den Fasten, Ölgemälde von Pieter Bruegel, 1559

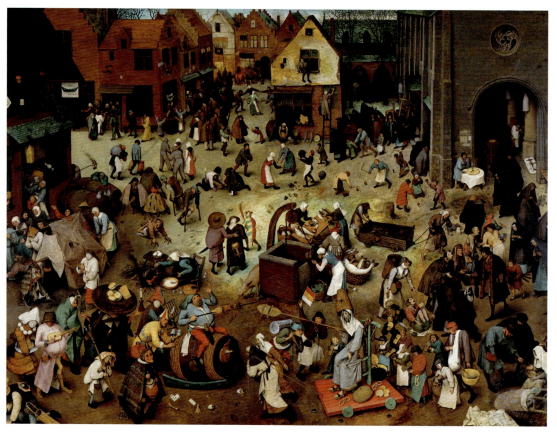

und so gewissermaßen natürlichen Narren, welche ihre Narreteien nicht am Aschermittwoch beenden.[30]

Narren im 19. Jahrhundert

Im 17. und 18. Jahrhundert, in der zweiten Hälfte der frühen Neuzeit, blieb in Köln vieles beim Alten. Auch Festkultur und Karneval fielen einer leichten Erstarrung anheim, während die Welt außerhalb Kölns sich rascher wandelte. Köln wurde von einer hochmodernen zu einer altmodischen Stadt.[31] Die Stellung als Zentrum mit Weltgeltung ging verloren. Es schien, als würde das Narrenwesen die Oberhoheit über die Welt erlangen, zumal als Einmarsch und Besetzung durch die Franzosen alte Ordnungen in den 1790er Jahren erschütterten, Köln der Herrlichkeit als freie Reichstadt verlustig ging, fremde Herren die Stadt regierten und Ideen der Aufklärung alte Autoritäten erschütterten.

Im Rheinland reagierte man angemessen. Die Stadtsoldaten kapitulierten in kluger Einschätzung der Machtverhältnisse, ohne gekämpft zu haben. Im niederrheinischen Dülken war man noch schlauer: Hier wurde nämlich im Jahre 1794 eine „Narren-Academie" ins Leben gerufen, die für einen besseren Gesellschaftston und für heitere Lebensweisheit eintrat – in Anbetracht der katastrophalen Wirtschaftslage im Rheinland und der unsicheren politischen Verhältnisse wahrscheinlich die einzig angemessene Entscheidung.[32]

Trotz Aufklärung, Französischer Revolution, dem Erstarken des Bürgertums und dem Schimmer der Industrialisierung am Horizont: Karneval blieb ein Brauchkomplex mit einer stark kirchlichen Ausrichtung, und die Fastenzeit war kein leeres Bekenntnis. Dass sich der Grundtenor des ganzen Phänomens Karneval dennoch wandelte, bemerkte Johann Wolfgang von Goethe schon im frühen 19. Jahrhundert, erkannte er im Kölner Karneval doch „den Keim zu einem nationaldeutschen Volksfeste".[33] Damit war der alte Interpretationsrahmen gesprengt. Karneval begann sich zu wandeln, und damit auch das alte Narrenbild. Der Narr wurde nun nicht mehr als Sinnbild einer gottlosen Welt gesehen, sondern zunehmend als Sinnbild gesellschaftspolitischer Unvernunft.

Dabei handelte es sich um eine prozesshafte Entwicklung. Zu Beginn seiner organisierten Phase in den 1820er Jahren wurde der Kölner Karneval primär vom Bildungs- und vom Großbürgertum getragen. Beide Gruppen arrangierten sich durchaus mit den neuen preußischen Machthabern, die für den Rosenmontagszug immerhin Tambourcorps, Pferde und Ausrüstung stellten. Seit den Jahren um 1840 nahmen aber immer mehr Angehörige der unteren Schichten aktiv am Karneval teil, Handwerker und auch Arbeiter. In dieser Phase politisierte sich der Karneval, wobei dem rheinisch-preußischen Dualismus eine Katalysatorfunktion zukam. Hatten bereits zuvor Elemente der Persiflage des Militärischen Eingang in die Karnevalssymbolik gefunden, kam der Politisierung seit etwa 1840 eine neue und unversöhnlichere Qualität zu.

Die dauerhaften und erbitterten Spannungen zwischen dem katholischen Rheinland und den neuen, meist protestantischen Machthabern hatten sich immer weiter verschärft, nachdem der Wiener Kongress 1815 die Stadt Köln und ihr Umland in die neu geschaffene preußische Rheinprovinz integriert hatte.[34] Vor allem dadurch wurde der Karneval langfristig politisiert. Gleichzeitig verringerte sich die Vielzahl der alten Symbole. Bereits in der Frühphase des organisierten Karnevals, als auch die Roten Funken 1823 gegründet wurden, kristallisierten sich zwei Elemente heraus, die noch heute unsere Lust am Närrischen befriedigen: Kappe und Orden.

Insbesondere die Kappe macht den Wandel der Symbolik deutlich. In den 1820er Jahren veränderte sich ihre Form und stärker noch ihre Funktion. Seit ihrer Blütezeit im 16. Jahrhundert war sie immer mehr und dann fast ganz in Vergessenheit geraten. Nun aber wurde sie im Jahre 1827 ganz neu eingeführt

151

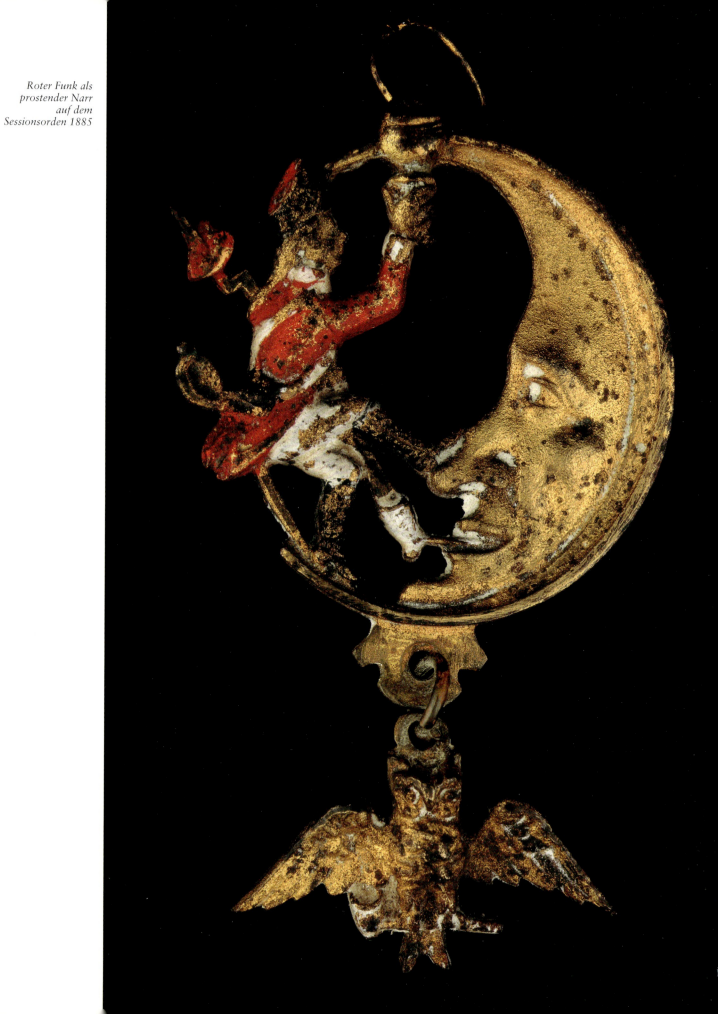

Roter Funk als prostender Narr auf dem Sessionsorden 1885

und bald darauf „als allgemein verbindliches Kennzeichen aller Mitglieder eines Karnevalsvereins erfunden" – die Kappe als regelrechtes „Bekenntnissymbol". Dabei kam die Idee zur neuen Kappe gar nicht von einem rheinischen Katholiken, sondern von dem preußischen Generalmajor Karl Heinrich Maximilian Baron von Czettritz und Neuhauß, dem Kommandeur der 15. Kavallerie-Brigade in Köln. Wie das Protokollbuch des Archivs des Festkomitees des Kölner Karnevals von 1823 e. V. vermerkt, schlug der Baron am 14. Januar 1827 die Einführung derartiger Kappen in Köln vor. Da er sich bereit erklärt hatte, dem Maskenumzug am Karnevalsmontag seine prächtigen Pferde zur Verfügung zu stellen, schlugen die Mitglieder der Kölner Karnevals-Gesellschaft vor, ihn zum Kölner Bürger zu ernennen. Seine Dankesrede begann von Czettritz mit den Worten: „Gleiche Brüder, gleiche Kappen." „Hinführo", so der Baron, solle auf den Sitzungen „als Unterscheidungs-Zeichen der Eingeweihten von den Profanen ein kleines buntfarbiges Käppchen" getragen werden, um alle, die „ungerufen eindringen, erkennen, und nach Verdienste abweisen zu können."
Die neue Narrenkappe orientierte sich aber nicht an ihrem mittelalterlichen Pendant, sondern an der französischen Jakobinermütze, einem Freiheitssymbol, das mit seiner nach vorne gebogenen Spitze der phrygischen Kappe des antiken Griechenland nachempfunden war. Solch programmatische Symbolik traf offenbar den Nerv der Zeit: Schon 1829 übernahmen die Karnevalsgesellschaften in Aachen und Düsseldorf die Kappe nach Kölner Vorbild, war sie doch deutliches Gegenstück zum Hut, dem Symbol der bürgerlichen Gesellschaft. In dieser Dichotomie spiegelte sich das alte Gegensatzpaar Kirchenschiff versus Narrenschiff, denn wer die neue Kappe trug, der plädierte unter Umständen sogar für eine Aufhebung der Hierarchien des Alltags. Darin spiegelte sich auch der neue rheinisch-preußische Dualismus. Allerdings kam der Kappe auch eine ganz profane Funktion zu, konnte man an ihr doch erkennen, wer nicht zahlendes Vereinsmitglied, sondern eingeschlichener Schmarotzer war.[35]

Karnevalsorden spielten bei der Festgestaltung ebenfalls schon in den 1820er Jahren eine wichtige Rolle und haben bis heute einen enormen Formenreichtum entwickelt. Sie passten ähnlich wie die Kappe hervorragend in die Symbolik ihrer Zeit, konnten aber nicht auf ähnlich alte Vorbilder zurückblicken wie die Kappen. Gleichwohl tauchen Orden und Diplome nicht erst seit der Preußenzeit auf, sondern sind bereits im Kontext der Dülkener Narrenakademie des 18. Jahrhunderts nachzuweisen. In den närrischen Sitzungen Kölns wurden sie seit den 1830er Jahren verliehen.[36] Wer einen Orden bekam, erlangte mit ihm auch Prestige.

Als letztes närrisches Symbol sei die Narrenzahl Elf erwähnt, welche ähnlich wie die Narrenkappe die Gleichheit aller Narren symbolisiert. In Köln gewann die jecke Elf um 1830 an Bedeutung. Wie bei der Kappe lassen sich sowohl theologische als auch weltliche Erklärungen ins Feld führen, ohne dass eine der Herleitungen einen Plausibilitätsvorsprung erlangen könnte. So ist die Elf närrisch, weil sie die Anzahl der Zehn Gebote närrisch übersteigt, sie ist von vorne wie hinten gelesen identisch, und sie ist Symbol der Kölner Heiligen, der Elftausend Gefährtinnen der heiligen Ursula. „Im organisierten Karneval", so Christina Frohn, „wird die Elf zum Symbol der Eintracht, der Gleichheit aller Narren und der lustigen Narrheit."[37]

In gewisser Weise geriet die Figur des Narren im 19. Jahrhundert in die Defensive, denn ihr war im Karnevalisten eine starke Konkurrenz erwachsen. Der Narr und das Närrische – beide Elemente lebten fort. Aber waren im alten Karneval alle, die teilnahmen, bis zu einem gewissen Grade auch Narren, so verstanden sich die Feiernden im 19. Jahrhundert oft als säkulare Karnevalisten ohne Nähe zu christlichen Hintergründen. Der Büttenredner etwa war in hohem Maße Kabarettist, kaum jedoch Narr. Die zunehmende Akzeptanz des Narren für ein Massenpublikum war nicht zuletzt Resultat dieser Säkularisierung.

Letztlich entwickelte der organisierte Karneval im 19. Jahrhundert eine eigene närrische Symbolik, die teils zeitgenössischen, teils alten Mustern entlehnt war, und führte alle Stränge zu einer aktuellen und wiederum von den Trägern verstandenen und akzeptierten Form zusammen. Die Interpretationsmöglichkeiten waren mannigfaltig, aber der Spott galt vor allem seit den 1840er Jahren primär politischen Zusammenhängen. Der Narr war nicht zuletzt zum Symbol rheinischer Autonomie geworden, und seine Symbolik blieb lebendig, ermöglichte sogar eine neue Verstetigung. Neue Figuren wie der seit dem 17. Jahrhundert bekannte Hanswurst konnten dem universellen Narren dabei kaum ernsthaft Konkurrenz machen.[38] So stand der Kölner Karnevalszug 1850 unter dem Motto „Narren-Reichstag" – was prompt Kritik aus Berlin zur Folge hatte –, 1851 berichtete die *Kölnische Zeitung* über ein „großes Narrenfest zu Köln", 1862 lautete das Motto des Zuges „Narren-Landtag", 1874 „Närrische Universität", 1875 „Närrische Lebensversicherungsanstalt" und 1891 „Närrische Ausstellung".[39] Im Nationalsozialismus diente der Narr sogar als Folie, um subtilen Widerstand zu organisieren.[40]

Der Narr ist das einzige Element des Karnevals, das sich von der Frühzeit bis in die Gegenwart beharrlich gehalten hat. Der Narr ist anpassungsfähig und universell, er ist in seiner gutmütigen Lächerlichkeit sympathisch, der Narr blickt tief und mit dem Wissen der Religion in die Welt, und wer nicht zumindest im Karneval närrisch ist, dem ist nicht zu helfen; zumindest ist er kein Kölner im Geiste.

Anmerkungen

[1] Liederheft der Großen Kölner Carnevals-Gesellschaft für das Jahr 1889, Köln 1889, S. 47; vgl. *Franz Xaver Schlösser* (Hrsg.), Vollständige Sammlung der Kölnischen Karnevals-Lieder von den Jahren 1823–1828, Köln 1828.

[2] Duden. Das große Wörterbuch der deutschen Sprache, Bd. 4, Mannheim/Wien/Zürich 1978, S. 1860.

[3] *Hermann Paul*, Deutsches Wörterbuch. Bedeutungsgeschichte und Aufbau unseres Wortschatzes, 10. überarb. u. erw. Aufl., Tübingen 2002, S. 692.

[4] *Barbara Könneker*, Wesen und Wandlung der Narrenidee im Zeitalter des Humanismus. Brant, Murner, Erasmus, Wiesbaden 1966, S. 19f.

[5] Ebd., S. 20f.

[6] *Werner Mezger*, Narrenidee und Fastnachtsbrauch: Studien zum Fortleben des Mittelalters in der europäischen Festkultur (Konstanzer Bibliothek, Bd. 15), Konstanz 1991, S. 496.

[7] Ebd.

[8] Vgl. zum Hofnarren *Maurice Lever*, Zepter und Narrenkappe. Geschichte des Hofnarren, München 1983; *Werner Mezger*, Hofnarren im Mittelalter. Vom tieferen Sinn eines seltsamen Amts, Konstanz 1981.

[9] Ders., Narrenidee und Fastnachtsbrauch (wie Anm. 6), S. 26; vgl. *Angelika Groß*, „La folie". Wahnsinn und Narrheit im spätmittelalterlichen Text und Bild, Heidelberg 1990.

[10] *Michael Euler-Schmidt*, Kölner Maskenumzüge 1823 bis 1914, Köln 1991, S. 40.

[11] Zit. nach *Mezger*, Narrenidee und Fastnachtsbrauch (wie Anm. 6), S. 496. Dieses Gedicht könnte man wie folgt übersetzen: „Eine Sache ist aber noch zu nennen, die manchen zu einem Toren macht, und zwar eine Sache, die närrisch begangen wird. Das sollt ihr sicherlich wissen. Und diese Sache nennt man die Fastnacht."

[12] Vgl. zur Welt des Kölner Handels *Gunther Hirschfelder*, Die Kölner Handelsbeziehungen im Spätmittelalter (Veröffentlichungen des Kölnischen Stadtmuseums, Heft X), Köln 1994.

[13] *Margret Wensky*, Mädchenbildung zwischen Kommerz und Religion. Das Mädchenschulwesen in der Reichsstadt Köln vom 15. bis zum 17. Jahrhundert, in: Georg Mölich/Gerd Schwerhoff (Hrsg.), Köln als Kommunikationszentrum. Studien zur frühneuzeitlichen Stadtgeschichte (Der Riss im Himmel. Clemens August und seine Epoche, Bd. 4), Köln 2000, S. 271–285.

[14] *Mezger*, Narrenidee und Fastnachtsbrauch (wie Anm. 6), S. 28f. u. 496f.

[15] *Könneker*, Wesen und Wandlung der Narrenidee im Zeitalter des Humanismus (wie Anm. 4), S. 1.

[16] *Mezger*, Narrenidee und Fastnachtsbrauch (wie Anm. 6), S. 26.

[17] Ebd., S. 508f.

[18] *Werner Mezger*, Narren, Schellen und Marotten. Grundzüge einer Idee des Narrentums, in: Ders. u. a., Narren, Schellen und Marotten. Elf Beiträge zur Narrenidee. Begleitband zu einer Ausstellung in der Universitätsbibliothek Freiburg i. Br. (Kulturgeschichtliche Forschungen III), 2. Aufl., Remscheid 1984, S. 1–35.

[19] *Gunther Hirschfelder*, Zwischen Öffentlichkeit und Privatsphäre. Bemerkungen zum Kölner Gastgewerbe in der Frühen Neuzeit, in: Georg Mölich/Gerd Schwerhoff (Hrsg.), Köln als Kommunikationszentrum (wie Anm. 13), S. 321–336, bes. S. 325.

[20] Das Buch Weinsberg. Kölner Denkwürdigkeiten aus dem 16. Jahrhundert. 5 Bde. Nachdruck der Ausgabe Leipzig und Bonn 1886–1926 (Publikationen der Gesellschaft für rheinische Geschichtskunde III, IV, XVI), Düsseldorf 2000. Unter den zahlreichen Arbeiten Wolfgang Herborns, die sich mit dem Buch Weinsberg befassen, seien exemplarisch genannt: *Wolfgang Herborn*, Hermann von Weinsberg (1518–1597), in: Rheinische Lebensbilder 11, 1988, S. 59 bis 76; ders., Das Lachen im 16. Jahrhundert. Die Chronik des Hermann von Weinsberg als Quelle für eine Gemütsäußerung, in: Rheinisch-westfälische Zeitschrift für Volkskunde 40, 1995, S. 9–30.

[21] *Josef Stein* (Bearb.), Das Buch Weinsberg. Kölner Denkwürdigkeiten aus dem 16. Jahrhundert. Fünfter Band. Nachdruck der Ausgabe Bonn 1926 (Publikationen der Gesellschaft für rheinische Geschichtskunde XVI), Düsseldorf 2000, S. 150; vgl. *Stephan Pastenaci*, Erzählform und Persönlichkeitsdarstellung in deutschsprachigen Autobiographien des 16. Jahrhunderts. Ein Beitrag zur historischen Psychologie (Literatur – Imagination – Realität. Anglistische, germanistische, romanistische Studien, Bd. 6), Trier 1993, S. 128f.

[22] *Severin Corsten*, Die Blütezeit des Kölner Buchdrucks (15.-17. Jahrhundert), in: Rheinische Vierteljahrsblätter 40, 1976, S. 130–149.

[23] Halloween. Eine Umfrage in Europa. Mit Beiträgen von Gottfried Korff, Patricia Lysaght u. a., in: Zeitschrift für Volkskunde 97, 2001, S. 177–290.

[24] *Könneker*, Wesen und Wandlung der Narrenidee im Zeitalter des Humanismus (wie Anm. 4), S. 75ff.; *Mezger*, Narrenidee und Fastnachtsbrauch (wie Anm. 6), S. 28, 499 u. 505; vgl. *Michael Rupp*, „Narrenschiff" und „Stultifera navis". Deutsche und lateinische Moralsatire von Sebastian Brant und Jakob Locher in Basel 1494–1498, Münster u. a. 2002; *Thomas Wilhelmi* (Hrsg.), Sebastian Brant. Forschungsbeiträge zu seinem Leben, zum „Narrenschiff" und zum übrigen Werk, Basel 2002.

[25] *Stein*, Das Buch Weinsberg (wie Anm. 21), S. 124.

[26] Vgl. dazu auch *Max-Leo Schwering*, Fastnacht in der Freien Reichsstadt Köln, in: Kölnisches Stadtmuseum (Hrsg.), Masken und Narren. Traditionen der Fastnacht, Köln 1972, S. 109–120.

[27] *Mezger*, Narrenidee und Fastnachtsbrauch (wie Anm. 6), S. 183ff. u. 497; *Manfred Becker-Huberti*, Lexikon der Bräuche und Feste. Über 3000 Stichwörter mit Infos, Tipps und Hintergründen für das ganze Jahr, Freiburg/Basel/Wien 2000, S. 278f. u. 363.

[28] *Mezger*, Narrenidee und Fastnachtsbrauch (wie Anm. 6), S. 498; vgl. zum Überblick auch *Michael Matheus* (Hrsg.), Fastnacht/Karneval im europäischen Vergleich (Mainzer Vorträge, Bd. 3), Stuttgart 1999, sowie *Max Matter* (Hrsg.), Rheinischer Karneval (Rheinisches Jahrbuch für Volkskunde 23 [1978]).

[29] *Mezger*, Narrenidee und Fastnachtsbrauch (wie Anm. 6), S. 501–504.

[30] Ebd., S. 469f. u. 499; vgl. dazu umfassend *Elke M. Schutt-Kehm*, Pieter Bruegels d. Ä. „Kampf des Karnevals gegen die Fasten" als Quelle volkskundlicher Forschung, Frankfurt/Bern/New York 1983.

[31] *Dietrich Ebeling*, Bürgertum und Pöbel. Wirtschaft und Gesellschaft Kölns im 18. Jahrhundert (Städteforschung A 26), Köln/Wien 1987.

[32] *Euler-Schmidt*, Kölner Maskenumzüge 1823–1914 (wie Anm. 10), S. 40f.

[33] Vgl. dazu *Christina Frohn*, Der organisierte Narr. Karneval in Aachen, Düsseldorf und Köln von 1823 bis 1914, Marburg 2000, S. 85, sowie *Max-Leo Schwering*, Die Kölner Fastnacht seit 1823, in: Kölnisches Stadtmuseum (Hrsg.), Masken und Narren (wie Anm. 26), S. 121–162.

[34] *Michael Müller*, Karneval und Politik. Zum Verhältnis zwischen Narren und Obrigkeit am Rhein im 19. Jahrhundert (Mittelrheinische Hefte, 9), Koblenz 1983; vgl. *Rudolf Schlögl*, Glaube und Religion in der Säkularisierung. Die katholische Stadt: Köln, Aachen, Münster 1700–1840 (Ancien Régime. Aufklärung und Revolution, Bd. 28), München 1995.

[35] *Frohn*, Der organisierte Narr (wie Anm. 33), S. 80; *Euler-Schmidt*, Kölner Maskenumzüge 1823–1914 (wie Anm. 10), S. 46.; vgl. *Becker-Huberti*, Lexikon der Bräuche und Feste (wie Anm. 27), S. 278.

[36] *Frohn*, Der organisierte Narr (wie Anm. 33), S. 81; *Euler-Schmidt*, Kölner Maskenumzüge 1823–1914 (wie Anm. 10), S. 40f.; vgl. zu einem weiteren Narrensymbol *Walter Hoffmann*, Neues zur Geschichte und zur Verbreitung des rheinischen Karnevalsrufes Alaaf!, in: Marlene Nikolay-Panter/Wilhelm Janssen/Wolfgang Herborn (Hrsg.), Geschichtliche Landeskunde der Rheinlande. Regionale Befunde und Perspektiven. Gedenkschrift für Georg Droege, Köln/Weimar/Wien 1994, S. 504–515.

[37] *Frohn*, Der organisierte Narr (wie Anm. 33), S. 80f.; vgl. *Dietz-Rüdiger Moser*, DER NAR HALT DIE GEBOT GOTTES NIT. Zur Bedeutung der Elf als Narrenzahl und zur Funktion der Zahlenallegorese im Fastnachtsbrauch, in: Werner Mezger u. a., Narren, Schellen und Marotten (wie Anm. 18), S. 135–160.

[38] *Euler-Schmidt*, Kölner Maskenumzüge 1823–1914 (wie Anm. 10), S. 47; vgl. *Helmut G. Asper*, Hanswurst. Studien zum Lustigmacher auf der Berufsschauspielerbühne in Deutschland im 17. und 18. Jahrhundert, Emsdetten 1980.

[39] *Euler-Schmidt*, Kölner Maskenumzüge 1823–1914 (wie Anm. 10), S. 69, 106, 110f., 119 u. 129.

[40] *Jürgen Meyer*, Organisierter Karneval und „Narrenrevolte" im Nationalsozialismus. Anmerkungen zu Schein und Sein im Kölner Karneval 1933–1935, in: Geschichte in Köln 42, 1997, S. 69–86.

Der Verkündiger.

354tes Stück.

Cöln, Donnerstag den 20ten Februar 1806.

Einige Worte über den diesjährigen Carnaval.

Der Carnaval zu Cöln hat in Deutschland von jeher im hohen Rufe gestanden. Reisende haben ihn sogar mit den berühmten Maskaraden von Venedig verglichen; wenigstens behaupten einige, daß der kölnische Fasching jenem in der Hauptstadt Frankreichs in der lezten Zeit den Rang streitig gemacht habe. Auf den diesjährigen Carnaval waren längst die Erwartungen gespannt. Man sprach von vielen geistreich ersonnenen Masken, worunter ein mit einer sehr verständigen Andeutung auf die Gall'sche Schädellehre genannt wurde. Aber nur sehr wenige sind zur Geburt gekommen, und denen, die zur Geburt kamen, konnte man größtentheils eine gewaltsame übereilte Entbindung ansehen. Meist bemerkte man nichts wie Bauren und Bäurinnen. Indes haben sich doch mehrere andre ausgezeichnet, und unter diesen 1) ein Postmeister mit einem Personale, wovon unter Begleitung einer passenden Musik das Leben und die Abentheuer eines Postillons in Gesang erzälet wurden. Die Gesellschaft war gut, und ihrem Charakter entsprechend gekleidet. 2) Ein Beamter mit mehrern Bauern aus einem nahegelegenen Dorfe, die Besenreiser trugen, und nach Cöln gekommen waren, um die jungen Damen gegen gewisse Verunglimpfungen in Schuz zu nehmen. 3) Ein Bachus mit einem Gefolge von Bachantinnen: die einzige Maske, die aus den Mythen der Alten entlehnt war. 4) Die Steinfresserinn, eine getreue Copie des vor einiger Zeit hier auf dem Domhof sichtbar gewesenen Originals. 5) Die Bettler. Ihr Aussehen war so beschaffen, daß es unmöglich gewesen wäre, sie von Hogarths Pinsel treffender dargestellt zu sehen. 6) Einige Fremde von der Schwarzenburg, wahrscheinlich von dem Gerücht der unglücklichen Wette ihres Landsmanns, herbeigezogen. 7) Mehrere Alt Cölnische Stadtsoldaten, in ihrer Uniform, die von den Heldenthaten ihres Anführers sehr lustige Dinge erzälten. 8) Eine Schauspielergesellschaft, welche auf Aschermittwoch ein neues Stück ankündigt, unter dem Titel: Die Geister der abgeschiedenen Freuden oder der ausgeleerte Beutel. 9) Mehrere Damen, in antiken damasseidnen Kleidern, mit brillanten Ohrgehängen nach der neuesten Mode.

Auf den Bällen herrschte Fröhlichkeit und ungeachtet der großen Anfluth von Menschen Ordnung und Eintracht. Der Freundschaftsball im Steinischen Garten entsprach ganz der transparenten Inschrift: Harmonie und Freundschaft, die am Eingange des Saales zu lesen war. Ein Chor sehr guter Musikanten führte die Tänze auf. Der Nachtsball bei Monheim zeichnete sich durch die Anwesenheit der ersten Familien, durch Eleganz und die geschmackvolle Kleidung der Damen aus; eben so der Nachtsball im Schauspielhause, der überhaupt nichts zu wünschen übrig ließ. Die innre Einrichtung, Musick und Beleuchtung waren gleich treflich, und dienten zum Beweise, wie wenig die Interessentschaft die Kosten achtet, wenn das Vergnügen des Publikums dadurch befördert wird.

Der Gott der Freude rauschte durch die angefüllten Säale, und sein mächtiger Zauber strahlte in jedem Auge wieder. In süßem Taumel schwebten die leichtfüßigen Tänzer einher, und der liebliche Schall der Musick verhallte erst mit dem anbrechenden Lichte des Morgens.

Nachricht über „mehrere Alt Cölnische Stadtsoldaten" im Maskenzug 1806 in: „Der Verkündiger" vom 20. Februar 1806

Die Roten Funken und die Preußen
Parodie und Wirklichkeit in der Festungsstadt Köln

Von Hildegard Brog

„Als im Jahre 1794 die Franzosen als Eroberer vor den Mauern Kölns erschienen, ergriffen bei den ersten Schüssen die niemals tapfer gewesenen Stadtsoldaten die Flucht."[1] Dieses Zitat des früheren Funken-Kommandanten Eberhard Hamacher verdeutlicht das Funken-Selbstverständnis: Man sieht sich in der Tradition der alten Kölner Stadtsoldaten und versteht sich als eine alles andere als tapfere Truppe, die vor dem Feind am liebsten Reißaus nimmt. Seit mehr als 180 Jahren persiflieren die Roten Funken dabei das preußische Militär. Doch wie ist diese satirisch-kritische Haltung zum Militär entstanden und warum wurde sie über diesen großen Zeitraum hinweg beibehalten? Ein Blick in die Geschichte zeigt, dass sich die Funken nicht nur über das Militär im Allgemeinen lustig machten, sondern immer auf die aktuelle militärische Situation reagierten. So kann man die Funkenparodie in den jeweiligen historischen Kontext stellen und die Geschichte der Roten Funken als Teil der Kölner Stadtgeschichte festmachen. Für die ersten fünfzig Jahre lassen sich dabei drei Phasen erkennen: Da ist zuerst die Zeit der romantischen Rückbesinnung, gefolgt von der Zeit der „inneren Bedrohung" während der 1830er und 1840er Jahre und schließlich die kriegerische Phase vor der Reichsgründung.

Am 20. Februar 1806 berichtete die Zeitung *Der Verkündiger* über das Maskentreiben auf Kölns Straßen. Unter den umherziehenden Gruppen befanden sich auch „mehrere Alt Cölnische Stadtsoldaten, in ihrer Uniform, die von den Heldenthaten ihres Anführers sehr lustige Dinge erzälten." Machten sich diese ehemaligen Stadtsoldaten über das französische Militär lustig, das zu dieser Zeit in Köln präsent war? Von welchen Heldentaten ihres Anführers sie berichteten, ist leider nicht überliefert. Vielleicht spielten sie auf die Einnahme Kölns an? Beim Anrücken der französischen Sambre-Maas-Armee hatte General Clerfayt, der Kommandant der Kaiserlichen Armee, am 5. Oktober 1794 die Räumung des linken Rheinufers befohlen. So war die Stadt Köln den Franzosen kampflos in die Hände gefallen. Mit 12.000 Mann waren die Revolutionstruppen in Köln eingerückt. Für die Einwohner der freien Reichsstadt, die sich seit dem Mittelalter selbst verteidigt hatten, war die fremde Militärmacht ausgesprochen ungewohnt. Zusammen mit den kaiserlichen Truppen hatten auch zwei Kompanien Infanterie und eine Kompanie Artillerie der kölnischen Stadtsoldaten die Stadt verlassen. Die Kölner Bürgerschaft und der Magistrat sollen beim Schwur auf die französische Nation bittere Tränen vergossen haben, schrieb die *Privilegirte Mainzer Zeitung*.[2]

Sehnten sich die karnevalistischen „Ur-Funken" nach jener Zeit zurück, als die Stadtsoldaten die freie Reichsstadt schützten? Das „Heilige Römische Reich Deutscher Nation" befand sich in jenem Jahr bereits im fortgeschrittenen Verfallsstadium, und die Hoffnung schwand, dass Köln jemals wieder eine freie Reichsstadt werden könnte. Im Januar 1814 ging die Macht Napoleons zu Ende, und die Franzosen zogen ab. Kaum hatten sie die Stadt verlassen, da schimpfte ihnen Ferdinand Franz Wallraf hinterher und beschwor leicht ironisch die alten Zeiten zurück:

„Erschein nun, alte Zeit, samt altem Blaffertstück,
Komm Geckenberndchen! noch zum Gottstragtag zurück!
Laß Bürgerfahnen bunt zur Colonellschaft prunken,
Und unser Bataillon mit den fünfhundert Funken!"[3]

Wallrafs gutmütige Sehnsucht nach einer Rückkehr der Figuren aus reichsstädtischer Zeit sollte sich erfüllen: Im allerersten Rosenmontagszug 1823 waren sie vertreten, als romantische Rückbesinnung auf die gute alte Zeit.[4] Inzwischen war Köln eine preußische Festungsstadt geworden, die von fremden Militärmächten beschützt wurde. Das Unbehagen an diesen preußischen Soldaten konnten die Kölner fortan nur noch in parodistischer Form im Karneval artikulieren.

Romantische Rückbesinnung auf die reichsstädtische Zeit

Bereits im ersten organisierten Rosenmontagszug 1823 wurde die Rote-Funken-Uniform zum Ausdruck des Protests gegen den Verlust der Unabhängigkeit und der kölnischen Identität. Seit diesem Jahr symbolisierte sie die trotzige Selbstbehauptung der Kölner gegenüber den Preußen.
„Der Zug [1823] begann in der vorgeschriebenen Ordnung. Ihm ritt voran, den altkölnischen Bannerherren darstellend, ein noch sehr junger Herr im rothsammtnen Wappenrock [...]. Nun erschienen die Funken (altkölnische Stadtsoldaten) in ihrer rothen, dieses Mal ganz neuen Uniform, mit ihrem gewaltig dicken Kommandanten, dessen Gaul unter ihm keuchte."[5] Trotz der neuen Uniformen erkannten die Zuschauer ihre alten Stadtsoldaten sofort. Den Dichter Samuel Schier erinnerten sie mit Wehmut an jene Zeit, als diese Soldaten noch die Stadt verteidigten:

„Die Funken, deren Glänzen unterging,
Aufs neue prangen sie im vollen Staat, [...]
O Heldenschaar, wie bringt Erinnerung
an deine Thaten jene Zeit zurück,
In der mit der Begeist'rung kühnem Schwung
Nach Feinden spähte dein verwegner Blick."[6]

Auch im folgenden Jahr sollten die Funken im Rosenmontagszug dabei sein, wie die Augenzeugen Wohsch-Mives, Ehzen-Drickes und Kohchen-Frides bestätigten: Sie befanden sich auf dem Neumarkt und kommentierten den Zug:

„Drickes: Schtehne-Krenck! do kummen de Funcken heran ze trecken, / soll mehr no sagen, dat dat wören de ahl kölsche Jecken.
Frides: Donnerwedder sey hann nog de Ruhtröck med wihse Krähg, / auch wihse Botze un Kamisöhlcher, med wihsen Opschlähg.
Mives: No seht enz, wat han sey Höeht öm, un friesde gepuderte Köpp – / nog mi, rosige Krenck! om Rücken han sey hange Bessemstöck, / auch Zebels med Scheiden, un Teschen voll med Patronen."[7]

In Anlehnung an ihre historischen Vorbilder trugen die heranziehenden Funken rote Röcke mit weißen Kragen sowie weiße Hosen, darunter gestrickte Jacken mit weißen Aufschlägen. Auf den Köpfen saßen Hüte und gepuderte Perücken; bewaffnet waren sie mit Besenstielen, Säbeln und Patronentaschen. Doch etwas war anders als früher. Das Erscheinungsbild dieser „niebesiegten Söhne des Mars" war nämlich alles andere als martialisch. Es war das einer undisziplinierten, nicht mutigen und nie nüchternen Truppe. An ihrer Spitze ritt der Kommandant von Künnigsfeld, eine gewaltige gepuderte Perücke mit langem Zopf auf seinem Haupte und einen Regenschirm unter dem Arm. Allerdings war er nicht allein, sondern sein Adjutant saß rücklings hinter ihm. So konnte er, ohne sich umzudrehen, seine Truppe im Auge behalten. „Da der Adjutant die leibhaftige Copie des vor ihm sitzenden Originals war, so konnten die Funken gleichsam im Spiegel das Antlitz ihres geliebtesten Oberhauptes sehen, konnten mithin getrost dem Tode und der Flasche entgegen gehen." Trinkfest waren die Funken von Anfang an. Nicht von ungefähr wurde den „in hoher Schabaubegeisterung für das Vaterland so heldenmäßig gefallenen Funken" bereits 1825 ein Trauer-Denkmal gewidmet.[8]
Seit dem ersten Rosenmontagszug im Jahre 1823 fehlten die Funken nie. Damals war das Festkomitee allein für die Organisation und Finanzierung der Züge zuständig. Die Funken bildeten lediglich eine Fußgruppe. Deshalb lud das „Commitée der Kölnischen Funken" für den 22. Februar 1824 zur „Hauptversammlung des Kölnischen Funken-Vereins" ein. Auf der Tagesordnung standen, neben der Zugvorbereitung, die zu leistenden Beiträge und die Frage, wie die während des Karnevals „zu beobachtenden Förmlichkeiten definitiv regulirt und festgestellt werden sollen." Damit jedoch „der Zweck dieses Vereins nicht verkannt und

*Trauer-Denkmal,
den am
10. Februar 1825
ruhmvoll gefallenen
Funken gewidmet,
kolorierte Zeichnung
aus der gleichnamigen
Druckschrift*

Denkmahl
den Cölnischen Funken nach dem Carneval von 1825 zu errichten.

auch die Versammlung nicht gestört werde", fand das Treffen in dem Privathaus Nr. 10 am Zeughaus statt. Dort wohnte der Gerichtsvollzieher Georg Peffenhausen. Er kümmerte sich in den Jahren 1824 und 1825 bei den Funken um Organisatorisches.[9]

Aus den von Peffenhausen ausgestellten Rechnungen geht hervor, dass die Truppe anfangs noch sehr klein war. 1824 bestand sie aus sechs Funken und vier Spielleuten. Sie trugen nicht mehr die Uniformen der echten Stadtsoldaten, wie noch im Karneval von 1806. Für die Rosenmontagszüge erhielten sie neue Uniformen. Die Kosten für die Einkleidung sämtlicher Funken beliefen sich auf stolze 108 Taler. Zwar machten sie nur ein Zehntel der gesamten Kosten für diesen Maskenzug aus. Doch um diese 108 Taler zu verdienen, hätte ein Handwerker ein ganzes Jahr lang arbeiten müssen.[10] Die sechs Funken waren so genannte „Miethlinge", die vom Festkomitee einen Tagelohn von insgesamt 12 Talern erhielten. Im nächsten Jahr wurden fünf weitere Uniformen im Wert von 34 Talern angeschafft. Aufschluss über den Umfang der besoldeten Truppe von 1825 gibt eine Rechnung, die das Festkomitee-Mitglied Peter Josef vom Rath abzeichnete: „Für die am Donnerstag und Sonntag nebst Montag im Dienst gewesenen Funken, bestehend aus einem Commandanten, einem Fähnrich und zehn Gemeinen ist mir der Betrag von 24 Talern gezahlt worden." Nach den Karnevalstagen wurden elf Funkenröcke und 14 Funkenmützen zur Aufbewahrung an die Bürgermeisterei abgeliefert. Die Funken waren nicht die einzigen Statisten in den frühen Rosenmontagszügen. Auch die Hellige Knäächte un Mägde gehörten dazu.[11] 1826 bestand die Funkentruppe bereits aus 25 Mann, darunter 14 Tambouren. Zwei Jahre später, 1828, war das Funkenkorps wiederum angewachsen: Es bestand aus einem Anführer, 15 Funken und einem Fähnrich, zwölf Tambouren und Pfeifern sowie zwei Artilleristen.[12]

Auf seinem Weg durch die Stadt hielt der Maskenzug auf den Hauptplätzen und vor den Häusern der „ersten Civil- und Militairbehörden", um dort Lieder abzusingen. Dass die preußische Staatsmacht den Karneval in Köln zuließ, erstaunte selbst Goethe im fernen Weimar: „Alle Hochachtung verdienen die Civil- und Militärbehörden, welche mit freisinniger Würde die Sache geschehen ließen, Zucht und Ordnung von ihrer Seite befördernd."[13] Doch die preußischen Militärbehörden gingen sogar noch weiter: Sie stellten dem Festkomitee gegen Bezahlung Musikkorps und Militärwachen zur Verfügung! 1825 waren gleich drei Musikkorps im Rosenmontagszug vertreten: von der Artillerie, den Dragonern sowie vom 28. Regiment. Leider liefen die vom Komitee gestellten Reitpferde beim Klang der Militärmusik in die Irre, was zu einem grotesken Bild führte. Deshalb bat der erste Sprecher des Festkomitees, Heinrich von Wittgenstein, den in Köln stationierten General der Cavallerie und kommandierenden General des ersten Armeecorps, dass „dem Musikchor der Dragoner zu Deutz bewilligt werden möge, auf den Pferden des Regiments den Zug zu begleiten."[14]

Mit der Bereitstellung von Pferden, Musikkapellen und Militärwachen war es für die in Köln stationierten Militärs aber getan. Eine Teilnahme der Offiziere am Rosenmontagszug erlaubte der Obrist und Regimentskommandant zum Bedauern der Deutzer Dragoner nicht.[15] Denn so viel karnevalistischer Spaß ließ sich mit dem Selbstverständnis des preußischen Militarismus nicht vereinbaren. Für die militärische Präsenz im Karneval waren somit allein die Funken zuständig. Der Gegensatz zwischen dieser undisziplinierten Truppe und der zackigen preußischen Infanterie konnte kaum größer sein.

Die preußische Festungsstadt Köln

Es ist erstaunlich, dass die Funken in ihrer Uniform in jedem Rosenmontagszug dabei waren, ohne dass es von der Militär-Kommandantur Proteste gab. Besonders ange-

Frühe Parodie der Funken auf das preußische Militär, Lithographie, Ende der 1820er Jahre

sichts der Tatsache, dass Köln preußische Festungsstadt war. In einer Festung galten strenge Sicherheitsbestimmungen. So lebten die Kölner das ganze 19. Jahrhundert lang in einem rundum eingemauerten, militärisch stark bewachten Sperrgebiet. Eigenartigerweise ist die Erinnerung an diese preußische Militärpräsenz im kollektiven Gedächtnis der Stadt nicht mehr vorhanden. Zu diesem Kapitel ihrer Geschichte ist mit Ausnahme der Militärgeschichte von Ernst Zander kaum etwas bekannt.[16] Die Parodie der Funken lässt sich jedoch nur vor dem Hintergrund der Kölner Festungsgeschichte richtig verstehen.

Den Ausbau der Stadt zur Festung hatte König Friedrich Wilhelm III. bereits befohlen, noch bevor Köln offiziell an Preußen kam. Zu den Festungsanlagen, die in den kommenden Jahrzehnten gebaut wurden, gehörte ein Ring von elf Forts, sieben Lünetten sowie diversen Gräben und Wällen. Auch die Stadtmauer wurde Teil der Befestigungsanlage. Dieser innere Festungsring umfasste das Gebiet zwischen den heutigen Ringstraßen und der Inneren Kanalstraße.[17] Mit anderen Worten: Die Stadt Köln lag im Innern dieser Festung. Den Zugang zu dieser Festungsstadt hatte der König geregelt: Demnach war „niemandem, wer er auch sei, der Eintritt in das Innere der Festung und der einzelnen Werke derselben ohne ausdrückliche Erlaubnis des Kommandanten gestattet [...] und es darf schon vom Anfang ihres Baues kein Zuschauer mehr hinzu gelassen, vielmehr müssen sogleich die nötigen Schildwachen zur Entfernung derselben ausgestellt werden. Der Kommandant ist mir [also dem preußischen König] für die genaue Befolgung dieser Vorschriften [...] persönlich verantwortlich." Da auch der Aufenthalt in der Nähe der Festungswerke verboten war, liefen die Bewohner Gefahr, von Patrouillen als Spione verhaftet zu werden.[18]

Am 12. April 1815 wurde Bürgermeister von Wittgenstein angewiesen, umgehend diejenigen Stadttore zu nennen, die „für die Bequemlichkeit und den Handelsbetrieb der Stadt unentbehrlich" seien; alle übrigen Tore müssten wegen der schwierigen Bewachung geschlossen werden. Zwei Jahre später wurden Stadtverwaltung und Anwohner von der Festungsbaukommission mit der endgültigen Abriegelung mehrerer Stadttore vor vollendete Tatsachen gestellt. Geöffnet blieben das Severinstor, das Weyertor, das Hahnentor, das Ehrentor und das Eigelsteintor. Der gesamte Verkehr drängte sich durch die mit Bastionen zusätzlich befestigten Stadttore, wo preußische Soldaten jeden einzelnen Passanten und jedes Fuhrwerk beim Betreten der Stadt kontrollierten. Die Einschränkung der Bewegungsfreiheit war beträchtlich.[19]

Die Kontrolle über die Stadttore lag beim Festungskommandanten. Er bestimmte, zu welcher Zeit nachts die Tore geschlossen wurden. Friedrich Wilhelm III., dem die Festungskommandanten direkt unterstanden, hatte angeordnet, dass es „der Beurtheilung und Verantwortlichkeit der Festungs-Commandanten überlassen bleiben soll, zu welcher Zeit dieselben [...] die Thore der ihnen anvertrauten Festung schliessen zu lassen für nöthig erachten." Somit wurde dem Kölner Festungskommandanten nicht nur die Verantwortung für die Stadt übertragen, sondern auch die dazugehörigen Schlüssel.[20]

Die Festungsbaukommission war für Jahrzehnte sowohl Kölns größter Grundbesitzer als auch der größte Arbeitgeber. Doch Köln war nicht nur Festungs-, sondern auch Garnisonsstadt. Die preußischen Soldaten, die in Scharen über Köln hereinbrachen, stellten die Stadt vor erhebliche Probleme. Das Ausmaß der logistischen Leistungen, welche die preußischen Militärbehörden erwarteten, überforderte die Stadtverwaltung für Jahre. Nach den anfänglichen, umfangreichen Einquartierungen dienten leer stehende Klostergebäude, die im Zuge der Säkularisation verstaatlicht worden waren, als Kasernen. So entschied sich die Militärverwaltung für das Dominikanerkloster, das Franziskanerkloster, die Abtei Groß St.-Martin, die Pantaleonsabtei am Weidenbach sowie das St.-Agatha-Kloster. Insgesamt boten sie Raum für

Die Erhebung der Mahl- und Schlachtsteuer an einem Kölner Stadttor, Ölgemälde von Wilhelm Kleinenbroich, 1847

2.020 Mann, knapp die Hälfte der geplanten Garnisonsstärke von 5.600. Da sie für die Unterbringung aber nicht ausreichten, kaufte der Militärfiskus für 25.000 Taler den Blankenheimer Hof am Neumarkt und für 9.800 Taler den Altenberger Hof in der Johannisstraße. Die Kosten für die Kaserneneinrichtungen, welche die Stadt Köln zu tragen hatte, wurden zusätzlich auf etwa 243.000 Taler veranschlagt.[21]

Auf den Straßen der Garnisonsstadt gehörten Soldaten in Uniformen zum alltäglichen Erscheinungsbild. Mit Trommelwirbel und Regimentsmusik zogen die einzelnen Truppen am frühen Morgen aus ihren Kasernen zum Exerzierplatz vor der Stadt und wieder zurück. Einmal im Monat wurde zu Übungszwecken Alarm geschlagen, denn die Festung musste ständig für einen möglichen Angriff gewappnet sein. Sobald der Trommelschlag ertönte, hatten alle Kölner sofort Straßen und Plätze zu verlassen, um dem heranrückenden Militär nicht im Weg zu stehen. Für eine Großstadt mit regem Geschäftsleben war dies eine unangenehme Beeinträchtigung. Anfangs ertönte der Trommelschlag auch bei städtischen Bekanntmachungen. Da es gelegentlich zu „irrthümlichen Alarmierungen der Garnison und zu anderen daraus entstehenden Mißverständnissen" kam, durften städtische Bekanntmachungen bald nur noch mit der Schelle ausgerufen werden.[22]

Das Miteinander von Soldaten und Zivilisten auf engem Raum verlief nicht immer konfliktfrei, zumal das Militär auch Polizeifunktionen wahrnahm – schließlich ging es um Sicherheitsmaßnahmen in einer Festung. Wann immer die Polizei nicht in der Lage war, entstehende Unruhen schon im Keim zu unterdrücken, musste das Militär zu Hilfe gerufen werden. Dabei lag die Befehlsgewalt beim Militär, wie Friedrich Wilhelm III. durch seine Kabinettsordre den Innen-, Polizei- und Kriegsminister anwies: „Sobald die Polizei den Commandanten [...] von einer Schlägerei, einem Volksauflaufe oder irgend einem andern die öffentliche Ruhe bedrohenden Auftritte benachrichtigt, wie sie [...] jedesmal sofort zu thun verpflichtet ist, die Militair-Behörde auch sofort den Gang eines solchen Auftritts zu beobachten und die nöthigen Vorbereitungen zu treffen verpflichtet sein soll." Falls die Polizei zu lange zögerte, konnte das Militär auch allein den Befehl übernehmen. „Sobald die Störung der öffentlichen Ruhe in einem Angriff oder Widersetzlichkeit gegen Militair-Wachen und Patrouillen besteht oder ausartet, ist der Militair-Befehlshaber in jedem Fall sofort verpflichtet, die Herstellung der öffentlichen Ruhe zu übernehmen."[23]

Dass diese Kabinettsordre keine überflüssigen Bestimmungen enthielt, sollten die Kölner des Öfteren merken. Sobald es auch nur zu Unmutsbekundungen kam, war sofort das Militär zur Stelle. Für die Kölner waren die Soldaten die sichtbarsten Repräsentanten des preußischen Staates. Im Laufe der ersten Jahrzehnte unter preußischer Herrschaft stauten sich zwischen Militär und Zivilbevölkerung allerhand Aggressionen auf, die sich von Zeit zu Zeit gewaltsam entluden. Sobald von der Bevölkerung Beschimpfungen oder Steinwürfe ausgingen, reagierte das Militär sofort. Ihre neue Lage mussten die Kölner schnell und schmerzhaft begreifen. Schon eine fröhlich-angeheiterte Bevölkerung konnte in den Augen des Militärs eine Bedrohung für Ruhe und Ordnung darstellen. Deshalb waren bei den beliebten Volksfesten Kirmes und Karneval stets Truppen präsent.[24]

Die unruhigen Jahre von 1830 bis 1848

Der erste Militäreinsatz, dem eine Reihe weiterer folgen sollten, fand 1830 während des Karnevals statt. Friedrich Wilhelm III. war in Berlin auf den rheinischen Karneval aufmerksam geworden und hatte seine tiefe Abneigung gegen diese „Narreteidinge" zum Ausdruck gebracht. Fortan sollten Maskeraden „in den Rheinprovinzen nur in denjenigen größeren Städten erlaubt seyn, wo sie von altersher herkömmlich stattgefunden haben". Jede größere Stadt, in der Karneval gefeiert werden durfte, unterlag den miss-

Angriff preußischer Truppen auf Kölner Bürger am 4. August 1846, aus: „The Illustrated London News"

trauischen Blicken des Königs. Auch die Karnevalshochburg Köln blieb davon nicht verschont. Zuerst fiel die Karnevalszeitung der Zensur zum Opfer. Daraufhin löste sich am 14. Februar 1830 die den Karneval vorbereitende Generalversammlung auf. Zum ersten Mal gab es am Rosenmontag keinen Maskenzug. Stattdessen herrschte auf den Straßen eine angespannte Atmosphäre. Nun bekamen die Kölner hautnah zu spüren, was es bedeutete, in einer Festungsstadt zu leben. Überall auf den Kölner Straßen dominierte das Militär, berichtete Stadtchronist Johann Jakob Fuchs: „Auch war es verboten, über die Hohe Straße zu fahren [...]. Polizei-Commissarien, Gendarmen und Militairwachen hatten sich in solcher Menge an den Vier Winden nachmittags aufgestellt, daß fast nicht mehr durchzukommen war."25

Reiterstandbild des preußischen Königs Friedrich Wilhelm III. auf dem Heumarkt

Die Kölner mussten erkennen, wie schnell aus Spaß Ernst werden konnte. Seit Mai 1830 wurden den Polizeikommissarien an Sonn- und Feiertagen sowie an den Kirmessen zusätzliche Militärpatrouillen während der Nacht zur Seite gestellt. Im Juni 1830 brach in Paris eine Revolution aus. Die offen bekundete Sympathie der Kölner für die Idee der Freiheit beunruhigte die Regierung. In vielen Flugblättern wurden das schon 15 Jahre andauernde „Preußen-Joch" beklagt und die Kölner zum Widerstand aufgerufen: „Bürger Coelns! Die Zeit ist gekommen, wo ihr euer Joch abschütteln könnt, [...] versammelt euch [...] auf dem Neumarkt, ihr werdet daselbst eure Brüder antreffen, alle Soldaten werden sogleich zu uns überlaufen, besetzt mit ihnen sogleich die Festungswerke und laßt uns mit Frankreich uns vereinigen [...]. Es lebe Coeln, es lebe Frankreich, Freiheit oder Tod." Die in Köln stationierten Truppen reichten zunächst nicht aus, um die innere Ordnung zu gewährleisten. Von der Elbe setzte sich daher das 4. Armeekorps in Marsch, und weitere Truppen rückten aus Westfalen ein. Mit diesem massiven Militäreinsatz konnte die Ruhe nach innen wie auch nach außen gesichert werden.26

Auf die sich verschärfende preußische Militärpräsenz reagierten die Funken am kommenden Rosenmontag auf ihre Art: Sie rüsteten auf. 14 neue Funken-Uniformen wurden 1831 angeschafft. Doch damit nicht genug – es entstand eine Funken-Artillerie. Im Auftrag von Peter Leven wurden acht Artillerie-Uniformen und 20 blecherne Gewehre sowie 20 Säbel samt eiserner Kanone erworben. Der Gesamtwert dieser Anschaffungen belief sich auf stattliche 126 Taler. Diese Summe entsprach einem Zehntel der Gesamtkosten dieses Rosenmontagszuges oder dem durchschnittlichen Jahreseinkommen eines Handwerkers.27

Die Zeit der romantischen Rückbesinnung auf ihre glorreiche reichsstädtische Vergangenheit war für die Funken zu Ende. Vorbei auch die Zeit der Holzgewehre, fortan bestanden Säbel, Gewehre und Kanone bis auf weiteres aus Metall. Es ist nicht verwunderlich, dass die Behörden selbst auf solche kleinen Provokationen reagierten. Das nächste Verbot folgte bald. Diesmal erwartete der König schriftliche Entwürfe, um ein „Regulativ über die bei den Maskenzügen zu beobachtenden polizeilichen Vorschriften" zu

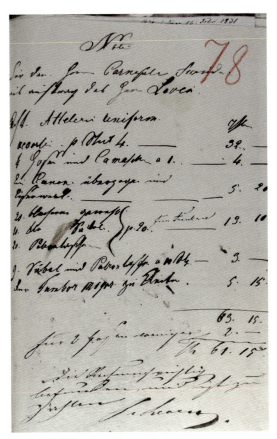

Rechnungsbeleg über acht Artillerieuniformen und eine Kanone aus dem Jahr 1831

erstellen. Einer dieser Entwürfe sah in Bezug auf Militäruniformen ein bemerkenswertes Verbot vor: „Es ist verboten zum Masken Anzuge preußische Uniform und Abzeichen zu tragen, so wie denn überhaupt auch das Tragen completter Uniformen anderer Mächte unzulässig ist. Auch dürfen keine verborgenen Waffen getragen werden und die zu der Maske gehörigen Flinten und Pistolen selbst nicht blind geladen sein." Da Verbote Rückschlüsse zulassen, was unerlaubt getan wurde oder getan werden konnte, ist anzunehmen, dass der eine oder andere Karnevalsjeck durchaus in einer preußischen Uniform durch die Straßen gezogen ist. Doch ein so drastisch formuliertes Verbot wie in dem Entwurf vorgesehen wollte Friedrich Wilhelm III. nicht. So lauten die Bestimmungen des Polizeireglements vom Januar 1835 zum Tragen von Militäruniformen folgendermaßen:

„§4 Verboten sind alle Masken und Aufzüge, welche gegen die Religion und die guten Sitten anstößig sind, oder eine Störung der öffentlichen Ruhe oder eine Verletzung für obrigkeitliche oder Privatpersonen irgend befürchten lassen, daher auch alle einheimischen Amtstrachten, Civil- und Militair-Uniformen.
§5 Die maskierten Personen dürfen keine Waffen weder offen noch verborgen tragen."

Der König erwartete von seinem Staatsminister, dass dieses Polizeireglement auch eingehalten werde und „die polizeiliche Aufsicht auch gebührend werde gehandhabt werden". In wieweit dies allerdings der Fall war, ist unklar. In der polizeilichen Bekanntmachung, welche die *Kölnische Zeitung* veröffentlichte, fehlte ausgerechnet der Halbsatz über das Verbot des Tragens von Amtstrachten und Militäruniformen. Unterzeichnet war diese Anordnung vom Festungskommandanten von Pfuel und vom Polizeidirektor Heister.[28] Offensichtlich galt dieses Verbot in Köln nicht. Denn die Funken marschierten am Rosenmontag nach wie vor in ihrer roten Uniform durch Kölns Straßen.

So zogen die Funken auch 1836 im Zug über den Neumarkt, wie es Simon Meister auf seinem bekannten Ölgemälde dargestellt hat. Im Unterschied zu älteren Abbildungen aus den 1820er Jahren fällt die disziplinierte und zackige Körperhaltung auf. Ähnlich wie die preußischen Truppen, die sonst auf dem Neumarkt exerzierten, marschierten die Funken in Reih und Glied und nicht wie sonst wild durcheinander. 1837 erschienen die Funken als „tapfere Freie-Reichsstädtische Soldateska" im Festprogramm des Kölner Karnevals. 1838 war dort sogar von einem „Funken-General und dem ganzen Funken-Bataillon" die Rede.[29]

Auch in anderen preußischen Festungsstädten erschienen im Karneval jener Jahre nach Kölner Vorbild Fußgruppen als Militärparodien. In der Bundesfestung Mainz gründete der Kaufmann Johann Kertell, der enge geschäftliche Beziehungen mit Köln unterhielt,

Der Rosenmontagszug des Jahres 1836 auf dem Neumarkt, Ölgemälde, Simon Meister

Karikatur auf das Militär in Mainz, Lithographie, 1790er Jahre

1837 die Mainzer „Ranzengarde". Ihre Uniform erinnerte an die der Füsiliere der Mainzer Kurfürsten, doch das hervorstechendste Merkmal dieser Garde war ein ausgeprägter Schmerbauch von sechs Fuß Umfang. Damit wollten die Mainzer die „langen Kerls" des preußischen Königs „bäuchlings" übertreffen.[30] Und in der preußischen Festungsstadt Koblenz erschien 1839 laut Zugprogramm sogar schon eine Riesenkanone: Dem schweren „bombenfesten Geschütz, der Vogel Greif genannt, auf einem schweren 6spännigen Wagen" folgte der alte „Bombenfeste, Fürst vom Lützelland" in seinem vierspännigen Wagen samt seinen Vasallen zu Pferde.[31] Die berühmte Kanone Vogel Greif aus der kurfürstlichen Zeit kann man noch heute auf der Festung in Koblenz-Ehrenbreitstein bewundern.

Nach der Verhaftung des Kölner Erzbischofs Clemens August Droste zu Vischering im November 1837 wuchsen die Spannungen zwischen der Bevölkerung und dem Militär. Es kam zu mehreren gewaltsamen Auseinandersetzungen. Daraufhin erlaubte der kommandierende General des 8. Armeekorps, General von Borstell, den Soldaten den Gebrauch der Schusswaffe.[32] Gleichzeitig stieg die Militärpräsenz in Köln enorm. Aus den Einquartierungszahlen des Jahres 1838 ergibt sich, dass sich zusätzlich zur regulären Garnisonsstärke über das Jahr verteilt insgesamt 72.695 Militärs in der Stadt befanden, 43.512 Militärpersonen mehr als im Jahr zuvor. Allein in den Monaten August und Oktober mussten mehr als 7.000 Einquartierungen in Privathäusern vorgenommen werden. Köln hatte zu der Zeit 66.000 Einwohner. Da es in jenem Jahr keine kriegerischen Auseinandersetzungen gab, diente die Militärpräsenz also allein der Sicherung der Festung im Innern. Damit reagierte die preußische Militärpolitik auf die veränderte Sicherheitslage. Sie rüstete nicht nur gegen den äußeren Feind, sondern auch für eine „nach innen gerichtete Funktion der Streitkräfte". Bis zum Jahr 1837 seien die „letzten gesetzlichen Schranken für den Einsatz der Armee nach innen" gefallen, schreibt der Militärhistoriker Angelow.[33]

Die Funken reagierten auf diese Bedrohungsszenarien auf ihre Art: Sie erließen ein Reglement, wie sich die stadtkölnische Soldateska in Kriegs- und Friedenszeiten zu verhalten habe. Getreu der Parole: „Wick vum Schoß git nen ahlen Zaldat" (Nur weit vom Schuss wird ein Soldat alt) wurde ihnen empfohlen, sich nicht allein des Schießens zu enthalten, sondern sich den Wällen, also dem Festungsgelände, und dem Schießgewehr nicht einmal zu nähern, es sei denn mit größter Vorsicht.[34]

Im Karneval 1840 forderten die Funken dagegen in Umkehrung der tatsächlichen Verhältnisse sogar zur Verteidigung der Festungsanlagen auf. Die „Offizielle Carnevals-Zeitung Nr. 0" enthielt eine „Funken-Conscription", in der es hieß, außerordentliche Gelegenheiten rechtfertigten außerordentliche Maßnahmen. Der Feind habe einen Teil der Hauptstadt besetzt. Obwohl die Funken tapfer getrunken und sich durchgefochten hätten, habe ihr Heer doch bedeutende Verluste erlitten. Darum sollten in einer außerordentlichen Conscription rückwirkend für die Jahre 1826 bis 1836 50.000 Funken ausgehoben und zur Disposition des Kriegsministers gestellt werden. „Der Generalissimus unserer Armee ist beauftragt, durch eine

Muth einpfropfende Proclamation die neugeworbenen sowohl als die alten Funken zur hartnäckigen Verteidigung der wichtigsten Puncte unserer Festungswerke anzufeuern."³⁵ Was die Funken als lustigen Vorschlag ansahen, nämlich in voller Montur, mit Säbel, Gewehr und Kanone die Festungen zu verteidigen, war für das preußische Militär der blanke Alptraum. Wie sich bald zeigte, sahen ihre Verteidigungspläne tatsächlich einen möglichen Angriff auf die Festung durch die Kölner Bevölkerung vor.

gerichtete Schießscharten für Kleinfeuergewehre eingerichtet werden. Diese Maßnahmen begründete der Generalinspekteur der Festungen, Generalleutnant von Aster, mit tiefem Misstrauen gegen die Kölner. Das preußische Vertrauen in die eingeborenen Kölner sei weder als unbedingt noch als unabänderlich anzunehmen. Der Kölner besitze die Neigung, „einer jeden Macht, welche sich ihm nicht als solche zeigt, zu widerstehen [...]. Man dürfe die Kölner nur ausnahmsweise für preußische Patrioten halten." Doch

Karikatur der Roten Funken aus dem Reglement für die Stadtkölnische Soldateska in Kriegs- und Friedenszeiten, 1837

Im Sommer 1840 hatte der erwachende französische Nationalismus dazu geführt, die Vereinbarungen des Wiener Kongresses in Frage zu stellen. Als Reaktion auf die französischen Kriegsvorbereitungen begann Preußen seine rheinischen Festungen aufzurüsten. In Köln wurden für zwei Millionen Taler Verstärkungsarbeiten nach außen wie nach innen geplant. Denn der Feind konnte nicht nur von Westen kommen, sondern auch aus der Stadt selber: Neben der Vervollständigung der äußeren Fortlinie war deshalb auch das gleichmäßige Einrichten von Abschnitten auf den Wallgängen hinter der Stadtmauer vorgesehen. Hier sollten gegen die Stadt Köln

Friedrich Wilhelm IV. schätzte das Kölner Bedrohungspotential offensichtlich anders ein als sein Generalinspektor. In seiner Kabinettsordre vom 5. März 1841, in der das Bauvorhaben mit einem tatsächlichen Volumen von 1,5 Millionen Talern bewilligt wurde, hieß es: „Ausbau von fünf Abschnitten in der Erdumwallung nach den betreffenden Vorschlägen, aber Weglassung sämtlicher gegen die Stadt gerichteten Verteidigungsanlagen."³⁶

Das angespannte Verhältnis zwischen preußischem Militär und Kölner Bevölkerung brauchte ein Ventil. Mit ihren Militärparodien verliehen die Funken der in Köln vorherrschenden Stimmung Ausdruck. Es ist kein Zufall, dass aus dieser Zeit etliche parodistische Funken-Texte erhalten sind: Aus dem Jahr 1842 stammt der „Funkenmarsch am Fastelovend", von 1843 gibt es ein Funkenlied sowie die „Kreegsartikel der Funken" und aus dem Jahr 1845 sind zwei Funken-Lieder erhalten. Der Inhalt der Texte gibt einen Überblick über das damalige Funken-Selbstverständnis. Aus den 1820er Jahren ist der Bezug auf die alten Stadtsoldaten geblieben, von der „Reichsregimentschaft" zum Schutz der Stadt war die Rede. Auch das Äußere war unverändert: „de Botz un Rock gewäschen, dä Streckstrump en de Täschen." Ebenfalls geblieben war die Trinkfestigkeit. Für die „Kurrasch" wurde „Wing un Knupp un Fusel" benötigt. Die Bewaffnung bestand aus Säbeln, Gewehren ohne Schlösser und Kanonen. Vor allem machten sich die Funken darüber lustig, dass sie alles andere als tapfer waren, wo doch die Tapferkeit eigentlich einen Soldaten auszeichnete, einen preußischen zumindest.[37]

„Durch Häldendohten zo Wasser un zo Land,
Eß unsen Namen en der Welt bekannt.
E ganz Deil Lorbrenblader
Braht mänche Mann un Vader
En de Huushaldung met, donoh schmaad de Zupp scharmant.
Jeez hät mer keine Kreeg als evvens met dem Wiev,
Litt op der Ovvenbank un schmoort sing Pief."[38]

Neu hinzu kamen die Anspielungen auf die in großer Zahl in Köln anwesenden preußischen Soldaten. Über deren Verhaltensweisen machten sich die Funken in vielfältiger Weise lustig. Wie ihre realen Vorbilder lernten auch die Funken zu exerzieren, das Gewehr zu präsentieren und zu patrouillieren:

„Och wet üch doh noch exerzeet
De Flinten zo werfen un höppe gelehrt [...]
Patrulgen schecken mer eruhs,
De stäufen de Stadt durch vun Hühsgen zo Huhs."[39]

1845 gab es ein großes Aufgebot an Funken. Angeführt vom Kommandanten, erschien zuerst der Fähnrich samt Fahne, gefolgt von Flöten, Trommlern und den Kompanien mit ihrem Sergeanten. Pferde und Wagen durften ebenso wenig fehlen wie die obligatorischen Kanonen. Den Abschluss bildete der Tross mit der unbedingt notwendigen Verpflegung an Essen und Trinken.[40] Ihr Zug machte sich über die tagtäglich durch die Stadt marschierenden Soldaten lustig. Zudem nahmen die Funken auf spöttische Art Bezug auf das Alarmschlagen in ihrer Festungsstadt. Denn dieses Signal kannten die Kölner gut. Auch die Funken ließen sich auf diese Weise für ihre kriegerischen Einsätze mobilisieren:

„Allärm, Allärm! de Botz de weed uns wärm,
Meer nemmen dat Gewehr flöck en dä Aerm,
Marscheeren, exerzeeren,
Un dunn Imm prisenteren."[41]

Allerdings schützten die Funken ihren Hanswurst, und nur ihm hielten sie die Treue. Wie gewohnt eröffnete das Funkenkorps als hanswurstliche Ehrengarde den Rosenmontagszug der „Großen Karnevals-Gesellschaft". Wie bereits im Jahr zuvor gab es spaltungsbedingt zwei Rosenmontagszüge in Köln. Neben die „Große Karnevals-Gesellschaft" war die von Franz Raveaux angeführte „Allgemeine Karnevalsgesellschaft" getreten, welche die Politik in den Karneval einbezog.[42] Den Funken bot diese interne Auseinandersetzung Gelegenheit, sich zur Abwechslung einmal über die aktuelle Politik lustig zu machen. Sie hatten einen neuen Feind ausgemacht, den es neben Griesgram, Muckertum und den Preußen zu bekämpfen galt: die kommunistische Unterwanderung. Ihr Kommandant zeigte sich als „der ‚Kommunismus' in höchsteigener Person", „auf

Kölnischer Funk um 1880. Das fast lebensgroße Blatt diente vermutlich als Saaldekoration, Lithographie, Weissenburg (Elsass), um 1906

dass seine Jünger doch endlich einmal einen rechten Begriff von ihm erhalten und nicht immer im Winde herumfechten oder gegen Seifenblasen anstürmen, die sie mit der selbstgefälligsten Wichtigkeit unter namenlosen Anstrengungen fabrizieren, und zwar nur zur Menschenbeglückung, die natürlich bei dem eignen Ich ihren Anfang nimmt. Dem Kommunismus folgt der ganze Stab, Kommandanten, Adjutanten und wie die übrigen Tanten heißen. Eine Schar der Getreuesten des Hanswurstes."[43]

Es war ein heißes Eisen, mit dem sich dieser Rosenmontagszug befasste, nämlich den vielen, wie Pilze aus dem Boden geschossenen Vereinen. Da es in dieser Zeit des Vormärz' keine politischen Parteien geben durfte und die Zensur jede öffentlich geführte Debatte unterband, fand der politische Meinungsbildungsprozess in den existierenden Vereinen statt. Die Differenzen, die sich zwischen den politischen Lagern herausbildeten, kamen auch in der Abspaltung der Karnevalsgesellschaften zum Ausdruck. Den Mitgliedern der „Allgemeinen" wurde unterstellt, sie „neigten mehr oder minder dem Communismus" zu.[44] Ihr Präsident Franz Raveaux war zudem einer der führenden Köpfe in einem weiteren Verein, dem zur Förderung der Arbeiter gegründeten Kölner „Allgemeinen Hilfs- und Bildungsverein". Auch hier führten heftige Diskussionen zwischen dem liberal-bürgerlichen Lager um die Fabrikanten Gustav Mevissen und Ludolf Camphausen einerseits und dem radikal-demokratischen Lager um Raveaux und Georg Jung, einen Freund von Karl Marx, andererseits dazu, dass Camphausen den Verein als „kommunistisch" bezeichnete und seine Mitgliedschaft aufkündigte.[45] Auf diesen Streit spielten die Funken an, wobei ihre ambivalente Stellungnahme nicht erkennen lässt, ob sie im Kommunismus eine Bedrohung sahen oder ob sie sich über das Aufbauschen einer Gefahr lustig machten.

Drei Jahre später, pünktlich zu Weiberfastnacht am 2. März 1848, führten die politischen Auseinandersetzungen schließlich zum Ausbruch der Revolution. Erneut war in Berlin die Mobilmachung der Armee angeordnet und in den rheinischen Festungen die Personalstärke erhöht worden. Währenddessen wurden auf dem Altermarkt die Polizei verhöhnt und Passanten beleidigt. Später flogen Wurfgeschosse. Auch das Rathaus wurde nicht verschont. Steine flogen durch die Fenster und hätten beinahe die dort Beschäftigten verletzt. Verhaftungen waren die Folge. Um die Ruhe wiederherzustellen, wurde wie üblich das Militär herangezogen. Die Soldaten bezogen auf dem Altermarkt und in der Judengasse Stellung.[46]

Am nächsten Abend versammelte sich eine große Menschenmenge vor dem Rathaus. Die Mitglieder des Arbeitervereins Andreas Gottschalk, Friedrich Anneke und August von Willich beabsichtigten, dem Oberbürgermeister eine Petition zu überreichen. Der Gemeinderat hatte ebenfalls eine Petition vorbereitet. Darüber entspann sich eine angeregte Diskussion. Immer größer wurde die Menschenmenge, die ins Innere des Rathauses drang, um die Diskussion zu verfolgen. Während der Kölner Gemeinderat und der Arbeiterverein ihre ersten Gehversuche in Sachen Demokratie machten, erschien vor dem Rathaus ein Bataillon Infanterie mit einigen Stabsoffizieren und einem Polizeibeamten an der Spitze. Sie befahlen, den Platz zu räumen. Plötzlich unterbrach ein Trommelwirbel den lebhaften Wortwechsel und gab Alarm. „Vor dem anmarschierenden Militär flüchtend, dringt viel Volk ungestüm in den Beratungssaal [...]. Dann läßt der Major an der Spitze seiner Mannschaft das Rathaus räumen. Das Volk weicht."[47] Bereits hier kündigte sich die weitere Entwicklung an, die man in einer Friedrich Wilhelm IV. zugesprochenen Äußerung zusammenfassen kann: „Gegen Demokraten helfen nur Soldaten."

Auf die Karnevalsstimmung hatte die Revolution jedoch wenige Auswirkungen. Wie immer ging auch 1848 der Rosenmontagszug durch die Straßen. Der Zug sei aber weniger witzig gewesen als früher. Und es seien vor allem junge Leute gewesen, die sich an diesem

Die Cölsche Funke im Jahr 1848, Lithographie, um 1849

Umzug beteiligten. Nur die vielen an den Kreuzungspunkten der Hauptstraßen aufgepflanzten obligatorischen Militärposten passten nicht so recht in das fröhliche Bild: „Doch rächte man sich an den mißliebigen ‚Fürstenknechten' durch grausame Witzworte, die sie doch, Gewehr bei Fuß, thatenlos anhören mußten."[48]

Das kriegerische Jahrzehnt

Nach den aufregenden Revolutionsjahren fielen die Rosenmontagszüge zunächst mehrmals aus. Erst ab 1858 kam es wieder zu regelmäßigen Umzügen. Doch das kommende Jahrzehnt war von einer massiven militärischen Aufrüstung geprägt, die zu drei Kriegen führte. Mit gemischten Gefühlen nahmen die Kölner den Ausbruch des Krieges gegen Österreich im Juni 1866 auf. Einerseits war die Angst groß, die Rheinprovinz könne im Falle einer Niederlage an Frankreich fallen. In einer Adresse der Kölner Stadtverordneten an den König hieß es: „Die Rheinländer wollen Preußen, wollen Deutsche bleiben [...] aber sie scheuen davor, die Einigung [...] im Blut ihrer deutschen Brüder wachsen zu sehen." Andere äußerten den Wunsch nach einer Niederlage des ungeliebten Preußen. Doch nach dem Sieg wurde den zur Kölner Garnison gehörenden Truppen ein triumphaler Empfang bereitet. Die Gründung des Norddeutschen Bundes im Sommer 1867 leitete einen Stimmungsumschwung ein, der seinen Höhepunkt mit der Reichsgründung 1871 erreichte.[49]

Deutlich sollte sich dies im Karneval widerspiegeln. Auch die Funken reagierten auf die militärpolitischen Ereignisse. Doch sollten sie zur Zerreißprobe werden und zur Abspaltung innerhalb der Funken führen. Am Ende des Jahrzehnts erschienen sie in zwei getrennten Gruppen, einer Infanterie und einer Artillerie. Zwei Streitpunkte hatten zu Differenzen geführt: die unterschiedliche Haltung zu Preußen und zu den Kriegen. Symbolisch zeigte sich dies unter anderem in einer unterschiedlichen Auffassung darüber, auf welche Art und Weise die Kanone im Zug mitzuführen sei.

Seit 1858 wurde die Funkentruppe von der Gesellschaft „Lokal-Bericht" in einer Stärke von 50 Mann gestellt. 1862 tauchte das Funken-Heer wie gewohnt mit Stab zu Pferde, Artillerie und Wachtstube im Rosenmontagszug auf. 1865 erschienen die kölnischen Funken dann in einer völlig neuen Ausstattung mit Doktor, Marketenderin und Funkenzelt: „Aber die Nähe des Zeltes war auch nicht so ungefährlich; denn zwei todspendende Mündungen von Kanonen, welche zwischen dem Zelttuche hervorlugten, schienen auf die Absicht zu deuten, daß man nicht gewillt sei, den Proviant billigen Kaufes zu quittieren." Oder verteidigten sie lediglich ihre Kanonen vor unbefugter Inbesitznahme? Denn in der Mitte des Zuges folgte eine Gruppe von „40 Funken-Artilleristen mit Geschütz und Munitionswagen." Sie begleiteten den kölnischen Bauer und die kölnische Jungfrau.[50]

1866 gab es wiederum zwei Gruppen, die Kanonen im Zug mitführten. Die kölnischen Funken führten ihre Kanone auf einem Wagen mit sich, der ein Schiff mit Namen Rolandseck darstellte, auf dem das Funkenzelt aufgeschlagen war. Am Bugspriet wehte eine mit dem Kölner Wappen geschmückte Fahne. Das obligatorische Fass symbolisierte das Soldatenleben in Friedenszeiten, „während eine Kanone ihre Verderben bringende Mündung über den Rand des Schiffes hinausstreckt". Um wen es sich bei der zweiten Gruppe handelte, geht aus dem Zeitungsbericht leider nicht hervor. Doch der Schilderung nach könnte es sich um die Artillerie handeln: Der von zwei Ponies gezogene Wagen mit der Aufschrift: „Der Größten Pferde-Kraft" zeigte eine neue militärische Errungenschaft, die in den kommenden Kriegen für fürchterliche Zerstörungen sorgen sollte: „eine große gezogene Kanone, welche ihre verderbenspeiende Mündung auf einen alten Thurm gerichtet hat, von welchem die zerstörende Gewalt des Krieges nur noch Mauerreste übrig gelassen hat. Auch rings um die Kanone sieht man überall die Spuren der Zerstörung, während am hinteren Ende des Wagens zwischen zwei Baumstämmen und Zeitungsblättern, eine dicke Kreuzspinne friedlich ihr Netz gewoben hat."[51] Der Gegensatz zwischen den beiden Gruppen zeichnete sich deutlich ab: Während die kölnischen Funken sich über das Soldatenleben lustig machten, verherrlichte die andere Gruppe den Krieg. Hier ist keine Satire mehr erkennbar.

1867 machten sich die Funken über eine weitere militärische Errungenschaft lustig, das Zündnadel-Geschoss. Allerdings sah es nicht gerade martialisch aus: Das eigentümliche Hinterladungsgeschoss war eine „ungewöhnlich große Kanone, deren Form die holde Wurst war". Diese völlig unkriegerische Waffe sollte zum Patent angemeldet werden, denn es könne nicht daran gezweifelt werden, dass sie „in sämmtlichen europäischen Heeren Anklang finden und zur Einführung gelangen wird". Diese Art des Spotts über militärische Errungenschaften war zugleich eine Kritik am herrschenden Zeitgeist, der für alles Militärische eine große Bewunderung zeigte. Die Funken hingegen brachten zum Ausdruck, dass sie „vor keiner Gefahr zurückschrecken, daß es ihnen völlig Wurst ist".[52] Im kommenden Jahr machte das Wetter einen Strich durch die Rechnung. Es regnete so stark, dass vom Zug nur noch „Fragmente" zu sehen waren; die wasserscheuen Funken glänzten durch Abwesenheit.[53]

1869 teilten sich die Funken im Rosenmontagszug endgültig in eine Infanterie und eine Artillerie. Während die Funken-Infanterie alles Militärische persiflierte, identifizierte sich die Funken-Artillerie zunehmend mit dem kriegsbereiten Militarismus. Auch ein Karnevalslied, das den Untertitel „Artillerie" trug, kommentierte die mittels unterschiedlicher Waffengattungen ausgetragenen Differenzen spöttisch:

„Kein Chassepott [Hinterlader] mer kenne,
Och kein Zündnodel-Flint
Met der Kanon mer renne
Un scheßen en der Wind."⁵⁴

Bereits im Vorfeld des Zuges wurden in der Karnevalsbeilage der *Kölnischen Zeitung* die Fronten abgesteckt: „Es geht los! Und wenn wir ihn haben wollen, den sogenannten freien deutschen, so werden wir ihn auch kriegen, keine Frage! Denn wenn unsere Chassepots auch zeitweise an arger Verschleimung leiden, so läßt sich dem mit einer Stollwerck'schen Brust-Caramelle, die mit dem Pfropfen hineinpraktiziert wird, leicht abhelfen [...]. Das wäre dann unsere Infanterie. Und was die Artillerie betrifft, so könnt Ihr mit euren Krupp'schen Gezogenen [Kanonen] nur kommen! Wenn die auch Feuer und Flamme speien wollen – es nutzt euch nichts, denn unsere famose Kugelspritze löscht den ganzen Krempel gründlich aus und wie begossene Pudel müßt Ihr ‚zaruck' mit eingeklemmtem Schwanze!"⁵⁵

Die Infanterie zeigte sich demonstrativ als Verkörperung der altkölnischen Stadtmiliz. Im Zug kamen sie diesmal ohne Kanone, stattdessen führten sie ihr Arrestlokal, die Bleche Botz und ihr von sechs Pferden gezogenes Funkenzelt mit, welches mit dem Kölner Wappen verziert war. Die Artillerie hingegen erschien mit einer Kanone, die Karamellen-Bombardements abgab. „Ein Pulvermagazin mit der Aufschrift: ‚30 Schritte im Umkreis darf nicht geraucht werden' folgt der Artillerie auf dem Fuße, desgleichen der Regimentsarzt, der Major usw. Nach Entfaltung solcher militärischer Streitkräfte liegt es wohl sehr nahe, daß wir wegen des linken Rheinufers keine Furcht zu haben brauchen und mit Freude und Überzeugung das Lied des rheinischen Dichters singen können: ‚Fest steht und treu die Wacht am Rhein!' Und siehe da, die Wacht am Rhein stellt der folgende Wagen symbolisch dar."⁵⁶

Ein wesentlicher Bestandteil dieser viel gerühmten Wacht am Rhein war das Bollwerk der Festung Köln, die vor einem Angriff der

Situationsplan von Cöln mit den Festungsanlagen, 1873

französischen Armee schützen sollte. Doch für den Alltag der Bevölkerung war das Leben in der Festung mit unerträglichen Einschränkungen und Belastungen verbunden. Die Festungsstadt Köln war in den vergangenen Jahrzehnten enorm gewachsen. Der innerhalb der Stadtmauer gelegene Raum reichte nicht mehr aus, um gleichzeitig zivile und militärische Bedürfnisse zu decken; zunehmend fehlten Wohnungen und Gewerbeflächen. 1864 lebten auf einer Gesamtfläche von 3.000 Morgen mehr als 110.000 Kölner und etwa 7.000 Militärpersonen samt Familien. Im Jahr 1870 hatte Köln eine Bevölkerungsdichte von 345 Menschen pro Hektar, dreimal so hoch wie Berlin oder London. Allmählich wurde das Bauland knapp. Über das Stadtgebiet verteilten sich 63 Militärgebäude: darunter sieben Kasernen, zehn Wachen und zehn Türme, sechs Pulvermagazine, zwei Lazarette und drei Fourage-Magazine.[57] Zudem schränkte die Stadtmauer mit ihren wenigen Toren die Bewegungsfreiheit enorm ein. Zu Fuß ließen sich die engen Tore noch durchqueren, doch für den Verkehr waren sie eine Qual: Durch das Eigelsteintor drängten sich im Jahr 1865 täglich 743 Fuhrwerke, 218 Luxuswagen und 8.814 Fußgänger. „Als ein großer Übelstand, ja als eine wahre Calamität muß es bezeichnet werden, daß die jetzigen Festungsthore für den außerordentlichen Fuhrwerks-Verkehr viel zu eng sind, und nicht selten hier ein solches Gedränge entsteht, daß fast täglich Streitereien und oft sehr unangenehme Szenen zwischen den Fuhrleuten vorfallen, die ganz besonders in den langen, tunnelartig überwölbten dunklen Passagen unter den älteren Bastionen am Severins- und am Eigelsteinthor stattfinden." Spötter verglichen die Tore mit Kaninchenlöchern. Im April 1878 wurden die sechs Tore in einer Woche während jeweils zwölf Stunden von 193.778 Fußgängern und 27.798 Passagieren in Pferdebahnen durchquert; insgesamt also von 221.576 Personen.[58]

Zur Jahreswende 1869/70 wandte sich Oberbürgermeister Friedrich Wilhelm Bachem an das Kriegsministerium in Berlin, um eine Er-

Das Friesentor, von der Feldseite aus gesehen, vor dem Abbruch 1882

laubnis für die Erweiterung des Türmchentors, des Eigelsteintors und des Ehrentors sowie die Öffnung des Friesentors zu erhalten. Doch die Antwort aus Berlin fiel ernüchternd aus. Die Erweiterungen seien zwar möglich, allerdings müssten die entstehenden Kosten von 90.000 Talern zu Lasten der Stadt gehen. Wegen des schwebenden Projekts einer Gesamterweiterung der Festungswerke sei aber ein Beginn der Baumaßnahmen derzeit wenig ratsam. Was den Wunsch Kölns nach einer Entfestigung, also einer völligen Aufgabe der Festung angehe, so sei an eine solche aus Sicht des Kriegsministeriums niemals zu denken.[59]

Es lag auf der Hand, dass dieser politische Missstand zum Gegenstand des Spotts im Karneval wurde. Am Rosenmontag 1870 widmete sich die Funken-Infanterie der ausbleibenden militärischen Abrüstung und führte einen Wagen mit sich, der die „Entfestigung Kölns" und den Abbruch der Festungswerke darstellte. Wie diese „Entfesti-

Unbekanntes Fort in Köln, Innenaufnahme

gung" durchgeführt werden sollte, konnte man in der Karnevalszeitung nachlesen. In Umkehrung der tatsächlichen Erfordernisse wurde dort vorgeschlagen, den Bewegungsraum der Kölner zugunsten der Festung weiter zu verringern:

„Die Stadt Köln nimmt vorläufig ca. 200.000 Thaler, wo sie solche kriegen kann, stellt sie dem Kriegs-Minister zur Disposition und bittet, die in Rede stehenden Thorerweiterungen mit folgenden Modifikationen durch die Ingenieur-Behörden ausführen zu lassen: Bei der Erweiterung der Passage in der Rheinkehle am Thürmchen hat sich die Rheinische Eisenbahn-Gesellschaft, wie immer, willfährig gezeigt und begnügt sich mit einem Schienengeleise, welches, dem Bedürfnis der Festung entsprechend, auf 1' 1¼" Breite an einander gerückt wird, so daß die Güter bequem mit einem Schiebkarrenzuge nach dem Hafen und zurück transportiert werden können. Der Rhein, der an dieser Stelle ohnehin für die Fortification zwecklos ist, wird auf wenigstens die Hälfte reducirt. Der dadurch gewonnene Raum wird mit großartigen Enveloppen-Caponieren und einigen Dutzend Bastionen verziert. Neben dem jetzigen Torgewölbe, welches eine Helmspitze niedriger sein könnte, bliebe dann zu beiden Seiten ein Raum von 3' 1" Höhe und 1' 2" Breite, hinreichend zum Durchkriechen für das Civil-Publicum, und zwar rechts Sortie, links Entrée. Jede Anrempelung würde dann um so mehr vermieden, wenn das Militär einen besonders anzubringenden geheimen Gang an dieser Stelle benutzte."[60]

Außerdem könne die Eigelsteintor-Passage wesentlich entlastet werden, wenn sie nicht mehr von den vielen Milchmädchen aus Nippes und Merheim benutzt werde. Die Milch könne man stattdessen durch ein unterirdisches Rohrsystem in die Stadt pumpen, um die Wachmannschaft an diesem Tor nicht mehr zu stören. Diese satirischen Vorschläge bringen die beengten Verhältnisse in der Festungsstadt Köln auf den Punkt. Da sich die Funken-Infanterie sehr mit Köln verwurzelt und verbunden fühlte, setzte sie sich entsprechend kritisch mit der massiven Militärpräsenz in ihrer Heimatstadt auseinander. Während die Infanterie Köln also entfestigen wollte, führte die Funken-Artillerie kurz vor Beginn des deutsch-französischen Krieges ein „Geschütz von mächtigen Dimensionen und den sechsspännigen Wagen mit dem Festzelte des tapferen Corps" durch den Zug.[61]

Die Mobilmachung gegen den „Erzfeind" Frankreich im Juli 1870 wurde von der Kölner Bevölkerung mit Jubel aufgenommen. In Scharen strömten die Freiwilligen in die Regimenter.[62] Mit dem Siegestaumel des gewonnenen Krieges und der Reichsgründung wandelte sich die Haltung gegenüber den Preußen. Aus der früheren Ablehnung wurde eine fast schon übersteigerte Begeisterung. Preußen war in Deutschland aufgegangen.

Deutlich zeigte sich diese Haltung im Rosenmontagszug des Jahres 1872. Bereits im Zugprogramm hatte die „Große Karnevals-Gesellschaft" die Intention vorgegeben: „Wir wollen Deutschlands Erhebung, die Größe des Vaterlandes in alten und neuen Tagen zur Darstellung bringen. Unser nächster Karneval soll ein wahrhaft deutscher, ein von einer nationalen Idee durchdrungener und getragener sein."63 So führte die Funken-Artillerie die sieggekrönte Germania mit sich. Der von vier Pferden gezogene Wagen soll einer der schönsten des ganzen Zuges gewesen sein. „Er ruhte auf einem Felsen, aus welchem die bekannte Krupp'sche Riesenkanone hervorragte. Über der die kölnischen Farben tragenden Germania wölbte sich blau und weiß ein Baldachin und über diesem prangte in lauterem Golde eine kolossale Kaiserkrone."64 Blau und weiß war auch ihre neue Uniform. Überraschenderweise entsprach sie jedoch nicht derjenigen der früheren Artillerie der Stadtsoldaten, sondern in Anlehnung an die in Deutz stationierten Dragoner derjenigen des ehemaligen preußischen Dragonerregiments Nr. 5 „Markgraf Ansbach-Bayreuth".65 Mit der Wahl ihrer Uniform grenzte sich die Funken-Artillerie deutlich von ihrer stadtkölnischen Herkunft ab und identifizierten sich ganz bewusst mit Preußen. Die Funken-Infanterie persiflierte hingegen dem Zeitgeist zum Trotz weiterhin den Militarismus. Sie führte keine Siegesgöttin mit sich, sondern eine recht stattliche Marketenderin, deren Wagen von einem Gespann aus drei Eseln gezogen wurde.66

Es ist erstaunlich, dass die Roten Funken die Parodie des Militarismus seit ihrer Erfindung im Jahre 1806 kontinuierlich beibehielten. Zwar passten sie diese Parodie an die sich jeweils verändernden Begebenheiten an, doch grundsätzlich änderte sich ihr Selbstverständnis nicht. Mit ihrem äußeren Erscheinungsbild in der roten Uniform der früheren kölnischen Stadtsoldaten hielten sie die Erinnerung an jene Zeit wach, als die militärische Verteidigung Kölns noch in ihren Händen lag. Diese Betonung der militärischen Eigenständigkeit bedeutet zugleich die Ablehnung jeder fremden Militärmacht. Je mehr die Funken-Artillerie Preußens Militärmacht bewunderte, desto deutlicher betonte die Funken-Infanterie ihre kölnische Identität. Mit der Verspottung des Militarismus nahmen sie ihm seine Ernsthaftigkeit. Sie besaßen nur dieses Mittel. Jede andere Form der Kritik an der starken Militärpräsenz in Köln wäre wegen der strengen Zensur jener Zeit unmöglich gewesen. Doch die Kölner verstanden die Symbolik und dankten es den Kölschen Funken mit Anhänglichkeit. Die Funken blieben sich treu; selbst in Zeiten des Säbelrasselns widerstanden sie dem Zeitgeist. Doch die Erschütterungen der beiden Weltkriege sollten auch sie nicht von tief greifenden Umwälzungen verschonen.

Anmerkungen

[1] *Eberhard Hamacher*, Die Kölner Roten Funken, Köln 1964, S. 10.
[2] *Der Verkündiger* Nr. 354, 20.2.1806; *Friedel Schwarz*, Die Kölner Stadt-Soldaten am Ende der reichsstädtischen Zeit, in: Jahrbuch des Kölnischen Geschichtsvereins 48, 1977, S. 151–198, hier S. 161f. und S. 172; *Historisches Archiv der Stadt Köln* (Hrsg.), Die Französischen Jahre, Köln 1994, S. 56–59.
[3] *Ferdinand Franz Wallraf*, Abschied an das wegziehende Personal, Köln im Februar 1814, S. 8.
[4] *Michael Euler-Schmidt*, Kölner Maskenzüge 1823–1914, Köln 1991, S. 18; *Joseph Klersch*, Die kölnische Fastnacht von ihren Anfängen bis zur Gegenwart, Köln 1961, S. 84f.
[5] *Wilhelm Walter*, Der Carneval in Köln, Köln 1873, S. 24.
[6] *Samuel Schier*, Der cölnische Carneval vom Jahre 1823, Köln 1823, S. 7.
[7] Ene kölsche jecke Vastelohvensklahf zwischen Wohsch-Mives, Ehzen-Drickes un Kohchen-Frides, HAStK 400 Nr. IV 21 B-32,3 Anlage B.
[8] Das große Kölnische Carnevalsfest 1824, Köln 1824, S. 30 bis 34; Druckschrift: Trauer-Denkmal den am 10. Februar 1825 ruhmvoll gefallenen Funken gewidmet, Köln 1825.
[9] *Kölnische Zeitung* Nr. 30, 21.2.1824; *Ralf Bernd Assenmacher/Michael Euler-Schmidt/Werner Schäfke*, 175 Jahre ... und immer wieder Karneval, Köln 1997, S. 19.
[10] HAStK 1123, Kasten 15, Rechnungsbelege 1824; ebd. 400 Nr. IV 21 B-32b; *Klara van Eyll*, Wirtschaftsgeschichte Kölns vom Beginn der preußischen Zeit bis zur Reichsgründung, in: Hermann Kellenbenz (Hrsg.), Zwei Jahrtausende Kölner Wirtschaft, Bd. 2, Köln 1975, S. 164–254, hier S. 247f.
[11] HAStK 1123, Kasten 16, Rechnungsbelege 1825 Nr. 33, Nr. 75 und Nr. 127; *Assenmacher/Euler-Schmidt/Schäfke*, 175 Jahre ... und immer wieder Karneval (wie Anm. 9), S. 21.
[12] HAStK 1123, Kasten 15, Rechnungsbelege 1826 und 1828.
[13] Das große Kölnische Carnevalsfest 1824 (wie Anm. 8), S. 46; Goethe-Zitat nach *Matthias Joseph DeNoël*, Der Sieg der Freude oder Karnevals-Almanach von 1825, Köln 1825, S. 6.

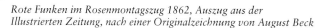
Rote Funken im Rosenmontagszug 1862, Auszug aus der Illustrierten Zeitung, nach einer Originalzeichnung von August Beck

[14] HAStK 1123, Kasten 15, Rechnung über Einnahmen und Ausgaben 1825; ebd., Kasten 16, Schreiben vom 9.2.1827.
[15] Ebd., Kasten 15, Schreiben vom 5.2.1824.
[16] *Ernst Zander,* Befestigungs- und Militärgeschichte Kölns, Köln 1944. Dieses Werk wurde im Krieg zerstört; ein Teil des Manuskripts ist in wenigen schwer zugänglichen Kopien erhalten. Ein Exemplar befindet sich im Lesesaal des Historischen Archivs der Stadt Köln.
[17] Ebd.; *Henriette Meynen,* Die preußische Festung Köln (Rheinische Kunststätten, Bd. 452), Köln 2000.
[18] Zitat der Kabinettsordre nach *Zander,* Befestigungs- und Militärgeschichte Kölns (wie Anm. 16), S. 501; *Alf Lüdke,* „Gemeinwohl", Polizei und „Festungspraxis". Staatliche Gewalt und innere Verwaltung in Preußen 1815–1850, Göttingen 1982, S. 277.
[19] HAStK 400 Nr. III 15 A-1; ebd. Nr. III 15 A-14.
[20] Kabinettsordre vom 23.3.1816, NWHAD Oberpräs. Köln 495, Bl. 8f.; HAStK 400 Nr. II 14 B-22; *Zander,* Befestigungs- und Militärgeschichte Kölns (wie Anm. 16), S. 503f.
[21] HAStK 400 Nr. III 5-2, Bd. 1; *Zander,* Befestigungs- und Militärgeschichte Kölns (wie Anm. 16), S. 552f.
[22] Ebd., S. 651 und S. 500; HAStK 400 Nr. IV 17 A-86.
[23] NWHAD Oberpräs. Köln 512 (17.10.1820).
[24] *Désirée Schauz,* Die Konflikte bei der Kölner Martinskirmes 1846, in: Georg Mölich/Meinhard Pohl/Veit Veltzke (Hrsg.), Preußens schwieriger Westen. Rheinisch-Preußische Beziehungen, Konflikte und Wechselwirkungen, Duisburg 2003, S. 208–230.
[25] LHAKo 403/2616 Bl. 27 und Bl. 35 (Kabinettsordre vom 20.3.1828); HAStK Chroniken und Darstellungen 216 Bl. 6 und Bl. 8.
[26] Ebd. 400 Nr. V 5 C-30; LHAKo 403/4163; *Michael Müller,* Die preußische Rheinprovinz unter dem Einfluß von Julirevolution und Hambacher Fest 1830-1834, in: Jahrbuch für westdeutsche Landesgeschichte 6, 1980, S. 271–290.
[27] HAStK 1123, Kasten 15, Rechnungsbeleg 1831, Nr. 78; *van Eyll,* Wirtschaftsgeschichte Kölns (wie Anm. 10), S. 247f.
[28] LHAKo 403/2616 Bl. 281, Bl. 321 und Bl. 451-455; *Kölnische Zeitung* Nr. 56, 25.2.1835 und Nr. 38, 7.2.1836.
[29] *Euler-Schmidt,* Kölner Maskenzüge 1823–1914 (wie Anm. 4), S. 97.
[30] *Hildegard Frieß-Reimann,* Johann Maria Kertell (1771 bis 1839) – Gründer der Mainzer Ranzengarde und seine Zeit, in: Michael Matheus (Hrsg.), Fastnacht. Karneval im europäischen Vergleich, Stuttgart 1999, S. 87; *Diether Degreif,* Die Würze der Mainzer Fastnacht, in: Mainzer Carneval-Verein 1838 e. V. Ewe kimmt de Zug, Mainz 2001, S. 43–46.
[31] Ordnung des Maskenfestes während der Faschingstage zu Coblenz im Jahre 1839.
[32] *Friedrich Keinemann,* Das Kölner Ereignis, sein Widerhall in den Rheinprovinzen und in Westfalen, Münster 1974, Teil 2: Quellen, S. 230f. und S. 236f.
[33] HAStK 7030, Chroniken und Darstellungen 217 (1838) Bl. 66; *Jürgen Angelow,* Von Wien nach Königgrätz, München 1996, S. 72f.
[34] HAStK 1031 Nr. 226 Bl. 51.
[35] Kölns Carneval, wie er war, ist und sein wird, Köln 1840, S. 122, HAStK 1123, Kasten 16.
[36] *Angelow,* Von Wien nach Königgrätz (wie Anm. 33), S. 109–117; *Zander,* Befestigungs- und Militärgeschichte Kölns (wie Anm. 16), S. 370f.
[37] Nachlass DeNoël, HAStK 1078 Nr. 9,6 und 9,8.
[38] Funkenlied, HAStK 1078 Nr. 9,6 Bl. 98.
[39] Funkenmarsch am Fastelovend 1842, HAStK 1078 Nr. 9,6 Bl. 99.
[40] HAStK 1078 Nr. 9,8 Bl. 30.
[41] Funkenlied, HAStK 1078 Nr. 9,6 Bl. 98.
[42] *Hildegard Brog,* D'r Zoch kütt, Frankfurt a. M. 2000, S. 121ff.; *Christina Frohn,* Der organisierte Narr, Marburg 2000, S. 238ff.
[43] Großes Maskenfest zu Köln, Fest-Programm der Großen KG, Köln 1845, S. 6f.; zitiert nach *Euler-Schmidt,* Kölner Maskenzüge 1823–1914 (wie Anm. 4), S. 103.
[44] Zitiert nach *Marcel Seyppel,* Die Demokratische Gesellschaft in Köln 1848/49, Köln 1991, S. 35 Anm. 90 und 96.
[45] *Jürgen Reulecke,* Die Vereinsbewegung für das Wohl der arbeitenden Klassen, in: Ottfried Dascher/Everhard Kleinertz (Hrsg.), Petitionen und Barrikaden, Münster 1998, S. 54–57; *Klaus Schmidt,* Franz Raveaux, Köln 2001, S. 42–45.
[46] Carneval 1848, HAStK 400 Nr. IV 21 B-32a.
[47] Der sogenannte Aufruhr am 3. März 1848 zu Cöln. Authentische Darstellung, in: HAStK 7030, Chroniken und Darstellungen 219/10; *Jacob Dreesen,* Köln im tollen Jahr 1848, Köln 1898, S. 41f.
[48] Carneval 1848, HAStK 400 Nr. IV 21 B-32a; *Dreesen,* Köln im tollen Jahr 1848 (wie Anm. 47), S. 43.
[49] *Georg Neuhaus,* Die Stadt Cöln im ersten Jahrhundert unter Preußischer Herrschaft, Bd. 1, Teil 2, Köln 1916, S. 2; *Klersch,* Die kölnische Fastnacht (wie Anm. 4), S. 127; *Carl Dietmar* (Hrsg.), Chronik Köln, 3. Aufl., München 1997, S. 257.
[50] *Eberhard Hamacher,* Die Kölsche Funke rut-wieß. 125 Jahre im Karneval, Köln 1948, S. 36; *Euler-Schmidt,* Kölner Maskenzüge 1823–1914 (wie Anm. 4), S. 110f.; *Kölnische Zeitung* Nr. 60, 1. Blatt, 1.3.1865.
[51] *Kölnische Zeitung* Nr. 45, 1. Blatt, 14.2.1866.
[52] *Kölnische Blätter* vom 5.3.1867; *Kölnische Zeitung* Nr. 64, 2. Blatt, 5.3.1867.
[53] *Hamacher,* Die Kölsche Funke rut-wieß. 125 Jahre im Karneval (wie Anm. 50), S. 36; *Kölnische Zeitung* Nr. 56, 25.2.1868.
[54] *Kölner Funken Artillerie* (Hrsg.), 125 Jahre Blaue Funken, Köln 1995, S. 58.
[55] Extra-Beilage zur Kölnischen Zeitung: Extra-Blatt der Großen Carnevals-Gesellschaft zu Köln, Nr. 11, 5.2.1869.
[56] *Kölnische Zeitung* Nr. 40, 9.2.1869.
[57] HAStK Abt. 26/4; *Hiltrud Kier,* Die Kölner Neustadt, Düsseldorf 1978, S. 16.
[58] HAStK Abt. 26/4 (Denkschrift vom 22.11.1864); *Historisches Archiv der Stadt Köln* (Hrsg.), Großstadt im Aufbruch, Köln 1998, S. 27; HAStK 26/5 Bl. 300; *Kölnische Zeitung* vom 20.5.1878.
[59] *Kölnische Zeitung* Nr. 40, 2. Blatt, 9.2.1870.
[60] *Kölnische Zeitung* Nr. 60, 1.3.1870, Extra-Blatt der Großen Carnevals-Gesellschaft in Köln; Extra-Beilage zur Kölnischen Zeitung, 25.2.1870.
[61] *Kölnische Zeitung* Nr. 60, 1.3.1870.
[62] *Neuhaus,* Die Stadt Cöln im ersten Jahrhundert unter Preußischer Herrschaft (wie Anm. 49), S. 1–4.
[63] Zit. nach *Klersch,* Die kölnische Fastnacht (wie Anm. 4), S. 133.
[64] *Kölnische Zeitung* Nr. 44, 13.2.1872.
[65] *Schwarz,* Die Kölner Stadt-Soldaten am Ende der reichsstädtischen Zeit (wie Anm. 2), S. 151; *Kölner Funken Artillerie* (Hrsg.), 125 Jahre Blaue Funken (wie Anm. 54), S. 58; *Helmut Signon,* Die Roten Funken von Köln, 1823 bis 1973, Köln 1972, S. 20.
[66] *Kölnische Zeitung* Nr. 44, 13.2.1872; *Kölnische Volkszeitung* Nr. 43, 13.2.1872.

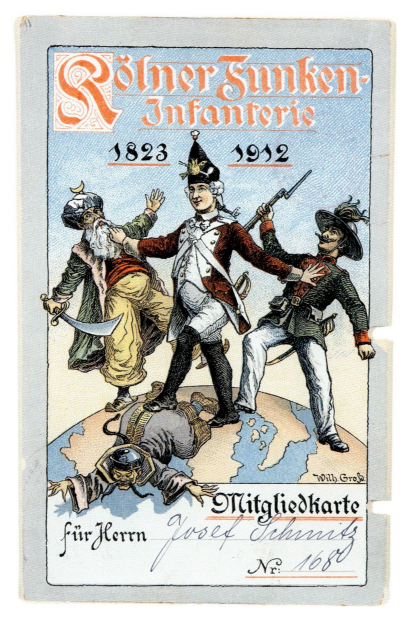

Mitgliedkarte der „Kölner Funken-Infanterie" für Herrn Josef Schmitz, Köln 1912

Von Händlern und Brauern, vom „Printemann" und von der „Sprungfedder"

Zur Sozialstruktur der Roten Funken zwischen 1883 und 1940

Von Ulrich S. Soénius

Wenn am Rosenmontag die Roten Funken durch die Kölner Straßen ziehen, dann beherrscht die rot-weiße Uniform das Bild. Die Mehrheit der Zuschauer wird kaum Unterschiede feststellen – hier und da trägt ein Funk Federn im Kopfschmuck, manche fahren auf einem Wagen mit, und „ne ärme Düvel" hockt auf dem Strafesel. Vor dem „Kaschöttche", dem Gefängnis, sind alle gleich. Wer das Glück hat, als Nicht-Funk einen „Knubbelabend", einen Senatsabend oder das Regimentsexerzieren zu erleben, der merkt, dass nicht der Schein zählt – weder der im abstrakten Sinne noch der aus dem Portemonnaie. Und wie war es früher?

Zur Beantwortung dieser Frage sollen im Folgenden die Berufe und damit der soziale Hintergrund der Funken aus der Zeit vom Ende des 19. Jahrhunderts bis zum Zweiten Weltkrieg im Mittelpunkt der Betrachtung stehen. Grundlage sind – passend zum Thema Karneval – elf Mitgliederlisten, mehr oder minder vollständig, die aus der Zeit von 1883 bis 1940 Namen, ganz selten Berufe und Spitznamen, aber oft Adressen aufführen. Die Listen wurden bis zum Ersten Weltkrieg handschriftlich angefertigt, teilweise tauchen in jüngeren Listen Funken mit Eintrittsjahren auf, die in den angegebenen zurückliegenden Jahrgängen nicht verzeichnet sind, und teilweise sind Namen oder Anschriften falsch geschrieben.[1] Trotz dieser Hindernisse lassen sich jedoch durchaus Aussagen treffen, wenn man weitere Quellen hinzuzieht. Der Beitrag versteht sich dabei als ein erster Einstieg in das Thema und soll zu weiteren Forschungen anregen.

Zur Ermittlung der Berufe wurden die Listen erfasst, ausgewertet und mit den Berufsangaben in den Kölner Adressbüchern verglichen. Auf dieser Datengrundlage wurden die folgenden Erkenntnisse gewonnen. Insgesamt sind in den genannten elf Listen 922 Rote Funken (einschließlich der Ehrenmitglieder) erfasst. Mehrfachnennungen sind dabei berücksichtigt, kommen aber nur in einem Viertel der Fälle vor: 235 Mitglieder tauchen in zwei oder mehreren Listen auf.[2] Dies führt zunächst zu der Feststellung, dass die Fluktuation wahrscheinlich sehr viel höher war als angenommen. Insbesondere in den Listen von 1901 und 1914 sind sehr viele Mitglieder verzeichnet, die nur einmal erwähnt werden. Dies liegt aber auch an den unterschiedlich langen Zeiträumen, die zwischen den Listen liegen. Während für die Zeit zwischen ca. 1880 und 1901 eine relative Dichte an Daten vorhanden ist, vergingen bis zur Erstellung der nächsten Liste dreizehn Jahre und zwischen dieser (in zwei Teilen) und der nächsten liegen nicht nur 16 Jahre, sondern auch Erster Weltkrieg, Besatzung, Inflation und Weltwirtschaftskrise. Die nachgewiesene Mitgliedschaft im Jahr 1914 kann aufgrund der Datenlage theoretisch von 1895 bis 1929 bestanden haben.

Tatsächlich hat es erstaunlich lange Kontinuitäten gegeben. So taucht in der Liste von 1889 der Vertreter Franz Froitzheim auf, der noch 1940 genannt wird. 1888 ist ein Roter Funk erstmals in der Liste, der noch 1930 verzeichnet ist: Theodor Steinbüchel, zunächst als „Commis", dann als Kaufmann und ab 1900 als Inhaber eines Tapetenversandgeschäfts im Belgischen Viertel. Drei Funken aus der Liste von 1914 sind auch schon in denen von 1889 bzw. 1890 aufgeführt. Jeweils drei sind von 1901 bis 1940 (Metzger Hermann Klosterhalfen, Gürzenich-Restaurateur Joseph Vondenhoff und Zigarrenhändler Heinrich Worringen) und von 1901 bis 1930 (Schuhmacher Peter Braunleder, Drucker Wilhelm Brocker und der nicht näher zu identifizierende Cornelius Janssen) zu finden. Hinzu kommen noch einige Funkendynastien, wie die Bierbrauer Abels mit sechs Personen, die Drucker Brocker, die Schlosser und Architekten Meid sowie die Möbelspediteure und Transportunternehmer Zimmer mit jeweils vier Personen über den gesamten Zeitraum hinweg. Hier wurde der Funkenstab über die Generationen hin weitergegeben.

Außer bei Janssen konnte bei 146 weiteren Funken die Berufszugehörigkeit (noch) nicht ermittelt werden. Nicht weiter berücksichtigt

Stammrolle der Kölner Funken-Infanterie von 1883

Stammrolle
der Kölschen "Funken" Infanterie
Jahrgang 1883.

lfd. Nr.	Name:	Genannt:	Aktiv	Inaktiv	Wohnung:
1	Hellmers: Ferdinand	de Tent	x	1	Brandenburgerstr. 15
2	Becker: Fritz	Malzbüttche	x	1	Ehrenfeld: Ottostr. 9
3	Moll: Robert	Plaat	x	1	Krudtstraße
4	Lümmertzheim: Paul	Gesabl		1	Altermarkt
5	Gollé: Fritz	Pinsel		1	Severinstraße 34
6	Schumacher: Carl	Quallmann		1	Kl. Hutmacher: 21
7	Bornkessel: Carl	Leuvergott	x	1	Kl. Kl. Griechen 5
8	Riehe: Joseph M.	Knörval		1	Gässe
9	Schneider: Carl	Türk	x	1	Hohestraße 139
10	Oerichsweiler: Heinrich	Pflüffen	x	1	Obenmarspforten
11	Froitzheim: Peter	Französische		1	Kl. Goldschmidt
12	Kückelmann: Heinrich	—		1	Ehrenstraße
13	Eckertz: Wilhelm	—		1	Marsilstein 16
14	Herwig: Conrad	Sauerkraut		1	Follerstraße 72
15	Rustorf: Hubert	Lungenänger	x	1	Schwalbengasse 40
16	Goerge: Carl	Fründchen		1	Trankgasse
17	Hofer: Georg	Tünnes	x	1	Frankenthurm
18	Warburg: Ferdinand	Kläafladder	x	1	Deutz: Freiheitstr. 35
19	Bernardz: Johann	Möst	x	1	Langelswall 30
20	Schumacher: Christian			1	Drüselgasse 13
21	Erbling: Franz	—		1	Gr. Sandkaul 34
22	Burrenkopf: Theodor	—		1	Pfeilergasse 3

Senatoren auf dem so genannten Waldfest am 26. Mai 1923

werden an dieser Stelle 33 auswärtige Mitglieder.³ Bei diesen ist hier vor allem interessant, aus welchen Gegenden sie stammten: 24 lebten in Orten der Rheinprovinz, wie Düsseldorf, Leverkusen, Wuppertal, Solingen, Grevenbroich, Brühl, Bonn, Rheinbach, Monschau und Trier. Die anderen neun waren in Attendorn und Hagen (beide in Westfalen), Berlin, Frankfurt/Main, Hamburg, Hof in Bayern und Magdeburg sowie im Ausland in Brüssel und Rotterdam ansässig. 1885 war die „Gesellschaft Domkrahne" korporatives Ehrenmitglied – sie wird ebenfalls von der Gesamtsumme der Daten für die Erforschung der Mitgliederstruktur abgezogen.

Die restlichen 741 Funken sind die Grundlage der folgenden Betrachtungen. Um Vergleiche besser darstellen zu können, sind die Listen aus den 1880er Jahren für die Auswertung in zwei Gruppen zusammengefasst worden. Dies ermöglicht auch die Erstellung von ähnlichen Zeiträumen für einen Vergleich. Die Funken verteilen sich nach Erstnennungen wie folgt:

Wenn der Beruf des Funken nicht ermittelt werden konnte, wurde in einigen wenigen Fällen bei eindeutiger Anschrift und bei Gleichheit des Familiennamens der Beruf des Haushaltsvorstandes aufgenommen, da man annehmen kann, dass es sich um den Vater der betreffenden Person handelte. Auf diese Weise ließ sich zumindest die soziale Herkunft näher bestimmen.

64 der Roten Funken waren nach den Angaben im Adressbuch eindeutig als abhängig Beschäftigte in der Wirtschaft tätig. Weitere 37 gehörten dem öffentlichen Dienst an. 26 waren Rentner oder „ohne Gewerbe". In dieser Gruppe ist der Anteil der namentlich nicht identischen Personen auch relativ hoch: in der Liste von 1901 z. B. sechs von sieben. Dies liegt in erster Linie daran, dass es sich um Witwen handelte, bei denen die jungen Funken, die in der Mitgliederliste auftauchen, vermutlich noch lebten. Da das Adressbuch stets den Haushaltsvorstand anzeigt, sind Aussagen über weitere erwachsene Personen in den Haushalten mit dieser Quelle nicht möglich.

1883–1885	1888–1890	1901	1914	1930	1940
108	135	141	173	76	108

Die drei Personengruppen Angestellte, Beschäftigte im öffentlichen Dienst und Rentner fallen in den ersten Betrachtungen über die Berufsstruktur heraus, sind aber weiter unten bei der Frage nach den Branchen Teil des Samples. Für die meisten Angestellten ist es nicht möglich, eine klare Zuordnung zu einem Sektor zu treffen, deshalb wird hier auf ihre Einbeziehung verzichtet und nur auf die Selbstständigen zurückgegriffen. Um Aussagen über die Berufsstruktur treffen zu können, sind die restlichen 614 Personen Wirtschaftssektoren zugeordnet worden. Diese verteilen sich wie folgt:

	1883–85	1888–90	1901	1914	1930	1940	Summe
Industrie	16	17	8	10	2	5	58
Handel	44	40	47	80	35	37	283
Banken und Versicherungen	0	1	2	0	3	2	8
Hotels und Gaststätten	13	9	15	4	4	8	53
Handwerk	13	31	22	23	10	20	119
Graphisches Gewerbe	2	3	3	4	1	5	18
Freie Berufe	3	5	7	13	7	11	46
Bildung	1	0	1	0	0	0	2
Kultur und Medien	5	5	6	5	2	4	27
Summe	97	111	111	139	64	92	614

In Prozenten ausgedrückt sieht die Verteilung wie folgt aus:

	1883–85	1888–90	1901	1914	1930	1940	gesamt
Industrie	16,49	15,31	7,20	7,19	3,12	5,43	9,74
Handel	45,36	36,03	42,34	57,55	54,69	40,22	46,09
Banken und Versicherungen	0,00	0,90	1,80	0,00	4,69	2,17	1,30
Hotels und Gaststätten	13,40	8,11	13,51	2,88	6,25	8,69	8,63
Handwerk	13,40	27,93	19,82	16,55	15,62	21,74	19,38
Graphisches Gewerbe	2,06	2,70	2,70	2,88	1,56	5,43	2,93
Freie Berufe	3,09	4,50	6,31	9,35	10,94	11,96	7,49
Bildung	1,03	0,00	0,90	0,00	0,00	0,00	0,32
Kultur und Medien	5,15	4,50	5,40	3,60	3,12	4,35	4,40
Summe	100,00	100,00	100,00	100,00	100,00	100,00	100,00

Das folgende Diagramm zeigt die prozentuale Verteilung der fünf wichtigsten Wirtschaftssektoren, um eine langfristige Entwicklung anzeigen zu können.

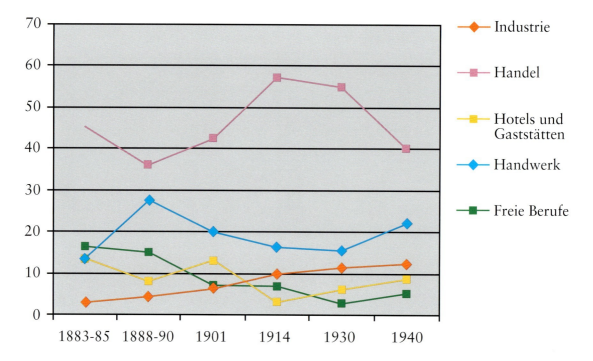

Deutlich wird der stetige Verlust an Mitgliedern aus der Industrie, dem die Zunahme der freien Berufe gegenübersteht, die im Laufe der Zeit Industrie sowie Hotels und Gaststätten überflügelten. Mit der zunehmenden Zahl von Handwerkern sank der Anteil der Angehörigen aus dem Handel.

Allein zahlenmäßig stellten die Handeltreibenden über den gesamten Zeitraum das mit Abstand größte Kontingent. In dieser Gruppe sind Einzel- und Großhandel sowie Handelsvertreter („Reisende") zusammengefasst, wobei die Kleinhändler eindeutig in der Überzahl waren. Hier wurden auch die Funken rubriziert, die als Eintrag „Kaufmann" angaben oder die unter dieser Bezeichnung im Adressbuch zu finden sind. Alle Einträge unter „Kaufmann" wurden überprüft, in wenigen Fällen konnte eine genauere Zuordnung durchgeführt werden. Der Begriff „Kaufmann" allein ist zu ungenau, weil er auch von Fabrikanten, Handelsvertretern, angestellten Prokuristen etc. gewählt wurde. Die meisten der identifizierten Kaufleute waren jedoch eindeutig dem Einzelhandel zuzuordnen, so dass eine Einordnung der nicht näher bekannten Kaufleute in die Gruppe der Handeltreibenden vertretbar erscheint.

Hermann Nolden, einer der zahlreichen Kaufmänner unter den Funken, unterhielt eine Seefisch-, Käse-, Gemüse- und Delikatessenhandlung, Köln 1898

Einige Unternehmen betrieben Handel „en detail & en gros", wie z. B. die Kolonial-, Material- und Farbwarenhandlung von Josef M. Rehe, Höhle 36, der seit 1879 aktiver Funk war und zuletzt in der Liste von 1890 genannt ist. Auch August Jüsgen, Funk seit 1886, war Groß- und Einzelhändler zugleich: Er handelte mit Modewaren. Seine besondere Spezialität waren Trauerhüte. Franz Coenzler, 1883 Funk, war Mitinhaber eines Import- und Verkaufsgeschäfts für ost- und westindische Rohrprodukte, Hörner und Schildpatt an der Severinstraße.

Bei den Einzelhändlern war die Produktpalette breit, von Nahrungsmitteln über Kleinwaren, Bekleidung und Wäsche bis hin zu Vieh und Fahrrädern. Einige besonders interessante Einträge stechen hervor: Jean Bourgeois – bürgerlicher konnte der Name schon nicht mehr sein –, 1883 inaktiv, 1884 Ehrenmitglied, betrieb mit seinen beiden Brüdern, von denen einer in Paris lebte, eine Antiquitätenhandlung an der Richartzstraße. In dieser Zeit war auch Heinrich Derichsweiler aktiver Funk, er war Inhaber des damals bekannten Textilgeschäfts Derichsweiler-Bücklers am Obenmarspforten. Manch einer war nicht nur in einer Branche tätig: Der Kohlenhändler Fritz Schieffer in Deutz, aktiv 1883, bot als Badeschiffbesitzer „Flußbäder vis-à-vis dem neuen Bergisch-Märkischen Bahnhofe" an – ob nur seinen Kunden, damit diese sich den Kohleruß abwaschen konnten, ist unbekannt. Johann Kirsch, in dieser Zeit Ehrenmitglied, war mit seiner Delikatessen- und Seefischhandlung sogar „Hoflieferant Seiner Majestät des Königs von Preußen", wobei angenommen werden darf, dass die Fische nicht über Köln geliefert an der königlichen Tafel serviert wurden.

Einige Funken wechselten auch das Metier: August Stäbel begann seine berufliche Karriere, die seit 1883 bis über die Jahrhundertwende von seiner Mitgliedschaft bei den Roten Funken begleitet wurde, als Versicherungsangestellter, verdiente dann aber als Inhaber einer Kurz-, Weiß- und Wollwarenhandlung sein Einkommen. Karl Zimmermann, 1914 in der Liste, stand geschäftlich auf zwei Beinen. Er war sowohl Inhaber einer Hanfseilerei, die auch Bindfäden und „Fischereigeräthschaften" herstellte, wie eines Blumengeschäfts. Auch Philipp Brixius, von 1927 bis in den Zweiten Weltkrieg hinein bei den Funken aktiv, verdiente sich im Nebenberuf als „Dekorierer" etwas zu seiner Butter- und Milchhandlung dazu, wobei vermutlich seine Frau das Geschäft unterhielt.

Wenn die Schulden überhand nahmen, konnte der Funkenkamerad Johann Casel, inaktiv gemeldet 1901, helfen: Er besaß an der Paulstraße ein Pfandleihgeschäft. Mit dem Prokuristen von Leonhard Tietz (später Westdeutsche Kaufhof AG), Christian Rensing, konnten die Funken von 1923 an auch einen der wenigen prominenteren Kölner Vertreter des Handels bei sich begrüßen. Rensing, der 1898 bei Tietz als Lehrling angefangen hatte, blieb auch noch Funk, als er 1931 in den Vorstand des Unternehmens berufen wurde.[4]

Bei den Vertretern findet sich häufig nur die Bezeichnung „Reisender". In einigen Fällen ist bekannt, welche Produkte die auf diese Weise tätigen Funken vermittelten. Christian Kittsteiner, 1901 Funk, war Vertreter der Vereinigten Gummiwarenfabrik Harburg-Wien; Otto Fey, seit 1913 und mindestens bis 1930 zunächst inaktiv und dann aktiv, war „Fahrradteilevertreter". Der langjährige Kommandant und Präsident Eberhard Hamacher war in Tabakwaren unterwegs. Auch Ehrenmitglied Thomas Liessem, späterer Präsident des Festkomitees, firmierte als „Handelsvertreter".

Die zweitgrößte Berufsgruppe unter den Funkenmitgliedern stellte das Handwerk. Dabei waren es in erster Linie Sparten, die den alltäglichen Bedarf der Bevölkerung deckten. Die Metzger und Bäcker waren auch als Händler tätig. Mehrere Schneider, u. a. Damenschneider, waren Mitglied der Funken. Hinzu kamen die Bauhandwerker. André Welter, Präsident von 1918 bis 1923, war ein Vertreter dieser Branche. Er war Mitinhaber der Firma Heinrich Welter & Söhne GmbH,

Dampfschreinerei und „Spezialfabrik für Laden- und Schaufensterausbau". Daneben richtete die Firma Welter auch Villen und Landhäuser ein. Heinrich Meid, seit 1920 Funk, nannte seine Schlosserei 1939 vornehm „Feineisen- und Bronzekonstruktionswerkstätte". Aber auch Ernst Böcker, Musikinstrumentenhersteller, zählt zu den Handwerkern, obwohl er sich selbst 1889 als „Fabrikant" bezeichnete. In eigener Produktion stellte er „Flötenorgeln, Harmonikas und mechanische Musikinstrumente" an der Kreuzgasse 1, Ecke Schildergasse, her. In Aachen, „Kleine Maschirstraße" (!), unterhielt er ein Zweiggeschäft.

Weniger als zehn Prozent der Mitglieder stammten aus den Bereichen Industrie, Hotels und Gaststätten sowie freie Berufe. Bei den Industriellen sind keine „großen Namen" zu finden, meist sind es kleinere Fabriken für Lacke, Eis (zum Kühlen), Möbel, Markisen, Leisten, Parkett, Metallschrauben, Ketten, Stahlwaren, Feilen, Herde und Öfen, Werkzeugmaschinen, Korkstopfen, Hüte und Mützen, Schirme, Pappschachteln, Druckwalzen, Waagen sowie Ziegeleien und vor allem Bierbrauereien. Hans Zscheyge, 1901 und 1914 in den Listen, unterhielt an der Melchiorstraße eine chemische Fabrik, wo er u. a. Feuerwerk herstellte und ein Laboratorium für Bühnenpyrotechnik unterhielt. An der Siebengebirgsallee hatte Heinrich Brüggemann vor dem Ersten Weltkrieg eine Spezialfabrik für Schweißanlagen, Schweiß- und Schneidbrenner. Zur selben Zeit stellte Johann Opfermann kosmetische und pharmazeutische Erzeugnisse her. Ernst Menden warb im Adressbuch von 1895 für seine „Damenhutfaçonfabrik", welche die „geschmackvollsten Pariser Neuheiten zu den billigsten Preisen" anbot. Weniger modisch war das Pack- und Sackleinen von Fritz Gollé, 1883 und 1888 als Funk genannt. Neben fertig genähten Säcken (!) bot er als Spezialität „Wattir-Leinen" an, das er als Depot einer belgischen Firma vorhielt.

Fabrikant oder Handwerker? Werbeanzeige des Funken Böcker von 1889

Typische Anzeige eines mittelständischen Fabrikanten von 1895

Die geringe Anzahl von Vertretern der Industrie deutet schon darauf hin: Die „große Gesellschaft", das höhere Bürgertum, die Leiter der großen Industrieunternehmen – sie waren nur vereinzelt bei den Funken

Mitglied. Der Gründer des Nippeser Gummiwerks, Franz Clouth, ist in den Listen 1884 und 1888 verzeichnet. Zeitgleich wird der Feuerwehrspritzenfabrikant August Hönig genannt, auch er Hoflieferant, den Kölnern vor allem als Karnevalist, Mundartdichter und Sprachforscher bekannt (er veröffentlichte 1905 das erste „Wörterbuch der Kölner Mundart"). 1901 war Georg Prümm, Inhaber der Waagenfabrik Theodor Prümm, bei den Funken aktiv. Hans Carl Scheibler, Generalkonsul der Niederlande und Geschäftsführender Gesellschafter der Chemischen Fabrik Kalk, war als einer der wenigen Industriellen mit Traditionsnamen Mitglied bei den Roten Funken. Seit 1931 war er Ehrenmitglied.

Zu den Betreibern von Gaststätten gehörte auch der Funk Peter Remmlinger. Er war Inhaber des „Weihenstephan" in der Schildergasse, des Kasinos der Funken, Köln 1925

Bei den Hotels und Gaststätten sind es bekannte Adressen, unter denen Funkenmitglieder zu finden waren. Neben einigen Kaffeewirten und den Betreibern von Cafés und Konditoreien sowie Wein- und Biergaststätten waren der Inhaber des Domhotels – Julius Metz seit 1886, zuletzt genannt 1901 – und die Restaurantpächter des Gürzenichs (Heinrich Schorn 1888, Joseph Vondenhoff 1897–1940), des Stadttheaters und des Wilhelm-Theaters (beide 1884), des Victoria-Saals (1901 an der Severinstraße 226, wo sich heute das Stadtarchiv befindet) sowie des Hohenstaufenbades (1888) im Corps. Jakob Keller unterhielt im Stadthaus „Am Perlenpfuhl" nicht nur die Stadthauskellerei und eine Weingroßhandlung, sondern auch ein Weinrestaurant. Christoph Gehly besaß an der Cäcilienstraße die „Kölner Delikatessenküche". Zu selben Zeit (1901) wird in der Liste Peter Urban aufgeführt, er war Besitzer des Gasthofs „Ewige Lampe" und des „Europäischen Hofs" sowie der Restaurateur der Flora. 1914 war Albert Lindau Inhaber von „Kränkel's Bier-Restaurant Zum Pilsener Urquell". Aber auch Münchener und Dortmunder Löwenbräu konnten die Kunden bei ihm im Flaschenbierverkauf erwerben. Heinrich Klein lieferte in dieser Zeit aus seinem Weinrestaurant „Zum Freischütz" auch „Hochzeits- und Festessen, Diners, Soupers und Büfetts für Bälle in- und außerhalb Kölns". Er war ansässig „Am Hof 16" – in Nachbarschaft zum Cölner Hofbräuhaus Peter Josef Früh. Die Altkölnische Bierstube „Zum verlorenen Sohn" an der Frankenwerft hatte 1940 einen Roten Funken als Wirt: Heinrich Kertz, seit 1930 bei den Funken und Senator. Zur gleichen Zeit war auch Leo Lentzen-Deis Mit-

Werbeanzeige eines Funken aus dem Jahr 1901

Am Sitz in der Nachbarschaft zum heutigen Brauhaus „Früh" hatte der Funk Heinrich Klein 1914 sein Weinhaus „Zum Freischütz"

glied. Er war Inhaber des Hotels Deis, Ecke Unter Goldschmid/Laurenzplatz – wo heute das Senatshotel steht – und bei den Funken im Senat.

Bei den Angehörigen der freien Berufe stechen die Architekten rein zahlenmäßig heraus – keine berühmten, über die man heute spricht, sondern, wie damals üblich, häufig auch als Bauunternehmer tätig. Ärzte sind erst im 20. Jahrhundert genannt, drei Allgemeinmediziner, vier Zahnärzte und zwei Tierärzte. Als „Doktor" ließ sich Melchior Offermann 1914 in der Funkenliste führen, im Adressbuch als „Magnetopath", der Heilung besonders für Magen-, Leber- und Steinkranke per Magnetstrahlen versprach. Obwohl er „Referenzen aller Stände" vorlegen konnte, dürfte hier die Grenze zur Scharlatanerie überschritten worden sein. Unter die Gruppe der freien Berufe wurden auch einige „Ingenieure" gefasst, obwohl unklar bleibt, ob sie freischaffend oder angestellt waren.

Das graphische Gewerbe war vertreten durch Georg Baum, der Teilhaber der damals bekannten Dietzschen Druckerei in Deutz war und in den 1880er Jahren zunächst als aktiver Funk, dann seit 1888 als Ehrenmitglied diente. Julius Cramer (1888) unterhielt neben seiner Druckerei noch eine Filiale der ebenfalls berühmten Geschäftsbücherfabrik Carl Kühne & Söhne aus Berlin. Zu der kleinen Gruppe aus Kultur und Medien zählte auch der Präsident der Jahre 1886 bis 1887, Gustav Delpy, Redakteur des *Kölnischen Tageblatts*. Beim Buchdrucker Franz Greven, 1888 genannt, war auch die Versandstelle des *Alaaf Köln*. Aus diesem Gewerbezweig finden sich auch einige Fotografen, wie Eugen de la Coubillerie aus Deutz (1901) oder Hubert Brück, langjähriger Kommandant bis 1931 und ein eifriger Kriegsberichterstatter im Ersten Weltkrieg, der dem damaligen Präsidenten Theo Schaufuß zahlreiche Kriegspostkarten mit Erlebnissen vom Kriegsschauplatz zusandte.[5] Auch Kunstmaler, Orchestermeister und Konzertsänger waren bei dem ältesten Karnevalscorps Kölns Mitglied.

Die Einteilung nach Wirtschaftssektoren gibt nur ungenau die Branchen wieder. Um einen ungefähren Überblick darüber zu gewinnen, wurden alle Funken auf eine mögliche Branchenzuordnung hin überprüft. Dazu wurden auch die Angestellten und Beamten berücksichtigt. Eine Einordnung ist nicht bei allen der 741 identifizierten Personen möglich. Abzüglich der Rentner oder Menschen ohne Gewerbe konnte aber immerhin für 435 von 715 Personen eine Zuweisung vorgenommen werden, dies sind 60,84 Prozent.

Mit Abstand vorne lagen in der Zeit von 1883 bis 1940 die Angehörigen der Branche Nahrung und Genuss. Neben den 53 Inhabern von Hotels, Wein- und Biergaststätten sowie Speiserestaurants waren 93 weitere Funken mit der Produktion (vor allem von Bier), dem Handel (mit Bier, Wein, Zigarren, Lebensmitteln) oder der handwerklichen Bearbeitung (Metzger und Bäcker) von Nahrungs- und Genussmitteln beschäftigt. Dazu zählten auch Vertreter. Selbst in schlechtesten Zeiten konnte den Funken also der Nachschub nicht ausgehen. Mit Leo Hamecher war seit 1929 der Generalvertreter für Söhnlein-Sekt, Dujardin, Ettaler Klosterlikör, Malteser Aquavit etc. Mitglied der Funken, ebenso wie sein Konkurrent Walter Rüsche, der ein Jahr länger aktiv war und die Generalvertretung von Deinhard &

Melchior Offermann offerierte 1914 seine zweifelhaften Behandlungsmethoden

Georg Baum, Teilhaber der damals bekannten Dietzschen Druckerei in Deutz, im Jahre 1898

Co. innehatte. Vertreter war 1901 auch Jean Kürten, der eine Filiale der „Ersten Kulmbacher Actien-Exportbier-Brauerei" unterhielt und daneben die Großbrauerei Carl Bremme aus Barmen vertrat. Sein Geschäft am Hansaring diente aber auch als Generaldepot des Aachener Kaiserbrunnens.

Zulieferbetriebe profitierten von der hohen Anzahl von Brauereien, Weinhandlungen und Destillerien in Köln. Jakob Schlömer unterhielt eine Korkstopfenfabrik und handelte mit Bedarfsartikeln für diese Branche. Er selbst war nur 1888 in der Funkenliste. Doch die in dieser Branche tätigen Roten Funken produzierten nicht nur Hochprozentiges. Bei Christian Wolf standen wahrscheinlich die Kinder der Funken Schlange: In seiner Schokoladen- und Zuckerwarenfabrik wurden englische und gefüllte Schweizer-Bonbons, Dragees, Konfitüren, „Manna" und Hustenbonbons produziert. Zudem gab es 1914 an der Brunostraße „echte Calabreser Lakritze".

Die zweitstärkste Gruppe bestand aus den Angehörigen des Baugewerbes. Dazu zählten auch zahlreiche Architekten, die gleichzeitig als Bauunternehmer firmierten, sowie die Baunebengewerke wie Installateure, Schreiner, Dachdecker, Schlosser (die teilweise auch Öfen herstellten), Anstreicher, Glaser und aus dem Innenbereich Stuckateure, Tapezierer, Dekorateure sowie Polsterer. Zählt man die Hersteller und Händler von Möbeln, Leisten und Lampen dazu, dann bestand diese Gruppe aus insgesamt 94 Funken. Teilweise waren besonders die im Innenbereich tätigen Handwerker auf Luxuswaren ausgerichtet. Heinrich Mülhens, 1901 inaktiv, unterhielt als Tapezierer, Polsterer und Dekorateur um die Jahrhundertwende ein Lager mit selbst importierten China- und Japanwaren, indischen und orientalischen Möbeln, Teppichen, Portieren und Stickereien, Pariser Beisatzmöbeln, Kunst- und Luxusgegenständen sowie Antiquitäten. Er übernahm auch komplette Wohnungsausstattungen und gab als Spezialität an: „Linoleumbelag nach bewährter Methode".

Als dritte Gruppe tritt die der Textil- und Bekleidungsbranche hervor. Inklusive Hüte und Mützen, Schirme und Pelze umfasst dieser Kreis der Produzenten, Händler und Vertre-

Senator Carl Görge mit Spitznamen „Grundstein" war von Beruf Architekt, Köln 1898

ter 52 Personen. Dazu gehören auch Schneider, Schuhmacher und -händler, ein Kürschner sowie Spezialbetriebe zur Reinigung und Färbung von Textilien.

Im Bereich des öffentlichen Dienstes waren 37 Funken tätig, die meisten davon bei der Eisenbahnverwaltung und dem Eisenbahnbetrieb (14), die anderen bei Justiz, Stadt, Post, Polizei und Universität.

Eine ebenfalls größere Gruppe (32) bilden diejenigen, die sich mit dem Verkauf von Luxuswaren (Uhren, Schmuck, Parfüms, Feuerwerke, Porzellan etc.) oder als Dienstleister (Friseure, Gärtner) betätigten. Auch Blumenhandlungen zählen dazu. Robert Flügel, Kunst- und Handelsgärtner, nannte sein Geschäft „Erstes Kölner Blumenhaus", was wohl heißen sollte „Erstes Haus am Platze". Seine Telegrammadresse lautete 1901 „Blumenflügel".

Die Wirtschaftsgruppe „Banken und Versicherungen" umfasste 20 Funken, darunter sind neben wenigen Bankiers auch Generalagenten und Angestellte von Versicherungen. Conrad Mihr, 1889 aktiv, repräsentierte nicht nur als Generalbevollmächtigter für das Rheinland, Westfalen und Baden die Norddeutsche Versicherungsgesellschaft in Hamburg, sondern er war auch noch Vertreter belgischer Kohlegruben mit der Spezialität „Anthrazitnusskohlen". Dagegen konzentrierte sich Paul Becher, seit 1910 aktiv, zuletzt genannt 1930, als Bezirksdirektor der Feuerversicherungsgesellschaft Rheinland und der Münchener Lebensversicherungsbank auf sein Gewerbe, auch wenn er noch Direktor der „Ecclesia-Pfarrerversicherung" und vereidigter Sachverständiger für die Gerichte des Landgerichtsbezirks Köln war.

Das graphische Gewerbe mit 18 Personen wurde bereits genannt – es handelte sich hierbei größtenteils um Druckereien. Im Energiehandel (Kohlen) waren sieben Personen tätig. Der Bereich Bildung war sehr schwach vertreten (2), und die Kultur (27) wurde bereits erwähnt.

Für die Roten Funken war und ist die Berufszugehörigkeit kein Auswahlkriterium für die Aufnahme in das Corps oder für die Übertragung eines Amtes. Die Präsidenten in der Zeit bis 1940 waren z. B. Kaufmann, Redakteur, Eisenbahnbetriebssekretär, Versicherungsagent, Architekt, Schreiner, Betriebsleiter oder Schriftsteller. Bei den Kommandanten kommen ein Fotograf und ein Bürovorsteher vor. Erstaunlicherweise hatten auch die vereinsinternen „militärischen" Rangbezeichnungen keinen direkten Einfluss auf die Vergabe von Führungsämtern: Carl Bormkessel wurde 1889 als „Feldwebel" Präsident, obwohl es zur gleichen Zeit auch Generäle und Obristen im Corps gab.

Dennoch gilt, dass die Berufsstruktur der Funken in den untersuchten sechzig Jahren zwischen 1880 und 1940 stark vom Mittelstand geprägt war. Die hohe Anzahl sowohl von Angehörigen des Einzel- und des Großhandels als auch der Handelsvertreter und der Handwerker zeugt davon. Arbeiter zählten nicht zu den Mitgliedern, wohl auch aufgrund des unterschiedlichen Freizeitverhaltens und der geringeren zur Verfügung stehenden Finanzmittel. Vermutlich hätten die Angehörigen der Arbeiterschaft eine Aufnahme auch vergeblich angestrebt. Der Anteil der Eigentümerunternehmer und Selbstständigen von über 82 Prozent deutet auf eine gewisse soziale Kontrolle bei der Auswahl von neuen Mitgliedern hin.

Aus der Industrie waren dann auch eher Inhaber kleinerer Fabriken Mitglied, die wenigen Ehrenmitglieder aus der Großindustrie sind nicht charakteristisch für die Sozialstruktur. Vermutlich lag es auch an dem fehlenden Interesse des Großbürgertums, das eine Mitgliedschaft nicht angestrebt haben wird. Auch Politiker fehlten weitgehend unter den Mitgliedern – von der Ausnahme Max Wallraf, ehemaliger Oberbürgermeister von Köln und Minister, abgesehen.

Künftige Untersuchungen, insbesondere zu anderen Gesellschaften in dieser Zeit, könnten Aussagen über Freizeitverhalten, Heimatverbundenheit und gesellschaftliche Kontakte des Mittelstandes liefern, die sich exemplarisch anhand der Karnevalsvereine darstellen ließen. Aufschlussreich wären überdies Vergleiche der Roten Funken mit anderen Karnevalscorps – haben sich bestimmte Berufsgruppen für oder gegen ein Corps entschieden? – oder ganz allgemein mit anderen „Männerbünden" – wo gab oder gibt es Gemeinsamkeiten, Schnittmengen, Gegensätze und Ausschlusskriterien?[6] Die Anlage einer kompletten Funkennamensdatei mit allen Mitgliedern – auch retrospektiv – wäre dabei eine enorme Hilfe. Auf solch einer Grundlage könnte man genauer untersuchen, wie sich die Mitgliederstruktur der Funken bis heute entwickelt hat. Dazu müssten weitere Quellen herangezogen und einzelne Funken biographisch erfasst werden.

Spielten denn die Berufe als Rekrutierungskriterium für Nachwuchs bei den Funken überhaupt keine Rolle? Doch – aber nur als Ideenbasis für die Vergabe von Spitznamen.

Stammrolle 1898

u- und Vorname	Wohnort	Strasse = N.r	Bemerkung activ.	inac.
Schulz Adolph	Köln	Engelbertstrasse 9	activ	
Breuer Cl.	"	gr. Sandkaul 15	do.	
...esig Emp.l C.	"	Friesenstrasse 11	do.	
...eisler Herm.	"	Lindenburgerstr. 20	do.	
...ens. Koller	"	Sandalensvall 5	do.	
...ins Mülhens	"	Richmodstrasse 33.	d.	
...th. Müller	"	Rudolfplatz 12	i.	
...g. Bartels	"	Rudolfplatz 12.	do.	
...nis Becker	"	Lorbentrasse 45	ja	
...loys Rohm	"	von Wnolfstr. 39	do.	
...s. Esch	"	Hamburgerstr. 13 I	act.	
...to Heintz	"	Streitzenggasse 1-3	act.	
...g Ebert	"	Kl. Neugasse 10.	act.	

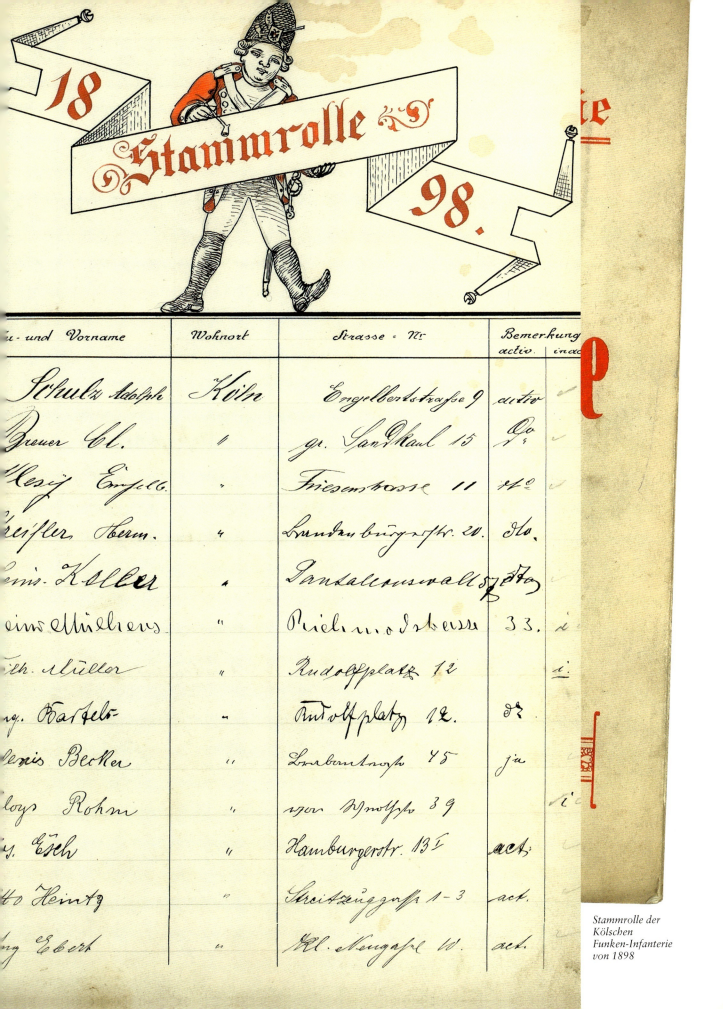

Stammrolle der Kölschen Funken-Infanterie von 1898

Neben der Beschreibung von körperlichen oder charakterlichen Eigenschaften oder auch Assoziationen zu den Nachnamen deuten die Spitznamen der Funken in einigen Fällen auf den Beruf des Betroffenen hin. Adolph Pütz war Bäcker und hieß 1883 „Röggelche". Im selben Jahr wurden Fritz Becker, Inhaber einer Malzfabrik, „Malztüttche", und Louis Langen, Uhrmacher, „Perpendickel" gerufen. Der Möbelfabrikant Johann Theisen wurde 1930 mit „Holzwurm" bezeichnet, der Konditor August Buschmann als „Printemann", der Dentist Hans Hübsch mit „Zantping" und der Polsterer August Liesenberg als „Sprungfedder".

Anmerkungen

[1] Es handelt sich um folgende Quellen (alle im Archiv Rote Funken): Stammrolle der Kölschen Funken-Infanterie, Jahrgang 1883; dito, Jahrgang 1884, Namens-Verzeichnis der Ehren-Mitglieder der Gesellschaft „Kölnische Funken 1885"; Stammrolle, 1888; Mitglieder-Stammrolle, 1889; Stammrolle, 1890; Stammrolle, 1901; Stammrollen 1914/I und 1914/II; Stammrolle, 1930; Stammrolle in: Eberhard Hamacher, Die „Kölsche Funke rut-weiß vun 1823". Geschichtliches über ihre Entstehung und Entwicklung, Köln 1940, S. 64–73. Die Stammrolle 1890 wurde bis 1894 fortgeschrieben. Auf einzelne Nachweise wird verzichtet, die jeweiligen Jahreszahlen verweisen auf die Quellen und die entsprechenden Eintragungen in den Adressbüchern. In einigen Fällen wurden Informationen aus nachfolgenden Adressbüchern gewonnen, da das eigentliche Jahr keinen Eintrag aufwies.
[2] Bei sechs Mitgliedern ist eine Personenidentität mit jeweils einer anderen Person möglich. Dies müsste durch weitere Forschungen geklärt werden. Die Zahl ist aber so gering, dass die statistischen Werte sich nicht wesentlich ändern werden, sollte eine Identität festgestellt werden.
[3] Mitglieder aus inzwischen nach Köln eingemeindeten Gemeinden sind dagegen ausnahmslos erfasst worden.
[4] Zu Rensing siehe: Erlebniswelt Kaufhof, Köln 2001, S. 86 u. 108. In der Statistik ist er unter „Angestellte" erfasst und wird hier nur der Vollständigkeit halber namentlich genannt.
[5] Dazu der Beitrag des Verfassers über die Feldpostkarten der Roten Funken in diesem Band.
[6] Zu den Roten Funken als Männerbund vgl. den Beitrag von Irene Franken in diesem Band.

Mitgliedkarte des Funken Max Ostenkötter von 1916

*Ein strickender Roter Funk
auf einem Bierdeckel der
Privatbrauerei Heinrich Reissdorf, 2004*

„Die niebesiegten Söhne des Mars"
Die Kölsche Funke rut-wieß vun 1823 e. V. – ein literarisch konstruierter Männerbund[1]

Von Irene Franken

Ein Männerbund?

„Sind wir wirklich ein Männerbund?" – So lautet die etwas vorsichtig formulierte Frage an die „feministische" Historikerin, und diese kann die Frage, was die Gegenwart angeht, nur mit einem kräftigen Ja beantworten. Formationen wie die Roten Funken entsprechen schon auf den ersten flüchtigen Blick den Kriterien für Männerbünde, wie sie von EthnologInnen und neuerdings auch von MännlichkeitsforscherInnen aufgestellt wurden.[2] Vorneweg das wichtigste Kriterium: Ein Männerbund ist, wie der Name schon sagt, eine exklusive, frauenfreie Organisation.

Aber es gehört mehr dazu. Jeder aufstiegsbewusste Mensch weiß, dass die wichtigsten Kontakte *nach* der Arbeit, während des Feierabends, geknüpft werden. Diese wichtigen Kontakte – in Köln meist als Klüngel bezeichnet – erfolgen im Männerbund allein zwischen männlichen Geschäfts- und Gesprächspartnern, etwa beim Jagen, Segeln, Golfen, Fischen oder wie bei den Funken im Rahmen der Corpsaktivitäten innerhalb und außerhalb des Karnevals.

Kölner Funken beim Sessionsauftakt auf dem Funken-Plätzchen in der Kölner Altstadt

Warum nun findet dieses sogenannte *male bonding* unter Ausschluss von Frauen statt? Die würden nur stören. In ihrer Anwesenheit könnte man nicht endlos über Fußball und nicht offen über das andere Geschlecht sprechen, man könnte auch nicht Klartext reden, wenn die interessanten Aufträge und Jobs – ja, eben immer noch am liebsten – von Mann zu Mann verschoben werden. Man könnte nicht frei von der Leber weg zugeben, dass man „*die Damen*" lieber zu Hause und im familiären Umfeld sieht als am Konferenztisch und in der Vorstandsetage. Und man würde daran erinnert, wie dringend man in Wahrheit die Frauen braucht – im Privatleben, das ohne sie öde, arbeitsintensiv, teuer (man müsste die Hausarbeit und Kinderbetreuung selbst erledigen oder erkaufen) und ohne erotischen Reiz wäre.

„Eine Mitgliedschaft von Frauen ist nicht möglich", heißt es denn auch ausdrücklich lapidar in aktuellen Selbstdarstellungen der Roten Funken.[3] Das einzige weibliche Wesen im Verein ist das „Mariechen". Dessen Vorlage ist die historische Marketenderin, die den realen Soldaten durch Verpflegung, medizinische Versorgung und zuweilen sexuelle Dienstleistungen das Leben erleichterte. Im Karnevalskontext ist sie erst seit 1936 eine wirkliche Frau – zuvor wurde sie von Männern dargestellt. Aus der mutigen und tüchtigen Begleiterin der Heere wurde ein niedliches Mädchen im Supermini gemacht: schmückendes Beiwerk also, von den Funken hochgeachtet und als „Kamerad" respektiert, aber ohne Stimmrecht.

Der historische Ausschluss der holden Weiblichkeit wird von den heutigen Funken-Männern durchaus begrüßt und soll sich auch in unseren Zeiten tunlichst nicht ändern. So antwortete zum Beispiel ein Funk in den emanzipierten 1980er Jahren auf die Frage: „Stört es Sie nicht, daß die Roten Funken ein reiner Männerverein sind?": „Nein, in keinem Fall. Das ist die letzte Bastion, die uns noch bleibt, wo wir uns ungestört unterhalten können und Spaß an der Freud haben. Laßt uns doch ein bißchen den Chauvinismus."[4]

Männerbünde zeichnen sich auch dadurch aus, dass die Aufnahme streng geregelt ist und ritualisiert gefeiert wird. Seit den 1870er Jahren erfolgt die Aufnahme neuer Mitglieder in das Funkencorps durch Zuwahl. Die Auswahl derjenigen, die „em Fasteleer de Funke maache" dürfen, nehmen Altmitglieder vor. Es sind zwei zustimmende Urteile von Bürgen obligatorisch. Der die Aufnahme

Fahneneid der Rekruten im Jahr 1986

abschließende Funkeneid wird beim Regimentsappell öffentlich abgelegt.

Danach gehört „der Neue" dazu, und das möglichst bis an sein Lebensende: „Wer einmal Funk ist, bleibt es meist sein Leben lang."[5] Die Zugehörigkeit wird durch die prächtige Uniform demonstriert, deren Besitz für aktive Mitglieder nicht nur Pflicht ist, sondern auch eine hohe emotionale Bedeutung hat. Manch einem vermittelt sie das Gefühl, etwas Besseres zu sein.[6]

Kein Männerbund definiert sich ohne seine meist heroische Geschichte. Und wo es noch keine eigene gibt, wie in den Gründungsjahren, beruft man sich auf historische oder mythologische Vorbilder. Für die heutigen Roten Funken stellen die Kölner Stadtsoldaten des 17. und 18. Jahrhunderts den Ursprungsmythos dar. Ihre Geschichte wird mit Liebe erforscht, ihre Uniformen werden rekonstruiert, und ihr überliefertes Wesen gilt es nachzuleben im historischen Dreiklang von Feigheit, Trinkfreudigkeit und bei den Stadtsoldaten vermuteter Mädchenliebe. Tradierte Kommandos sind das Herzstück der Bräuche, allen voran die Funkenappelle: „Regt üch", Gewehrpräsentieren, antreten und abzählen, „genöglicher Klaaf" von Mann zu Mann, Ausschwärmen zum „Bützen" und als „Höhepunkt" „Wibbeln" und „Stippeföttche". Mit diesen deutlich unheroischen Riten unterscheiden sich die Roten Funken von vielen martialischen Männerbünden. Doch dazu später.

Die militärische Uniform markiert Männlichkeit nach außen und vermittelt Einheitlichkeit nach innen. Ausschnitt aus „Der große Maskenzug von 1825", Lithographie von J. Schlappal

Stippeföttche als funkeneigenes Ritual auf dem Rathausplatz, Rosenmontag 2003

Männerbünde haben nicht zuletzt den Vorteil, dass sie sich für ihre Mitglieder im wörtlichen wie im übertragenen Sinne auszahlen. Gilt das auch für die Roten Funken? Über das Thema Geld wird in unserer Kultur zwar lieber vornehm geschwiegen, wir können jedoch davon ausgehen, dass dieser Bund so manchem Mitglied als sanfte Tritthilfe auf der Aufstiegsleiter diente. Männerbundrituale ohne direkten Bezug zum Geschäftsleben sollten uns nicht täuschen. Mancher Auftrag eines „Knubbelfreundes" (d. h. des Mitglieds der eigenen Untergruppe) wird sich im Laufe der Zugehörigkeit in den Geschäftsbüchern niedergeschlagen haben. Die Mitglieder der Funken, traditionell Handwerker, Kaufleute und Selbstständige, „gehobener Mittelstand" also, sind häufig berufsbedingt auf Netzwerke angewiesen. Und da kann eine Vereinsmitgliedschaft durchaus „Vitamin B" bedeuten.

Auch die Verbindung von Männerbund und Kommunalpolitik ist altbewährt. Die Roten Funken haben, obwohl sie sich nicht als politischer Verein verstehen, klugerweise einen direkten Draht nach ganz oben installiert: Heutzutage wird jeder Oberbürgermeister automatisch Ehren-Funk, und bisher hat sich keiner diesem ehrenvollen Antrag verwehrt.

Ritualisierte Tänze gehören weltweit zu den sinn- und gemeinschaftsstiftenden Elementen geschlossener Gesellschaften. Daher sollte das vereinseigene Gruppenritual mit einem für Männer ungewöhnlich engen Körperkontakt erwähnt werden, das „Stippeföttche". „Staatse Kerle" formieren sich in zwei Reihen Rücken an Rücken und stupsen im Takt das herausragende Unterteil (das besagte „Föttche") gegeneinander. Hierbei handelt es sich jedoch angeblich nicht, wie sonst bei männlichen Brauchtumstänzen in aller Welt üblich, um eine magische Praxis der Friedensstiftung zwischen Männern oder gar um eine ritualisierte Verbindung mit schicksalsformenden Mächten, sondern um eine Karikatur militärischer Zeremonien.

Der Befund zur heutigen Vereinigung der Kölsche Funke rut-wieß vun 1823 e. V.[7] ist, wie bereits eingangs konstatiert, eindeutig: Sie existiert als Männerbund und funktioniert als solcher erstaunlich reibungslos. Weder stehen die „vernachlässigten" Ehefrauen zeternd an den Toren des Vereinssitzes, noch fordern radikale Gleichheitsapostelinnen verbittert Einlass. Der Ausschluss von Frauen ist heute von beiden Geschlechtern akzeptiert.

Der Mythos entsteht – die Gründungsphase der Roten Funken

Wie aber sah es in der Entstehungszeit aus? Kamen die Funken sozusagen als Männerbund auf die Welt? Nicht nur HistorikerInnen wissen, dass die Geschichtsdarstellung von Ursprüngen oft dem jeweiligen Mythos verpflichtet ist. Und so ist es durchaus angebracht, die Gründungszeit der Roten Funken noch einmal genauer in Augenschein zu nehmen, was sich als gar nicht so einfach erweist. Viele Quellen zum Kölner Karneval liegen gedruckt vor, aber gerade für die Frühzeit der Funken, also die zwanziger Jahre des 19. Jahrhunderts, gibt es große Lücken.[8]

Es waren in jedem Fall einflussreiche Akademiker und Kaufmänner, die als „Hebammen" des neuen Karnevals und somit auch der Roten Funken als Karnevalscorps fungierten.[9] An der Wiege standen mehrere Gruppen akademisch gebildeter und/oder finanziell gut situierter, auf jeden Fall aber stark lokalpatriotisch gesinnter Herren. Ausschließlich Herren, versteht sich, oder? Mit dieser Reduzierung auf Männer gingen die Geburtshelfer des Karnevals der 1820er Jahre einen Schritt hinter gemischtgeschlechtliche Gesellungsformen zurück, die sich seit dem 18. Jahrhundert auch in Köln herausgebildet hatten. Gerade der älteste und berühmteste Ideengeber des neuen Kölner Karnevals, Ferdinand Franz Wallraf, hatte die Gesellschaft kluger Frauen durchaus geschätzt, wie seine häufige Anwesenheit im Salon der Dorothea Menn-Schauberg belegt, die dem unvermögenden Wallraf nicht zuletzt eine Vertiefung seiner akademischen Ausbildung ermöglicht hatte.[10] Dieser vertraute Diskurs- und Festzusammenhang unter Frauen und Männern wurde in den neuen Gesellungsformen des Kölner Karnevals jedoch ignoriert.

Selbstverständliche Begegnung der Geschlechter im kulturellen Leben des 18. Jahrhunderts. Ein französischer Salon Jean-François de Troy, 1728

Romantische Geselligkeit und Kölner Karneval

Das „Festordnende Comité für die Carnevalslustbarkeiten" (im Folgenden kurz FOCC) erwuchs aus mehreren kulturellen Zirkeln, so aus ideellen Fortführungen der „Samstags-Nachmittags-Gesellschaft", der bereits deutlich ironisch-romantisch geprägten „Olympischen Gesellschaft", aus dem Redakteurskreis um Joseph DuMont und schließlich aus der eher elitär geprägten Casinogesellschaft.[11] Die beiden erstgenannten Gebilde stellten lockere, teilweise interkonfessionelle Klubs von aufgeklärten Literaturfreunden dar, die sich die Pflege der kölnischen Geschichte und Mundart zur Aufgabe gemacht hatten.[12] Zwei Pädagogen sind als ihre Initiatoren und Anführer zu nennen: Johann Caspar Schug und Ferdinand Franz Wallraf, der zudem Geistlicher, Kunstsammler und Professor war – und sicher die herausragende Persönlichkeit des Kölner Geisteslebens dieser Zeit. Der (Kunst-)Historiker Matthias DeNoël wiederum ist der einzige Beteiligte, der *in persona* ein Verbindungsglied von den frühen Clubs zur Neuschöpfung des Kölner Karnevals von 1822/1823

Väter des organisierten Karnevals. Links unten: Christian Samuel Schier, links oben: Ernst Weyden, rechts oben: Adolf Nückel, rechts unten: Wilhelm Smets

darstellt.[13] Die sonstigen Mitglieder des FOCC waren etwa zwei Dutzend höchst unterschiedlicher Männer: Studierte und Händler, Kölsche und Imis (sogar italienischstämmige), Vermögende und solche, die für ihr Geld hart arbeiten mussten, Verheiratete und Ledige, Juden und Katholiken, Geistliche und Weltliche. Insgesamt waren es eher jüngere als ältere Männer, die eine Art „Lenkungsgruppe" des neuen Karnevals bildeten. Ab 1824 nannten sie sich offiziell „Festordnendes Comité für die Carnevalslustbarkeiten".[14]

Mit ihrem hohen Anteil an Vertretern aus dem Bildungs- und Besitzbürgertum (der Adel war nur durch den gewählten „Präsidenten" vertreten) spiegelte diese neue bürgerliche Vereinigung nicht gerade den Querschnitt der Bevölkerung. Die Träger repräsentierten jedoch die zukünftig machtvollste Gruppe Kölns: Als Schulleiter, Redakteure, Herausgeber, Stadtverordnete und finanzkräftige Kaufleute bestimmten sie den kulturellen Diskurs und etablierten das männliche Bürgertum in einem neuen Sinne als bewusste demokratische Stadtbürger.[15]

„Ein Festordnendes Commité, aus den Ersten der Stadt zusammengesetzt, leitete das Ganze mit weiser Gewandtheit, geschmackvoller Sachkenntniß, und löste die höchst schwierige Aufgabe auf's vollkommenste."[16] Die Verbindung von Ambition, Geld, Heimatliebe und Witz setzte großes kreatives Potential frei. In der Zeit der Zugehörigkeit zu Frankreich, dann zu Preußen hatte sich der Kölner Karneval gespalten: Zunächst gab es großartige und aufwendige Privatfestivitäten in Adelshäusern und öffentlichen Tanzsälen, sodann bildungsbürgerlich bestimmte Lustbarkeiten in privaten Wohnhäusern und schließlich spontane Straßenfeste, die sich eher durch Deftigkeit auszeichneten. Die beim Feiern bisher nicht so bedeutsame Scheidelinie zwischen Bürgerlichen und Unterschichtsangehörigen hatte sich vertieft.[17] Das (männliche) Bürgertum lehnte den Straßenkarneval zunehmend ab. Es stieß sich an der mangelnden Moral, der Niveaulosigkeit der Darbietung und dem pöbelhaften Verhalten der Jugend. Dabei spielte die allgemeine Diskussion um die sittlichen Zustände in der

Haus der erfolgreichen Migrantenfamilie Zanoli im Köln des 19. Jahrhunderts, Lithographie, um 1822

Maskierte Narren dringen in ein bürgerliches Haus ein, Stich, 17./18. Jh., Mariette

Der neue Stil

Diese „Jungen Wilden", die sich berufen fühlten, den Karneval durch eine idealistische Neudefinition gänzlich umzuformen und neu zu erfinden, inszenierten sich in romantisch-ironischer Manier selbst als Elite:

Gesellschaft eine große Rolle: 1804 kam es zum Beispiel zu Aufregungen über ein junges Kölner „Frauenzimmer", das einen Werbezettel verteilte, der angeblich Zoten enthielt, „die den Fremden, dem sie in die Hände fiel,

Geschlechterspiel beim adligen Maskenball in Bonn, Ölgemälde, J. F. Rousseau, 1754

einen sehr falschen Begriff von der Natur der cölnischen Carnevalsfreuden" gaben; dazu wurde er noch von einer Jungfer verteilt, die „zu den honetten Leuten" gehörte.[18] Derlei sollte tunlichst nicht mehr vorkommen.[19]
Als „Heilmittel" gegen die diagnostizierten Verfallserscheinungen wurde ein großer Maskenzug am bisher nicht mit Feiern belegten Fastnachtsmontag verschrieben. Und das Elixier sollte in gefällig verpackter Form gereicht werden: in Form der Poesie. Der Karneval sollte zukünftig so angelegt werden, dass das Fest „vom Geiste der Ordnung unbemerkt geführt, gleichsam ein Drama aus dem Stegreif bildet und sich in die mannigfaltigsten, komisch-ernsten Situationen verzweigt".[20] Entsprechend den Leitlinien der Romantik wurde der Vorliebe zu freien Formen gefrönt, Improvisation war Trumpf. Der schöpferische Akt wurde fast wichtiger als das Produkt. Die Poetisierung war nicht nur Mittel, sondern auch ein Ziel dieser Veränderung. In der Tat erfuhr der Kölner Karneval eine Literarisierung, die bisher noch nicht angemessen aufgearbeitet ist.[21]

Auch in Köln griff das romantisch-idealistische Kunstkonzept, die Welt durch Ideen zu verändern, indem die Realität neu wahrgenommen wurde. Die aufgeklärte Vernunft wurde zugunsten der gefühlvollen Poesie zurückgedrängt. In den Schöpfern des romantischen Karnevals lebte noch viel vaterländisches Bewusstsein, und die Vorliebe der Romantik für Geschichte und Volksüberlieferung im Allgemeinen kam diesem Hang der Kölner durchaus entgegen. Das Spätmittelalter und die Frühe Neuzeit wurden, als ‚goldenes Zeitalter' gewählt, zur Projektionsfläche für Wünsche und Sehnsüchte: „Als aus dieser romantischen Sehnsucht im Jahre 1823 das vaterstädtische Fest – der Rosenmontag – mit seinem Umzug neu belebt wurde, kam in diesem farbenprächtigen Mummenschanz eine politische Polemik mit dem Traum von der alten Reichsherrlichkeit zum Ausdruck."[22]

Die frühen Roten Funken – eine Re-Konstruktion

Die Integration der Karnevals-Funken durch das FOCC fügt sich in dieses Szenario des Wunsches nach „Beschwörung und Wiederherstellung alter Zeiten" – eine Reaktion auf gesellschaftliche Veränderungen – passgenau ein. Die Fama will, dass der 26-jährige Landgerichtsrat von Wittgenstein bei einer Besprechung am 10. Februar 1823 den Vorschlag zur Aufstellung einer Gruppe von Roten Funken machte. Doch hatte zuvor bereits Wallraf in einem Gedicht die Überführung der Stadtsoldaten in den Karneval angeregt. Nach den Auftaktzeilen: „Erschein' nun alte Zeit samt altem Blaffertstück, Komm Geckenberndgen noch zum Gottstragtag zurück", forderte er ausdrücklich die Reanimierung der historischen Stadtsoldaten im Karneval: „Laß Bürgerfahnen bunt zu Colonellschaft prunken, Und unser Bataillon mit den fünfhundert Funken!"[23] Zeitgenossen berichten zudem, dass Fußgruppen, die als historische Funken verkleidet waren, bereits in vorausgehenden Jahren zum Karneval gehörten.[24] Und ein Jahr vor der Erneuerung, 1821, dichteten vermutlich FOCC-Mitglieder eine Posse mit Bezug auf die Schlacht bei Worringen, die bereits die Funken behandelte. Als kollektiver Autor ist „einige patriotische Freunde ihrer Vaterstadt Köln" vermerkt. Über die kölnischen Funken heißt es dort etwa:
„Nachdem die Truppen [die kölnischen Funken] … in ihrem Lager oder an dem, so zu sagen, gewählten Standpuncte der allda zu gebenden Vorstellung angekommen sind, wird gesungen:
Aufruf zum Kampfe:

Schlachtgesang durchtönt die Gauen
Heut in unserm Vaterland:
Muth'ge Männer, Mädchen, Frauen
Reicht euch frohen Sinns die Hand.
Kommt in trautem Kreis zusammen
Und bestärket neu den Bund,
Der durch himmelhohe Flammen

Unsern Feinden werde kund.
Alles kehre heut zurücke,
Wie's bei unsern Vätern war,
Strengem Rechte weich' die Tücke,
Und besiegt sei die Gefahr!
Uns're tapfern Schaaren stehen
Stets zum Kampfe muthig da:
Niemals kannst du untergehen,
Edle Stadt Colonia.

Heut soll'n tönen Jubellieder
An dem großen Siegestag,
Brüder reih'n sich dann an Brüder
Bei dem frohen Trinkgelag.
Brüdern, die heut werden fallen
Ruhmvoll in der blut'gen Schlacht,
Allen diesen Brüdern, Allen
Werd' ein dankend Hoch gebracht."[25]

Der Liederforscher Paul Mies schließlich erwähnt ein Spott-Lied aus dem 18. Jahrhundert, das bereits lange kursierte: „Et troken ens de kölsche Zaldaten tegen [gegen] däh Feind, Hundert Mann zo der Weyerpohz herus en et Feld Un nohmen däh bluse Zabel en de Fuhs De kölsche Funken, de wohten esu konfuhs De kölsche Funken, de finken an un stunken."[26] Die Funken waren also in der Erinnerung vieler KölnerInnen noch als frühere Beschützer der Stadt präsent und bereits vor 1823 vertraute Figuren im Karneval.[27]
Die Karnevalsgruppe der Kölnischen Funken wurde vom FOCC aus historischen wie ästhetisch-funktionalen Gründen eingeführt: Die komische Truppe war zunächst eine Staffage für den neuen Heros, den Helden Carneval.[28] Als dessen Inthronisation beim ersten, kurzfristig ausgerichteten Fest auf dem Neumarkt gefeiert wurde und sich ein kleiner, aber feiner Maskenzug anschloss, zogen an fünfter Stelle die kölnischen Funken hinter ihrem Kommandanten mit. Dieser nachgeordneten Position ungeachtet transportierten gerade die Stadtsoldaten – neben den Figuren des Reichsbannerträgers und der Hl. Knechte und Mägde – am deutlichsten und nachhaltigsten das reichsstädtische Flair. Gerade sie wurden zu einer der beliebtesten Gruppen.

In der frühen Corpsgeschichte erscheint die närrische Armee als eine relativ lose lustige Gruppierung. Es gab z. B. Werbehäuser, in denen man sich melden konnte, um Infanterist zu werden.[29] Zwar wird vereinzelt vermutet, dass schon früh (1824) ein kölnischer Funken-Verein gegründet worden sei.
Wir sollten uns die Funken bis 1869 aber eher als eine Gruppierung vorstellen, die immer neu gebildet wurde und in der es wenig bis keine personelle Kontinuität gab.[30] Nicht nur literarische Inszenierung ist deshalb die Sentenz, dass die Funken „jährlich am Fastelabend gleich Phönixen erstehn…".[31]
Vermutlich konnte – entgegen der Darstellung auf einer Werbeanzeige in der *Kölnischen Zeitung* – nicht jeder, der es wollte, Funk werden, sondern es gehörte die Zugehörigkeit zu einem homogenen Milieu dazu, dem gehobenen Bürgertum. Euler-Schmidt fand bezeichnenderweise eine Einnahmen- und Ausgabenliste von 1824 mit einem Posten für „Statisten".[32] Es gab jedoch keine formale Reglementierung der Aufnahme. Nicht zuletzt deshalb waren die frühen Karnevalsfunken noch kein Männerbund in engerem Sinne, da dieser eben auf fester Gruppenbildung, Kontinuität und Hierarchie beruht.[33]

Parodie oder Heldenpathos? Widersprüchliche Inszenierungen

Die Karnevalsfunken versuchten, die historischen Funken, die „ahl änzte Funke", möglichst naturgetreu nachzuahmen.[34] Der Bezug auf die früheren Stadtsoldaten ging jedoch über eine äußerliche Nachahmung weit hinaus. So waren die realen Funken bereits ein beliebtes Objekt für den Spott der Bevölkerung gewesen. Für die bereits im 18. Jahrhundert dokumentierte liebevolle Unehrerbietigkeit gegenüber den historischen Stadtsoldaten werden verschiedene Gründe angeführt: Ihre übergroße Arbeitsscheu und der Eindruck, sie seien „Schluffe", die in Zeiten der Bedrängnis die Stadtbevölkerung gar nicht verteidigen könnten und wollten.[35] Die literarisierte „Feigheit" der Stadtsoldaten geht so weit, dass sich der Funk gerne „vör Angs jet en de Botz" macht.[36] Mit dieser nur historisch zu verstehenden Bedeutungsschicht galt es subtil umzugehen.

Statt wilder Männer, verlässlicher Haudegen oder derber Söldner hatten die Funken-Darsteller brave Städter, feige und kampfunwillige, ja sogar bewusst pazifistische Soldaten zu „geben". In dem berühmten DeNoëlschen Triumphmarsch von 1825 „Alaaf et kölsche Drickesthum" – das erste bisher bekannte Karnevalslied in kölnischer Mundart –, wird z. B. die eindeutige Forderung erhoben, den Feind leben zu lassen: „De't we vör Ahls met freschem Ruhm Han op e neu's gezwungen, Dat sich der Feind vun selvs gebraat, Nen Ungerwerfungsack gemaat, Dröm loht in auch als levven."[37]

In neueren Texten wird die Niederlage von 1794 lustvoll wieder und wieder beschworen:[38] Wenn die Funken bemerken, dass der Feind im Land ist und die eigene Lage „desparat" erscheint, wissen sie auch keinen Rat, sie „verheimlichen" sich, bücken sich weg, sie winden sich, denn sie scheuen nichts mehr als Blut. Geradezu zum Topos wird, dass die meisten ohnehin lieber in der Kneipe „Freischütz" sitzen. Die Funken vergessen einfach den Krieg, und nehmen „cool" die „bittere Wahrheit" in Kauf: „geschlagen ist das Funkenheer". Ein typisches Funken-Kommando endet mit der Aufforderung, nicht direkt mit dem Kämpfen (sondern mit dem Handschuhwurf) zu beginnen: „Doch schlaget nicht zuerst in die Feinde ein, Denn überall muß Gerechtigkeit seyn, Und immer muß man zuerst beleidigen, Eh man sich darf mit Recht vertheidigen."[39]

Die Funken im Kölner Karneval wurden zunächst als Antihelden und Deserteure inszeniert.[40] Im erwähnten „Triumphmarsch" von 1825 wird im Stil der „verkehrten Welt" das Flüchten belohnt, die dummen Dagebliebenen „müssen" indessen siegen.[41] Flucht, so wird es dem Publikum vorgeführt, sei oft sinnvoller als Kampf: „Doch vör dee, dee sich vermuffe [desertieren] Oder heimlich sich voll suffe – Dovör gitt et keine Roht; Als dä Böckem vun dem Hoht."[42] Unsere Karnevalsfunken tragen entsprechend – ganz verspielt – Blümchen am Gewehr: „Loht se ne gehl' un gröne Struuß Jeez dragen..."

Dazu gehören im 19. Jahrhundert als „unmännlich" erscheinende Erwerbstätigkeiten. Häufig finden wir die Funken „… am Schelderhuus Eer Hosen lang' noch strecken."[43] Zur Folklore gehörte, dass die Karnevals-Funken die Armut der historischen Funken nachspielten, symbolisiert durch das Strümpfe-Stricken, wozu die echten Funken aus ökonomischer Not gezwungen gewesen sein sollen: Ihr Beruf allein machte sie nicht satt. Was den „Zaldate" als weitere „weiche" Kompetenz zugesprochen wurde, war der enge Kontakt mit den kölschen Mädchen: Im Gegensatz zum zölibatären Leben der preußischen Soldaten in ihren Kasernen hatte der frühneuzeitliche Soldat stets einen Schatz: „Un vun den Mädcher, de su brav Uns' Underformen niehten, De en der Schlaach, wo nümmes blav, Beim Scheeßen gar nit kriehten, Kritt mallig singe kölsche Funk, Dröm sollten, all en ein Gebunk, De kölsche Jumfern levven."[44]

Der furchtsame Funk entspricht dem Topos des feigen Kölner Stadtsoldaten. Darstellung aus der Beilage zur Österreichischen Morgenpost, 1839

Entsprechend dieser engen Gemeinschaft gibt es vielfältige Bezüge auf das Bützen, fast die einzig thematisierte Art von körperlicher Intimität. „Des Montags om Paradeplatz So sint de köllsche Funke opgekratz! Se wäden exerzeeren, Ehr Schätzge karresseeren, Un gevven imm zum Schloss enen tüchtigen Schmatz."[45] Die Mädchen sind sozusagen der Lohn für die Kampfes-Mühen: „Evver adig ömgegange, Doht ehr nette Mädcher fange – Eine Butz eß dann genoog Vör dä Funk dä sich geplog."[46] Die Frau soll außerdem noch waschen und des Funken Zöpfe flechten, wie das Lied von 1843 verdeutlicht: „Kutt, kutt! un brengt öhr Mädche, Frau of Kind, Weil och em ähntze Kreeg die Zöpp zo driehe sind; Deiht meer dä feind zerdräsche – Kann meer kein Hoosse wäsche, Deßwege doh och Fraulück, zu bruche sind."[47]

Neben der humoristischen Imitation der historischen Stadtsoldaten wurde den Funkendarstellern zugleich die Funktion zugewiesen, das strenge preußische Militär und die übertrieben bombastisch-unterwürfigen Begrüßungsrituale für VertreterInnen des Königshauses zu parodieren.[48] Friedel Schwarz und Helmut Thielen konstatieren: „Sie marschierten und parodierten in einer schwerfälligen Art, um den Gegensatz zwischen ihnen und dem preußischen Militarismus mit seinem übertriebenen Drill hervorzuheben. Denn es war geboten worden, dass der Maskenzug ... in das Gewand des Scherzes und des Frohsinns gehüllt, Stoff zum Lachen darböte."[49] Die Parodie des Militärs erforderte schluffiges bis chaotisches Paradieren: „Hierauf ließ der Kommandant: Rührt euch! kommandiren, und die drolligsten Späßchen wurden von den treu copirten kölnischen Funken so gegeben, wie wir sie früher im ersten Leben in natura gesehen."[50] Da ist die Rede davon, den Gänseschritt zu versuchen, oder ein Hauptmann kommandiert: „Met gespalde Klauen et Rabatt eraaf!"[51] Der Commandant bedarf einer Leiter, um aufs Pferd zu gelangen. Bilder zeigen den ungeordneten tänzerischen Auseinander-Schritt der Truppe. Heute fragen wir uns: Lag Parodie bereits im rüschig-gepflegten Rokoko-Outfit, das dem zackig-strengen Preußentum

Der Funk bützt sein Mädchen, Postkarte, Anfang des 20. Jahrhunderts

so deutlich gegenüberstand? Oder: Wurde etwa auch das provozierende „Stippeföttche" schon vor scharfen Preußenaugen praktiziert, von dem bisher geglaubt wurde, es sei erst Jahrzehnte später Usus? Immerhin wird diese Ulk-Geste – in Köln lange als Kinderspiel bekannt – bereits 1842 in einem Funkenlied erwähnt: „De Eine spillen Pöttchen, De Andre Stippeföttchen, Un keinem mie kümp dann dä Feind en dä Senn."[52] Sicherlich war sie da schon in den Funkenkontext eingeführt. Gerade das Stippeföttchen, bei dem die karnevalesken Soldaten sich nach rechts und links wendeten und dabei ganz unmilitärisch nicht nur aneinander stippten, sondern fast obszön mit ihren Allerwertesten wedelten, konnte als Parodie auf die angeordnete Starre des „Stillgestanden!" gedeutet werden.[52a] Laut dem Autorentrio Fuchs, Schwering und Zöller auf jeden Fall jubelten die Kölner „den Soldaten, die einen so legeren Kontrast zum preußisch-schneidigen Militär der neuerdings in der Stadt liegenden Garnison darstellten, freudig zu".[53] – Das ganze Ausmaß der karikierenden Elemente können wir heute nicht mehr so augenfällig fassen wie die ZeitgenossInnen. Wir sind auf Texte und Bilder angewiesen, in erster Linie auf die gereimten Zugbeschreibungen des Christian Samuel Schier.

„Die Funken, deren Glänzen unterging,
Aufs neue prangen sie im vollen Staat,
Voraus der Kommandant mit Sing und Kling,
Er hilft den Seinen durch mit Rath und That,
Daß sich nur keiner etwa unterfing
Zu schreiten aus dem zugemeßnen Pfad!
Es sey denn, daß Herr Bachus kommandirte
Und selbst den Kommandanten abwärts
   führte."[54]

So verulkt Schier subtil das Paradieren. Durch seine humorvollen Betrachtungen in den Anleitungs- wie Chroniktexten, durch sein kunstfertiges Spiel mit Worten wird der Gegensatz zwischen Poesie und Alltagsrealität im durch die Preußen besetzten Köln wahrnehmbar.

Realer Hintergrund all der parodierenden Elemente war, dass Köln ab 1815 von gut ausgebildeten männlichen Militärpersonen überquoll, die beauftragt waren, Köln zur wichtigsten preußischen Festung im Westen auszubauen. Die preußische Obrigkeit regierte streng; die Vertreter des Militärs zeigten Spuren von Überheblichkeit. Es kam zu

Undiszipliniertes Marschieren der Funken im Rosenmontagszug 1828, Lithographie, J. Schlappal

Irritationen und Reibereien. Trotz der Übermacht ordnete das FOCC die deutliche Parodie an, auszuführen durch die von ihm geschaffene Funkengruppe. Diese muss die karikierenden Absichten des FOCC mitgetragen haben – immerhin drohte gerade ihnen Ungemach, da die Preußen bekanntermaßen keinen Spaß in oder mit Uniformen verstanden.[55] Aber auch die Preußen lernten schnell, dass die Karnevalszeit einen Freiraum darstellt, in dem man auch politisch über die Stränge schlagen darf.

Der Zensur konnte sich das FOCC – außer in politisch brisanten Jahren wie 1830 und 1848/49 – bis zu einem gewissen Grad entziehen, indem es sich auf die Freiheit der Literatur berief. Die romantische Ironie bot hier breite Möglichkeiten, sich in den Formulierungen unangreifbar zu machen.

In der Sekundärliteratur wurden gerade die Karnevalsfunken denn auch lange Zeit als Anti-Helden rezipiert. Klersch benennt als treibende Kraft der Zuneigung „den preußischen Kommiß, […] der den Kölnern in seinem Wesen noch so wenig einging und sympathisch war".[56] Laut Mies gehört es sowieso zum Kölner Humor, vor Institutionen-Kritik nicht Halt zu machen, da kamen die Funken gerade recht.[57] Bis heute werden die Funken aufgrund ihrer früheren Preußen-Parodie hochgeschätzt – und trotz ihrer Veränderungen hin zum Militarismus der 1870er Jahre gelten sie als eher „fortschrittliches",

Diszipliniertes Marschieren der Funken im Rosenmontagszug 1836 auf dem Neumarkt, Detail aus dem Ölgemälde von Simon Meister

freiheitsliebendes Karnevalscorps. Interessanterweise hielten jedoch bereits die frühen Autoren aus dem Kreise des FOCC die Parodie in den Karnevalsliedern und Schwänken nicht durch. Sie inszenierten die Funken parallel immer wieder als wirkliche Helden. „Hurrah! Hurrah! Gewonnen eß der Kreeg, Meer kölsche Zaldate han widder seeg; Dä Feind dä däht uns gleuve, Däht uhs dem Weg sich steuve Un durch 'nen gooden Blöhf, wohr uns dä Seeg."[58] Der Liederforscher Mies wundert sich zu Recht, dass, obwohl die Funken schon „lange Zeit von der heiteren Seite genommen" wurden, die „ersten Erwähnungen in den offiziellen Karnevalsliedern durchaus Ernst und Würde wahren."[59] In diesem Lied von 1843 z. B. verlieren die Funken nicht ruhmvoll, wie es das Klischee vorgibt (sie kriegen immerhin noch die pazifistische Kurve, die Säbel nicht zu benötigen). Martialischer geht es in „Töne laut, Jubelsang" zu: „Darum laut preiset heut Unseres Sieges Wichtigkeit; Denn ein Friede ist gemacht, Wie der Rath ihn ausgedacht – Für allezeit. Doch gefällt's, Brecht dem Feinde heut die Häls'!"[60]

Auch auf zeitgenössischen Abbildungen ist die antimilitaristische Geste nicht immer sichtbar. Die Persiflage des Drills, die Parodie einer bestimmten Art zu gehen, wird nicht konsequent durchgehalten. Da ist dann die Rede von perfektem Exerzieren, Marschieren, Paradieren.[61] Frohn bemerkt denn auch treffend: „Die Quellen verbieten jedoch, ihre Rolle auf diese Interpretation [der Parodie preußischen oder französischen Militärs, die Verf.] zu reduzieren, wie es heute oftmals geschieht. Zudem verband sich in ihrer Darstellung sehr schnell die Lust an der Persiflage auf das Militär mit dem Stolz, eine bunte Uniform mit vielen Auszeichnungen tragen zu dürfen."[62]

Es ist zu vermuten, dass die ungewohnte massive Anwesenheit der streng formierten preußischen Soldaten manchen Kölner

Mann in Unterlegenheitsgefühle trieb. Das mag auch der Grund dafür sein, dass die Autoren die durchgehende Parodie – eben die Darstellung der Funken als eine Truppe notorischer Feiglinge – nicht aushielten.

In den Freiheitskriegen 1813 bis 1815 und in den darauf folgenden Jahren, in die auch die Anfänge der deutschen Nationalbewegung fallen, wurde die patriotisch-nationale Gesinnung eng mit der Propagierung einer „wehrhaften Männlichkeit" verknüpft. Von jedem Manne wurde fortan die Bereitschaft und Fähigkeit erwartet, die „Freiheit des Vaterlandes" mit der Waffe in der Hand zu verteidigen.[63] Zeitschriften huldigten diesem Ideal der neuen militarisierten Männlichkeit durch Bilder, Lieder und Gedichte. Wurde das uneingeschränkte Recht auf männliche Vorherrschaft in der Gesellschaft wie in der Familie bisher als gottgewollte Ordnung, als standes- oder funktionsbedingt legitimiert, so trat nun der Aspekt der geschlechtsspezifischen „Natur" in den Vordergrund. Die Gebärfähigkeit bestimmte nun nicht mehr allein eine vorübergehende Funktionalität der Frau im Leben des Kindes, sondern wurde zur Basis, um vermeintliche Unterschiede zwischen den Geschlechtern im Denken, Handeln und Fühlen zu begründen.

Die aktiven 1823er Karnevalisten befanden sich nun in einer zwiespältigen Situation: Der „patriotisch-wehrhafte" Männlichkeitsentwurf setzte sich allmählich von den gebildeten Schichten aus nach unten durch. Noch verweigerten sich die Kölner Intellektuellen mit der dramaturgischen Absage an die zackigen Auftritte der Preußen und ihrer gestischen Ausführung durch die Funken dem Soldatentum selbst wie auch dem dahinter stehenden Männlichkeitskonzept. Angeblich mochten die Kölner Männer den Drill und den „kriegerischen feuersprühenden Blick" der Preußen nicht.[64] Die Autoren von Texten für und über den Karneval jedoch führten die Helden bald wieder ein. Sie glichen so vermutlich die entstandenen Minderwertigkeitsgefühle der realen Männer wieder aus. Dies lässt Rückschlüsse auf den Gefühlshaushalt der Kölner Männer im frühen 19. Jahrhundert zu.

Der Kitt zwischen den Männern: Alkohol

Diese Brüchigkeit im Männerbild ist auf interessante Weise mit dem Thema Alkohol verbunden. Das preußische Heer erhob massive Disziplinforderungen, wozu selbstverständlich auch die Alkoholabstinenz im Dienst gehörte. Diese Zuchtforderungen wurden von Beginn an durch dramaturgische Vorgaben an die Funkendarsteller durchkreuzt. Es ist einer der durchgehenden Topoi in den Funkenliedern und Zug-Beschreibungen, dass die Funken trinken sollen, was nur reingeht.

Der Funk trinkt sich Mut an. Leporello-Entwurf: Kostümhilfe für Kölner Bürger, um 1830

„Allarm und Muth, ihr Funken, Schnell tretet in's Gewehr! Und habt ihr was getrunken, Dann trinket nur noch mehr!" heißt es in einem Lied von 1826.[65] Immer wieder wird der Alkohol als Mutmacher vorgeführt wie im Funkenmarsch von 1842: „Un för dä Doosch och, met Verläuf, Es allerlei Dings zusamme gestäuf Vun Wing un Knupp un Fusel, Drömm sin mer all em Dusel, Un kriggen esu grislich Kurrasch en et Häuf", heißt es da.[66] 1825 wird in Analogie zu der Schlacht bei den „Thermopylen" gedichtet, die Funken sollten „diesen Hauptwall unserer Sicherheit, den wichtigen Engpaß der Bechererrgasse, bis auf den letzten – Schnappstropfen" verteidigen.[67] Der Topos steigerte sich zum Nachruf auf die Alkoholleiche: „Ihr müßt euch wehren! Sterbt mit dem leeren Glas in der Hand Für's Vaterland! Versauft das Handgeld, Das euch noch mangelt, Damit die Nachwelt in späten Tagen Von euch kann sagen: Hier ruhen Funken, noch ganz betrunken." Hier wird Heldenpathos ironisiert, die geforderte grenzenlose preußische Bereitschaft, sich für das Vaterland aufzuopfern, wird deutlich verhohnepiepelt. Die heroische Geste wird zugunsten des Rausches eingesetzt, anstatt zugunsten von Nation und Familie.[68]

Alkohol wurde zugleich zum männerverbindenden Thema (gemacht). Die bürgerliche Frau des 19. Jahrhunderts durfte keinesfalls mehr in der Öffentlichkeit trinken, wie es ihr zuvor auf einer Wallfahrt, bei der Tauffeier oder in einer Gastwirtschaft möglich gewesen war. Konnte die Gefährtin eines Kölner Soldaten im 18. Jahrhundert laut einem Liedtext noch offen verlangen: „Luhstert Kumpeschen [Gevatterin], wat eß für e Geschrei? Ich gläuv, minge eige Mann eß met derbei, Kickt: Sackdräger un Schürger, Rotshäre un Bürger Die träcken jo all ere Zabel erus! – Oh wieh, oh wieh! Meer schleit et en de Bein, Ming Hätz weed meer su schwer wie 'ne Unkelstein. Nu lauf doch jet geschwind, Söns weeden ich noch flau, Un hol meer doch e Pinkche goden Schabau",[69] so wurde dieses Vergnügen, dieses Laster des übermäßigen Trinkens im 19. Jahrhundert nur noch den Männern zugebilligt und die (bürgerliche) Frau auf einem weiteren Gebiet begrenzt.[70]

Der Ausschluss von realen Frauen – und von Weiblichkeit?

Die FOCC-inspirierten Funkendarsteller verweigerten sich, wie beschrieben, spielerisch einem allzu fanatischen Patriotismus und Heldenimage, indem sie sich als unfähige „Softies" gerierten. Gleichzeitig aber übernahmen die diskursbestimmenden Herren bereitwillig die übliche Abwertung des Weiblichen und realer Frauen. Unsere FOCCler verließen die Privatwelt mit ihren geschlechtergemischten Salons, konstruierten sich eine künstliche literarische Narrenwelt und so dem Kölner Kulturbetrieb ein neues öffentliches Gepräge. Die Frauen wurden ebenso aus diesem wie aus der nichtnärrischen Männergesellschaft ausgeschlossen.[71] Diese rigide Trennung der Welten war eine neue Entwicklung: „Bis in die ersten Jahrzehnte des 19. Jahrhunderts hinein waren die Männer keineswegs primär öffentlichkeits- und berufsorientiert. Ihr explizit auf Ganzheit angelegtes Selbstverständnis umfasste die Privatsphäre nicht minder als die Arbeitswelt."[72] War diese Tendenz, Frauen auszuschließen, eine Reaktion? Seit dem Ende des Alten Reiches hatte Karoline Herschel einen Kometen entdeckt, mehrere Wissenschaftlerinnen wurden in Akademien aufgenommen, Frauen eröffneten Schulen für Mädchen, Journalistinnen arbeiteten an Zeitungen mit, Abenteuerlustige reisten in Männerkleidung durch arabische Länder oder flogen im Ballon über die Erde, Ärztinnen promovierten, Räuberinnen führten Banden an. Eine Welle von Verteidigungsschriften zur Festigung der Position der Männer hatte den Tenor, Frauen hätten in der Öffentlichkeit nichts zu suchen, weder in der Politik noch im Kulturbetrieb. Die Ausgrenzung der Frau wurde unter Hinweis auf das unterschiedliche Wesen der zwei Geschlechter als hilfreiche Geste verklärt:

„Wie viele traurige Einflüsse in das öffentliche Leben, Unruhen und Verlegenheiten sind den Frauen beinah fremd, und nur den Männern zur Last gefallen, die peinlichen Sorgen der öffentlichen Geschäfte, die Prozesse? Der Krieg, gewaltsame Staatsumwälzungen treffen die Männer unmittelbarer als die Frauen."[73]

Auch in den durch das FOCC verantworteten Texten herrschten Stereotype vor und wurde die Sehnsucht nach den alten Zeiten auf dem Rücken von Frauen beschworen. Dichteten die Meister der Feder mit einem gewissen Recht: „Der Unterschied der Ständ' ist aufgehoben", so wurde der „Unterschied der Geschlechter" durchaus nicht eingeebnet. Im Gegenteil: Die Kölnerin wurde (anders als in anderen Städten) von vornherein aus dem neuen Karneval ausgegrenzt, und zwar nicht nur aus dem tonangebenden Komitee selbst, sondern auch aus den gesamten Inszenierungen und den in der Folge gegründeten Formationen der Aktiven.[74] Frauen waren weder in den Generalversammlungen noch im Zug zugelassen.[75] Sie waren weder bei der Vorbereitung noch bei der Ausführung erwünscht. Strukturell war das FOCC als Männerbund angelegt, doch war er 1823/24 durchaus noch nicht wirkungsvoll gegen den Einfluss von Frauen geschützt. Allen Kölner Karnevalisten war klar, dass die wichtigen „Geheimnisse" nur bis zum Ende der Sitzung gewahrt wurden: „Die Meisten segelten freudig ab, um das Vorgefallene brühwarm ihren trostvollen Ehehälften zu referiren, und hungrige Ohren zu speisen."[76]

Das FOCC wollte alte reichsstädtische Verhältnisse kopieren oder re-installieren. Aber bezüglich der Beteiligung der holden Weiblichkeit bestanden keinerlei derartige Absichten. Die überlieferten Quellen – vom Tagebuch des Ratsherrn von Weinsberg über Fastnachtspossen und Ratsedikte bis zu Reiseberichten – bezeugen, dass Karneval vorher ein Ereignis für alle war, dass „Frauen und Männer teils getrennt, teils in gemischten Gruppen maskiert durch die Straßen" zogen.[77] Noch für Anfang des 19. Jahrhunderts ist durch Zeitungsmeldungen dokumentiert: „An den Abenden vergnügten sich sowohl ,artige Romanzenhändlerinnen' und ,Blumenmädchen' als auch ,Gassenkehrerinnen' und mehrere Damen in antiken damastseidenen Kleidern, mit brillanten Ohrgehängen aus der neuesten Mode, auf den Maskenbällen."[78]

Es gab zwar während der ganzen hier beschriebenen Zeit des romantischen Karnevals weiterhin die Weiberfastnacht und die Um-

Der Straßenkarneval in Köln, Lithographie von François de Villain, Mitte 19. Jh.

züge am Dienstag, bei denen Frauen mitmachen konnten, doch der Part bürgerlicher Frauen am Montagszug war auf die passive Teilhabe am Werk des Mannes reduziert. Mit dem Maskenzug wurde eine neue Phase eingeläutet. Damendarsteller spielten nun die begehrten Rollen der Prinzessinnen, Colonias, „Negerinnen" oder Musikerinnen. Auch die traditionell das Funkencorps begleitenden Marketenderinnen wurden nun von Männern dargestellt.[79] Solch eine Travestie kann der Bestätigung der „natürlichen" Ordnung dienen, indem die Männer in Frauenkleidern sich besonders klischeehaft „weiblich" gaben, wie wir es von heutigen Transvestiten kennen. Oder sie kann durch „verkehrte" Inszenierungen das polare Geschlechterverhältnis subversiv brechen. Welchen Effekt das FOCC erzielen wollte, ist nicht überliefert.

Interessant ist: Manch ein Mann der Frühen Neuzeit und damit der gloriosen Zeit der Reichsstadt Köln hatte Verhaltensweisen gezeigt, die im fortschreitenden 19. Jahrhundert als verweiblicht bewertet wurden. Diese nun abzuwehrende Effeminierung, weit mehr als patrizisches Rokoko-Geziere, wurde vom FOCC sozusagen stellvertretend an die Funken delegiert. Die Funken waren die frei gesellten Männer, die den neuen Maskulinitätsnormen nicht gerecht werden mussten, sie brauchten sich keine Gewalt anzutun, um dem Bild des starken/mächtigen, effizienten Mannes zu entsprechen.

Keinesfalls aber geriet bedrohliche Weiblichkeit aus dem Blick derjenigen, die den Karneval gestalteten oder über ihn schrieben. Der neue Maskenzug samt seiner dichterischen Beschreibung spiegelt zwar keinen Alltag, denn politische, ökonomische, rechtliche und soziale Fragen wurden im Kölner Karneval vor 1848 nur selten zum Gegenstand gemacht, aber er spiegelt Mentalitäten, so auch eine Neudefinition des „schönen Geschlechts". Das ist zum einen die „Idealisierung": 1823 wurde passend zum Heros eine „Hohe Frau" namens Venetia zunächst virtuell, 1824 dann leibhaftig eingeführt – natürlich von einem Mann gespielt – und mit schlechten Versen angebetet: „Was Herrliches Im Leben blüht, Es ist kein eitel Hoffen: Wo nur ein Herz für's Schöne glüht, Da ist der Himmel offen, Und nieder steigt ein Engelbild, Der Frauen Liebe zart und mild."[80] Zum anderen finden wir massive Dämonisierung. Dass die Männer eigentlich unter dem Pantoffel der Frau stehen, wurde zu einem Lieblingsthema der Karnevalsautoren. Sie schilderten Männer, die sich vor starken Frauen fürchteten. Das mag als Reaktion auf die ersten politischen, bewussten Frauen zu deuten sein. Auch wenn wir nicht belegen können, dass die Kölner Akademiker von den Forderungen der Frauen in der Französischen Revolution, die erstmals laut die Gleichberechtigung forderten, oder etwa von einer Mary Wollstonecraft, die in den 1790ern „Die Verteidigung der Rechte der Frauen" zum Thema machte, erfahren haben, so prägt dieser neue emanzipatorische Diskurs doch auch das Denken des Kölner FOCC. In vielen Texten wird anhand des Pantoffelmotivs eine angeblich verkehrte Welt imaginiert: Männer stellen sich als Opfer der Frauen dar.[81] Das darf nicht sein und ist doch nichts Neues: Seit Jahrhunderten thematisieren Männer den Kampf um die Hose, den Kampf zwischen Herkules und den Amazonen, die Besiegung des Aristoteles durch Phyllis. In stets neuen Variationen wird ihre Angst, Männlichkeit sei bedroht, gebannt. Nun werden eben auch der Kölnerin im Karnevalskontext männliche Attribute und unpassende Verhaltensweisen zugeschrieben: Die alte Jungfer, vor allem die beginische Jungfer, der Hausdrachen und die Hässliche Frau sind fortan beliebte Motive. Erfreulicherweise verraten die Literaten: Es ist in der Tat nicht nur die Angst vor dem Verlust der Macht gegenüber den neuen preußischen Herren, gegenüber den Folgen der Industrialisierung, gegenüber den neuen Gesetzen des Arbeits- und Handelsmarktes, sondern auch die Angst vor dem Verlust der häuslichen Macht, die sie umtreibt. Die Herren, die sich inständig darum bemühten, den

Angst vor Rollenumkehrung als Thema eines Wagens im Rosenmontagszug 1901, Leporello, gedruckt von Th. Fuhrmann, nach einer Zeichnung von Fritz Volckers

Simon Oppenheim als „Fürstinn Venetia in Cöln 1824", Lithographie von W. Goebels und H. Goffart

Frauen das Recht auf Sichtbarkeit und Sprechen zu rauben, fürchteten sich zugleich davor, dass die Unterdrückten sich erheben und den Spieß umkehren könnten. Dies ist in einem Gedicht von 1829 klar zum Ausdruck gebracht:

„Angstgeschrei durchhallet deine Gassen
Fackelglanz erhellt den Rathspallast,
Glocken tönen, Frau und Mann verlassen,
Küche, Heerd, zu blutgem Kampf gefaßt.
Blutig ward er nicht! den lieben Frieden
Schätzte jederzeit der Magistrat,
Ließ drum Kerker sich und Fesseln bieten,
Bald gefangen saß der ganze Rath.

Alle Männer sorgsam eingeschlossen
Tief in Kellern, wurden streng bewacht...
Was nur Mann heißt, soll die Straße meiden,
Staatsgefangener bei Brod und Wein,
Soll in Schlafrock sich, in Schürze kleiden,
In Pantoffeln, statt der Schuhe seyn:
Ein Pantoffel jede Hausthür zieren,
Als Symbol, daß Frau'n jetzt Herren sind,
Frauen überall das Szepter führen
Und ein neues Frauenreich beginnt."[82]

Ein Autor malt sich sogar furchtvoll aus, es gebe weibliche Narrenbünde, und fragt sich sogleich hämisch: „Bringen sie's [die Frauen ein Bündnis] zustand?" – um erleichtert das Scheitern zu imaginieren. Der Kölner Romantiker ließ dabei im Jahre 1829 geflissentlich außer Acht, dass es bereits seit 1824 ein funktionierendes Damencomité gab, wenn auch in Beuel. Statt einer männlichen Leitung herrsch(t)en hier einträchtig eine Obermöhne mit ihrer Wäscherprinzessin. Und dieser Zusammenschluss närrischer Frauen existiert, entgegen allen misogynen Prophezeiungen, so etwas müsse doch an der sprichwörtlichen weiblichen Zwietracht scheitern, bis heute.[83] Interessant ist, dass im Funkenszenario die Frau noch eine Zeitlang scheinbar als gleichwertig fortlebt, als gute Gefährtin und Patriotin fungiert, als das Mädchen von nebenan, das der Funk stets „bützen" möchte.[84] Das Wirtschaftsgeld wird brav abgegeben. Dass ein Mann von seiner Frau abhängig ist, erlebt der literarisch konstruierte Funken-Mann nicht zwingend als Notlage: „Nu, wer Loss hett, muss sich zauen, Hä kritt Geld glich op de Hand, Dat gitt hä dann singer Frauen För zo kauffen Proviant", heißt es etwa 1824 im Aufruf an die Kölner Ehrengarde der Venetia.[85]

Doch auch das Lob des Funkenmannes gilt im Endeffekt nur der Frau, die ihre reproduktiven Aufgaben erfüllt und sich auf seine Versorgung beschränkt. Das „Dankgedicht an die Frauen" von 1825 richtet sich „An die hochherzige Kölnerinn, welche so patriotisch für den moralischen und physischen Bedarf des Funkenheers gesorgt hat".[86] Ihre Verdienste um die Stadt Köln werden gewürdigt unter der Bedingung, dass sie diese mittels ihres Mannes erringt, das heißt, indem sie ihn stützt und sein Engagement fördert: „So viel hast Du, so liebreich uns gegeben, Daß kaum der Dank dafür noch Worte hat. Der Feind muß nun vor unsrer Kraft erbeben, uns folgt der Sieg, wir folgen Deinem Rath. Dein Name wird in der Geschichte leben, Marie Zibill! Die Chronik unsrer Stadt Wird Deinen Bürgersinn, den starken Geist erheben, Der Funken stets zu treuen Dienern hat."[87] Aus den eigentlich wünschenswerten Fähigkeiten der tüchtigen Hausfrau und Kampf-Gefährtin wird durch übersteigernde Karikatur immer deutlicher das Machtstreben des Hausdrachens geformt. Dieser Zwiespalt – der konstruierte Funkenmann weiß, was er an seiner Frau hat, will aber nicht auch noch zu Hause eine lächerliche Figur abgeben, sprich: unter dem Pantoffel stehen – wird gegen Ende der romantischen Phase zur Phantasie eines Krieges zwischen dem Funkenmann und seiner Frau gesteigert: „Jeez hät mer keine Kreeg als evvens met dem Wiev, Litt op der Ovvenbank un schmoort sing Pief. Doch wann de Bellen schellen, Küt dä Hanswoosch noh Köllen, Dann sin de Funken dooh met Siel un Liev!"[88]

Der Funk, der ohnehin lieber weglief als zu siegen, hat nun, da es keinen Krieg mehr zu führen gibt, nur noch den häuslichen Kampf auszutragen und zu ertragen. Und den will er gewinnen!

Die Roten Funken heute

In den 1840er Jahren ging der romantische Karneval zu Ende. 1844 spaltete sich das Festordnende Comité in zwei politische Lager, es gab vorübergehend zwei konkurrierende Züge. In den späten sechziger Jahren des 19. Jahrhunderts setzt sich dann auch in Köln die Idee des Heeres als Schule der Nation durch. Der preußisch-deutsche Militarismus wurde als Voraussetzung und Effekt der Nationenbildung akzeptiert. Das wirkte sich bis auf den Karneval und auf die Rolle und das Selbstverständnis der Funken aus. 1869 bildete sich definitiv eine „ordentliche" Funken-Vereins-Organisation heraus, und bald formierten sich weitere karnevaleske Soldatentruppen. Die Parodie geriet in den Hintergrund, und die Funkencorps nahmen sich ernster. Die Roten Funken etablierten sich endgültig als klassischer Männerbund.

Dieser frauenlose Freizeitbund lebt bis heute unangefochten fort – auf den ersten Blick erstaunlich, hat sich doch das Geschlechterverhältnis seit 1823 gesamtgesellschaftlich durchaus gewandelt. Frauen lassen sich längst nicht mehr auf den heimischen Herd beschränken, sie spielen im Berufsleben, im

Männerangst vor dem Hausdrachen, Detail aus einem französischen Stich, Nicolas de L'Armessin, 17./18. Jh.

intellektuellen Diskurs und in der Politik zweifellos eine Rolle. Die Veränderungen haben den Männerbund eher gestärkt. Neue Konkurrenz erhöht verständlicherweise die Sehnsucht und das Bedürfnis nach einem Refugium. Wo, wenn nicht in abgeschlossenen Männerbünden, können die Herren der Schöpfung noch ungestört agieren? Die Vorteile von Männerbünden als berufliche und finanzielle Netzwerke, als Informationspool und Selbstbestätigungsforum wurden bereits erwähnt. Dass die sogenannten Herrensitzungen heute als Freiraum genutzt werden, um über das andere Geschlecht herzuziehen, ist hinlänglich bekannt.

Die karnevalistische Initiative von 1823, erwachsen u. a. aus dem für Männersozietäten dieser Zeit üblichen Lokalpatriotismus, hat mit den Funken zum kommunalen Selbstbewusstsein wie zur Durchsetzung eines allgemeingültigen „Männlichkeitsbildes" beigetragen. Es wurde deutlich, dass Fragen der regionalen Identität stets mit jenen über Klasse und Geschlecht verbunden sind. Ethnologische Studien belegen denn auch, dass es, je komplexer eine Gesellschaft ist, desto mehr Männerbünde in ihr gibt. Männerforscher bewerten die Fortexistenz von Männerbünden heute als Reflex auf die veränderte Stellung der Geschlechter im Arbeitsprozess und charakterisieren sie pointiert „als eine bedeutende Blockade von Gleichstellungspolitik".[89]

Die Geschlechterforschung nennt jedoch noch einen weiteren Grund für die Fortexistenz von Männerbünden: das Unbehagen gegenüber dem eigenen Geschlecht. Das vorherrschende Männlichkeitsbild ist gekennzeichnet durch „Negation des Weiblichen" sowie durch die Fixierung auf Macht und Erfolg. Dadurch werden „Konkurrenz sowie insbesondere Homophobie als zentrales Beziehungsmuster zwischen Männern" konstituiert.[90] Männerbünde bilden Peter Döge zufolge einen „Ansatz zur Reduktion" der Unsicherheiten, die mit dieser Vorstellung von Männlichkeit einhergehen. Sie fungieren „allerdings auch als Ausgrenzungsmechanismus gegenüber nichthegemonialen Männlichkeiten – etwa gegenüber Hausmännern und homosexuellen Männern".[91]

Die wirkliche Herausforderung für diese Männerassoziation kommt denn auch von einer ganz anderen Seite. Die Roten Funken werden in der jüngsten Zeit nicht von meuternden (klugen?) Ehefrauen angegriffen, die Zugang zu der Männerbastion fordern, sondern sie werden gerade zu einem Objekt der Parodie durch andere Männer. Die homosexuelle Karnevalsvereinigung „Rosa Funken" karikiert seit einigen Jahren durch aufreizende Hervorhebung des engen Körperkontakts den bisher nicht in den Kontext von Männerliebe gestellten „Stippeföttche"-Tanz.[92] Sie macht dadurch die ehemaligen Spötter zum Thema einer zeitgemäßen Parodie unter dem Aspekt homophober und immer noch militaristisch geprägter Männlichkeit.

„Was wäre überhaupt Köln ohne Funken? Welche, wie bekannt, auch hier nie fehlen, noch fehlen dürfen", fragte eine Karnevalsschrift 1829.[93] Die Zukunft wird zeigen, wie die Roten Funken langfristig mit der Herausforderung zurechtkommen, die in dieser Provokation des Männerbildes liegt.

Anmerkungen

[1] Das große kölnische Carnevalsfest von 1824, Köln 1824, S. 30. Für anregende Gespräche danke ich Birgit Beese, Dr. Miriam Haller, Michaela Hampf und Dr. Ingrid Strobl.
[2] Vgl. zum Folgenden *Gisela Völger/Karin von Welck*, Zur Ausstellung und zur Materialiensammlung, in: Gisela Völger/Karin von Welck (Hrsg.), Männerbünde – Männerbande. Zur Rolle des Mannes im Kulturvergleich, zweibändige Materialiensammlung zu einer Ausstellung des Rautenstrauch-Joest-Museums für Völkerkunde in der Josef-Haubrich-Kunsthalle Köln vom 23. März bis 17. Juni 1990, Köln 1990, Bd. 1, S. XIX–XXVI; vgl. *Bernhard Streck* (Hrsg.), Wörterbuch der Ethnologie, Köln 1987, S. 27–31; vgl. *Bernd Widdig*, Männerbünde und Massen. Zur Krise männlicher Identität in der Literatur der Moderne, Opladen 1992, S. 17.
[3] *Ilse Prass,* Treffpunkt Karneval. Tipps und Infos rund um die Kölner Karnevalsgesellschaften für Eingeborene und Imis, Köln 1995, S. 20. Nur im Förderverein sind Frauen zugelassen.
[4] *Ingeborg Brovot*, Über die Psychologie der Narrheit im Kölner Karneval. Unveröff. Manuskript (Diplomarbeit Psychologie Universität zu Köln), Köln 1987, Anhang, S. 13.
[5] *Prass,* Treffpunkt (wie Anm. 3), S. 20.
[6] Vgl. ebd. und *Ute Frevert*, Männer in Uniform. Habitus und Signalzeichen im 19. und 20. Jahrhundert, in: Claudia

Benthien/Inge Stephan (Hrsg.), Männlichkeit als Maskerade (Literatur – Kultur – Geschlecht: Kleine Reihe, 18), Köln 2003, S. 277–295.

[7] Zur Deutung des Namens vgl. *Fritz Hoenig,* Artikel „Funk", in: Wörterbuch der Kölner Mundart, hrsg. von seinen Freunden und Verehrern, Köln, 2. Aufl., 1905; vgl. *Adam Wrede,* Neuer Kölnischer Sprachschatz, Köln 1956, Bd. 1, S. 259; vgl. *Paul Mies,* Das kölnische Volks- und Karnevalslied von 1823 bis 1923. Ein Beitrag zur Kulturgeschichte der Stadt Köln von 1823 bis 1923 im Lichte des Humors (Denkmäler rheinischer Musik, 2), Köln/Krefeld 1951.

[8] Die Grundlagenforschung zum Kölner Karneval um 1823 wurde von Stoll, Walter, Hamacher, Signon und jüngst von Euler-Schmidt geleistet. Bzgl. des Geschlechtsaspektes waren die Veröffentlichungen von *Hildegard Brog,* Was auch passiert: D'r Zoch kütt! Die Geschichte des rheinischen Karnevals, Frankfurt [u.a.] 2000, und *Christina Frohn,* Der organisierte Narr, Marburg 2000, erhellend. Zur rechtlichen Situation der Frau vgl. den Aufsatz von *Gerd Kleinheyer:* Die Rechtsstellung der Frauen in der Wirtschaftsordnung des 19. Jahrhunderts, in: Francesca Schinzinger/Angelika Müller-Thomas (Hrsg.), Symposium über Unternehmerinnen. Referate eines Symposiums an der Rheinisch-Westfälischen Technischen Hochschule Aachen im November 1988, Aachen 1988, S. 22–57.

[9] Ein unbekannter Autor bedichtete diese Funktion in den Zeilen: „Sin se auch ens Knatsch versunken, Stont se doch, de köllsche Funcken, Durch üch vun den Duhden op, Un sint widder bovven drop, ...", in: Aufruf an die Kölner zur Ehrengarde der Venetia, Allaaf! alaaf eer köllsche Jungen!, in: Das große kölnische Carnevalsfest (wie Anm. 1), S. 9.

[10] Nach Menn-Schaubergs Tod 1789 wechselte Wallraf zu deren Nichte Katharina DuMont-Schauberg, die den beliebten Salon sozusagen geerbt hatte. Dort verkehrte Wallraf bis kurz vor seinem Tod.

[11] Vgl. *Michael Euler-Schmidt,* Kölner Maskenzüge 1823 bis 1914, Köln 1991, S. 15f. Die erste „Besatzung" des Comités ist nicht überliefert, kann aber rekonstruiert werden. Euler-Schmidt bezeichnet das Festordnende Comité zu recht als ein „gesellschaftspolitisches Instrumentarium", ebd., S. 20. Zum Personenkreis der einzelnen Clubs und Zirkel vgl. die Veröffentlichung von *Gisela Mettele,* Bürgertum in Köln 1775 – 1870. Gemeinsinn und freie Association (Stadt und Bürgertum, 10), München 1998. Die Biographien der wichtigsten Protagonisten bei *Enno Stahl,* Kölner Autoren-Lexikon 1750–2000, Bd. 1: 1750 – 1900 (Mitteilungen aus dem Stadtarchiv von Köln, 88), Köln 2000, sowie bei *Euler-Schmidt,* Kölner Maskenzüge 1823 bis 1914 (wie Anm. 11), S. 8f. und 12–20.

[12] Dieser Traditionsstrang brach um 1812 ab.

[13] DeNoël verfasste nicht nur stadthistorische und kunstgeschichtliche Texte, sondern auch Fastnachtspossen, und bereitete diese zur Aufführung – tatsächlich auch vor Damen – auf.

[14] Vgl. *Ralf Bernd Assenmacher/Michael Euler-Schmidt/ Werner Schäfke,* 175 Jahre ... und immer wieder Karneval, Köln 1997, S. 15, und *Euler-Schmidt,* Kölner Maskenzüge 1823–1914 (wie Anm. 11), S. 15; als Schreibweise ist auch Comitée gebräuchlich.

[15] Vgl. zur tatsächlichen „Macht" *Mettele,* Bürgertum (wie Anm. 11), S. 158.

[16] Das große kölnische Carnevalsfest (wie Anm. 1), S. 7.

[17] Vgl. *Wilhelm Walter,* Der Karneval in Köln von den ältesten Zeiten bis zum Jahre 1873, Köln 1873, S. 10; vgl. *Euler-Schmidt,* Kölner Maskenzüge 1823–1914 (wie Anm. 11), S. 13; zum Verfallsdiskurs vgl. auch *Brog,* D'r Zoch kütt (wie Anm. 8), S. 140; *Frohn,* Der organisierte Narr (wie Anm. 8), S. 59; Köln's Karneval im Jahre 1829, Köln 1829, S. 20 u. a. m.

[18] *Brog,* D'r Zoch kütt (wie Anm. 8), S. 140.

[19] Der bildungsbürgerliche Diskurs über den angeblichen Verfall der Sittlichkeit und die Un-Ästhetik des Karnevals, der am Anfang der Neuordnung durch die erregte Herrenrunde steht, erwies sich als so wirkungsmächtig, dass er in der Sekundärliteratur bis heute vorherrscht.

[20] *Kölnische Zeitung* vom 15.2.1824, S. 3f., zit. nach *Frohn,* Der organisierte Narr (wie Anm. 8), S. 139, Anm. 636.

[21] Es ist umgekehrt eine Karnevalisierung der Literatur zu beobachten wie bereits bei Bachtin beschrieben: *Michail Bachtin,* Literatur und Karneval. Zur Romantheorie und Lachkultur, Frankfurt/Main 1990; die Analyse der Kölner Texte des Karnevals von 1823ff. wäre unter dieser spannenden literaturgeschichtlichen Perspektive sicher sehr produktiv.

[22] Homepage der Roten Funken, unter: http://www.rote-funken.de/main1/index3.html (Historie 1794–1823); vgl. *Euler-Schmidt,* Kölner Maskenzüge 1823–1914 (wie Anm. 11), S. 12.

[23] Ferdinand Franz Wallraf, zit. nach *Peter Fuchs/Max Leo Schwering/Klaus Zöller,* Kölner Karneval. Seine Geschichte, seine Eigenart, seine Akteure, Köln, 2. Aufl., 1984, S. 32 (leider ohne Jahresangabe).

[24] 1806 erwähnte der aufmerksame Zeitzeuge Staatsrat Faber, dass unter der 7. Abteilung „Alt cölnische Stadtsoldaten" im Zug mitgingen, *Anton Fahne,* Der Carneval mit Rücksicht auf verwandte Erscheinungen; ein Beitrag zur Kirchen- und Sitten-Geschichte, Köln [u. a.] 1854, S. 165. Das mehrfach konstatierte Faktum, es seien frühere Stadtsoldaten im Maskenzug mitgegangen, halte ich für unwahrscheinlich, einerseits wegen des sehr unterschiedlichen sozialen Milieus, andererseits ging es dem FOCC um (literarische) Inszenierungen, nicht um Authentizität bzgl. Teilnehmern.

[25] Die Schlacht und der Sieg bei Worringen, zit. nach *Walter,* Der Karneval in Köln (wie Anm. 17), S. 12f.

[26] Zit. nach *Wrede,* Neuer Kölnischer Sprachschatz (wie Anm. 7), S. 259. Auch in der Urform des Alärmliedes, eines Spottliedes, das in einer Vorlage vermutlich aus dem 18. Jahrhundert vorliegt, heißt es bereits: „Oh wieh, o wieh, ihr kölsche Zaldaten, Meer han üch jo en Ei en der Botz gebrode, Die god kölsche Funken, Die fingen an un stunken, Derzo der fuhle Göd ihre Son", zit. nach *Mies,* Das kölnische Volks- und Karnevalslied (wie Anm. 7), S. 19.

[27] Heute weiß man, dass es bis Anfang des 19. Jahrhunderts sogar noch vereinzelte Stadtsoldaten in Diensten der Franzosen gab, die zu eher repräsentativen denn militärischen Zwecken in Dienst gehalten wurden und ihren Wachdienst an den Toren ableisteten, rot-weiß gewandet, wie es sich gehört – vgl. *Euler-Schmidt,* Kölner Maskenzüge (wie Anm. 11), S. 29; vgl. dazu auch die ausführlichen Ausführungen von *Schwarz* auf der Homepage der Roten Funken http://www.rote-funken.de (wie Anm. 22).

[28] Mit der Form des neuen Maskenzuges verletzte das FOCC tradierte Regeln des Karnevals: „Im Karneval sind alle Teilnehmer aktiv, ist jedermann handelnde Person. Dem Karneval wird nicht zugeschaut, streng genommen wird er aber auch nicht vorgespielt. Der Karneval wird gelebt – nach besonderen Gesetzen und solange diese Gesetze in Kraft bleiben." *Bachtin,* Literatur und Karneval (wie Anm. 21), S. 48.

[29] vgl. dazu *Chr[istian] S[amuel] Schier* (Hrsg.), Kölnischer Karnevals-Almanach vom Jahre 1824, Köln [1824], S. 9f.

[30] Die Namen der als Funken teilnehmenden Karnevalisten sind über Jahrzehnte nicht bekannt.

[31] Köln's Karneval im Jahre 1829 (wie Anm. 17), S. 56.

[32] Vgl. *Euler-Schmidt,* Kölner Maskenzüge 1823–1914 (wie Anm. 11), S. 35.

[33] Das FOCC kann dagegen ab 1824 als Männerbund charakterisiert werden.
[34] Insofern können wir die Roten Funken als eine Frühform der sogenannten „Kölner Stämme" charakterisieren, jener Freizeitgruppen, die historisch und ethnisch konnotierte Bevölkerungsgruppen möglichst authentisch vorspielen. In der Regel sind es Volksstämme, die kopiert werden, aber es können auch Funktionsträger sein, wie etwa Schamanen. Vgl. dazu die Homepage http://www.staemmelager.de.
[35] In der Tat wurden in der Frühen Neuzeit in Köln mehrfach Stadtsoldaten wegen Desertierens bzw. Feigheit vor dem Feind hingerichtet, vgl. *Gerd Schwerhoff*, Köln im Kreuzverhör. Kriminalität, Herrschaft und Gesellschaft in einer frühneuzeitlichen Stadt, Bonn/Berlin 1991, S. 161. Der „weltberühmte" Beleg für die Friedfertigkeit der historischen Stadtsoldaten wird verschiedenen historischen Situationen zugeordnet, so dem Jahr 1758 bei Lützeler: „Paßt doch op met dem Schießen! Seh Ihr denn nit, dat he Lück ston!", in: *Heinrich Lützeler*, Rheinischer Humor. Nicht nur für Rheinländer, Hanau 1978, S. 134, oder etwa den Ereignissen rund um 1870/71 in einer Sendung des Hessischen Rundfunks („Wat scheeßt ihr denn, sit er denn nit, dat he Lück ston!" auf der Internetseite http://www.ekhn.de/rundfunk – Sonntagsgedanken. Vgl. dazu auch den Beitrag von Carl Dietmar.
[36] *Mies*, Das kölnische Volks- und Karnevalslied (wie Anm. 7), S. 19. Das Motiv wird später regelmäßig aktualisiert.
[37] Zit. nach ebd., S. 35.
[38] Hinter dieser Einschätzung steckt eine gewisse historische Verzerrung, denn die Stadtsoldaten ergriffen 1794 beim Einmarsch der Franzosen durchaus nicht die Flucht, sondern waren gerade außerhalb stationiert, vgl. *Brog*, D'r Zoch kütt (wie Anm. 8), S. 182. Dennoch re-inszenieren die Romantiker des FOCC 1824 aus dramatischen Gründen eine willfährige Stadtschlüsselübergabe inklusive Kapitulationsurkunde an die Fürstin Venetia.
[39] 29tes Büllletin. Schreckliche Mähr – vom Funkenheer (1825), HAStK 1078 Nr. 11 Fol. 53v.
[40] Kapitulationsurkunde von 1824, Venetia vgl. auch *Brog*, D'r Zoch kütt (wie Anm. 8), S. 182.
[41] Vgl. *Mies*, Das kölnische Volks- und Karnevalslied (wie Anm. 7), S. 35f.
[42] Kreegsartikel der Funken (1843), HAStK 1078, Nr. 9,6 Fol. 98v.
[43] Triumphmarsch, zit nach *Mies*, Das kölnische Volks- und Karnevalslied (wie Anm. 7), S. 65f.; Heinrich Heine bezieht sich in einem Gedicht über Köln explizit auf das Stricken der Funken, (vgl. www.heinrich-heine.net/haupt.htm); Liederforscher Mies sieht in diesem Heineschen Text übrigens einen deutlich schärferen Unterton, als es in dem kölnischen Humor üblich ist, dessen Karnevalslieder einen „immer gutmütigen, wenn auch schon einmal etwas verunglückenden" Ton aufwiesen, *Mies*, Das kölnische Volks- und Karnevalslied (wie Anm. 7), S. 66. Die historischen Stadtsoldaten trugen sicher selbst gestrickte Jacken, Strümpfe und auch Hosen, aber sie strickten darüber hinaus zum Lohnerwerb. Zum Thema Stricken: Angesichts der Tatsache, dass bereits 1589 Strumpfwirkstühle erfunden wurden, erscheint das Handstricken der Funken als industriegeschichtlicher Rückschritt par excellence, vgl. den Aufsatz von Karin Zachmann zum industriellen Stricken, sowie die Ausführungen von Schwarz zur finanziellen Situation der historischen Soldaten auf der Homepage der Roten Funken http://www.rote-funken.de (wie Anm. 22).
[44] Funkenmarsch von 1825 (Alaaf et kölsche Drickesthum), zit. nach *Mies*, Das kölnische Volks- und Karnevalslied (wie Anm. 7), S. 35.
[45] Aus: Allerm, allerm, ihr Lück git aach (1836), zit. nach ebd., S. 64. Anders als heute werden fast nur die eigenen Ehefrauen geküsst; andernfalls gilt die Parole, nur kölsche Mädchen zu küssen.
[46] Kreegsartikel der Funken (1843), HAStK 1078 Nr. 9,6 Fol. 98v.
[47] Allärm, Allärm! Zaldate kutt heher (Lied von 1843), ebd. Fol. 118r.
[48] Nach Sigmund Freud richtet sich das Verfahren der Parodie gegen Personen, die sich erhaben darstellen, die Autorität und Respekt beanspruchen. Sie ist ein Verfahren der Herabsetzung, ausgeübt durch Körperhaltung und Miene. Sie entsteht, indem ein komischer Zug herausgehoben wird, der bisher in der Wahrnehmung vernachlässigt wurde. Durch dessen Isolierung wird ein komischer Effekt erzielt. Vgl. *Sigmund Freud*, Der Witz und seine Bedeutung zum Unbewussten, Frankfurt am Main/Hamburg 1958, S. 163.
[49] *Friedel Schwarz* und *Helmut Thielen*, Geschichte der Soldaten der „Freien Reichsstadt Cölln" genannt „Rote Funken", in: Homepage der Roten Funken (wie Anm. 22).
[50] Das große kölnische Carnevalsfest (wie Anm. 1), S. 20.
[51] Köln's Karneval im Jahre 1829 (wie Anm. 17), S. 56 bzw. S. 74.
[52] Funkenmarsch am Fastelovend (1842), HAStK 1078 Nr. 9,6 Fol. 99r. Vgl. auch *Mies*, Das kölnische Volks- und Karnevalslied (wie Anm. 7), S. 58, unter Verweis auf ein Lied von 1853 aus dem Liederheft der Großen Carnevalsgesellschaft. Spätestens seit den frühen 1880er Jahren sind Stippeföttche und Wibbeln Programmpunkt der Sitzungen, vgl. *Prass*, Treffpunkt Karneval (wie Anm. 3), S. 18.
[52a] Ein Dank an Hans Pohl des Bonner Stadtsoldaten-Corps von 1872 e.V. (http://www.bonner-stadtsoldaten.de). für einen Email-Hinweis vom 17.9.2004. Er wies u.a. darauf hin, dass dieses Ritual in der NS-Zeit durchaus wieder regimekritisch rezipiert und ein Verbot angeregt wurde.
[53] *Fuchs/Schwering/Zöller*, Kölner Karneval (wie Anm. 23), S. 114.
[54] Der kölnische Karneval vom Jahre 1823. Ein Gedicht, Köln, S. 7.
[55] Anders als die Sachsen entgingen die RheinländerInnen jedoch anfangs einer systematisch forcierten „Verpreußungspolitik", nur die „institutionelle Einpassung" in den Preußischen Staat wurde vorgenommen. Vgl. die Homepage von rbb-online http://www.preussenchronik.de. Erst in den politisch aufgeheizten Zeiten zwischen 1828 und 1830 kam es zu Widerständen und damit zu Austragungen politischer Ängste auch auf dem Feld des Karnevals, vgl. Faksimile von „Publicandum", in: *Assenmacher/Euler-Schmidt/Schäfke*, 175 Jahre (wie Anm. 14), S. 14; vgl. *Joseph Klersch*, Die Kölnische Fastnacht von ihren Anfängen bis zur Gegenwart, Köln 1961, S. 82–84 und S. 100.
[56] *Klersch*, Die Kölnische Fastnacht (wie Anm. 54), S. 100.
[57] Vgl. *Mies*, Das kölnische Volks- und Karnevalslied (wie Anm. 7), S. 18.
[58] Allärm, Allärm! Zaldate kutt heher (1843), HAStK 1078 Nr. 9,6 Fol. 118v.
[59] *Mies*, Das kölnische Volks- und Karnevalslied (wie Anm. 7), S. 63.
[60] *Kreuser*, zit. nach Bellentöne. Sammlung der Kölnischen Karnevals-Lieder, Köln 1835, S. 24.
[61] Vgl. *Brog*, D'r Zoch kütt (wie Anm. 8), S. 183.
[62] *Frohn*, Der organisierte Narr (wie Anm. 8), S. 47.
[63] Herausragend hier die Arbeiten von Karen Hagemann und Ute Frevert.
[64] Das große kölnische Carnevalsfest (wie Anm. 1), S. 31.
[65] Zit. nach Bellentöne (wie Anm. 60), S. 49.
[66] Funkenmarsch am Fastelovend (1842), HAStK 1078 Nr. 9,6 Fol. 99r.
[67] Funken, unterzeichnet mit: Jan de Werth, zit. nach ebd. Nr. 11 Fol. 61v.

⁶⁸ Im gleichen Jahr wird sogar eine Druckschrift veröffentlicht: [Trauer]Denkmal den am 10. Februar 1825 ruhmvoll gefallenen Funken gewidmet, Köln 1825. Vgl. *Brog*, D'r Zoch kütt (wie Anm. 8), S. 180. Diese Analogie zu den erst kürzlich errichteten Heldendenkmälern für die Gefallenen der Freiheitskriege, an denen sicher auch KölnerInnen beteiligt waren, die verwandtschaftliche Verluste zu beklagen hatten, kann in ihrer Respektlosigkeit nur erstaunen.
⁶⁹ Alärm, Alärm, en aller Welt (vermutlich 18. Jahrhundert), zit. nach *Mies*, Das kölnische Volks- und Karnevalslied (wie Anm. 7), S. 18f.
⁷⁰ Ende des 19. Jahrhunderts/Anfang des 20. Jahrhunderts beginnt dann ein deutlicher (protestantischer) Feldzug gegen das Trinken im Karneval.
⁷¹ Werden in der Narrenwelt reale Frauen ausgeschlossen, so wird damit nicht zuletzt auch das direkt Sexuelle eliminiert – ein Spiegel der nichtnärrischen bürgerlichen Gesellschaft des frühen „bürgerlichen" 19. Jahrhundert.
⁷² *Anne-Charlott Trepp*, Diskurswandel und soziale Praxis. Zur These von der Polarisierung der Geschlechter seit dem 18. Jahrhundert, in: Rebecca Grotjahn/Freia Hoffmann (Hrsg.), Geschlechterpolaritäten in der Musikgeschichte des 18. bis 20. Jahrhunderts (Beiträge zur Kultur- und Sozialgeschichte der Musik, Bd. 3), Herbolzheim 2002, S. 7 bis 17.
⁷³ *Albert Schillings*, Die Frauen, liebenswürdig wie sie waren, liebenswürdig wie sie sind und liebenswürdig, wie sie seyn werden. Oder: Ausgleichung des Schicksals der Vortheile und Nachtheile zwischen den beiden Hälften der menschlichen Gattung, Köln 1824, S. 31.
⁷⁴ Die einzige Ausnahme ist vermutlich Sibylle Mertens-Schaaffhausen, eine der wenigen „Schülerinnen" Wallrafs. Als Kind war Sibylle Schaaffhausen ein geduldeter Gast der Olympischen Gesellschaft. Der erwachsenen dichtenden Lokalpatriotin und später berühmten Archäologin wurde mindestens ein Mal zugebilligt, Strophen für die Fastnachtszeitung beizutragen.
⁷⁵ Evtl. mit Ausnahme der Heilige Mägde, vgl. *Fuchs/Schwering/Zöller*, Kölner Karneval (wie Anm. 23), S. 35.
⁷⁶ Karnevals-Zeitung von Köln Nr. 9, 1829, zit. nach *Brog*, D'r Zoch kütt (wie Anm. 8), S.142.
⁷⁷ Ebd., S. 139.
⁷⁸ Brog bringt Beispiele aus den Jahren 1802 bis 1806, ebd.; vgl. *Walter*, Der Karneval in Köln (wie Anm. 17), S. 10.
⁷⁹ Der Karneval belebte mit der geschlechtlichen Monopolisierung von Theaterrollen – zwei Jahrhunderte später – eine Tradition wieder, die vom Jesuitentheater entwickelt und noch von der frühbarocken Oper gepflegt worden war: Männer spielen auch die Frauenrollen.
⁸⁰ Holthof (vermutlich 1826), zit. nach *Walter*, Der Karneval in Köln (wie Anm. 17), S. 39. Den auf die Männer verzichtenden guten Ehefrauen wurde ein Toast gewährt: „Schließend vor allem muß laut erschallen: Donnernd ein Hoch drum den Frauen auch noch!", so ein Liedtext von Ernst Weyden aus dem Jahr 1827, zit. nach *Walter*, Der Karneval in Köln (wie Anm. 17), S. 54.
⁸¹ *Schillings*, Die Frauen (wie Anm. 73), S. 15f., der sich 1824 über „die" Frauen ausließ, dokumentiert die massive Angst einiger Männer vor Bündnissen zwischen Frauen. „Der Beobachter wird auch deutlich bemerken, dass die Frauen, so sehr auch die geringste Kleinigkeit, sie gegen die einzelne Schwester aufzubringen vermag dennoch weit empfindlicher gegen Beleidigungen, die dem Geschlecht im Allgemeinen zugefügt werden, ergriffen als die Männer von dem was gegen ihr Geschlecht gesagt wird, beleidigt sind. Dies beweißt: daß die Frauen aus ihrer Schwäche selbst den Vortheil ziehen, unter sich eine Art Körperschaft zu bilden, durch welche jede Einzelne an Allem Theil nimmt, was die Andern betrifft." Diese Ausführungen widersprechen diametral den realpolitischen Verhältnissen einer männerbündisch strukturierten Gesellschaft. Es scheint ein neues, durch einzelne Emanzipierte geprägtes Thema (Trauma) auf: Verschwörungsangst.
⁸² *Jocusstädtische Carnevals-Zeitung*, Nr. 7, 1829, zit. nach *Brog*, D'r Zoch kütt (wie Anm. 8), S. 147. Wieder aktuell wird das Thema im Karnevalszug von 1901, darin wird ein Mann unterm Pantoffel gezeigt. Spannend ist, dass in diesem Text bereits eine Forderung formuliert wird, die die Feministinnen erst in den 1970er/1980er Jahren real erhoben: Ausgangsverbot für Männer in der Nacht, da von diesem Geschlecht die Gewalt ausgehe.
⁸³ Vgl. *Bettina Bab,* Wäscherinnen – harte Arbeit in weichem Wasser, in: Bettina Bab/Marianne Pitzen (Hrsg.), Rheinreise 2002. Romantik, Reisen, Realitäten. Frauenleben am Rhein. Anlässlich der Ausstellung Romantik Reisen Realitäten. Frauenleben am Rhein im Frauen-Museum Bonn, Bonn 2002, S. 96–99, besonders S. 99; vgl. *Brog*, D'r Zoch kütt (wie Anm. 8), S. 155.
⁸⁴ So kann sich eine (hegemoniale) männliche Identität weiterhin bipolar in Abgrenzung zu Weiblichkeit konstituieren.
⁸⁵ Das Wissen über diese Abhängigkeit des Mannes von seiner Frau hält sich bis in die Gegenwart. 1930 heißt es im Lied über das Junggesellenleben: „Weil ohne Frau et Levve eß nix wäd." Ein Funkenpräsident wurde 1933 zum Rücktritt aufgefordert, unter anderem weil seine Gattin sich zu weit in die Corpsführung einmischte. Lakonische Darstellung auf der Homepage der Funken: „Es war damals ein offenes Geheimes, daß im Haus des Präsidenten die Ehefrau der Präsident war. Tatsächlich schaffte sie es, als erste Frau auf dem Funkenwagen im Zog mitzufahren. Der Gatte trat am 17. März 1933 von seinen Funkenämtern zurück." Diese „verkehrte Welt" im Haus des Vorsitzenden übersteigt die Machtübergabe an die NationalsozialistInnen in eben diesen Tagen an Bedeutung.
⁸⁶ *Kölnische Zeitung* (1825).
⁸⁷ Ebd.
⁸⁸ HAStK 1078 Nr. 9,6 Fol. 98r.
⁸⁹ Vgl. *Peter Döge*, Geschlechterdemokratie als Männlichkeitskritik, Männerforschung, Männerpolitik und der „neue Mann", in: Aus Politik und Zeitgeschichte, Nr. 32/32, 28. Juli bis 4. August 2000, zit. nach der Internetseite http://www.das-parlament.de/2000/31_32/beilage/2000_31_32_005_1322.html.
⁹⁰ Döge fährt fort: „Homophobie gepaart mit der Angst vor Homosexualität bildet eine weitere Ursache für übersteigerten Machismus, Sexismus und Rassismus bei Männern"; ebd.
⁹¹ Ebd.
⁹² Dass dieser „Tanz" durchaus erotische Züge tragen kann, wissen wir spätestens aus dem alternativen Karneval der 1990er Jahre. Die Rosa Funken üben den Stippeföttche-„Tanz" zudem sich tuntig gerierend in rosa Lackmontur aus.
⁹³ Köln's Karneval im Jahre 1829 (wie Anm. 17), S. 74.

Funken in Feldgrau beim Stippeföttche, Feldpostkarte von Emil Kühnen aus Belgien, März 1915

„Man hat hier manches erlebt"
Die Kölner Funken-Infanterie im Ersten Weltkrieg an der Front

Von Ulrich S. Soénius

Im Erdgeschoss des Turms an der „Ülepooz" erinnert eine Gedenktafel an die in den beiden Weltkriegen gefallenen Mitglieder der Roten Funken. Darauf finden sich auch acht Namen aus dem Ersten Weltkrieg. Dieser Krieg gilt als die große Katastrophe des 20. Jahrhunderts, da das europäische Mächtesystem mit einer Wucht auseinanderbrach, die langfristige Auswirkungen nach sich zog. Der Erste Weltkrieg bedeutete eine Umwälzung bis dahin gültiger Ordnungen und das Ende einer Geschichtsepoche. Er legte den Keim für die nachfolgenden Ereignisse und den Zweiten Weltkrieg, der, von einem verbrecherischen Regime entfesselt, den Vorgänger in seinem Ausmaß weit übertraf und wiederum Millionen Menschen das Leben kostete. Angesichts der bis heute nachwirkenden Folgen des Ersten Weltkrieges ist zu verstehen, dass Historiker sich nach wie vor intensiv mit dem Krieg beschäftigen, in dem manche das „prägendste Ereignis des 20. Jahrhunderts" sehen.[1] In der breiteren Öffentlichkeit ließ die 90. Wiederkehr des Kriegsbeginns Erinnerungen an den ersten der beiden Weltkriege im 20. Jahrhundert wieder wach werden. Der Kölner Historiker Jost Dülffer meinte dazu: „So viel Erinnerung an den Beginn des Ersten Weltkrieges war noch nie."[2] Ein aktuelles Thema bleibt dieser Krieg am Beginn des 21. Jahrhunderts wohl nicht zuletzt wegen der möglichen Gefahren eines instabilen Mächtesystems.

Hatte es sich bei früheren Kriegen der Neuzeit zumeist um begrenzte Konflikte gehandelt, die in ihrem Ausmaß überschaubar blieben, so stießen 1914 und in den Folgejahren die Massenheere der meisten europäischen Staaten aufeinander. Die Kriegsparteien kämpften unter Aufbietung aller gesellschaftlichen und volkswirtschaftlichen Kräfte mit einem bis dahin nicht gekannten Ressourceneinsatz. Ausrüstung und Technisierungsgrad der Armeen ermöglichten eine regelrechte „Industrialisierung des Tötens". Der Erste Weltkrieg war die erste Vielvölkerschlacht mit modernen Kampfmitteln, erstmals kam die Luftwaffe zum Einsatz, und die deutsche U-Boot-Waffe griff weit entfernt von heimischen Küsten Kriegs- und Zivilschiffe fremder Flaggen an. Der Preis der Technik war hoch. Neun Millionen Menschen fanden in diesen vier Jahren den Tod. Am Ende waren an den Auseinandersetzungen auch Staaten beteiligt, die weit von Europa entfernt lagen, wie die USA oder das Commonwealth-Mitglied Australien.

Viele Menschen sind heute noch durch mündlich oder schriftlich tradierte persönliche Erinnerungen von Familienmitgliedern oder Bekannten mit diesem Krieg verbunden. Bilder von Familienvätern im kaiserlichen Soldatenrock sowie über die Zeit aufbewahrte Unterlagen der Militärdienstzeit oder Feldpostkarten und -briefe halten die Erinnerung an den „Großen Krieg" wach. Diese Quellen finden seit einiger Zeit auch den Weg in die Öffentlichkeit. Der Deutschlandfunk brachte zum 80. Jahrestag des Kriegsendes vier Wochen lang Kurzsendungen mit Zitaten aus deutschen und französischen Feldpostbriefen. Auch von der Wissenschaft wurden diese Augenzeugenberichte vor einigen Jahren als Forschungsobjekt wahrgenommen.[3] Untersucht wurden insbesondere die Feldpostbriefe. Diese unterscheiden sich in ihrem Erkenntniswert deutlich von den Feldpostkarten. Während die ersten naturgemäß sehr viel mehr Raum für Informationen boten, waren die Verfasser bei der zweiten Gattung von Quellen genötigt, sich kurz zu fassen. Zudem war hier das Geschriebene für die Zensur ohne weiteres kontrollierbar. Daher ist die Möglichkeit zur Quelleninterpretation in diesem Falle eingegrenzt.

Die oft mit dem Kitsch des Kaiserreichs versehenen Feldpostkarten wurden schon im Krieg zum begehrten Sammelobjekt und sind es heute noch. Auch Philatelisten suchen ihre Sammlungen auf Sammlertreffen und im Internet zu erweitern. Auf diese Weise bleiben einerseits wichtige Alltagsquellen erhalten, andererseits drohen bestehende Sinnzusammenhänge durch das Auseinanderreißen von Beständen (z. B. die Nachlässe bestimmter Empfänger) verloren zu gehen. Geschlossene

Bestände einer Gruppe von Absendern bilden in Archiven eher die Ausnahme, da die Adressaten der Feldpost meist die Angehörigen der Soldaten waren. Daher stellt der geschlossene Bestand von Feldpostkarten im Archiv der Roten Funken einen Glücksfall dar. Für die Untersuchung der Erlebniswelt der deutschen Soldaten im Krieg ist er von herausgehobener Bedeutung.

Der besondere Aussagewert der Feldpostkarten von den Roten Funken liegt in der vergleichbaren Sozialisation der Schreiber. Mitglieder eines „Männerbundes" agierten aus vergleichbaren Situationen heraus und schilderten ihre Erlebnisse einem Menschen, der sie gezielt für die Nachwelt aufbewahrte. Dies war den Verfassern der Karten auch bewusst. Diese Tatsache schränkt den Quellenwert ein – das Bewusstsein, Erlebtes für die Nachwelt, für ein eigens eingerichtetes „Archiv" zu überliefern, wird den ein oder anderen Soldaten beim Schreiben beeinflusst haben (auf die Qualität der Handschrift schlug sich dies freilich nicht nieder). Die Vermutung liegt nahe, dass die Verfasser der oft nur wenigen Zeilen ihre Erlebnisse als besonders bedeutsam schildern wollten. Vergleichbar offene Worte wie in den Feldpostbriefen wurden allerdings nicht gewählt. Letztere fanden als Sammlungen der Schriften einer bestimmten Gruppe von Soldaten auch ihren Weg in die Öffentlichkeit. In Deutschland erschien bereits kurz nach dem Krieg eine Sammlung von Kriegsbriefen gefallener Studenten, und noch jüngst erfolgte die Veröffentlichung von Feldpostbriefen jüdischer Soldaten.[4]

Die Ereignisse des Krieges prägen die Soldaten aller kriegführenden Staaten, vor allem die ungeheure Konfrontation mit dem Tod und der Versehrtheit in jeder erdenkbaren Lage und Situation. Bernard Montgomery, der britische Panzergeneral, der als „Held von El-Alamein" und Gegenspieler Rommels im Zweiten Weltkrieg selbst hinreichend Erfahrungen an der Front sammelte, beginnt das Kapitel über den Ersten Weltkrieg in seiner Weltgeschichte der Schlachten und Kriegszüge mit genau dieser Erfahrung von Tod und dem Umgang damit: „Viele Gefallene haben nicht einmal ein Grab gefunden, denn sie wurden von Granaten in Stücke gerissen. Zum Teil bestanden sogar die Schützengräben aus aufgeschichteten Leichen, die dann von Ratten aufgefressen wurden."[5] 13 Millionen Soldaten dienten während der vier Jahre für das deutsche Kaiserreich.[6] Fast zwei Millionen von ihnen fielen in den unzähligen Schlachten, ca. vier Millionen wurden verwundet.[7] Diese stetige Konfrontation mit dem Schicksal, das oft den Kameraden im Schützengraben oder auf dem Feld ereilte, prägte auch die Überlebenden und Unversehrten. Niemand aus dieser Generation kehrte unverändert zurück.

Dabei hatte es zu Beginn des Krieges nach einer kurzen Dauer und einem schnellen Ende ausgesehen. Doch durch politische und militärische Entscheidungen bedingt, mussten die Millionen Soldaten aller Staaten viereinviertel Jahre an der Front stehen. Auch für die eingezogenen Mitglieder der Kölner Funken-Infanterie – so der damals offizielle Name der Roten Funken – war der Krieg folgenschwer. Anhand dieser relativ kleinen Gruppe sollen im Folgenden Erfahrungen mit dem Krieg und die Verarbeitung dieser Erlebnisse näher untersucht werden. Es traf eine Gruppe von Männern, die unterschiedlichen Berufen nachgingen, unterschiedliche Erfahrungen im Leben gemacht hatten und auch die Erlebnisse unterschiedlich verarbeiteten. Ihr gemeinsames Merkmal bestand in der Mitgliedschaft bei den Roten Funken, bei denen nicht nur Karneval gefeiert, sondern auch Geselligkeit und Freundschaft gepflegt und eine Art Korpsgeist entwickelt wurde, der auch als Abgrenzungskriterium diente. Doch im Krieg waren dann alle gleich – hier zählten andere Faktoren: Hierarchie, Mut, häufig auch Wagemut, Glück, Erfahrung, aber auch Kameradschaft und ein gewisser Altruismus, der die Zeit des Militärdienstes erträglich machte. Es soll hier nicht behauptet werden, dass diese positiven Eigenschaften per se auf die Mitglieder der Roten Funken zutrafen, aber die Quellen liefern in die-

Mutter Colonia sorgt auf dem Wagen der Funken im Rosenmontagszug 1914 für Nachwuchs für die Kriegsfront, Leporello, H. W. Brockmann

ser Hinsicht doch ein eher positives Bild. Dennoch, mit einem Mal wurde – so kann man wohl durchaus ohne Häme feststellen – zum bitteren Ernst, was bis dahin Spiel gewesen war: die Persiflage auf das Soldatentum und militärisches Gehabe, ja die ganze den Funken nachgesagte Laisser-faire-Haltung zu kriegerischen Auseinandersetzungen, wie sie in dem erfundenen Ruf der Kölner Stadtsoldaten zum Feind „Wellt ehr wal dat Scheeßen ohhöre! Seht ehr dann nit, dat he Lück stonn!"[8] gipfelte. Die den Kölnern nachgesagte lockere Lebenseinstellung („Et hät noch immer jot jegange") musste in diesen Kriegsjahren der Erkenntnis weichen, dass vieles eben nicht „gut ging". Dabei war doch eigentlich der Bevölkerung schon lange klar, dass ein Krieg vor der Tür stand. Vorbereitet waren die Funken – wie die gesamte Nation – durch eine zunehmende Militarisierung der deutschen Gesellschaft. In der Zeit nach dem Deutsch-Französischen Krieg und der Reichseinigung wandelte sich die deutsche Gesellschaft bis zum Ausbruch des Ersten Weltkrieges zu einer von Militär und Krieg bestimmten Gemeinschaft, die das „Säbelrasseln" und das Kriegsspiel bis hinein in die Kinderstuben trug. Auch Sprache und kulturelle Werte wurden zunehmend vom Militarismus beeinflusst. Verstärkt wurde dies durch Flottenrüstung und Kolonialismus, den ewigen Wettstreit mit der dominierenden Seemacht England und der Diffamierung des Nachbarn Frankreich als Erzfeind.

Auch bei den Funken bemerkt man den harschen Ton, der – sicher humorvoll gemeint, aber in der Tendenz eindeutig – diese Militarisierung in der Sprache kennzeichnete. In dem „Alärm"-Heft der Funken von 1909 zum Saisonbeginn wurden mit deutlichen Worten Krieg und Soldatentum beschrieben. Da ist die Rede vom „löst'ge Kreeg" und „Wer gägen uns ess em Komplott, dänn dunn mer frikasseere."[9] Was fünf Jahre vor Kriegsbeginn noch witzig gemeint war, wurde nun für die Funken bittere Realität. Das ist nachzulesen in 1.347 Feldpostkarten, die sich im Archiv der Roten Funken erhalten haben. Oft sind es nur schmucklose Karten, manchmal Ansichten von heilen französischen, belgischen oder russischen Dörfern und Städten, sowie – als besondere Quelle – Fotos, die als Postkarten benutzt wurden. Sie zeigen in einigen Fällen die Soldaten im Porträt, in Gruppenaufnahmen, Alltagsszenen, in denen auch der Karneval vorkommt, oder Landschaften, daneben aber auch schrecklich anzuschauende Kriegsereignisse. Auf vielen Karten fehlen die Ortsangaben, da diese und die speziellen Tätigkeiten der Soldaten nicht erwähnt werden durften.[10] Verboten war in einigen Kriegsregionen auch das Fotografieren beschädigter Häuser.[11] „Die Zensur ist ziemlich streng", berichtete ein Funk.[12]

Allen gemein ist, dass die Feldpostkarten gezielt an den Präsidenten Theo Schaufuß, „De Pläät", gerichtet wurden. Dieser hatte seine in den Krieg ziehenden Funkensoldaten aufgefordert, ihm Postkarten aus dem Felde für eine Sammlung zu senden – als Dank und Empfangsbestätigung für sogenannte „Liebesgabenpakete", die Schaufuß an die Front schickte. Neben Likör, Magenbitter und Cognac enthielten sie vor allem Tabakwaren, manches Mal auch Schokolade, saure Bonbons, eine Dose Makrelen oder Eau de Cologne. Diese Pakete brachten die Verbundenheit der in der Heimat verbliebenen Menschen mit den Soldaten und ihrem Schicksal zum Ausdruck.[13]

Auch andere Karnevalsgesellschaften haben ähnliche Sendungen an die Front organisiert, wobei die der Funken sich wohl am herausragendsten bemühte: Selbst die „beste Kriegsbraut" sei nicht so schnell mit den Lieferun-

Präsident Theodor Schaufuß, genannt „Theo de Pläät", organisierte Liebesgaben für die Funken im Feld

gen.¹⁴ Die Pakete packte und versandte wohl Schaufuß maßgeblich allein, erst als er Ende 1916 für einige Wochen erkrankte, sprang Schatzmeister Clemens Breuer ein.

Finanziert wurden die Liebesgaben teils aus der Kasse der Roten Funken, teils durch allgemeine Kriegssammlungen. In zwei erhaltenen Kassenbüchern aus der Zeit von September 1914, also unmittelbar nach Kriegsbeginn, bis März 1917 führte der Funkenpräsident penibel die Kosten für die einzelnen Pakete auf.¹⁵ So erhielt z. B. Jean Haubrich

Kölner Schokolade für Kölner Funken im Ersten Weltkrieg, Anzeige der Firma Stollwerck aus dem Jahr 1915

Soldaten eine fröhliche Silvesterfeier – am nächsten Tag hatte er „sogar einen kleinen Brummschädel – ungewohnte Genüsse".¹⁶ Vollständig sind die Ausgaben für das Jahr 1915 dokumentiert. Schaufuß versandte ca.

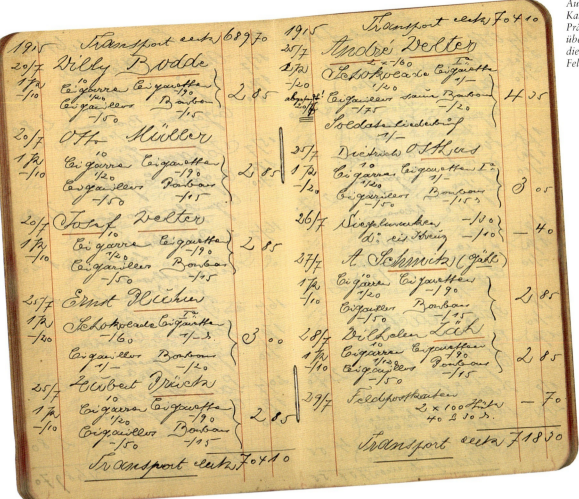

Auszug aus dem Kassenbuch des Präsidenten Schaufuß über Liebesgaben, die an die Funken im Feld gingen

am 23. Februar 1915 ein Paket mit Zigarren, Zigaretten, Zigarillos und Schokolade. Zu Weihnachten wurden besondere Pakete gepackt, die die Stimmung an der Front mit Tannengrün heben sollten. Die Flasche mit alkoholischem Getränk verschaffte einem

325 Pakete – also fast täglich eines – an 51 im Feld stehende Rote Funken sowie die beiden Vereinsdiener, das heißt pro Soldat sechs Pakete im Jahr oder alle zwei Monate eines. Im Schnitt gab Schaufuß pro Paket inklusive Porto ca. 3,50 Mark und für jeden Soldaten

233

im Jahr 21 Mark aus. In einigen Fällen packte Schaufuß individuelle Liebesgaben dazu, so seinem Freund Otto Schmitt einmal eine Marzipanzigarre.[17] In einigen Fällen führten die Geschenke auch dazu, dass der Empfänger nach „langer Zeit wieder einmal vernünftig" frühstücken konnte.[18] Auch die Tabakwaren waren hochwillkommen; so befand der Funk Carl Gerner: „Das Cölner Kraut schmeckt doch immer noch am Besten." Aus Russland berichtete sein Funkenfreund Wilhelm Zäh, dass die „bismarckgeschmückte Pappemannsche Männer-Zigarre [...] ganz vorzüglich" sei – Schaufuß solle einen größeren Vorrat anlegen, damit der Krieg nicht vor dem Bestand an Zigarren „bei un-

Für seine Liebesgaben erhielt Schaufuß auch Gedichte, in diesem Fall von Max Kleesattel im August 1915

serem glorreichen Erfolgen im Osten" zu Ende sei. Mancher Funk wunderte sich, woher der Präsident selbst in Zeiten der Warenknappheit in der Heimat die Zigarren besorgen konnte.[19] Die Pakete wurden zwar zeitig auf dem Postamt aufgegeben, aber aufgrund des ungeheuren Aufkommens vor den Weihnachtsfeiertagen blieben manche dennoch liegen. Der Vereinsdiener Johann Menzel erhielt sein Weihnachtspaket erst am 8. Februar 1915, und er dankte Schaufuß dafür, dass er nicht, wie seine Kameraden, ein durch beigelegte Äpfel verdorbenes Paket erhielt.[20]

Für diese Liebesgabenpakete dankten die Funken ihrem Präsidenten mit Nachrichten von der Front – auf Postkarten, wie es sich Schaufuß wünschte, damit er Erinnerungsalben anlegen konnte. Die Funken fühlten sich angespornt, ihren Beitrag für das „Kriegsalbum" zu leisten.[21] Mancher schrieb sogar, dass er mit den Karten „zur Vervollständigung des Archiv[s] d[er] K.F.I. [Kölner Funken-Infanterie]" beitragen wolle.[22] Einige der Absender dichteten auch für ihren Präsidenten:

„Op Feldwach soohs ich, en Gedanke versunke,
als en Sendung uhs Cölle kom vun de Funke.
Vun de fröhen ruthwiesse Stadtzaldate,
de leev Gröss an mich durch der Theo braate.
Wie ovv denke ich he aan manch schöne Stund,
die ich erlääv en gemöthlicher Rund
bei Red, Gesang unn kölschem Humor
en mingem leeve ruthwiesse Chor.
Dröm hezzlichen Dank, leeve Theodor
Unse Humor jeiht nitt zum Tror
Gröss all die Rothwiesse häzzlich nur
opp Widdersinn – nächste Fasteleer."[23]

Nur am Rande sei erwähnt, dass der Funkenspitzname wohl auch der heimischen Post bekannt war – denn eine Karte des Funken Schnitzler, adressiert an „Theo de Pläät" unter Auslassung des Familiennamens, wurde ordnungsgemäß zugestellt.[24] Theo Schaufuß hat – ein Schicksal der Geschichte – den Krieg um nur wenige Tage überlebt. Geboren am 10. August 1853, starb er sieben Tage nach der deutschen Kapitulation am 15. November 1918. Er hinterließ jedoch die Zeugnisse seiner Funken aus dem Krieg. „Man hat hier manches erlebt" – mit diesen Worten

234

fasste der Funk Hubertus Brück die vier Jahre dauernde kriegerische Auseinandersetzung und die individuellen Erlebnisse der Soldaten zusammen. Einige der überlieferten Erfahrungen sollen im Folgenden näher dargestellt werden.[25]

Am Beginn der vierjährigen Schlacht spricht noch Optimismus aus den Äußerungen. An der Westfront richtete sich der Blick gen Paris: „Immer Voran des Reiches Macht und Herrlichkeit."[26] Der Funk Max Kleesattel, im Zivilberuf Kaufmann, sandte den „bei Muttern gebliebenen Funken […] aus Feindesland" Grüße.[27] Da wurde eine Karte mit einer französischen Kindertanzgruppe in rotweißen Kostümen spaßeshalber mit der Kommentierung „Umseitig die Jugendwehr der K.F.I." versehen, und Weihnachten 1914 bekamen die Eigentümer der requirierten Privatquartiere Geschenke – der Sohn der französischen Einwohner erhielt „Wägelchen und en Knabüs" und ließ sich damit auch fotografieren. Zur eigenen Beruhigung wurde den Einwohnern unterstellt, diese seien froh, dass die Deutschen im Haus und im Ort waren, zuvor seien sie lediglich durch „Schauermärchen" „aufgehetzt" gewesen. Ein Funk ließ sich mit einem Kameraden vor von der Decke hängenden Räucherschinken fotografieren, im Vordergrund der französische Junge als deutscher Soldat verkleidet.[28] Da wurde der Heimat eine heile Welt vermittelt, so als lebte man wie „Gott in Frankreich". Dass dem nicht so war, wurde sehr bald deutlich.

Eine zentrale Kriegserfahrung der Soldaten war die Freundschaft untereinander, die Kameradschaft, insbesondere die zu anderen

Die Abbildung von Artilleristen vor einem Geschütz in Feuerstellung vor Ypern zeigt nicht den beschriebenen Schrecken des Krieges. Feldpostkarte vom 29. August 1915

Funken. Der Historiker Thomas Nipperdey hat diese Erfahrung als die der „Schützengrabengemeinschaft" beschrieben.[29] Neben der Gemeinschaft mit anfänglich fremden Mitsoldaten, die auf häufig engstem Raum schnell zur Freundschaft wurde, freuten sich die Funken stets auf ein Zusammentreffen mit ihren Corpsbrüdern. Am 29. November 1914 schrieb der Funk Huhnen aus dem Lazarett in Ehrenbreitstein, dass vier aktive Funken dort lägen, die sich häufig träfen und sich gut verstünden.[30] Obwohl zeitweise bis zu zwei Millionen Soldaten zeitgleich eingesetzt waren, trafen sich die Funken an der Front wieder – manchmal auch durch Zufall.[31] Einer überlegte sogar, ob man nicht einen „kompletten Knubbel" zusammenbringen könne.[32] Das waren keine Einzelfälle – im Osten begegneten sich zwei Funken („et Würmche" und „de Woosch") und sandten gleich mehrere Karten an ihren Präsidenten.[33] Andere trafen sich zufällig in Frank-

Für das Feldpostkartenalbum ließ sich Funk Bodde gemeinsam mit belgischer Familie ablichten

Köl'sche Junge im Feld, Postkarte von Funk Hauf aus Frankreich vom 18. November 1915

reich im Wald.³⁴ Zwei Funken schoben vier Wochen gemeinsamen Dienst, an den Abenden erzählten sie von „vergangener schöner Zeit bei den Rot-Weißen" und träumten „von der Zukunft".³⁵

Doch für Träumereien und „Verzällcher" war eigentlich nur wenig Raum. Je nachdem, wo die Soldaten eingesetzt wurden, erlebten sie über Monate, ja teilweise über Jahre die Front mit allen ihren körperlichen Strapazen und Schrecken. Im Westen war der Stellungskrieg zermürbend, im Osten griffen die offenen Feldschlachten die Gemüter nicht minder an. Doch auch ohne direkte militärische Auseinandersetzungen war der Dienst mit der Waffe kein Freizeitvergnügen. 118 Stunden ohne Pause fuhr ein Funk mit der Eisenbahn in die Nähe der russischen Front. Danach blieb nur wenig Zeit der Ruhe, bevor er in den Kampf zog.³⁶ Ein anderer musste nach Verlegung von der Ost- an die Westfront drei Tage

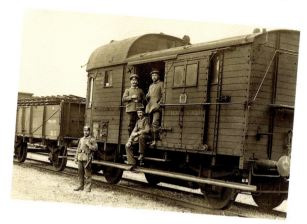

Wenig luxuriös war der Reisewagen, in dem der Funk Gehlen an die Front fuhr. Postkarte vom 13. Oktober 1915

marschieren und anschließend weitere drei Tage in einem Viehtransporter verbringen.³⁷

Dies war jedoch noch eine verhältnismäßig gelinde Anstrengung verglichen mit der, die Soldaten in den Schützengräben auf sich nehmen mussten. Manch einer berichtete von Tag und Nacht im Graben und hohen, unmittelbar erlebten Verlusten an Menschenleben.³⁸ Dietrich Osthus schrieb im Oktober 1915 aus Chermizy über seine gefährlichen Pioniereinsätze vor den Schützengräben, wo er „spanische Reiter" aufbaute. „Sobald der Franzmann uns hört oder sieht, bestreicht er das Gelände mit seinen Flachfeuergeschützen."³⁹ Bis zu den Knien saßen die Soldaten bei Regen im Schlamm der Gräben – da wärmten die „gestrickten Funkengamaschen", die ein Funksoldat von seiner Mutter zugesandt bekam.⁴⁰ Sechs Tage Dienst im Graben, dann drei Tage Ruhepause, in denen aber auch gearbeitet wurde – so sah die bittere Realität der Soldaten aus.⁴¹

Schützengrabenarbeiten im Frühjahr 1916

Manche traf es noch härter: Zehn Wochen, vom 17. November 1914 bis zum 12. Februar 1915, musste Gottfried Schnitzler im Schützengraben ausharren. Dort wurden neben der Kälte, dem Regen, dem Schlamm, den schlechten hygienischen Verhältnissen und der fehlenden Schlafgelegenheit auch andere Grausamkeiten ertragen: Fünfzig Meter vor dem Graben lagen die Leichen von 300 gefallenen Franzosen, die einen unerträglichen Gestank verbreiteten. Angebote der deutschen Truppe, die Gefallenen ohne Beschuss zu bergen, wurden von der französischen Seite abgelehnt.⁴² Andere Soldaten erlebten die Einsamkeit und die Entbehrungen an Frontabschnitten, in denen nicht gekämpft wurde.⁴³

Der massenhaft erlebte Tod hinterließ neben dem Entsetzen und der Hilflosigkeit vor allem Angst – Angst davor, selbst verwundet oder getötet zu werden. Während die Angehörigen in der Heimat vermutlich weniger mit der Schilderung von gefährlichen Einsätzen konfrontiert wurden, um sie nicht zu beunruhigen,⁴⁴ nahmen die Funken ihrem Präsidenten gegenüber keine Rücksicht. Sie schilderten die Realität des Krieges offen und ungeschminkt, teilweise untermalt mit Fotos, die an Deutlichkeit nichts fehlen ließen. Der Funkendiener Menzel hörte im November 1914 im französischen Arth den Kanonendonner und ein „fürchterliches Krachen, wo der Feind durchbrechen wollte".⁴⁵ André Welter, nach dem Krieg Präsident, fürchtete sich in Russland vor feindlichen Luftangriffen.⁴⁶ Andere Funken gewöhnten sich aber nach kurzer Zeit an die Geräusche, die die Geschütze machten.⁴⁷ Und viele hatten auch Glück, wie etwa der Schreiber einer Postkarte, als nur zwei Meter neben ihm ein Wohnzelt von einer Granate getroffen wurde. Er selbst urteilte, er sei „mit dem Schrecken davon" gekommen.⁴⁸

Dies galt jedoch nicht für alle: Acht Funken fielen oder starben an den Folgen von Verwundungen. Erschüttert wird Theo Schaufuß in dem Album geblättert haben, wenn er die Nachricht erhielt, dass einer seiner Funken gefallen sei, der ihm wenige Wochen zuvor eine Karte mit den Worten „Noch alles wohl" gesandt hatte – oder von einem der Gefallenen in einer früheren Karte lesen musste, dass dieser auf eine Feier und ein Wiedersehen „nach glücklicher Beendigung dieses Völkerringens" hoffte. Derselbe Funk schrieb auf einer späteren Karte, dass die „Luft [...] stark eisenhaltig" sei, er aber auch darauf hoffe, dass sein „bißchen Glück" ihn nicht verlasse.⁴⁹ Jeder der Soldaten blickte dem Tod in die Augen, nur wenige Meter vom Schützengraben entfernt lagen oft tagelang die beim letzten Angriff gefallenen Kameraden, ohne dass sie geborgen werden konnten.⁵⁰

Aber auch Verwundungen wurden erfahren: Im August 1916 wurde der Funk Hans Urbach im Somme-Gebiet beim „Handgranatenkampf" am rechten Arm und im Gesicht verletzt, so dass er in ein deutsches Lazarett kam und seine Karten durch Dritte schreiben lassen musste.⁵¹ Von einer „Verwundung und Gasvergiftung" eines Funkenfreundes erfuhr Schaufuß ebenfalls.⁵² Ein Kamerad wurde durch Granatentreffer schwer verstümmelt. Der Verfasser der Nachricht begegnete diesem schrecklichen Erlebnis mit Durchhalteparolen, die mit „Dröm Funke obgepass [sic!]" endeten.⁵³ Ein anderer erlebte einen Fliegerangriff auf sein Quartier, bei dem Tote und Verwundete zu beklagen waren. Flugzeuge gewannen in diesem Krieg erstmals eine entscheidende Bedeutung als Waffe. Der Schreiber der Karte fühlte sich wie angeschossenes Wild auf der Flucht.⁵⁴

Tod und Verwundung, aber auch die Vertreibung der Zivilbevölkerung in den besetzten Ländern waren den Funken nicht gleichgültig. Bedauern und triste Gedanken schwingen mit, als ein Funk den Ort Parliers in Frankreich beschreibt: „alles kaput, kein Dach mehr ganz, Kirche hat 100dte Volltreffer." Da tröstete es ihn wenig, dass er über einen Monat keinen Zivilisten mehr gesehen hatte.⁵⁵ Ein anderer Funk berichtete Ähnliches: „Ganze Städte & Dörfer vollständig vernichtet."⁵⁶ Die Soldaten fanden deutliche Worte – obwohl ihre Karten zensiert wurden: Der Funk Brück sprach „von dem unsäglichen Elend", das er erlebt habe.⁵⁷ Im Funkenarchiv ist eine Reihe von Ansichten zerstörter Häusern vorhanden, die wohl als Trophäen der Krieger gedacht waren, bisweilen aber auch aus Nachdenklichkeit aufgenommen worden sein dürften. Die Erlebnisse waren so einschneidend, dass man sie nicht schriftlich beschreiben konnte, selbst an der Möglichkeit zur mündlichen Wiedergabe zweifelte ein Funk. Andere teilten seine Meinung: „Wir sehen Elend und Grauen, wofür

Auszug aus dem Kassenbuch des Präsidenten Schaufuß mit Angaben über gefallene Funken und militärische Auszeichnungen

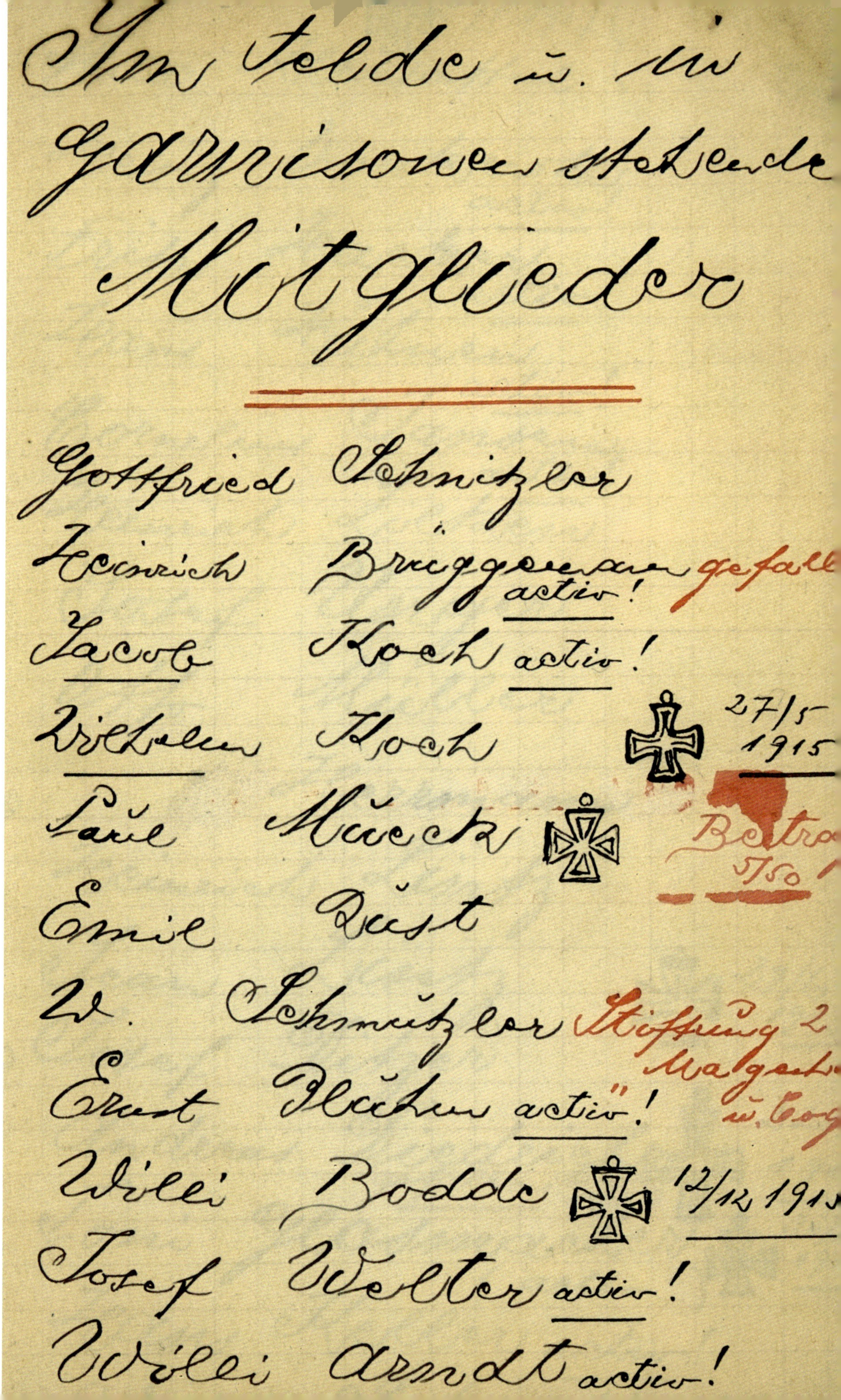

Im felde u. in garnisonen stehende Mitglieder

Gottfried Schnitzler

Heinrich Brüggemann *gefall* actio!

Jacob Koch actio!

Wilhelm Koch ✠ 27/5 1915

Paul Mücke ✠ *Betra 5/50*

Emil Rüst

W. Schnitzler *Stoffung 2 Ma... u. Cog*

Ernst Blüchen actio!

Willi Bodde ✠ 12/12 1915

Josef Welter actio!

Willi Arndt actio!

es kein Wort gibt."⁵⁸ Zu drastischeren Mitteln griff der Funk und Duzfreund von Schaufuß, Otto Schmitt. Er sandte eine Fotografie, auf der die von einer Granate zerrissenen Körper zweier deutscher Infanteristen zu sehen sind. Schmitt erklärte dem Leser in der Heimat dazu: „Die Photographie vermag all das hässliche & schauerliche zu veranschaulichen."⁵⁹

Nipperdey hat die Erfahrungen der Front als „denen des bürgerlichen Lebens ganz entgegengesetzt" bezeichnet. Die Normalität sei außer Kraft gesetzt gewesen, in den Soldatenunterkünften galten nun andere Ordnungen und Werte.⁶⁰ So zeigen die Funkenkarten beispielsweise einen ungezwungenen Umgang mit dem menschlichen Körper. Aus Dombrowa sandte ein Soldat – kein Einzelfall – zwei Fotos auf einer Postkarte. Während eines Soldaten bei der Suche nach Körper- und Haarläusen zeigt, sind auf dem anderen drei Soldaten beim Stuhlgang zu betrachten.⁶¹ Nacktheit, intime menschliche Bedürfnisse und medizinische Untersuchungen werden zu öffentlichen Prozeduren, an denen der Betrachter in der Heimat teilhaben konnte – und vermutlich auch teilhaben sollte, denn dadurch wurde er mit einer Realität konfrontiert, die der Zivilist zu Hause durch bloßes Erzählen nicht nachvollziehen konnte. Die Macht der Bilder – seit der Erfindung der Fotografie insbesondere bei kriegerischen Auseinandersetzungen eingesetzt – wirkte auch auf die eigentlich unbeteiligten Betrachter. Dabei erscheinen die Karten nie schockierend, sondern nur ehrlich. Das Thema Sexualität wurde dagegen weitgehend ausgeblendet, nur in wenigen Textstellen schimmert es durch.

In einigen Darstellungen finden sich auch Aussagen über die feindlichen Armeen. Im Januar 1915 unterstellte Wilhelm Bodde den Engländern, sie hätten die Franzosen gegen die Deutschen „aufgehetzt".⁶² Gefangene Engländer wurden fotografiert und ihr Leid emotionslos geschildert: „Die Kerle zittern vor Kälte wie Espenlaub. Jeden Vorübergehenden reden sie mit Kamerad an und betteln um Brot und Cigaretten."⁶³ Die Italiener wurden nach dem Kriegseintritt ihres Landes als „Gesindel" bezeichnet.⁶⁴ Die Russen hätten „in Ostpreußen gehaußt", dass es nicht zu beschreiben sei.⁶⁵ Doch allgemein hielten sich die Funken mit politischen Äußerungen oder solchen über die andere Seite zurück.

Mit zunehmender Kriegsdauer wurden das Heimweh und die Sehnsucht nach einem Friedensschluss stärker. Schon im Februar 1915 hoffte Hubertus Brück, dass der Krieg bald ein Ende habe, „denn meine Frau sehnt sich sehr nach ihrem Ühm".⁶⁶ Andere waren pessimistischer: Im Mai desselben Jahres äußerte Emil Rust, der Friede werde wohl noch nicht kommen.⁶⁷ Und einen Monat später schrieb jener Brück: „Ich glaube, der Vorstand feiert in diesem Jahr den 11. im 11. noch mal allein." Immer wieder machte sich dieser Funk selber Mut – eine Stimme flüstere ihm kontinuierlich zu: „Nicht lange mehr, dann hat der Krieg ein Ende". Doch schließlich stellte er im Januar 1918 fest, dass er bereits seit dem 7. August 1914 Soldat sei und nun nach Hause wolle.⁶⁸ Oft wurde an die Ehefrauen gedacht, die aufgrund der Zensur nicht wussten, wo ihre Männer Dienst taten. Die Einsatzorte konnten rasch wechseln. „Sie werden sich wundern, von mir Nachrichten aus Russland zu bekommen, nachdem ich fast 2 Jahre in Belgien gewesen bin."⁶⁹

Nach Beginn des Jahres 1916 war auf fast allen Karten der Wunsch nach einem baldigen Kriegsende vorherrschend – selbst bei den Soldaten, die vergleichsweise ungefährlichen Dienst taten. Doch viele verloren auch ihre Zuversicht und fürchteten eine längere Dauer.⁷⁰ 1917 schrieb der Funk Gerhard Ebeler, er werde Schaufuß zwanzig Jahre später als Fronturlauber begrüßen, sollte der Krieg noch so lange dauern.⁷¹ Man hätte damals wohl kaum vermutet, dass zu diesem Zeitpunkt bereits der Zweite Weltkrieg in Vorbereitung sein würde. Daneben machten sich die Soldaten immer wieder selbst Mut, „aushalten" sei die Parole, trotz „Sehnsucht nach Frieden und unserer lieben Kölner Heimat".⁷² Der Soldat und Funk Toni Glassmacher äu-

Theateraufführungen zur Soldatenunterhaltung, Feldpostkarte des Funkenmitglieds Ebeler vom 19. Juli 1917

ßerte gar die Meinung: „Die beste Zeit des Lebens [...] verbringt man im Felde."⁷³
Neben der Familie waren für die rot-weißen Soldaten im Feld die Funken und der Karneval selbst Ziel ihrer Sehnsüchte. An den „hohen Feiertagen" dachten sie häufig an das karnevalistische Treiben zu Hause und stellten einen Zusammenhang mit dem Geschehen an der Front her. Für den versäumten Elften im Elften wolle man sich „an den Engl[ändern] rächen". Zur „Feier des Tages haben wir Dixmude eingenommen. Für Maskerade haben wir bestens gesorgt."⁷⁴ An diesem Tag, dem „schöne[n] Datum", wurde häufig an die Funken und an die vielen gemeinsamen Erlebnisse in der Vergangenheit gedacht. André Welter träumte am 11. November 1915 nachts von Köln.⁷⁵ Am Rosenmontag 1915 musste sich der Funk Wilhelm Zäh morgens um 11 Uhr dem Einberufungskommando stellen – in Friedensjahren hatte er sich an diesem Tag und zu dieser Uhrzeit im Gürzenich, der „guten Stube" der Funken, aufgehalten.⁷⁶

Aber auch Pläne für die Zukunft wurden geschmiedet.⁷⁷ Als am selben Tag das Grammophon im Remagener Lazarett den Funkenmarsch spielte, löste dies beim Verfasser einer Karte sofort die Hoffnung aus, dass er im nächsten Jahr „im Rot-Weißen-Kleid den lieben Klängen wieder durch Cöln folgen" könne.⁷⁸ Am Elften im Elften wurde das Lied erneut vorgespielt, und tagelang sangen die Lazarettinsassen die Textstrophen nach.⁷⁹ Ein Soldat verfasste ein patriotisches Gedicht, das mit den Worten endete: „Wir müssen ja den Sieg erringen! / Gott sei mit Kaiser, Reich und Heer, / damit bald wieder Lieder klingen / dem Prinzen Karneval zu Ehr!"⁸⁰

Da die Sehnsucht der Funken an der Front nach Karneval nicht erfüllt wurde, inszenierten sie im Schützengraben, in den Frontstellungen oder den Lazaretten ihren eigenen Karneval – sicher im Rahmen der minimalen Möglichkeiten, aber durchaus mit Sinn für Humor, der vom Kriegsalltag ablenkte. Der „Kölsche Fastelovend" werde am westlichen Kriegsschauplatz nicht vergessen, versicherte ein dort stationierter Funk.⁸¹ Das dokumentiert auch eine Postkarte mit einem Foto, das vier Soldaten beim Stippeföttche abbildet.⁸² Zwei Funken sandten jeweils eine Ansichtskarte mit ihrem gemeinsamen Konterfei am Rosenmontagmittag und -abend. Die letztere zeigt beide mit heiterem Gesichtsausdruck, nach einigen „Trauerseidel Bier auf Köln".⁸³ Da konnte der Funk Wilhelm Bodde hoffen, dass aus „diesem grausigen Krieg recht bald wieder unser lustiger Krieg tritt".⁸⁴ Und einige Funken verkleideten sich sogar an der Front am Rosenmontag.⁸⁵ Wie mögen wohl die Kameraden in den Kompanien auf die Kölner Jecken im Krieg reagiert haben?

Berichteten die Funken-Soldaten über ihr Karnevalsleben an der Front, so freuten sie sich auch über Berichte von anderen Roten Funken. Auch wurde der gefallenen Funken gedacht.⁸⁶ Das Heimweh richtete sich auch auf Köln – der Soldat Koch sandte die Ansicht eines Tores und einer Kirche aus Frankreich mit der Bemerkung, dass dieses Bild ihn an die „Vringspootz mit der Vringskirche" erinnere.⁸⁷ Sogar der Kaiser freute sich einmal, als er einem Kölner begegnete, den er bei der Verleihung des Eisernen Kreuzes nach seiner Herkunft gefragt hatte.⁸⁸ Der gute „Kölner Humor", so schrieb Funk Hans Keller, half über die schrecklichen Erlebnisse der Soldaten hinweg.⁸⁹ Mancher Funk wurde – wohl aufgrund seiner karnevalistischen Erfahrungen – dann auch zum Theaterspieler an der Front.⁹⁰ Der Funk Wilhelm Bodde wirkte bei einer Aufführung anlässlich des Geburtstages des Kaisers mit und hielt eine „humoristische Rede auf Kölsch". Die kam so gut an, dass er sie einige Tage später im Offizierskasino wiederholen musste.⁹¹

Der kölsche Humor verdeckte jedoch nicht die grundsätzlich patriotische Haltung auch der Funken. Die verbreitete Auffassung, die Kölner und auch die Karnevalsgesellschaften hätten aus ihrer Ablehnung des Preußischen keinen Hehl gemacht, ist hier nicht Gegenstand der Untersuchung. Deutlich wird aber, dass man im Krieg durchaus national und patriotisch eingestellt war. Mit der Begründung „Man muß etwas für das Vaterland tun" meldete sich Emil Kuhnen freiwillig aus dem Lazarett-Dienst in ein Artillerie-Regiment.[92] Auch Durchhalteparolen – man kämpfe, bis kein Feind mehr „uns entgegentreten kann"[93] – wurden wie zum eigenen Ansporn mitgeteilt. Man fragt sich, wie die Soldaten ihre Eindrücke verarbeiteten. Was brachte sie dazu, sich „als Zahnrad in der Kriegsmaschinerie zu bewegen, sich völlig den Befehlen unterzuordnen"? Woher kamen der Mut, der starke Wille und der strikte Gehorsam,[94] der sie zu Taten verführte, die die meisten im Zivilleben niemals vollbracht hätten? Aufrecht hielt sie lange Zeit der Glaube an den Erfolg ihres Einsatzes: „In Colonia als Sieger einzumarschieren, wäre natürlich das Schönste, was ich mir wünschen könnte."[95] Weiterhin tröstete man sich: „Man darf den Humor nicht verlieren […]".[96] Den verlor auch der Unteroffizier Emil Kuhnen nicht, der witzelte, bei längerer Kriegsdauer werde er General: „Napoleon hat auch klein angefangen."[97] Leider sind keine Quellen darüber erhalten, wie denn die von den europäischen Schlachtfeldern heimgekehrten Funken nach dem Krieg ihr Funkendasein empfanden. Trugen sie wieder gern Uniform, und konnten sie sich ohne innere Beklemmung in die militärischen Parodien einleben – sie, die doch den Unterschied zwischen Ausschwärmen zum Bützen und wochenlangem Schützengrabenleiden am eigenen Leib erfahren hatten?

Die Feldpostbriefe der Kölner Roten Funken geben einen interessanten Einblick in die Erfahrungswelt und Erlebnisse der deutschen Soldaten im Ersten Weltkrieg. Für die historische Forschung sind solche Quellen wertvoll, zumal die Augen- und Ohrenzeugen nicht mehr leben. Die Geschehnisse waren zudem so schrecklich, dass viele Soldaten jahrzehntelang darüber schwiegen. Vor kurzem ist der letzte australische Veteran des Ersten Weltkrieges im Alter von 105 Jahren gestorben. Erst vor drei Jahren sprach er erstmalig über seine Erlebnisse u. a. bei der blutigen Somme-Schlacht.[98] Doch nach mehr als achtzig Jahren werden nicht alle Erlebnisse so präsent gewesen sein wie zur Abfassungszeit der Feldpostkarten. Auch diese jedoch berichten selektiv. So grausam die Erlebnisse waren, so kommt doch in vielen Berichten auch ein wenig von der „kölschen Mentalität" zum Ausdruck. Auf die Spitze brachte es wohl der Vereinsdiener Heinrich Vockeroth „[…] und kann ich auch von mir berichten mit Jupp Wingender's Worten: Et jet uns noch nit schlääch, et künnt uns noch viel schläächter gohn".[99]

Anmerkungen

[1] Vorwort, in: *Gerhard Hirschfeld* u. a. (Hrsg.), Enzyklopädie Erster Weltkrieg, Paderborn u. a. 2003, S. 9–11, hier S. 9.
[2] *Jost Dülffer*, Der Weg in den Ersten Weltkrieg, in: *Kölner Stadt-Anzeiger* vom 2.8.2004, S. 4; vgl. zu der massenmedialen Präsenz auch *Markus Pöhlmann*, Die Experten der dritten Generation, in: *Die Zeit*, Nr. 31, 22.7.2004.
[3] *Bernd Ulrich/Benjamin Ziemann* (Hrsg.), Frontalltag im Ersten Weltkrieg. Wahn und Wirklichkeit, Frankfurt am Main 1994; *Bernd Ulrich*, Die Augenzeugen. Deutsche Feldpostbriefe in Kriegs- und Nachkriegszeit 1914–1933, Essen 1997 (Schriften der Bibliothek für Zeitgeschichte, N. F. 8); *Christine Brocks*, Der Krieg auf der Postkarte – Feldpostkarten im Ersten Weltkrieg, in: Rolf Spilker/Bernd Ulrich (Hrsg.), Der Tod als Maschinist – Der industrialisierte Krieg 1914–1918. Eine Ausstellung des Museums Industriekultur Osnabrück im Rahmen des Jubiläums „350 Jahre Westfälischer Friede" 17. Mai – 23. August 1998. Katalog, Bramsche 1998, S. 155–163; *Klaus Latzel*, Feldpost, in: Hirschfeld u. a. (Hrsg.), Enzyklopädie Erster Weltkrieg (wie Anm. 1), S. 473–475; *Thomas Flemming*, Grüße aus dem Schützengraben, Berlin 2004.
[4] *Philipp Witkop* (Hrsg.), Kriegsbriefe gefallener Studenten, München 1928; *Simone Hankl/Hermann Simon*, Feldpostbriefe jüdischer Soldaten 1914–1918, Bd. 1–2, Teetz 2002.
[5] *Bernard Law Viscount Montgomery of Alamein*, Weltgeschichte der Schlachten und Kriegszüge, Bd. 2, München 1975, S. 493.
[6] *Wilhelm Deist*, Streitkräfte (Deutsches Reich), in: Hirschfeld u. a. (Hrsg.), Enzyklopädie Erster Weltkrieg (wie Anm. 1), S. 870–876.
[7] *Thomas Nipperdey*, Deutsche Geschichte 1866–1918, Bd. 2: Machtstaat vor der Demokratie, München 1992, S. 850f.
[8] Zitiert nach *Rudolf Reuter*, Tünnes un Schäl us Köllen am Rhing, Hamburg 1965, S. 173.
[9] Alärm!, Archiv Rote Funken.
[10] Feldpostkarte Otto Schmitt, 15.3.1916, Archiv Rote Funken, Kriegsalbum der Kölner Funken-Infanterie [II], Fol. 90.
[11] Feldpostkarte Hubertus Brück, 30.9.1915, Archiv Rote Funken, Kriegsalbum der Kölner Funken-Infanterie [I], Fol. 74.
[12] Feldpostkarte Otto Schmitt, 19.10.1915, Archiv Rote Funken, Kriegsalbum der Kölner Funken-Infanterie [II], Fol. 56. Zur Zensur s. a. *Ulrich*, Die Augenzeugen (wie Anm. 3), S. 78–105; *Wolfgang J. Mommsen*, Die Urkatastrophe Deutschlands. Der Erste Weltkrieg 1914–1918

(Gebhardt. Handbuch der deutschen Geschichte, 10. Aufl., Bd. 17), Stuttgart 2002, S. 126.

[13] S. a. *Klaus Latzel*, Liebesgaben, in: Hirschfeld u. a. (Hrsg.), Enzyklopädie Erster Weltkrieg (wie Anm. 1), S. 679f.

[14] *Ilse Prass/Klaus Zöller*, Vom Helden Carneval zum Kölner Dreigestirn, 1823–1992, Köln 1993, S. 75; Feldpostkarte André Welter, 11.5.1915, Archiv Rote Funken, Kriegsalbum der Kölner Funken-Infanterie [I], Fol. 43; ders., 27.6.1915, Kriegsalbum [II], Fol. 35; Feldpostkarte Hans Huhnen, 9.7.1916, [Kriegsalbum der Kölner Funken-Infanterie IV], Fol. 10.

[15] Kassenbücher, Archiv Rote Funken, auch im Folgenden.

[16] Feldpostkarte Emil Rust, 6.1.1915, Archiv Rote Funken, Kriegsalbum der Kölner Funken-Infanterie [II], Fol. 9.

[17] Feldpostkarte Otto Schmitt, 13.8.1915, Archiv Rote Funken, Kriegsalbum der Kölner Funken-Infanterie [II], Fol. 45; Kassabuch 1, 30.7.1915.

[18] Feldpostkarte Wilhelm Gehlen, 20.3.1915, Archiv Rote Funken, Kriegsalbum der Kölner Funken-Infanterie [I], Fol. 24.

[19] Feldpostkarte Carl Gerner, 21.4.1915, Archiv Rote Funken, Kriegsalbum der Kölner Funken-Infanterie [I], Fol. 37; Feldpostkarte Wilhelm Zäh, 29.8.1915, Kriegsalbum der Kölner Funken-Infanterie [II], Fol. 47; Feldpostkarte Emil Kuhnen, 2.4.1918, [Kriegsalbum der Kölner Funken-Infanterie IV], Fol. 67.

[20] Feldpostkarte Johann Menzel, 8.2.1915, Archiv Rote Funken, Kriegsalbum der Kölner Funken-Infanterie [II], Fol. 13.

[21] Feldpostkarte Max Kleesattel, Villiers, 30.1.1915, Archiv Rote Funken, Kriegsalbum der Kölner Funken-Infanterie [I], Fol. 10. Im Zweiten Weltkrieg wiederholte sich die Liebesgabenaktion und von den im Felde stehenden Funken wurden wieder „Briefe, Karten, Bilder und derg." gesammelt; Archiv Rote Funken, Vereinschronik Bd. 6, 30.3.1941. Diese sind jedoch nicht mehr erhalten.

[22] Feldpostkarte Wilhelm Gehlen, 17.2.1915, Archiv Rote Funken, Kriegsalbum der Kölner Funken-Infanterie [I], Fol. 10.

[23] Feldpostkarte Max Kleesattel, 18.8.1915, Archiv Rote Funken, Kriegsalbum der Kölner Funken-Infanterie [I], Fol. 69.

[24] Feldpostkarte Schnitzler, 21.1.1915, Archiv Rote Funken, Kriegsalbum der Kölner Funken-Infanterie [I], Fol. 10.

[25] Feldpostkarte Hubertus Brück, 15.8.1915, Archiv Rote Funken, Kriegsalbum der Kölner Funken-Infanterie [I], Fol. 69.

[26] Feldpostkarte Wilhelm Bodde, 8.9.(1914), Archiv Rote Funken, Kriegsalbum der Kölner Funken-Infanterie [I], Fol. 3.

[27] Feldpostkarte Max Kleesattel, 10.11.1914, Archiv Rote Funken, Kriegsalbum der Kölner Funken-Infanterie [I], Fol. 4.

[28] Feldpostkarten Wilhelm Bodde, 8.9.(1914), 12.1.1915 (Eingang), 20.1.1915, 27.1.1915, Archiv Rote Funken, Kriegsalbum der Kölner Funken-Infanterie [I], Fol. 3, 6 u. 8.

[29] *Nipperdey*, Deutsche Geschichte 1866–1918 (wie Anm. 7), S. 854.

[30] Feldpostkarte Hans Huhnen, 29.11.1914, Archiv Rote Funken, Kriegsalbum der Kölner Funken-Infanterie [I], Fol. 5; ebd., Fol. 6, Heinrich Vockeroth, Koblenz, 6.12.1914, der von „4 Köllsche Funke" sprach.

[31] Feldpostkarte Emil Rust, 19.6.1915, Archiv Rote Funken, Kriegsalbum der Kölner Funken-Infanterie [I], Fol. 54.

[32] Feldpostkarte Hacker, 31.12.1914, Archiv Rote Funken, Kriegsalbum der Kölner Funken-Infanterie [II], Fol. 5.

[33] Feldpostkarten Heinrich Worringen und Wilhelm Bodde, 12.6.1915, Kriegsalbum der Kölner Funken-Infanterie [II], Fol. 34.

[34] Feldpostkarte Otto Schmitt, 29.7.1916, Archiv Rote Funken, [Kriegsalbum der Kölner Funken-Infanterie IV], Fol. 14.

[35] Feldpostkarte H. Schneider, 16.6.1916, Archiv Rote Funken, [Kriegsalbum der Kölner Funken-Infanterie IV], Fol. 7.

[36] Feldpostkarte Wilhelm Gehlen, 21.2.1915, Archiv Rote Funken, Kriegsalbum der Kölner Funken-Infanterie [I], Fol. 18.

[37] Feldpostkarte André Welter, 11.6.1915, Archiv Rote Funken, Kriegsalbum der Kölner Funken-Infanterie [I], Fol. 52.

[38] Feldpostkarte Wilhelm Schnitzler, 26.7.1915, Archiv Rote Funken, Kriegsalbum der Kölner Funken-Infanterie [I], Fol. 64.

[39] Feldpostkarte D. Osthus, 3.10.1915, Archiv Rote Funken, Kriegsalbum der Kölner Funken-Infanterie [I], Fol. 80.

[40] Feldpostkarte Stockieser, 5.1.1915, Archiv Rote Funken, Kriegsalbum der Kölner Funken-Infanterie [II], Fol. 9.

[41] Feldpostkarte Jakob Koch, 24.1.1915, Archiv Rote Funken, Kriegsalbum der Kölner Funken-Infanterie [II], Fol. 10; vgl. auch Feldpostkarte Johann Lintz, 18.5.1915, Fol. 30, in der über einen achttägigen Dienst berichtet wird.

[42] Feldpostkarten Gottfried Schnitzler, 12.2. u. 2.3.1915, Archiv Rote Funken, Kriegsalbum der Kölner Funken-Infanterie [II], Fol. 13 u. 17.

[43] Feldpostkarte Heinrich Schneider u. Fried. Lauten, 19.12.1915, Archiv Rote Funken, Kriegsalbum der Kölner Funken-Infanterie [II], Fol. 69.

[44] Vgl. *Mommsen*, Die Urkatastrophe Deutschlands (wie Anm. 12), S. 126.

[45] Feldpostkarte Johann Menzel, 7.11.1914, Archiv Rote Funken, Kriegsalbum der Kölner Funken-Infanterie [I], Fol. 4.

[46] Feldpostkarte André Welter, 22.4.1915, Archiv Rote Funken, Kriegsalbum der Kölner Funken-Infanterie [I], Fol. 39.

[47] Feldpostkarte Wilhelm Zäh, 11.6.1915, Archiv Rote Funken, Kriegsalbum der Kölner Funken-Infanterie [I], Fol. 53.

[48] Feldpostkarte Wilhelm Zäh, 14.4.1916, Archiv Rote Funken, Kriegsalbum der Kölner Funken-Infanterie [II], Fol. 96.

[49] Feldpostkarten Heinrich Lintz, 16.5.1915 u. A. Diederich, 19.6.1915, Archiv Rote Funken, Kriegsalbum der Kölner Funken-Infanterie [I], Fol. 39 u. 55; dito, A. Diederich, 22.5.1916, [Kriegsalbum der Kölner Funken-Infanterie IV], Fol. 4.

[50] Feldpostkarten Gottfried Schnitzler, 30.1.1915; Wilhelm Zäh, 2.10.1915, Archiv Rote Funken, Kriegsalbum der Kölner Funken-Infanterie [II], Fol. 11 u. 53.

[51] Feldpostkarte Hans Urbach, 19.8.1916, Archiv Rote Funken, [Kriegsalbum der Kölner Funken-Infanterie IV], Fol. 17; sein Sohn, ebenfalls Roter Funk, bestätigte dem Verf. die Verwundungen des Vaters.

[52] Feldpostkarte W. Günther, 5.12.1917, Archiv Rote Funken, [Kriegsalbum der Kölner Funken-Infanterie IV], Fol. 81.

[53] Feldpostkarte Gottfried Schnitzler, 16.3.1915, Archiv Rote Funken, Kriegsalbum der Kölner Funken-Infanterie [II], Fol. 20.

[54] Feldpostkarte Wilhelm Bodde, 27.6.(1916), Archiv Rote Funken, [Kriegsalbum der Kölner Funken-Infanterie III], Fol. 68.

[55] Feldpostkarte Schnitzler, 21.1.1915, Archiv Rote Funken, Kriegsalbum der Kölner Funken-Infanterie [I], Fol. 10.

[56] Feldpostkarte Hubertus Brück, 9.3.1915, Archiv Rote Funken, Kriegsalbum der Kölner Funken-Infanterie [I], Fol. 24.

[57] Feldpostkarte Hubertus Brück, 15.4.1915, Archiv Rote Funken, Kriegsalbum der Kölner Funken-Infanterie [I], Fol. 34.

[58] Feldpostkarten Max Kleesattel u. Hans Tobar, 9.9.1916 u. 6.6.1918, Archiv Rote Funken, [Kriegsalbum der Kölner Funken-Infanterie IV], Fol. 21 u. 68.
[59] Feldpostkarte Otto Schmitt, 12.7.1917, Archiv Rote Funken, [Kriegsalbum der Kölner Funken-Infanterie IV], Fol. 76; laut *Aribert Reimann*, Die heile Welt im Stahlgewitter: Deutsche und englische Feldpost aus dem Ersten Weltkrieg, in: Gerhard Hirschfeld u. a. (Hrsg.), Kriegserfahrungen. Studien zur Sozial- und Mentalitätsgeschichte des Ersten Weltkriegs (Schriften der Bibliothek für Zeitgeschichte, N. F., 5), Essen 1997, S. 129–145, hier S. 143, habe die „Sprache der Feldpost [...] vor dem Krieg" zurückgeschreckt – dies gilt nicht für die Postkarten der Roten Funken.
[60] *Nipperdey*, Deutsche Geschichte 1866–1918 (wie Anm. 7), S. 854.
[61] Feldpostkarte Paul Mueck, 4.5.1915, Archiv Rote Funken, Kriegsalbum der Kölner Funken-Infanterie [I], Fol. 41; dito drei Karten u.a. von André Welter, 15.6.1916, [Kriegsalbum der Kölner Funken-Infanterie III], Fol. 95.
[62] Feldpostkarte Wilhelm Bodde, 20.1.1915, Archiv Rote Funken, Kriegsalbum der Kölner Funken-Infanterie [I], Fol. 8.
[63] Feldpostkarte Otto Schmitt, 18.1.1917, Archiv Rote Funken, [Kriegsalbum der Kölner Funken-Infanterie IV], Fol. 70.
[64] Feldpostkarte Hubertus Brück, 12.6.1915, Archiv Rote Funken, Kriegsalbum der Kölner Funken-Infanterie [I], Fol. 53.
[65] Feldpostkarte Heinrich Worringen, 12.2.1915, Archiv Rote Funken, Kriegsalbum der Kölner Funken-Infanterie [II], Fol. 14.
[66] Feldpostkarte Hubertus Brück, 11.2.1915, Archiv Rote Funken, Kriegsalbum der Kölner Funken-Infanterie [I], Fol. 16.
[67] Feldpostkarte Emil Rust, 19.5.1915, Archiv Rote Funken, Kriegsalbum der Kölner Funken-Infanterie [I], Fol. 47.
[68] Feldpostkarten Hubertus Brück, 12.6.1915 u. 3.8.1915, Archiv Rote Funken, Kriegsalbum der Kölner Funken-Infanterie [I], Fol. 53 u. 64; dito, 10.1.1918, [Kriegsalbum der Kölner Funken-Infanterie IV], Fol. 83; zur Sehnsucht nach Frieden und Heimat s. *Reimann*, Die heile Welt (wie Anm. 59), S. 142.
[69] Feldpostkarte Otto Schmitt, 15.3.1916, Archiv Rote Funken, Kriegsalbum der Kölner Funken-Infanterie [II], Fol. 90; Feldpostkarte Max Kleesattel, 30.7.1916, [Kriegsalbum der Kölner Funken-Infanterie IV], Fol. 14.
[70] Feldpostkarten Emil Rust u. W. Günther, 11.4. u. 18.6.1916, Archiv Rote Funken, [Kriegsalbum der Kölner Funken-Infanterie III], Fol. 64 u. 83. Zur Friedenssehnsucht 1918 vgl. *Ulrich*, Die Augenzeugen (wie Anm. 3), S. 72.
[71] Feldpostkarte Gerhard Ebeler, 19.7.1917, Archiv Rote Funken, [Kriegsalbum der Kölner Funken-Infanterie IV], Fol. 78.
[72] Feldpostkarten Max Kleesattel, 13.6.1915, O. Müller, Archiv Rote Funken, Kriegsalbum der Kölner Funken-Infanterie [I], Fol. 53 u. 65.
[73] Feldpostkarte Toni Glassmacher, 20.5.1916, Archiv Rote Funken, [Kriegsalbum der Kölner Funken-Infanterie IV], Fol. 4.
[74] Feldpostkarten Hacker, Huhnen u. Arndt, 11.11.1914, Archiv Rote Funken, Kriegsalbum der Kölner Funken-Infanterie [III], Fol. 2.
[75] Feldpostkarte André Welter, 11.11.1915, Archiv Rote Funken, Kriegsalbum der Kölner Funken-Infanterie [I], Fol. 86.
[76] Feldpostkarte Wilhelm Zäh, 23.5.1915, Archiv Rote Funken, Kriegsalbum der Kölner Funken-Infanterie [II], Fol. 22.
[77] Feldpostkarten O. Müller u. Paul Mueck, 11.11.1915, Archiv Rote Funken, Kriegsalbum der Kölner Funken-Infanterie [II], Fol. 61.
[78] Feldpostkarte Carl Gerner, 16.2.1915, Archiv Rote Funken, Kriegsalbum der Kölner Funken-Infanterie [I], Fol. 18.
[79] Feldpostkarte Carl Gerner, 21.11.1915, Archiv Rote Funken, Kriegsalbum der Kölner Funken-Infanterie [I], Fol. 91.
[80] Feldpostkarte Emil Kuhnen, 20.11.1915, Archiv Rote Funken, Kriegsalbum der Kölner Funken-Infanterie [I], Fol. 90.
[81] Feldpostkarte W. Arndt, 11.11.1914, Archiv Rote Funken, Kriegsalbum der Kölner Funken-Infanterie [III], Fol. 2.
[82] Feldpostkarte Emil Kuhnen, 18.3.1915, Archiv Rote Funken, [Kriegsalbum der Kölner Funken-Infanterie IV], Fol. 88.
[83] Feldpostkarten Emil Kuhnen u. Jean Haubrich, 20.2.1915, Archiv Rote Funken, Kriegsalbum der Kölner Funken-Infanterie [I], Fol. 20.
[84] Feldpostkarte Wilhelm Bodde, 17.5.1916, Archiv Rote Funken, [Kriegsalbum der Kölner Funken-Infanterie IV], Fol. 3.
[85] Feldpostkarte Hans Huhnen, 27.2.1915, Archiv Rote Funken, Kriegsalbum der Kölner Funken-Infanterie [I], Fol. 19.
[86] Feldpostkarte Otto Müller, 5.4.1915, Archiv Rote Funken, Kriegsalbum der Kölner Funken-Infanterie [I], Fol. 33.
[87] Feldpostkarte W. Koch, 23.6.1915, Archiv Rote Funken, Kriegsalbum der Kölner Funken-Infanterie [I], Fol. 55; zur Sehnsucht nach Köln s. a. Feldpostkarte O. Müller, 3.8.1915, Fol. 65.
[88] Feldpostkarte Wilhelm Bodde, 12.12.1915, Archiv Rote Funken, Kriegsalbum der Kölner Funken-Infanterie [I], Fol. 93.
[89] Feldpostkarte H. Keller, 8.2.1915, Archiv Rote Funken, Kriegsalbum der Kölner Funken-Infanterie [III], Fol. 13.
[90] Z. B. Feldpostkarte Hans Huhnen, 27.2.1915, Archiv Rote Funken, Kriegsalbum der Kölner Funken-Infanterie [I], Fol. 19.
[91] Feldpostkarte Wilhelm Bodde, 31.1.1916, Archiv Rote Funken, [Kriegsalbum der Kölner Funken-Infanterie III], Fol. 68.
[92] Feldpostkarte Emil Kuhnen, 5.4.1915, Archiv Rote Funken, Kriegsalbum der Kölner Funken-Infanterie [I], Fol. 31.
[93] Feldpostkarte Hubertus Brück, 3.5.1915, Archiv Rote Funken, Kriegsalbum der Kölner Funken-Infanterie [I], Fol. 42.
[94] *Jost Dülffer*, Kriegserwartung und Kriegsbild in Deutschland vor 1914, in: ders., Im Zeichen der Gewalt. Hrsg. von Martin Kröger/Ulrich S. Soénius/Stefan Wunsch, Köln u. a. 2003, S. 107–123, hier S. 108.
[95] Feldpostkarte Dietrich Osthus, 27.2.1916, Archiv Rote Funken, Kriegsalbum der Kölner Funken-Infanterie [II], Fol. 84.
[96] Feldpostkarte Conrad Siegert, 5.7.1916, Archiv Rote Funken, [Kriegsalbum der Kölner Funken-Infanterie III], Fol. 70.
[97] Feldpostkarte Emil Kuhnen, o. D. (ca. 1916), Archiv Rote Funken, [Kriegsalbum der Kölner Funken-Infanterie IV], Fol. 71.
[98] *Kölner Stadt-Anzeiger* vom 24.8.2004, S. 2.
[99] Feldpostkarte Heinrich Vockeroth, 24.6.1917, Archiv Rote Funken, [Kriegsalbum der Kölner Funken-Infanterie IV], Fol. 54.

Garnisonwechsel in Köln, Postkarte zum Ende der britischen Besatzung am 31. Januar 1926

„Was interessiert den kölschen Funken schon das lächerliche Welttheater?"[1]

Ein Kölner Verein zwischen Traditionen
und nationalsozialistischer Gleichschaltung

Von Marcus Leifeld

„Humor besiegte den tragischen Ernst jenes Tages", kommentierte der spätere Festkomitee-Präsident Thomas Liessem in seinen autobiographischen Aufzeichnungen die Jubiläumsfeier der Roten Funken am 7. Januar 1923.[2] Er feierte zusammen mit 1.500 Herren das hundertjährige Bestehen der Roten Funken im Großen Saal der Bürgergesellschaft am Appellhofplatz. Zur gleichen Zeit marschierten die Franzosen in das Ruhrgebiet ein. Inmitten wirtschaftlicher Not und politischer Wirren entwickelte sich das Fest zeitweise zu einer nationalen Kundgebung.[3] Keiner der Funken ahnte wohl in diesen Stunden, dass dieser denkwürdige Tag der Auftakt für eine schwierige und entbehrungsreiche Zeit für den Verein wie für Köln war, die ins „Dritte Reich" führen sollte.

Erst im Nachhinein erkennen wir die Zusammenhänge und die Kontinuitäten vom Kaiserreich über die 1920er Jahre bis in die nationalsozialistische Phase. Sie werden im Folgenden näher beleuchtet. Ein genauer Blick auf Köln zwischen 1933 und 1945 lohnt allein schon deshalb, weil diese Epoche der Stadtgeschichte längst noch nicht hinreichend erforscht ist und immer noch falsche Ansichten über die Ereignisse vorherrschen.[4] Die mangelnde Aufarbeitung dieser Zeit ist nicht zuletzt auf die schwierige Quellenlage zurückzuführen. Die Kernüberlieferung, also die laufenden Akten der kommunalen Verwaltung, der staatlichen Behörden, der Parteiorganisationen und der Verbände, ist weitgehend im Bombenkrieg untergegangen bzw. bewusst vernichtet worden. Daher sind wir zur Rekonstruktion der Verhältnisse auf „Nebenüberlieferungen" angewiesen, zu denen auch die Archivalien der Roten Funken zu zählen sind.[5] Deutlich lässt sich anhand dieser Quellen herausarbeiten, wie vielfältig abgestuft die Verhaltensweisen aussehen konnten und wie wenig man verallgemeinernd von Anpassung, politischer Verstrickung, Tätern, Mitläufern etc. sprechen kann – was in der öffentlichen Diskussion dennoch häufig geschieht.

Neben den Kontinuitäten lassen sich ebenso deutlich die Veränderungen nach 1933 festmachen. Sie wurden hervorgerufen durch staatliche und städtische Verbote und Gebote, durch Einschüchterungsmaßnahmen der Nationalsozialisten sowie durch einzelne nationalsozialistisch gesinnte Funken, die ihre ideologischen Vorstellungen im Verein durchsetzen wollten, und waren getragen von Stimmungen und Bedürfnissen der Mitglieder, die sich aus den Erfahrungen der Weimarer Republik ergaben.

Die Roten Funken in der Weimarer Republik

Ausgerechnet im Jubiläumsjahr 1923 war den Roten Funken wenig zum Feiern zumute.[6] Fünf Jahre zuvor war der Erste Weltkrieg verloren gegangen und die kaiserliche Regierung gestürzt worden; das linksrheinische Gebiet hatten alliierte Truppen besetzt. Am 6. Dezember 1918 waren die ersten britischen Soldaten in Köln einmarschiert. Sie hatten Privatwohnungen, Möbel, Fahrräder und vieles mehr konfisziert. Viele Kölner verloren ihre Arbeit und lebten seitdem in größter Armut. Mit der galoppierenden Inflation nahm das Elend solche Ausmaße an, dass es am 13. November 1922 zu gewalttätigen Demonstrationen und Geschäftsplünderungen kam. Mit der Besetzung des Ruhrgebietes durch französische und belgische Truppen im Januar 1923 und dem darauf folgenden passiven Widerstand verschärfte sich die Krise

Notgeld von 1922 mit Motiven der Roten Funken

weiter. Die Geldentwertung, die im Herbst 1923 ihren Höhepunkt erlebte, ruinierte vor allem die ärmere Bevölkerung, den Mittelstand und die Rentner, deren Ersparnisse in kürzester Zeit dahinflossen.[7]

Auch den Verein der Roten Funken brachte die Inflation in große Schwierigkeiten. Anlässlich der Feier zum 100-jährigen Bestehen hatte Kommerzienrat Dederichs, Vereinsmitglied und in den 1890er Jahren Funkenmariechen, eine Million Mark gespendet. Die Funken wollten mit der Spende ihren lang gehegten Traum eines eigenen Vereinsheims verwirklichen. Doch alles, was im Verlaufe der Inflation vom Geld und vom Traum übrig blieb, waren wertlose Effekten und ein Fuder Moselwein „22er Adelgunder-Lay".[8] Schlimmer als dieser Verlust war jedoch das Schicksal etlicher Mitglieder, die ihre Anstellung verloren oder ihre Geschäfte aufgeben mussten. Mehr als 70, darunter viele Kaufleute wie etwa Josef Düster, Balthasar Gottschalk, Max Kleesattel oder Gustav Nolden, konnten die Vereinsbeiträge und Umlagen nicht mehr zahlen und wurden aus dem Verein ausgeschlossen.[9]

So verwundert es nicht, wenn in dieser Zeit ausgelassenes Karnevalstreiben ausblieb. Bereits mit Beginn des Ersten Weltkriegs hatte es keinen Rosenmontagszug mehr in Köln gegeben, nach Kriegsende waren öffentliche Maskeraden von den Besatzern verboten worden. Allein das Feiern in geschlossenen Gesellschaften war möglich. Nicht ohne Grund also beschloss das Festkomitee des Kölner Karnevals, auf alle Veranstaltungen in der Session 1922/23 zu verzichten.[10] „Da verstand es sich von selbst", formulierten die Funken in dieser Zeit, „dass wir jedem und allem entsagten, was irgend wie als Karneval aufzufassen oder auch nur auszudeuten geeignet gewesen wäre. Die folgenden Zusammenkünfte [...] trugen daher einen still bür-

Der Neumarkt in Köln am Rosenmontag 1919

Christian Witt als Professor Säuerlich in der Bütt, 1920er Jahre

gerlichen Charakter. [...] Aber auch selbst bei diesen Veranstaltungen zeigte sich mehr und mehr eine Ermattung und Müdigkeit als selbstverständliche Folge der immer schlimmer werdenden allgemeinen politischen und wirtschaftlichen Lage." Etliche Zusammenkünfte wurden abgesagt, „weil es uns nicht ansteht, auch nur bescheiden zu feiern, wenn der Nachbar rechts und links darbt, hungert und friert. Nur unsere samstäglichen Stammtischabende haben wir beibehalten."¹¹

Für die wirtschaftliche Misere ebenso wie für die politischen und gesellschaftlichen Krisenerscheinungen machten der Vorstand und wohl auch der überwiegende Teil der Mitglieder der Roten Funken die politischen Parteien der Weimarer Republik verantwortlich, einer Republik, die aus dem Zusammenbruch des kaiserlichen Deutschland erwachsen war. Im autoritären monarchischen System des Kaiserreiches aufgewachsen, zählten für sie wie für weite Kreise des Bürgertums Politiker und Parteien nicht zur arbeitenden Bevölkerung, sondern standen im Gegensatz zu ihr. Dies kommt in einem Schreiben des Vorstandes an den Regierungspräsidenten Graf Adelmann von Adelmannsfelden zum Ausdruck. Am Tag des 100-Jahr-Festes hatte die Zentrumspartei ihre Sitzung in der Bürgergesellschaft direkt neben den feiernden Funken abgehalten. Die Parteimitglieder fühlten sich dort gestört und beschweren sich. Als Reaktion wies der Vorstand der Funken energisch darauf hin, dass sich die eigene Veranstaltung durch einen „heimat- und vaterlandstreuen Geist" ausgezeichnet habe. „Diesem Geiste zu dienen, fühlen wir uns deshalb besonders geeignet und berufen, weil unsere Mitglieder und Freunde sich gerade aus denjenigen Kreisen des arbeitenden und Werte schaffenden Kölns rekrutieren, die – angewidert von dem unentwegten Parteigezänk – sich von tätigem Anteil am parteipolitischen Leben abgewandt haben."¹²

Was sich hier andeutet, formulierte Christian Witt, Präsident der Roten Funken von 1924 bis 1930, später in zahlreichen Büttenreden. In der Rolle des Professor Säuerlich sparte er nicht mit beißender Kritik am politischen wie auch am gesellschaftlichen System. In seiner Rede „Vom Denken und Gedanken" verurteilte er den Versailler Friedensvertrag als Täuschung des im Felde angeblich unbesiegten Deutschen Reiches. Anklänge an die Dolchstoßlegende sind hier offensichtlich. Vor allem beschrieb er die Politiker in Berlin als diejenigen, die etwas

„zusammendichten
Und ans Volk als Reden richten,
Klebend, zähe wie die Fliege,
Nur an dem Parteiprestige!
Die Regierung muß, o Plage,
Wechseln alle vierzehn Tage,
Weil man redet und nicht denkt
Und an der Partei nur hängt.
Ja, weil oben statt der Denker
Sitzen viele faulen Stänker,
Die nicht einsehn, daß uns heut
Nottut nur die Einigkeit!"¹³

Diese politische Kultur bewirkte seiner Meinung nach auch eine Krise der gesellschaftlichen Verhältnisse, von der nicht zuletzt die Jugend und die Frauen betroffen seien. So klagte er in der Bütt unter der Überschrift „Die Politik":

„Politik hat heutzutage
Doch verdreht ganz ohne Frage
Unsre Zukunft, unsre Jugend,
Die verloren alle Tugend;
Das, wofür wir lang gerungen,
Woll'n sie gleich, die Schnuddelsjungen,
Sind kaum hintern Ohren trocken,
Müssen in den Dielen hocken,
Was verdient, das wird verzehrt,
Wird verschlemmt und verlikört,

Der Rosenmontagszug auf dem Neumarkt, 1928

Wollen mehr wie die Alten wissen,
Obschon sie noch das Bett be – schmutzen
Und die Mädels, wo solls hin!
Wofür haben die noch Sinn? –
Für Geschwätz von jedem Prahler,
Für Romane von Courths-Mahler,
Für Shimmy, Jazz und Modetänz
Da schwärmen die moderne Pänz,
Nur Tanz sitzt ihnen in den Knochen,
Doch Aedäppel – könn'n sie nicht kochen!"

Witt endete mit der Aufforderung: „Politik, du dummes Luder, Laß die Wirtschaft mal ans Ruder!"[14]
Diese sehr deutlichen Worte fielen zu einer Zeit, als sich nach dem Krisenjahr 1923 die Verhältnisse in Köln schon wieder normalisiert hatten. Die Zahl der Erwerbslosen war merklich zurückgegangen, die Wirtschaft hatte sich erholt und die Stadt war zu einer aufstrebenden Metropole mit einer lebendigen, weit ausstrahlenden Kultur geworden. Mit großem Aufwand hatte man schließlich das Ende der Besatzung am 31. Januar 1926 gefeiert.[15] Nach einer Kappenfahrt 1927 fanden zwischen 1928 und 1930 auch wieder Rosenmontagszüge statt.[16]

Diese Phase der Erholung sollte sich allerdings schon bald als Episode herausstellen. Unterschwellig war die wirtschaftliche und soziale Lage auch in diesen Jahren angespannt. Armut, Wohnungsnot und die Sorge um den Arbeitsplatz angesichts von über 50 000 Arbeitslosen im Jahr 1928 bedrückten weite Kreise Kölns, die mit dem New Yorker Börsenkrach am 24. Oktober 1929, dem „Schwarzen Freitag", in eine tiefe Krise gestürzt wurden. Die Kölner strömten zu den Banken, um noch ein wenig von ihrem ersparten Geld zu retten. Etwa 5.000 Unternehmen mussten Konkurs anmelden. Arbeitszeitverkürzungen, Kurzarbeit und massenhafte Entlassungen waren die Folgen. Bis 1932 hatte jeder dritte erwerbsfähige Kölner, insgesamt 230.000 Menschen, seinen Arbeitsplatz verloren, viele davon waren auf die magere städtische Wohlfahrt angewiesen.[17]
Die Wirtschaftskrise erschütterte auch die

Funken so nachhaltig, dass die Frage gestellt wurde, ob das alte Corps – zumindest vorübergehend – aufgelöst werden solle.[18] Dementsprechend können wir dem Bericht über den Kasino-Abend am 10. Oktober 1930 in der Lese entnehmen: „Immer härter liegt die Zeit der schweren Not auf uns. Das große Heer der Arbeitslosen wird täglich noch größer und auch manche unserer Mitglieder und

Der Wagen der Roten Funken mit dem prophezeiten Strafesel des Jahres 2000 im Rosenmontagszug 1930

Freunde, die sich bisher in gefestigten Verhältnissen befanden, werden von wirtschaftlichen Sorgen schwer bedrückt. Die politischen Wirren und der Streit der Parteien untereinander haben in unserem Land ebenfalls einen kaum zu überbietenden traurigen Höchststand erreicht."[19] Die Funken rechneten angesichts dieser Situation gar mit einem „gewissen Ausfall alter Mitglieder" und riefen zur Anwerbung junger Kölner auf.[20] Das wenige Geld, das sich noch im Vereinssäckel befand, suchte man zu retten. Der Vorstand beratschlagte sich darüber mit dem Senator Christian Rensing, stellvertretender Vorstand der Leonhard Tietz AG, später Kaufhof AG, und versuchte schließlich, das Geld in Sachwerten zur Ausstattung der Kasinoräumlichkeiten anzulegen.[21]

Was das gemeinsame Feiern anbetrifft, arrangierten sich die Funken so gut es eben ging mit der schwierigen Situation. Sie feierten bei gemütlichen Zusammenkünften in kleinerem Rahmen und handelten dabei günstige Preise für Speis und Trank aus. „Früher der Isabellensaal des Gürzenich mit Frackkellnern und Tafelsilber, heute die blaugestrickte Kölsche Wirtschaft mit dem bekannten Hausmacher-Schanzzeug. – Früher vorgeschriebener Smoking mit Lackschuhen, heute zwangloser Anzug, [...] – Früher das grosse kaum zu leerende Fass mit Sektbowle, heut das Fass mit unserem kölschen Nationalgetränk."[22] Etliche Sitzungen und Bälle mussten abgesagt werden, wie auch die Rosenmontagszüge 1931 und 1932 nicht stattfinden konnten. Trotzdem verzichtete man nicht vollständig auf karnevalistische Veranstaltungen, da sie in den Augen der Funken auch eine wirtschaftliche bzw. soziale Komponente hatten: „Wer Arbeit schafft, handelt sozial!" lautete dabei das Motto des Vereins.[23]

Auch unter den Funken kam es in den 1920er Jahre zu Krisen, Unruhen und „Sonderbündeleien". Dass mehr als 70 Mitglieder, die ihre Beiträge nicht bezahlen konnten, deshalb aus dem Verein gewiesen wurden, fand bereits Erwähnung. Fortwährend gab es Auseinandersetzungen, vor allem um die Festlegung der Kompetenzen zwischen dem Senat und dem Vorstand.[24] In diesem Zusammenhang wurde 1923 der Verdacht laut, Vorstandsmitglieder betrieben „Sonderbündelei", ohne dass sich dies in den Protokollen weiter verfolgen ließe.[25] Vor allem seit April 1930 wirkte sich die Unruhe verheerend aus: Im Restaurant Weihenstephan fanden inoffizielle „wilde" Versammlungen von Mitgliedern statt, die ihre in den Quellen nicht näher fassbare Unzufriedenheit mit dem Vorsitzenden Christian Witt offen äußerten. Die Zwistigkeiten zwischen den Lagern der Anhänger und der Gegner des Vorstandes nahmen immer weiter zu und gefährdeten schließlich sogar den Fortbestand des Vereins.[26] Als einem Teil des Vorstandes und auch dem Präsidenten selbst das Vertrauen entzogen wurde, gründete dieser eine neue Gesellschaft unter dem Namen „Kölner Funken-Infanterie" und zog viele Mitglieder zu sich herüber.[27] Auf der Hauptversammlung am 28. Mai 1930 drohte der Streit endgültig zu eskalieren. Beide Parteien hatten ihre Anhänger zur Veranstaltung eingeladen. Der Vorsitzende des Festkomitees, Karl Umbreit, schaltete sich ein und rief zur Einigkeit des traditionsreichen Vereins auf. Schließlich trat Witt offiziell von der Leitung des Funkencorps zurück, während Professor Dr. Wilhelm Schneider-Clauß die Leitung übernahm.[28]

Aufbruchstimmung und organisatorische Gleichschaltung

Beruhend auf diesen Erfahrungen in der Weimarer Republik war das Verlangen nach Einigkeit im Verein, nach einem autoritären System und einer starken Führung für diesen wie auch den Staat spürbar. Insbesondere durch die Auswirkungen der Weltwirtschaftskrise begünstigt, wurde Adolf Hitler am 30. Januar 1933 zum Reichskanzler ernannt. Die neue Regierung um Hitler fand im Kölner Bürgertum breite Zustimmung. „Das nationale Bürgertum marschiert!", war in der *Kölnischen Zeitung* zu lesen. „Das vaterländisch gesinnte Bürgertum hat den Zusammenschluß aller nationalen Kräfte zur gemeinsamen Arbeit begrüßt."[29] Wie viele andere Bürger Kölns verbanden sicherlich auch etliche Funken mit der neuen Regierung und der Nationalsozialistischen Deutschen Arbeiterpartei (NSDAP) Hoffnungen auf Besserung der wirtschaftlichen Lage. Zumindest können wir in den Entnazifizierungsakten eines Vereinsmitgliedes lesen, dass der Betreffende durch die Wirtschaftskrise arbeitslos wurde und 1932 in die NSDAP eintrat, weil er dieser Partei die Überwindung der Krise zutraute. Allerdings ist dabei zu berücksichtigen, dass er mit dieser Aussage sein Verhalten in der NS-Zeit vor dem Entnazifizierungsgremium zu rechtfertigen versuchte.[30] Die eigentliche Machtübernahme der NSDAP in Köln fand einen Tag nach der Kommunalwahl vom 12. März 1933 statt, bei der sie mit 39,6 Prozent weit von einer absoluten Mehrheit entfernt geblieben war. Der Leiter des Gaues Köln-Aachen, Josef Grohé, erklärte den nach Berlin gereisten Oberbürgermeister Konrad Adenauer für abgesetzt und bestimmte den bis dahin unbekannten Natio-

13. März 1933: Nationalsozialisten besetzen das Kölner Rathaus und übernehmen die Macht in Köln

nalsozialisten Günter Riesen zum Ersten Bürger der Stadt Köln. Schon bald nach der Machtübernahme ergaben sich auch für die Roten Funken erhebliche Änderungen. Präsident Professor Dr. Schneider-Clauss hatte das Verlangen nach Corpsgeist und nach einer autoritären Führung des Vereins nicht befriedigen können. Er hatte sich, wie er selbst schreibt, vergebens darum bemüht, Einigkeit im Vorstand herbeizuführen. Immer wieder war es dort zu Streitigkeiten gekommen.[31] Häufig konnte Schneider-Clauss sich nicht durchsetzen, Entscheidungen wurden später wieder rückgängig gemacht. Einigen war er auch zu akademisch.[32] Die Streitigkeiten führten dazu, dass Schneider-Clauss am 17. März 1933 von seinen Ämtern zurücktrat.[33]

Knapp vier Wochen später, am 13. April, brachte der Vorstand seine Hoffnungen in die „nationale Erhebung" explizit zum Ausdruck: „Die nationale Erhebung in unserem Vaterlande gibt dem Vorstande Veranlassung als Punkt I) im Protokoll der heutigen ersten Vorstandssitzung des neuen Vereinsjahres nieder zu legen, dass er sich voll und ganz zur heutigen Regierung bekennt. [...] Nur der Vollständigkeit halber wird hier noch erwähnt, dass die treudeutsche Gesinnung des Funkencorps von jeher gewahrt worden und diese auch in seiner Tradition begründet ist."[34] Gleichzeitig wurden die Ehrenmitglieder Regierungspräsident Hans Elfgen, der sozialdemokratische ehemalige Polizeipräsident Otto Bauknecht und Konrad Adenauer, gegen den von Seiten der Nationalsozialisten eine Hetzkampagne mit dem Vorwurf der Veruntreuung von städtischen Geldern betrieben wurde,[35] aus der Ehrenliste gestrichen.

Entsprechend der politischen Entwicklung beabsichtigten die Roten Funken ihr Führungsgremium weiter zu verändern. Zwei Personen, der nationalsozialistische Stadtverordnete Hermann Ihle[36] und Jakob Juli, wurden auf der Hauptversammlung am 24. September 1933 in den Vorstand gewählt. Ihle, von Beruf Metzgermeister, leitete von August 1932 bis 1937 die NS-Ortsgruppe Dom, von 1938 an die Ortsgruppe Alter Markt. Bereits zuvor war er in verschiedenen Metzger-Innungen als politisch sehr aktiver Nationalsozialist aufgefallen: Im April 1933 hatte er bei der Freien Schweinemetzger- und der Freien Ochsenmetzger-Innung für den Eintritt in den „Kampfbund des gewerblichen Mittelstandes" geworben.[37] Außerdem suchte er den Vorstand der Freien Schweinemetzger-Innung gleichzuschalten.[38] Schließlich engagierte er sich als Sachverständiger im Ausschuss zur reibungslosen Durchführung des „Numerus Clausus für die jüdischen Händler [...] auf dem städtischen Schlacht- und Viehhof".[39] Zu den Funken gehörte er seit 1924 mit dem Spitznamen „Deckel".

Ihm wie auch seiner Partei waren zwei neue Mitglieder im Vorstand wohl nicht genug. Sie wollten eine komplette Gleichschaltung herbeiführen, wie Ihle dem Vorstand gegenüber deutlich machte. Er war durch den Leiter des Kölner NSDAP-Landkreises Linksrheinisch-Nord, Felix Frangenberg, angewiesen worden zu erklären, dass im Funkenvorstand eine Gleichschaltung vorgenommen werden solle, d. h. dass dort mindestens 60 Prozent Nationalsozialisten vertreten sein sollten. Dem widersprachen die beiden Vertreter der Funken beim Festkomitee, Georg Rung und Willi Kühn. Der Vorstand des Festkomitees, Fritz Maas und Thomas Liessem, hatte darüber mit Oberbürgermeister Günter Riesen verhandelt und den angeschlossenen Gesellschaften offiziell mitgeteilt, dass eine solche Gleichschaltung innerhalb der Karnevalsgesellschaften nicht in Frage komme, insbesondere auch deshalb nicht, weil diese Gesellschaften immer auf nationalem Boden gestanden und sich auch immer im nationalen Sinne betätigt hätten. Ihle sollte dem Kreisleiter eine entsprechende Antwort sowie eine Abschrift der Vorstandssitzung vom 13. April 1933 vorlegen, in der sich die Funken zur „nationalen Erhebung" bekannt hatten.[40] Dieses Bekenntnis bekräftigte dann auch Jupp Morher in seiner Antrittsrede als neuer Präsident der Roten Funken am 28. Septem-

Karte „zur freundlichen Erinnerung" an die Einführung Jupp Morhers als Präsident der Kölsche Funke Rut-Wieß am 6. Januar 1934

Ortsgruppenleiter und Roter Funk Hermann Ihle

ber 1933: „So wie unser grosser Führer Adolf Hitler in Deutschland Ordnung und Frieden bringe, Einigkeit, Recht und Freiheit, so sei ihm bei treuer Mitarbeit des Vorstandes nicht bange, in diesem Sinne bei den Funken zu wirken. [...] Er hoffe und wünsche, dass sich auch in unserem Korps der Geist zeigt, der heute ganz Deutschland durchbraust."[41] Dementsprechend war das oberste Ziel des neuen Präsidenten, die Funken hinter sich zu einigen: „Jeden, der in diesem Sinne ehrlich mit uns zu arbeiten gewillt ist, heissen wir herzlich willkommen. Der nur Zwietracht bringende Stänker kann bei uns nicht bleiben."[42]

Von Einigkeit war jedoch zunächst nichts zu spüren. Nur wenig später entbrannte ein Streit um die Kompetenzen im Vorstand. Der schon genannte Hermann Ihle beanspruchte eine Führungsrolle im Verein. Nach seiner Wahl in den Vorstand am 24. September 1933 trat er zunächst als Kontaktperson zwischen der Kreisleitung sowie anderen nationalsozialistischen Behörden einerseits und den Funken andererseits in Erscheinung.[43] Als Mitglied der Landesführerschule der NSDAP in Königswinter vermittelte er dorthin einen „rheinischen Abend", der am 15. Dezember 1933 unter Leitung Jupp Morhers stattfand.[44] Er lud wohl auch etwa 70 Schüler der Führerschule zum großen Damenkomitee im Gürzenich am 14. Januar 1934 ein.[45] Mit der Rolle eines Vermittlers gab sich Ihle jedoch nicht zufrieden. Er sowie drei andere Vorstandsmitglieder opponierten Anfang 1934 gegen den Präsidenten Morher. Sie versuchten den Verein im nationalsozialistischen Sinne zu lenken und die nicht erfolgte Gleichschaltung doch noch durchzusetzen. Die Vorstandssitzungen dieser Zeit waren geprägt von Misstrauen, Beschimpfungen und Differenzen zwischen den einzelnen Vorstandsmitgliedern. Schriftführer Eberhard Hamacher appellierte daher an den gesamten Vorstand, sich dem Vorsitzenden als maßgebendem Führer zu unterstellen.[46] Nach nicht einmal sechs Monaten wurde Ihle schließlich auf der ordentlichen Jahreshauptversammlung am 4. März 1934 genauso wie die drei übrigen Mitglieder nicht wieder in den Vorstand gewählt.[47]

Wohl nicht zuletzt aufgrund dieser Erfahrung eines zerstrittenen Vorstandes setzte der Verein das Führerprinzip durch. Die Mehrheit der Funken empfand es als falsch, dass die Vorstandsmitglieder „ungeachtet ihrer Leistungen und Fähigkeiten der Sympathie der Mitglieder unterworfen" waren.[48] Nach der am 18. März 1934 in Kraft tretenden neuen Satzung war allein der Vorsitzende für die einwandfreie Führung der Geschäfte zuständig. Er ernannte aus dem Kreis der Mitglieder den Schatzmeister, Schriftführer und Protokollführer bzw. Literaten. Außerdem war er dazu berechtigt, Mitglieder des Vorstandes, der sich auf insgesamt sechs Personen verkleinerte, ihrer Ämter zu entheben.[49]

Damit hörten jedoch die Angriffe gegen Morher und den Vorstand noch nicht auf. Im April 1934 beleidigte ein angetrunkener Funk den Präsidenten und seine Gattin in aller Öffentlichkeit. Zwei der aus dem Vorstand Verwiesenen sowie ein weiteres Mitglied sahen diesem Vorgang nicht nur tatenlos zu, sondern drückten ihre Freude darüber aus. Ihr vom Aufnahme-Ausschuss beschlossener Verweis aus dem Verein wurde – nachdem sie dagegen ein gerichtliches Verfahren eingeleitet hatten – wenig später wieder aufgehoben.[50] Ihle ließ auch danach nicht locker und bezeichnete die Vorstandsmitglieder als „Lumpen", „Lügner" und „Betrüger". Er fühlte sich allein als geeigneter und berufener Führer des Vereins befähigt und begründete dies mit seiner langjährigen Mitgliedschaft in der NSDAP und mit den von ihm in der Partei bekleideten Funktionen.[51] In einem Brief an Morher führte er weiter aus, dass es zur Frage der Führerschaft zweckmäßig sei, „dies der Aufsichtsbehörde zu überlassen, denn diese Regelung steht weder Ihnen noch mir zu. Ohne auf meine von mir bekleidete Funktion hinzuweisen, habe ich bewiesen, dass ich Nationalsozialist bin. Sie müssen diesen Beweis noch erst erbringen."[52] Morher wehrte sich in einem Brief an Ihle vehement gegen die Vorwürfe und versicherte diesem dabei nachdrücklich, „dass wir uns durch keinerlei Druck, Androhung oder sonstige Mätzchen von der Durchführung unserer Säuberungsaktion abhalten lassen, damit wir endlich die von allen Mitgliedern geforderte echte Kameradschaft und Harmonie pflegen und hegen können".[53] Die Antwort Ihles klingt für den heutigen Leser wie eine ernstzunehmende Warnung: „Ihre mir angedrohten Massnahmen habe ich nicht zu fürchten, genau so wenig, wie das Urteil der gesamten Mitglieder. Im Übrigen wollen Sie sich merken, dass der Leiter einer Ortsgruppe weder mit Mätzchen noch mit Drohungen operiert."[54]

Ob diese Auseinandersetzungen etwas mit den mysteriösen Vorgängen 15 Monate später zu tun haben, lässt sich nicht eindeutig klären, einige Indizien sprechen allerdings dafür. Am 13. August 1935 wurde Jupp Morher plötzlich und vollkommen unerwartet mit einer akuten Geistesgestörtheit in die Alexianer Heil & Pflegeanstalt Ensen bei Köln eingeliefert. Noch am selben Tag (!) kam der Funkenvorstand in der Wohnung des Senatspräsidenten Jacob Berg zusammen und beschloss, dass Morher für die „Präsidentschaft nicht mehr in Frage kommen könnte. Denn selbst wenn sich die Krankheit [...] als heilbar erweisen würde, so dürfte doch der allgemeine Gesundheitszustand es nicht mehr zulassen, dass Jupp Morher einen derartig verantwortungsvollen Posten bekleiden würde." Johannes Wiesbaum sollte als möglicher Nachfolger präsentiert werden.[55]

Am 2. Oktober schrieb Morher, inzwischen in die Heilanstalt der Alexianerbrüder St. Paulus in Bonn überführt, an die Funken, er wolle für den 6. November eine Versammlung einberufen und am 11. im 11. seine Rechte und Pflichten wieder aufnehmen. Wie sein behandelnder Arzt Dr. Weiß den Funken erklärte, war sich Morher zu diesem Zeitpunkt seiner Krankheit nicht bewusst. Und mit einer dauerhaften Gesundung sei nicht zu rechnen.[56] Noch im Oktober setzte Johannes Wiesbaum seinen Vorgänger offiziell von der Neuwahl des Präsidenten in Kenntnis.[57] Wenige Monate später wurde Morher aus der Heilanstalt entlassen und nahm 1936 als Mitglied wieder an Veranstaltungen der Funken teil.[58]

War Morher wirklich plötzlich erkrankt? Oder hatten die Nationalsozialisten etwa aufgrund der Auseinandersetzungen des Präsidenten mit dem Ortsgruppenleiter und der nicht durchgeführten Gleichschaltung der Roten Funken Druck auf den Verein ausgeübt und damit für seine Absetzung gesorgt? Die Vorgänge um die Einweisung in die Heilanstalt und die Absetzung noch am selben Tag muten zumindest sehr merkwürdig an. Gleichzeitig mit der Neuwahl des Präsidenten entspann sich auf der außerordentlichen

Hauptversammlung am 25. August 1935 eine Aussprache über die Notwendigkeit, das Führerprinzip im Verein beizubehalten. Im Laufe der Diskussion kamen Anhänger der nationalsozialistischen Weltanschauung, Befürworter eines demokratischen Systems und auch ein Mitglied zu Wort, dessen Angst vor Repressalien deutlich spürbar war. Bei nur zwei Gegenstimmen wurde das Führerprinzip bei den Vorstandswahlen aufgehoben und das demokratische System wieder eingeführt – ein angesichts der Gewissheit, dass dies den nationalsozialistischen Behörden nicht unverborgen bleiben konnte, bemerkenswerter Vorgang. Fortan waren also, wie schon vor 1934, drei Vorstandsmitglieder für die Geschäftsführung verantwortlich, und der Präsident wurde nunmehr wieder von den zehn Mitgliedern des Vorstandes sowie dem Senatsvorstand gewählt.[59] Die folgende Ergänzung des Vorstandes war neben der bereits beschriebenen Verabschiedung von fünf Vorstandsmitgliedern im März 1934 die einzige bemerkenswerte Bewegung im Führungsgremium von 1933 bis 1945.[60]

Noch im selben Jahr kam es zu einer weiteren Veränderung der Satzung, die im Zusammenhang mit den im September 1935 auf dem Reichsparteitag in Nürnberg beschlossenen „Nürnberger Gesetzen" steht. Nach dem Willen der Nationalsozialisten sollten die ansässigen Juden nun endgültig in Wirtschaft und Gesellschaft isoliert werden. Sturmabteilung (SA) und Hitler-Jugend (HJ) führten fortwährend Aktionen gegen jüdische Einzelhändler durch, der *Westdeutsche Beobachter*, das regionale Parteiorgan der NSDAP, forderte zudem in Sonderausgaben die gesetzliche „Rassentrennung" ein und diffamierte Kunden von jüdischen Geschäften durch Fotoveröffentlichungen.[61] Das in Nürnberg beschlossene „Reichsbürgergesetz" schuf die gesetzliche Grundlage für die Isolierung der Juden, indem es die deutschen Staatsbürger in „Reichsbürger" und „Staatsangehörige" unterschied. Damit wurde der jüdische Teil der Bevölkerung zu Bürgern minderen Rechts gestempelt. Durchführungsverordnungen und weitere Gesetze drängten die jüdischen Einwohner weiter in eine juristische und gesellschaftliche Sonderstellung. Alle Juden im öffentlichen Dienst mussten zum 31. Dezember 1935 ihr Amt niederlegen. Nachdem die Universität zu Köln die Arisierung bereits im Frühjahr 1933 selbst betrieben hatte, wurde nun der letzte jüdische Hochschullehrer Kölns entlassen.[62] Entsprechend dieser Entwicklung hatte die Satzung des neugegründeten Festausschusses Kölner Karneval die Mitgliedschaft von „Nichtariern" ausgeschlossen. Und auch die Roten Funken ergänzten am 29. Oktober 1935 den § 3 ihrer Satzung: „Nichtarier können nicht Mitglied der Gesellschaft werden!"[63] Zu diesem Zeitpunkt waren noch zwei „Nichtarier" in der Stammrolle des Vereins geführt: zum einen Carl Nussbaum, von Beruf Kaufmann und wohnhaft in der Mohrenstraße,[64] zum anderen Louis Sieger, der zunächst ein Geschäft für Sportbekleidung auf der Hohen Straße führte und dann eine Fabrik für Sport- und Berufsbekleidung besaß.[65] Sie wurden aus dem Verein gewiesen.[66]

Jüdische Mitglieder finden sich schon in den ersten erhaltenen Stammrollen der Roten Funken. Beispielsweise waren als aktives Mitglied 1883 Joseph Salomon sowie 1884 Jacob Goldstein und als inaktiver Funk ebenfalls 1884 Max Levy verzeichnet.[67] Mitte der 1920er wurden Juden nur noch als inaktive Mitglieder aufgenommen, sie konnten also nicht mehr am Rosenmontagszug und an den Wachen teilnehmen. Dies wurde auch dem jüdischen Mitglied Jean Gross, der zuvor als aktiver Funk die Session miterlebt hatte, am 21. Dezember 1925 erklärt. Er sollte sich auf den inaktiven Stand beschränken. Gross war davon anscheinend so überrascht, dass er schriftlich einen Beweis für diese Bestimmung verlangte.[68] Zur gleichen Zeit achteten die Funken indes darauf, dass es auf ihren Veranstaltungen zu keinerlei antisemitischen Äußerungen kam. Als sich ein jüdischer Gast des Kostümfestes im Gürzenich 1926 über Beleidigungen durch einen Funken beschwerte, wurde der Funk aus dem Verein

257

*Präsident
Johannes Wiesbaum
mit Rekruten des
Jahres 1936*

ausgeschlossen.⁶⁹ Ein prominenter Kölner Jude gehörte bis zum 13. April 1933 dem Senat der Roten Funken an:⁷⁰ Max Grünbaum war von 1905 bis 1918 Prokurist der Firma Leonhard Tietz AG und gelangte dann als erstes Nicht-Tietz-Familienmitglied in den Firmenvorstand, in dem er als enger Vertrauter des Leonhard Tietz bis zum 3. April 1933 arbeitete. Er floh nach Belgien, wo er sich von 1941 bis 1944 versteckte. Nach dem Zweiten Weltkrieg zog er nach Daun und verstarb dort am 5. Dezember 1950.⁷¹

Die Roten Funken bejubelt und bedroht – Der Verein im öffentlichen Raum

Nicht nur innerhalb der Gemeinschaft der Funken gab es Bestrebungen einzelner nationalsozialistisch gesinnter Vereinsmitglieder, die Ideologie der neuen Bewegung in den Verein zu tragen. Auch von außen traten die gleichgeschalteten städtischen Ämter, Parteiorganisationen und einzelne Nationalsozialisten an die Roten Funken heran. Als ältestes Kölner Traditionscorps erfüllten sie seit jeher die Rolle eines Repräsentanten der Stadt Köln im In- und Ausland und standen deshalb in besonderer Beziehung zu den Behörden und Stadtoberen. Im Nationalsozialismus nahm diese Verbindung eine ganz andere Dimension an, versuchten doch die neuen Machthaber nicht nur eine neue Staatsform, sondern auch eine neue Lebensform zu schaffen. Alle Lebensbereiche sollten nach den Grundsätzen der herrschenden Ideologie ausgerichtet werden. Die Nationalsozialisten versuchten, in jede Pore der Gesellschaft einzudringen. Sie beanspruchten den gesamten Menschen und unterschieden nicht mehr zwischen einem politisch-öffentlichen und einem privaten Bereich. Jeder „Arier" sollte in die Volksgemeinschaft integriert werden und den nationalsozialistischen Vorstellungen entsprechend agieren. Dies bekamen auch einige Funken, der Verein und andere Verantwortliche des Kölner Karnevals deutlich zu spüren.

Erste Bekanntschaft mit selbstbewussten jungen Nationalsozialisten, die ihre Ansprüche auf eine tragende Rolle in der Gesellschaft kundtaten, machten die Roten Funken im Damenkomitee im Gürzenich am 14. Januar 1934, wo von etwa 70 geladenen Schülern der Landesführerschule der NSDAP in Königswinter sich drei lautstark darüber beschwerten, dass ihre Schule bei der Begrüßung erst nach einer zufällig anwesenden Kommerzienrätin begrüßt worden war. Dieser Vorfall führte im Saal beinahe zu einem Eklat.⁷² Neben diesem und ähnlichen Vorfällen waren die Roten Funken immer wieder mit Josef Grohé konfrontiert, der von 1931 an den Gau Köln-Aachen leitete und die bestimmende nationalsozialistische Persönlichkeit Kölns dieser Jahre wurde.⁷³ Am 6. November 1902 in Gemünden im Hunsrück geboren, war er seit 1929 Kölner Stadtverordneter für die NSDAP und später nicht nur Gauleiter, sondern ab 1933 auch preußischer Staatsrat und ab 1942 Reichsverteidigungskommissar.⁷⁴ Bereits vor 1933 waren gegen ihn 121 Gerichtsverfahren wegen Verleumdung, Körperverletzung, Beschimpfung von Religionsgemeinschaften und anderem mehr anhängig gewesen.⁷⁵

Die ganze Brutalität des Gauleiters bekam der Funk Otto Fey mit Spitznamen „Köttel" zu spüren. Fey, der mit einer Länge von 1,98 m regelmäßig zusammen mit dem kleinsten Funk Ehrengäste in Empfang nahm, führte am Rosenmontagabend 1934 beim Funkenball im Gürzenich die Aufsicht über die Wachmänner. An diesem Abend verlangte ausgerechnet Grohé, ohne Eintrittskarte eingelassen zu werden. Fey lehnte dies ab, worauf der Gauleiter nicht lange fackelte und dem Funken etliche Zähne ausschlug. Blutüberströmt schleppte sich Fey zu seiner Wohnung, die direkt gegenüber dem Gürzenich lag.

Gezeichnet von diesem Vorfall, beschwerte er sich in einigen Einschreibebriefen bei verschiedenen Regierungsgrößen, unter anderem beim Stellvertreter des „Führers" in München. Der Gauleiter erfuhr von diesen

Roter Funk Otto Fey (links), der die ganze Brutalität des Gauleiters Josef Grohé zu spüren bekam, hier am 19. Januar 1929 im Gürzenich

Briefen und zitierte den Präsidenten der Roten Funken, Jupp Morher, und Fey selbst ins Gauamt. Nicht nur dies, er sandte auch Mitarbeiter zur Familie des Funken und in die Nachbarschaft, so beispielsweise zum Zigarrenhändler, um Erkundungen über Feys politische Gesinnung einzuholen. Schließlich ließ Grohé Zeitungsartikel lancieren, welche die Vorgänge zu seinen Gunsten verdrehen sollten.[76] Fey musste nicht nur etliche Zahnarzttermine über sich ergehen lassen, sondern erlitt auch einen Nervenzusammenbruch, infolge dessen er sich in acht Sitzungen vom 20. Februar bis 4. April 1934 behandeln lassen musste.[77] Als Fabrik-Vertreter auf einen guten Ruf angewiesen, fürchtete er überdies um seine Anstellung.[78] Die Funken ließen ihm über die Nordstern-Versicherung die Unkosten für die Arztbehandlung erstatten, schalteten sich aber ansonsten nicht weiter ein.[79] Weder die Beschwerden über Grohé noch die Drohungen gegen Fey hatten nachhaltige Folgen, und schon bald waren die Vorgänge wieder vergessen.

Im Winter 1935 kamen die Roten Funken erneut in Berührung mit der mächtigen Gauleitung. Diese untersagte nämlich dem Verein und allen anderen Corpsgesellschaften, das Mariechen durch ein männliches Mitglied der Gesellschaft darstellen zu lassen.[80] Den Nationalsozialisten war hier die Verbindung zu den von ihnen bekämpften Homosexuellen zu nahe liegend.[81] Ähnlich erging es dann auch 1938/39 der bis dahin männlichen Jungfrau. Die Veränderung eines solch traditionellen Elements bedeutete für die Funkenfamilie einen tiefen Einschnitt, der im Verein selbst wohl heftig diskutiert und auch in zahlreichen Presseartikeln thematisiert wurde. Die Funken verabschiedeten trauernd ihr letztes männliches Mariechen Hans Honnef und nahmen gleichzeitig das erste weibliche Funkenmariechen Ada Pilgram in ihre Riege auf. Schon bald nach ihrer Einführung konnte sie durch Schlagzeilen und Bilder in

Gauleiter Josef Grohé, der bestimmende Nationalsozialist in Köln

*Rote Funken beim
Rosenmontagsumzug
auf dem Neumarkt
1936*

der Presse positive Akzente für den Verein setzen, so dass vermutlich nicht mehr mit allzu viel Wehmut auf den Wechsel zurückgeblickt wurde.[82] Einige der Bilder waren dem Gaupresseamt allerdings wenige Monate später ein Dorn im Auge, wohl weil sie ihm als zu freizügig erschienen. Die Funken verwahrten sich schriftlich gegen die Beschwerde von oben.[83]

Hier wagten die Funken also noch, Kritik gegenüber der nationalsozialistischen Führung anzubringen. Das sollte sich jedoch merklich ändern. Denn für den Verein brachte das Jahr 1936/37 einige kritische Auseinandersetzungen mit dem Gauamt. Dies hatte unter anderem zwei Ursachen: Zum einen stellten die Funken ihre neue Fahne Anfang 1937 acht Tage lang im Schaufenster der Kaufhof AG aus. Diese Fahne, von Jupp Stolzen entworfen, war zuvor am 27. Januar im zweiten Damenkomitee im Gürzenich feierlich eingeweiht worden und wurde im Anschluss daran im Schaufenster der Kölner Bürgerschaft präsentiert. Die Nationalsozialisten reklamierten hier eine zu enge Verbindung zwischen Kapital und Karneval.[84]

Zum anderen richteten die Roten Funken ausgerechnet am 30. Januar 1937, dem Jahrestag der „nationalen Erhebung", einen Maskenball aus.[85] Noch im Oktober des Vorjahres hatte Präsident Wiesbaum seinen Vorstandskollegen angekündigt, dass der Ball wegen des Feiertages ausfallen werde.[86] Eine Dienststelle der Reichspropagandaleitung der NSDAP hatte das Gaststättengewerbe aufgefordert, an diesem Tag keine Karnevalsveranstaltungen abzuhalten. Da große Gaststätten für diesen Tag jedoch schon zahlreiche Verpflichtungen eingegangen waren, der 30. Januar zudem auf einen gewinnträchtigen Sonnabend in einer sehr kurzen Session fiel, hob der Reichsminister für Volksaufklärung und Propaganda wohl aufgrund eines Protestes von Gewerbetreibenden die Einschränkung von Faschingsveranstaltungen wieder auf.[87] Die Roten Funken konnten also feiern. Trotz der offiziellen Aufhebung der Beschränkung stieß der daraufhin von den

Funke opgepaß! Mitteilung über die Verlegung des Maskenballs 1937 wegen des vierten Jahrestags der Machtübernahme

Funken durchgeführte Ball bei Gauleiter Grohé nicht auf Gegenliebe. Er zitierte den Präsidenten der Roten Funken ins Gauamt und setzte ihn massiv unter Druck. Ihm wurde damit gedroht, wegen „parteiwidrigen Verhaltens" aus der NSDAP ausgeschlossen zu werden.[88] Insbesondere durch die „Reichstagsbrandverordnung" vom 28. Februar 1933 und durch die Verordnung „zur Abwehr heimtückischer Angriffe gegen die Regierung der Nationalen Erhebung" vom 21. März 1933 hatten die Nationalsozialisten jegliche Handhabe, bei solchen und anderen Vergehen willkürlich harte Strafen zu verhängen.[89]

Wohl zur Beschwichtigung bestellten die Funken „auf Anregung Grohés", wie es im Protokoll heißt, ein langgedientes Mitglied der Funken in den Vorstand. Dieses war Inhaber einer Druckerei, in der unter anderem der *Westdeutsche Beobachter* gedruckt wurde. Da Grohé Mitbegründer und Chefredakteur dieses Parteiorgans gewesen war, liegt eine langjährige Verbindung zu dem von ihm protegierten Funken auf der Hand.[90] Damit scheint sich das Verhältnis zwischen den Funken und dem Gauamt wieder entspannt zu haben. Zumindest gab Wiesbaum auf der Vorstandssitzung vom 26. Februar 1937 bekannt, dass alle „Missverständnisse und Differenzen" beseitigt worden seien.[91]

In der Folgezeit agierten die Funken spürbar vorsichtiger. Um Verwechslungen mit der Wehrmacht von vornherein zu vermeiden, beschlossen sie am 22. Dezember 1937, die Bezeichnungen der Funken-Chargen zu ver-

263

ändern[92] – dies etwa ein Jahr, bevor eine Anordnung durch die Geheime Staatspolizei (Gestapo) die Umbenennung der Ränge verbindlich festschrieb. So wurde aus dem „Gefreiten" ein „Oberfunk" oder aus dem „Sergeant" ein „Scharschant".[93]

Neues Ungemach befürchteten die Funken, als die *Kölnische Illustrierte Zeitung* in ihrer Karnevalsnummer des Jahres 1939 ein Bild des Funkenpräsidenten zeigte und Leser der Zeitung in der Litewka Wiesbaums eine Nachahmung der Uniform des Generalfeldmarschalls Hermann Göring sahen. Ohne Zögern beantragten die Funken die Freigabe des kleinen Dienstanzugs und waren dann äußerst erleichtert, als Gauleiter Grohé im Auftrag Görings die Genehmigung erteilte.[94]

Es bei diesen Beschreibungen von Anordnungen, Einschüchterungen etc. bewenden zu lassen, würde allerdings ein eindimensionales, ja falsches Bild der Zeit widerspiegeln. Denn natürlich waren die Funken auch in der Zeit von 1933 bis 1945 Repräsentanten der Stadt Köln mit einer besonderen Beziehung zu den – nun nationalsozialistischen – Stadtoberen. Abgesehen von den oben beschriebenen Auseinandersetzungen ist in den Jahresrückblicken regelmäßig zu lesen, dass sich die Funken des Wohlwollens aller Amts- und Dienststellen erfreuten. Umgekehrt wird der Großteil der Vereinsmitglieder wie die Kölner Bürger insgesamt unter anderem aufgrund des Abbaus der Arbeitslosigkeit und der Erreichung der Vollbeschäftigung ab 1937 sowie der Besetzung des entmilitarisierten Rheinlandes 1936 hinter der Regierung gestanden haben. So lesen wir etwa 1937/38 vom heute „geeinten Vaterland, dessen große Zeit wir alle miterleben dürfen".[95] Einzig der oben genannte Ihle ging hier weiter. Er arbeitete den Nationalsozialisten aktiv entgegen, antizipierte quasi den Führerwillen und preschte mit eigenen Initiativen vor. Damit ist er ein Beispiel für Amtsträger auf allen Ebenen der Hierarchie, die durch ihr Verhalten eine nicht unerhebliche Rolle für die Wirksamkeit des NS-Staates spielten.[96]

Wie schon vor 1933 üblich, ernannte der Verein prominente Vertreter der städtischen und staatlichen Behörden zu Ehrenmitgliedern. Nun waren es allerdings Nationalsozialisten wie Oberbürgermeister Günter Riesen oder der SA-Gruppenführer und Landeshauptmann der Rheinprovinz Heinz Haake sowie Bürgermeister Richard Schaller, die 1934 zu Ehrensenatoren berufen wurden.[97] Sie waren auf zahlreichen Sitzungen und Bällen der Roten Funken auf den Ehrenplätzen vertreten.[98]

Als ganz besonders ehrenvoll empfanden es die Funken, ihre Vaterstadt im In- und Ausland zu repräsentieren. So durften sie am 26. Juli 1936 anlässlich des internationalen Festzuges des Weltkongresses für Freizeitgestaltung und Erholung in Hamburg auftreten. Von der Stadt Köln finanziert, reisten 42 Rote Funken in die Hansestadt und nahmen gemeinsam mit dem Kölner Dreigestirn und 30 Blauen Funken – wohl auch vor den Augen Hitlers – am Festzug teil. Abends tanzten und exerzierten sie zu Ehren des Reichsorganisationsleiters Robert Ley, der ins Hotel „Vier Jahreszeiten" geladen hatte.[99] Eine weitere Reise im Auftrag der Stadt Köln führte eine kleine Gruppe von Funken im Oktober 1937 zur Weltausstellung nach Paris, wo sie im Kölner Pavillon auftraten.[100]

In Köln und Umgebung stellten die Funken nun auch Wachen für Veranstaltungen von nationalsozialistischen Parteiorganisationen zur Verfügung, so etwa für die Sitzung der NS-Gemeinschaft „Kraft durch Freude" in der Rheinlandhalle am 2. Februar 1935.[101]

Adolf Hitler in Köln am 28. März 1936

Sylvester-Feier im Mittelsaal der Lese 1939 mit Johannes Wiesbaum

Schließlich nutzten die Nationalsozialisten eine Einrichtung des Vereins, die noch aus der Weimarer Republik stammte: Die Funken hatten bereits Ende der 1920er Jahre Karnevalsdienstags Wachen am Hahnentor, am Römerturm, auf dem Altermarkt und am Dom (Pauluswache) aufgestellt, also an den ehemaligen Standorten der Stadtsoldaten, und dort Geld für wohltätige Zwecke gesammelt. Damit hatten sie 1929 die Kölner Notgemeinschaft mit 500 Reichsmark, die Evangelische Gemeinde Lindenthal mit vierzig Reichsmark sowie eine alte Dame mit fünfzig Reichsmark unterstützen können. Die Straßensammlungen, die beim Kölner Publikum großen Beifall gefunden hatten, wurden von den städtischen Behörden nach 1933 aufgegriffen. Die Roten Funken und die anderen Karnevalsgesellschaften sammelten nun für das Winterhilfswerk.[102] Bereits 1934 war der Verein „der nationalen Strömung folgend" der Nationalsozialistischen Volkswohlfahrt (NSV) mit einem freiwilligen Monatsbeitrag von fünf Reichsmark beigetreten.[103]

Tradition contra inhaltliche Gleichschaltung

Die nationalsozialistische Bewegung hat auf den Verein eingewirkt, sei es von außen durch Einschüchterung, durch Gebote und Verbote, sei es von innen durch nationalsozialistisch gesinnte Funken. Dies hat zu organisatorischen und personellen Veränderungen gerade der Vereinsführung geführt. Doch wie sah es mit den Inhalten aus, die von den Funken transportiert wurden? Haben sich auch die Liedertexte, die Darbietungen auf den Veranstaltungen oder die Themen der Rosenmontagswagen geändert? Präsentierte sich also das älteste Traditionscorps Kölns in der Karnevalszeit in einem neuen Gewand? Über ihren Auftritt im Rosenmontagszug konnten die Funken wie auch die anderen teilnehmenden Karnevalsvereine seit jeher nicht allein entscheiden. Verantwortlich für die Durchführung des Festzuges zeichnete zumindest bis 1933 das Festkomitee Kölner Karneval. In Abstimmung mit dem Festkomitee hatten die Roten Funken mit ihren Ro-

*Michel im Völkerbund,
Rosenmontagswagen
der Roten Funken 1933*

senmontagswagen seit 1823 neben historischen Themen immer wieder auch aktuelle politische Entwicklungen satirisch dargestellt.[104] So auch im Rosenmontagszug 1933 – noch vor der eigentlichen Machtübernahme der Nationalsozialisten in Köln. Unter dem Motto „Michel im Völkerbund" thronte auf dem Wagen der Roten Funken der deutsche Michel auf einem Rodonkuchen, in welchem die Köpfe der Kriegsgegner die Rosinen darstellten – ein schon vor 1933 weit verbreitetes Thema im Kölner Karneval.[105] Genauso wie weite Kreise des national-konservativen Bürgertums bezweifelten die Funken also die Fähigkeit des Bundes, Frieden zu schaffen. Sie unterstellten, dass die Siegermächte des Weltkriegs unter seinem Deckmantel heimlich aufrüsteten, während der brave Michel ausgenutzt und unterdrückt werde.[106]

Wie verhielt es sich aber mit den folgenden Rosenmontagszügen, die schon nicht mehr von den Karnevalisten in eigener Regie, sondern immer stärker von Nationalsozialisten organisiert und durchgeführt wurden?[107] Wilhelm Ebel, Vorsitzender des Kölner Verkehrsvereins, hatte eine zumindest teilweise Gleichschaltung des Kölner Karnevals durchgesetzt, deren Verlauf wir hier nur kurz umreißen können.[108] Ebel war seit 1930 Kölner Stadtverordneter und hatte versucht, unter Berufung auf die städtischen Zuschüsse zum Rosenmontagszug das Festkomitee auszuschalten. Zwar gelang ihm dies nicht vollständig, doch gründete er den „Großen Rat des Kölner Karnevals" im Kölner Verkehrsverein anstelle des Festkomitees, das in den Verkehrsverein eingegliedert wurde. Diesem Rat gehörten alle Kölner Karnevalsgesellschaften an – ab November 1934 auch die Funken.[109] Daneben gab es einen Bürgerausschuss unter dem Vorsitz von Ebel, der mit dem „Großen Rat" zu einem Führerrat zusammenschmolz. Dieser nationalsozialistisch geprägte Bürgerausschuss, so notierten die Funken am 4. März 1934 in den Protokollbüchern, schien zu diesem Zeitpunkt die ganze Leitung des Festes und des Rosenmontagszugs an sich gerissen zu haben.

Im Zuge der Verhandlungen des Festkomitees vor allem mit dem zuständigen Bürgermeister Ebel und dem Bürgerausschuss wurden ab 1933 etliche den Karneval betreffende Reformen beschlossen. Nur bei den Funken sollte sich aufgrund ihrer besonderen historischen Bedeutung nichts ändern.[110] Ihnen wurde 1934 im Gegensatz zu anderen Karnevalsgesellschaften keiner der propagandistisch genutzten Prunkwagen zugeteilt. Zudem wurde ihr Entwurf für den im Eigenbau geplanten Wagen „Funken Kaffeeklatsch" mit einer Kaisers-Kaffee-Kanne wegen zuviel Reklame nicht genehmigt.[111]

Diese Stellung der Funken im Kölner Karneval als ein Verein, der die Geschichte der alten freien Reichsstadt Köln symbolisierte, änderte sich wohl auch nicht, als 1935 der Bürgerausschuss durch den „Ausschuß Kölner Karneval" im Verkehrsverein, in dem auch verschiedene nationalsozialistische Behörden vertreten waren, ersetzt und damit ein weiterer Schritt in Richtung Gleichschaltung des Karnevals unternommen wurde. Und sie änderte sich wohl auch nicht, als am 22. Mai 1935 mit der Gründung des „Vereins Kölner Karneval e. V." die Eigenständigkeit der Karnevalsgesellschaften nach Münchener Vorbild endgültig liquidiert werden sollte. Dieser Verein sollte unter anderem die komplette Veranstaltungsorganisation in den Händen halten und inhaltlich die Leitlinien bestimmen. Acht Karnevalspräsidenten – darunter auch der Präsident der Funken – protestierten in einer Denkschrift vom 24. Mai 1935 vehement gegen die Vereinsgründung durch Ebel. Sie kündigten die Bildung eines eigenen „Festausschusses Kölner Karneval" an und drohten mit dem Boykott der Session 1936. Letztlich hatte diese „Narrenrevolte" Erfolg. Die Bildung des Festausschusses wurde bestätigt, am 5. Juni 1935 wurden die Beziehungen zwischen dem Festausschuss und der Stadtverwaltung festgesetzt: Oberbürgermeister Riesen wurde zum Treuhänder des Kölner Karnevals bestimmt. Ihm mussten das Motto und die Ausgestaltung des Rosenmontagszugs vorgelegt werden. Ansonsten konnten die Karnevalisten ihre Angelegenheiten selbst regeln.[112]

Auch jetzt wurde den Roten Funken kein Festwagen zugewiesen, weder 1935 noch 1936. Nur 1937 teilte der Festausschuss dem Traditionscorps einen Wagen zu, der „entweder das Hahnentor, die Pauluswache oder sonst eine historische Begebenheit aus der alten Funkenzeit darstellen" solle. Die Funken entschieden sich für die „Pauluswache" nach einem Entwurf von Jupp Stolzen.[113] Im Gegensatz dazu waren in den Jahren nach 1933 in jedem Rosenmontagszug und in den Veedelszöch etliche Wagen zu sehen, die sehr offensiv nationalsozialistisches Gedankengut unter das Volk brachten.[114] Als eines von vielen Beispielen für antisemitische Parolen sei hier der sogenannte „Palästina-Wagen" mit der Aufschrift „Die letzten ziehen ab" aus dem Jahr 1934 genannt, durch den Juden verhöhnt wurden.[115]

Antisemitischer Mottowagen im Rosenmontagszug 1935

Das Auftreten der Funken wandelte sich auch nicht, als die Nationalsozialisten am 16. Januar 1937 mit der Gründung des Bundes Deutscher Karneval, die unter der Federführung des Reichsministeriums für Volksaufklärung und Propaganda, des Reichsfremdenverkehrsvereins und der NS-Gemeinschaft „Kraft durch Freude" erfolgte, den Karneval weiter zu vereinnahmen versuchten. Insgesamt 50 Karnevalsvereine beteiligten sich an der Gründung des Bundes, dessen Zweck es war, für eine endgültige organisatorische und inhaltliche Gleichschaltung der deutschen Karnevalsgesellschaften zu sorgen.[116] Diesem Bund traten auch die Roten Funken bei, wie Präsident Wiesbaum im Januar 1939 dem versammelten Vorstand mitteilte.[117]

1938 wurde den Funken vom Festausschuss ein Wagen zugewiesen, der das Hänneschen-Theater, betitelt mit „Welttheater", darstellte. Mit ihm sollte die Rolle der Sowjetunion im spanischen Bürgerkrieg und im fernöstlichen Konflikt zwischen Japan und China kritisiert werden.[118] 1939 führten die Funken keinen „Motto-Wagen" im Rosenmontagszug mit. Allerdings hatte der schon bekannte Ortsgruppenführer Hermann Ihle versucht, einen Wagen auf seine Kosten zu bauen, der wohl nationalsozialistische Ideologie versinnbildlichen sollte. Der Antrag wurde vom Vorstand der Roten Funken abgelehnt.[119]

Die Veranstaltungen – Sitzungen und Bälle – scheinen die Funken genau so gestaltet zu haben wie schon in der Zeit vor 1933. Nur selten finden sich in den Zeitungsartikeln so direkte Hinweise auf politische Themen wie bei der Jubiläumsveranstaltung der Roten Funken zum 111-jährigen Bestehen am 12. Februar 1933 im Gürzenich. Der Funkenpräsident Schneider-Clauss hatte „den Büttenrednern Mut gemacht, einmal von überkommenen und oftmals weidlich abgedroschenen Themen und mit herzhaftem kölschen Witz an die jüngste deutsche Geschichte heranzugehen. Da blieb kein Osthilfemercedes und kein Vierjahresplan, kein Fackelzug und kein Ministerwechsel vom Büttenwitz verschont. Die kölsche Lebensweisheit, die über den Fanatismus des Augenblicks in die Zukunft blickt, wusste mit all diesen Dingen fertig zu werden, und das immer im Guten, mit harmlosem Spott, nie böse oder heftig."[120] Einige Jahre später – so erfahren wir aus dem *Westdeutschen Beobachter* – hielt Franz Klein auf dem Damenkomitee eine hochpolitische Büttenrede und Karl Küpper eine „nicht ganz ungefährliche

Stabstrompeter Hermann Schmidt, um 1930

Rede, der anscheinend einige Giftzähne ausgebrochen waren". Regimekritische Redner wie Küpper waren allerdings die absolute Ausnahme.[121] Durch die schon erwähnten „Reichstagsbrand-" und „Heimtücke"-Verordnungen konnten verbale Angriffe gegen die neuen Machthaber willkürlich bestraft und damit unterbunden werden. Ansonsten geben die gesichteten Zeitungen keinerlei Hinweise auf weitere NS-Symbole oder Reminiszenzen an den Nationalsozialismus, wie dies bei einigen anderen Karnevalsgesellschaften offensichtlich gängig war.[122]

Für die musikalische Untermalung auf den Veranstaltungen war der Funkenkapellmeister Hermann Schmidt von 1922 an ununterbrochen bis zu seinem Tode 1938 zuständig. Er bekleidete nach 1933 gleichzeitig die Charge eines Sturmführers und Musikzugführers der 58. SS-Standarte. Inwieweit es hierbei eine Vermischung der beiden Posten gab, ist fraglich. Grundsätzlich scheint der SS ein Kontakt mit Karnevalsvereinen nicht recht gewesen zu sein, wie sich auf der Beerdigung Hermann Schmidts zeigte, auf der die Karnevalisten zunächst aus der Ferne dem Beerdigungsritual der SS zusehen mussten.[123]

Verantwortlich für die Inhalte, ja für das gesamte Programm der öffentlichen karnevalistischen Festlichkeiten, war vom 16. Mai 1930 an Jean Klostermann in seiner Funktion als Literat der Roten Funken. Als gelernter Kaufmann war er seit Mitte 1936 Buchhalter auf der Burg Vogelsang in der Eifel.[124] Auf dieser Burg wurden ab 1936 die Führungselite, die „politischen Soldaten" und „fanatischen Prediger" ausgebildet.[125] Es ist davon auszugehen, dass der hier angestellte Literat der Funken linientreu war. Trotzdem versuchte er nicht, die nationalsozialistische Ideologie in den Liedern zu vermitteln. Auf den Sitzungen, Bällen, Komitees und auch auf den internen Treffen ließ er Stücke anstimmen, die alte Werte und Themen wie Stadtsoldaten, Rheinromantik und Heimat transportierten.

Von den 212 Gesangseinlagen auf den öffentlichen Veranstaltungen in der Zeit von 1933 bis 1939 hatten drei eindeutig politische Hintergründe. Nur sechs Tage nach der Abstimmung vom 13. Januar 1935 über den Rückfall des Saargebietes an Deutschland war im Hindenburg-Saal der Gaststätte „Die Lese" im Refrain des Liedes „Wat mer singk" zu hören: „Deutsch ist die Saar, Deutsch immer dar, Und deutsch ist unsres Flusses Strand, Und ewig deutsch das Heimatland, das Heimatland, das Heimatland."[126] Im selben Festsaal zogen die Funken am 31. Dezember 1937 auf dem Funkenball den Völkerbund durch den Kakao.[127] Und wenige Monate vor Ausbruch des Zweiten Weltkrieges besang man im Gürzenich stolz die neue militärische Stärke:

„Wann hück mer uns Zaldate süht,
Dann eß mer fruh gestemmp.
De Welt eß wie erömgedrieht,
De Achtung vör uns klemmp.
En Russland muck sich keiner mih,
Bankrott eß de „Stalin"dustrie!
Meer han hück Ihser mie wie Holz,
Un dorop si'meer stolz"[128]

Diese nationalistischen Töne waren im national-konservativen Bürgertum Kölns vor dem Zweiten Weltkrieg weit verbreitet. Der Kölner Männer-Gesang-Verein[129] stimmte hier genauso mit ein wie zahlreiche Karnevalsvereine, die oftmals sehr viel offensiver politische Themen aufgriffen. Als Beispiele seien hier genannt das Lied „Soldatenleben", vorgetragen auf dem Großen Prunk-Damenkomitee der Grossen Kölner Karnevals-Gesellschaft e. V. am 12. Februar 1939,[130] oder auch das Lied „Politik" der KG UHU, besungen am 6. Februar 1938.[131] Antisemitische Lieder oder Hetzlieder gegen Minderheiten, die ebenfalls im Kölner Karneval auftauchten, sind in den Liederheften der Funken nicht zu finden.[132]

Die Roten Funken im Zweiten Weltkrieg

Am 1. September 1939 brach der Zweite Weltkrieg aus. Begeisterung löste diese Nachricht – im Gegensatz zum Kriegsausbruch 1914 – sicherlich auch bei den Funken nicht aus. Wirklich überrascht sein konnte allerdings wohl kaum jemand von ihnen. Zu deutlich waren seit 1933 die Signale gewesen, die von der nationalsozialistischen Führung ausgingen. Häufige Luftschutzübungen oder die paramilitärische Ausbildung der Jugend waren Teil einer seit der Machtübernahme systematisch betriebenen Militarisierung der Gesellschaft. Schon 1938 schien ein Krieg unabwendbar. Hitler hatte am 12. März 1938 deutsche Truppen in Österreich einmarschieren lassen und zielte im Sommer auf die Zerschlagung des tschechoslowakischen Staates, wofür er die sudetendeutsche Minderheit instrumentalisierte. Schon waren die militärischen Geheimbefehle für einen Krieg erteilt, als im September auf Vermittlung des italienischen Staatschefs Benito Mussolini die sogenannte Vierer-Konferenz von München einberufen wurde. Am 29. September saß der Vorstand der Funken zusammen und bangte der Entscheidung um Krieg oder Frieden entgegen.[133] Durch den Anschluss der sudetendeutschen Gebiete konnte hier der Friede noch gewahrt werden – doch nur für kurze Zeit. Im August 1939 wurden die Signale auch für die Funken noch deutlicher erkennbar: Durch die teilweise Beschlagnahmung der Wolkenburg für kriegswichtige Zwecke waren sie gezwungen, ihr „Funkenstövgen" zu räumen und sich im Gürzenich einzuquartieren.[134]

Direkt nach Kriegsbeginn intensivierten die Behörden die schon zuvor durchgeführten Luftalarme und gaben erste Karten zur Rationierung von Lebensmitteln und Textilien aus. Ansonsten waren die Folgen des Krieges in Köln noch kaum zu spüren. Auf den Rosenmontagszug wie auf alle sonstigen Karnevalsfeierlichkeiten mussten die Kölner aber dennoch bereits mit Beginn des Krieges verzichten. Lediglich interne Zusammenkünfte durften von den Karnevalsvereinen durchgeführt werden.[135] Die Roten Funken um Präsident Wiesbaum veranstalteten daher als „Kasino-Gesellschaft rut-wiess vun 1823", so lautete der offizielle Name in dieser Zeit,

Hans Huhnen   Josef Bette   Johan
Alex Küchler   Jean Zens   Eberh. Hamach

Der Vorstand der Roten Funken im Jahr 1938

anstelle von Karnevalsfesten Gesellschaftsbälle.[136] Am 4. Februar 1940 richteten sie beispielsweise einen Ball im Gürzenich aus und ließen sich davon auch durch zahlreiche behördliche Auflagen nicht abbringen: Nur wenige Tage vor der Veranstaltung wurde den Funken untersagt, in Zeitungen für den Ball zu werben. Und am Saaleingang musste ein großes Schild mit dem Hinweis angebracht werden, dass jegliche karnevalistische Betätigung, unter anderem auch das gemütliche Schunkeln, zu unterlassen sei.[137]

Zu dieser Zeit konnten schon 35 Funken nicht mehr an den Zusammenkünften teilnehmen, weil sie an der Front standen. Wie schon im Ersten Weltkrieg hielt der Verein zu ihnen enge Fühlung. In Briefen und Postkarten wurden Neuigkeiten von der Front bzw. aus Köln mitgeteilt. Alle eingezogenen Mitglieder erhielten „Liebesgabenpakete" vor allem mit Tabakwaren, daneben am 11. im 11. das Vereinsjahrbuch und zu Weihnachten eine Flasche Weinbrand.[138] Hin und wieder berichteten diejenigen Funken, die auf Heimaturlaub in Köln weilten, auch persönlich im Kreis der Freunde von ihren Fronterlebnissen, wie etwa Willi Reichartz über seine Teilnahme an Feindflügen über England.[139]

Die in der Heimat verbliebenen Vereinsmitglieder gründeten bereits im November 1939 einen Stammtisch, der jeden Samstagabend tagen sollte, um den Zusammenhalt in der schwierigen Zeit zu bewahren.[140] Diese Treffen waren wie die „Knubbelabende" auch noch 1941 gut besucht.[141] Ein intaktes Vereinsleben aufrecht zu erhalten, gestaltete sich allerdings immer schwieriger. Am 13. Mai 1940 war der erste britische Luftangriff auf Köln erfolgt. Bis Ende 1941 sollten 100 weitere folgen. So ist es kein Wunder, dass die Veranstaltungen der Funken von den Mitgliedern zunehmend schlecht besucht wurden, so dass der Vorstand darüber beriet, das Vereinsleben während des Krieges ruhen zu lassen oder zumindest die Zusammenkünfte auf den Kasinosaal in der Wolkenburg zu beschränken.[142]

Diese Überlegungen sollten sich allerdings schon bald als überflüssig erweisen. Denn 1942 änderte sich die Situation für die Funken wie für Köln insgesamt noch einmal grundlegend. Beginnend mit dem ersten „Tausend-Bomber-Angriff" in der Nacht vom 30. auf den 31. Mai 1942, bei dem 486 Menschen ums Leben kamen, 5.000 schwer verletzt und 45.000 obdachlos wurden, setzte eine Welle von alliierten Bombenangriffen ein, die ein Vereinsleben fast unmöglich machten. „Oh du mein Köln, ich kenne Dich nicht wieder", kommentierte der Funkenchronist Eberhard Hamacher die Folgen des Bombenangriffes. „Überall Zerstörung wertvollster Bauten und sonstiger Güter [...]. Neben einer großen Zahl teilbeschädigter Mitglieder verloren in dieser Nacht unsere Kameraden Zens, Dreiner, Werker, Höbel und Thiesen ihr ganzes Hab und Gut und retteten nur ihr und ihrer Angehörigen nacktes Leben."[143]

Es sollte noch schlimmer kommen. Der „Peter- und-Paul-Angriff" am 29. Juni 1943 forderte über 4.300 Tote, unter ihnen der Funk Hans Huhnen mit seiner Mutter und Tochter, die im Keller ihres Hauses starben. Zu den vielen Opfern der folgenden Bombenangriffe zählten der Funk Theo Brinkmann, der zusammen mit Gattin, Kind und Schwiegervater ums Leben kam, oder die Eheleute Otto und Christine vom Scheidt, Schwager und Schwester des späteren Präsidenten der Roten Funken Eberhard Hamacher, die am 20. April 1944 getötet wurden.[144] Der Verein hatte mindestens 19 Opfer unter den Zivilisten und an der Front zu beklagen, wie der Gedenktafel im Gedächtnisraum der Ulrepforte zu entnehmen ist. Ihrer wurde jedes Jahr in der Hauptversammlung gedacht.[145]

„Wie klein und unbedeutend", notierte der Vereinspräsident, „sind demgegenüber die Fragen, die sich mit einem Vereinsleben beschäftigen. Das Zeitgeschehen hat auch unser Vereinsleben in seiner sonstigen schönen Vielfalt mehr oder weniger zum Erliegen gebracht. Man fragt sich schon mal selbst, welchen Zweck hat es oder wer frägt danach ob

Kriegszerstörungen in Köln

das rote Funkencorps vorübergehend seine Vereinstätigkeit einstellt. Aber da bricht immer wieder der gute Geist durch, der unsere Getreuesten beherrscht."[146]

Der Kampf um das tägliche Überleben hatte längst eingesetzt. Bei Luftangriffen mussten schützende Keller oder Bunker aufgesucht, bei Bombentreffern ein neues Dach über dem Kopf besorgt werden. Auch das Vereinshaus, die Wolkenburg, wurde durch einen Bombentreffer zerstört. Immerhin konnten die wertvollsten Requisiten über den Krieg gerettet werden, so etwa die großen von Jupp Stolzen gemalten Ölgemälde, die in fliegergeschützten Räumen des städtischen Archivs an der Gereonskirche verwahrt waren, oder der Großteil der in verschiedenen Privatwohnungen untergebrachten Kammerbestände, Akten und Fotoalben. Das große Bild „Das alte Köln von der Rheinseite" wurde allerdings in einem Raum im Rathausturm ein Opfer der Flammen.[147]

In einer Stadt, in der durch den Bombenkrieg über 90 Prozent der Gebäude zerstört wurden und die öffentliche Versorgung mit Wasser, Strom und Verkehrsmitteln zusammenbrach, konnte das Vereinsleben nicht länger aufrecht erhalten werden. Am 9. November 1943 fand die letzte Vorstandssitzung statt.[148] Erst nach der Befreiung durch die amerikanische Armee am 6. März 1945 war an einen Neuanfang zu denken. Am 26. Oktober 1945 fand die erste Nachkriegs-Vorstandssitzung statt – die Funken nahmen das Vereinsleben wieder auf.[149]

Die neu Fahn vun Trizonesien, Rosenmontagszug 1949

Schlussbetrachtung

Eine abschließende Beurteilung, ein trennscharfes Auseinanderhalten von Anpassung, oppositionellem Verhalten und Instrumentalisierung durch die Nationalsozialisten fällt nicht leicht. Die Roten Funken können weder als besonders profilierte Befürworter noch als Gegner der nationalsozialistischen Bewegung charakterisiert werden. Zu groß erscheint die Spannbreite an Verhaltensmustern innerhalb eines Vereins, der mit seinen bürgerlichen und großbürgerlichen Mitgliedern ein Abbild der bürgerlichen Gesellschaft Kölns war und ist. Deutlich erkennbar ist jedoch, dass die Entscheidungsträger des Vereins – im monarchischen System des Kaiserreichs aufgewachsen – aufgrund der Erfahrungen in der Weimarer Republik die Ideale des Korpsgeistes, des Führerprinzips und eines Feldzugs gegen „Nörgler", wie sie auch vom nationalsozialistischen System propagiert wurden, im Verein verwirklichen wollten. Auch ohne Druck von oben nahm der Vorstand daher eine partielle organisatorische Gleichschaltung vor, wie sie auch in den meisten anderen Kölner Vereinen vollzogen wurde.[150] Dies führte allerdings nicht, wie etwa beim Kölner-Männer-Gesang-Verein, zu einer handstreichartigen Anpassung an die neuen Machthaber mit einem weit reichenden Wechsel des Vorstandes und einer Dienstbarmachung des Vereins.[151] Im Gegenteil: Eine komplette Übernahme des Vereins durch eine Gruppe nationalsozialistisch gesinnter Mitglieder wurde verhindert, das Führerprinzip noch 1935 zurückgenommen. Möglicherweise führte dies dazu, dass der Präsident Jupp Morher auf Druck der Nationalsozialisten „abgelöst" werden musste.

Neben der partiellen Selbstgleichschaltung sorgte insbesondere der Gauleiter Josef Grohé nachweisbar durch Druck und Einschüchterung dafür, dass einzelne Funken und der Verein in seinem bzw. im Sinne der Nationalsozialisten agierten. Überaus häufig war die Anwendung von Druck allerdings nicht notwendig, da insgesamt ein Einvernehmen zwischen den nationalsozialistischen städtischen Behörden und dem Verein festzustellen ist. Inwieweit die Behauptung des Ehrensenators der Funken August Batzem aus dem Jahr 1938 zutreffend ist, dass 40 Prozent der Funken gegen die Regierung eingestellt seien, lässt sich nur schwer beweisen.[152] Insgesamt legte der Verein großen Wert darauf, sich unpolitisch darzustellen. Noch 1933 betonten die Funken, dass sie „in einer Zeit, die dem deutschen Vaterland den Stempel politischer Verrohung aufdrückt, ein Wahrzeichen friedfertigen Geistes und einer Heimatliebe [seien], die in jedem Landsmann gleich welcher Weltanschauung er huldigen mag, den Menschen achtet".[153] Auch 1938 waren die Vorstandssitzungen, so betonte der Vorstand, ohne Verbindung zu Staatspolitik und Diplomatie.[154]

Dementsprechend unkritisch und unverändert sah das Verhalten der Funken gegenüber den neuen Machthabern nach 1933 aus. Auch in dieser Zeit war der Verein Aushängeschild der nun nationalsozialistischen Stadt Köln. Allerdings führte die starke Betonung ihrer Traditionen dazu, dass der Verein weitgehend ohne inhaltliche Gleichschaltung Karneval feiern konnte. Weder veränderten die Funken die Themen, die sie in den Liedern besangen, noch wurde – bis auf wenige Ausnahmen wie beispielsweise den Rosenmontagswagen von 1938 – von Seiten der nationalsozialistischen Oberen versucht, ihnen neue Inhalte im Sinne einer nationalsozialistischen Ideologie aufzudrängen, wie dies bei anderen Karnevalsvereinen deutlich der Fall war. Diesen Eindruck vermittelt auch der *Westdeutsche Beobachter* vom 27. Januar 1935. In dieser Ausgabe charakterisierten verschiedene Karnevalspräsidenten die Lage des Kölner Karnevals, wobei der Funkenpräsident Jupp Morher im Gegensatz zu anderen Vereinsführern keinerlei Bezug zur „nationalen Erhebung" nahm. Allerdings gingen die traditionellen Themen der Funken wie „Heimat" oder „Rheinromantik" mit den Vorstellungen der Nationalsozialisten genauso konform wie einige Lieder, die von einem damals weit verbreiteten Nationalismus geprägt waren.

Die Funken traten also für die breite Öffentlichkeit im Kölner Karneval unverändert in Erscheinung. Davon, was hinter den Kulissen geschah, nahm wohl kaum ein Kölner Notiz. Hoch drüber über dem Welttheater, wie die *Kölnische Zeitung/Stadt-Anzeiger* am 1. März 1938 kommentierte, saßen die Funken jedenfalls nicht und konnten es auch nicht angesichts einer nationalsozialistischen Bewegung, die in jede Pore der Gesellschaft einzudringen versuchte.

Anmerkungen

¹ *Kölner Stadt-Anzeiger* vom 1.3.1938.
² *Thomas Liessem*, Kamelle und Mimosen, Köln 1965, S. 14f.
³ Bericht des Vorsitzenden zur Jahreshauptversammlung am 15.12.1923, Archiv Rote Funken, Vorstandsprotokolle vom 9.1.1922 bis 15.5.1930.
⁴ *Horst Matzerath*, Kann man die Geschichte Kölns im Nationalsozialismus schreiben?, in: Barbara Becker-Jákli/ Werner Jung/Martin Rüther (Hrsg.), Nationalsozialismus und Regionalgeschichte. Festschrift für Horst Matzerath (Schriften des NS-Dokumentationszentrums der Stadt Köln, Bd. 8), Köln 2002, S. 319–341; *Horst Matzerath/Harald Buhlan/Barbara Becker-Jákli* (Hrsg.), Versteckte Vergangenheit. Über den Umgang mit der NS-Zeit in Köln. Aufsätze und Essays (Schriften des NS-Dokumentationszentrums der Stadt Köln, Bd. 1), Köln 1994. Auch dem Thema „Karneval im Dritten Reich" sind bisher lediglich einige Hochschul-Examensarbeiten gewidmet worden. Im Wesentlichen zu nennen ist hier: *Ingrid Schwienhorst-Meier*, Karneval im „Dritten Reich", unter besonderer Berücksichtigung der Stadt Köln. Manuskript der wissenschaftlichen Hausarbeit für das erste Staatsexamen, Berlin 1983.
⁵ Im Archiv der Roten Funken finden sich insbesondere die Protokolle der Vorstandssitzungen, die für den Untersuchungszeitraum komplett erhalten sind. Daneben liegen Vereinschroniken ab 1930 sowie Liederhefte und Jahrbücher der Funken vor.
⁶ Die Jahrhundertfeier habe „durch die furchtbare Not, die über Vaterland und Heimat hereinbrach, ein gar wenig feierfreudiges Gepräge" erhalten, hieß es im Bericht des Vorstandes über das Vereinsjahr 1923 am 15.12.1923, Archiv Rote Funken, Vorstandsprotokolle vom 9.1.1922 bis 15.5.1930.
⁷ *Christoph Steegmanns*, Die finanziellen Folgen der Rheinland- und Ruhrbesetzung 1918–1930 (Beiträge zur Wirtschafts- und Sozialgeschichte, Nr. 89), Stuttgart 1999; *Walther Hermann*, Wirtschaftsgeschichte der Stadt Köln 1914 bis 1970, in: Hermann Kellenbenz (Hrsg.), Zwei Jahrtausende Kölner Wirtschaft, Bd. 2, Köln 1975, S. 359–473; *Carl Dietmar/ Werner Jung*, Kleine illustrierte Geschichte der Stadt Köln, Köln, 9. überarb. u. erw. Aufl., 2002, S. 213–216.
⁸ Archiv Rote Funken, Vorstandsprotokolle vom 9.1.1922 bis 15.5.1930, Protokolle vom 10.1. und 5.3.1923; *Helmut Signon/Stefan Volberg*, Die Roten Funken von Köln, Köln 1989, S. 51–58.
⁹ Archiv Rote Funken, Vorstandsprotokolle vom 9.1.1922 bis 15.5.1930, Protokolle vom 10.1., 5.3., 29.5., 2.7. und 22.11.1923; Bericht des Vorsitzenden zur Jahreshauptversammlung am 15.12.1923, Archiv Rote Funken Vorstandsprotokolle vom 9.1.1922 bis 15.5.1930.
¹⁰ *Hildegard Brog*, Was auch passiert: D'r Zoch kütt. Die Geschichte des rheinischen Karnevals, Bergisch Gladbach 2002, S. 203–222.
¹¹ Bericht des Vorsitzenden zur Jahreshauptversammlung am 15.12.1923, Archiv Rote Funken, Vorstandsprotokolle vom 9.1.1922 bis 15.5.1930; ebd. Vorstandsprotokolle vom 10.1. und 5.3.1923.
¹² Brief des Vorstandes an den Regierungspräsidenten Graf Adelmann von Adelmannsfelden, Köln, den 10.1.1923, Archiv Rote Funken, Vorstandsprotokolle vom 9.1.1922 bis 15.5.1930.
¹³ Kölner Karnevalsulk 45. Jg., 1927, Nr. 2, S. 6.
¹⁴ „Die Politik", in: Kölner Karnevalsulk 45. Jg., 1927, Nr. 8, S. 9; zu Witt vgl. *Enno Stahl* (Bearb.), Das Kölner Autorenlexikon 1750–2000, Bd. 1: 1750–1900 (Mitteilungen aus dem Stadtarchiv von Köln, H. 89), Köln 2000, S. 249f.
¹⁵ *Dietmar/Jung*, Kleine illustrierte Geschichte der Stadt Köln (wie Anm. 7), S. 220–227.
¹⁶ *Brog*, D'r Zoch kütt (wie Anm. 10), S. 219; *Schwienhorst-Meier*, Karneval im „Dritten Reich" (wie Anm. 4), S. 46.
¹⁷ *Horst Matzerath*, Köln in der Weimarer Republik, in: Peter Fuchs (Hrsg.), Chronik zur Geschichte der Stadt Köln, Bd. 2, Köln 1991, S. 188–193; *Dietmar/Jung*, Kleine illustrierte Geschichte der Stadt Köln (wie Anm. 7), S. 229–231; *NS-Dokumentationszentrum der Stadt Köln* (Hrsg.), Köln im Nationalsozialismus. Ein Kurzführer durch das EL-DE-Haus, Köln 2001, S. 87f.; *Lothar Weiß*, Rheinische Großstädte während der Weltwirtschaftskrise (1929–1933). Kommunale Finanzen und Sozialpolitik im Vergleich, Köln u. a. 1999; *Friedrich Zunkel*, Die wirtschaftliche, soziale und finanzielle Entwicklung Kölns während der Weltwirtschaftskrise, in: Geschichte in Köln 18, 1985, S. 35–75.
¹⁸ Rundschreiben Prof. Dr. Wilhelm Schneider-Clauss, Köln, den 1.10.1931, Archiv Rote Funken, Vereinschronik Bd. 1.
¹⁹ Ebd., Vereinschronik Bd. 1.
²⁰ Ebd., Vorstandsprotokolle Bd. 1, Protokoll über die außerordentliche Mitgliederversammlung am 1.8.1930.
²¹ Ebd., Protokolle vom 23.6., 6.8. und 4.12.1931.
²² Bericht „D'r gemötliche Härenovend..." am 16.6.1932, Archiv Rote Funken, Vereinschronik Bd. 2 (Jubiläums-Jahr 1932/33).
²³ Ebd., Vereinschronik Bd. 2 (Jubiläums-Jahr 1932/33). Diese Sitzungen, wie etwa das Damen-Komitee am 17.1.1931 in der Lese oder der Maskenball am 24.1.1931 im Gürzenich mit über 1000 Besuchern, waren dann überraschend gut besucht (Archiv Rote Funken, Vereinschronik Bd. 1).
²⁴ Ebd., Vorstandsprotokolle vom 9.1.1922 bis 15.6.1930, Protokoll zur Mitgliederversammlung am 12.9.1923; ebd., Protokoll vom 1.12.1924.
²⁵ Ebd., Vorstandsprotokolle vom 9.1.1922 bis 15.6.1930, Protokoll vom 27.10.1923.
²⁶ Ebd., Vorstandsprotokolle Bd. 1, Protokoll über die außerordentliche Hauptversammlung am 14.4.1930 und die Hauptversammlung am 28.6.1930; ebd., Protokoll vom 26.4.1930.
²⁷ Ebd., Vorstandsprotokolle Bd. 1, Protokolle über die Hauptversammlung am 16.6.1930 und über die außerordentliche Mitgliederversammlung am 8.8.1930.
²⁸ Ebd.
²⁹ Zitiert nach *Dietmar/Jung*, Kleine illustrierte Geschichte der Stadt Köln (wie Anm. 7), S. 239.
³⁰ NWHAD NW 1037-A/RE-13524; zur Problematik der Entnazifizierungsakten als historischer Quelle vgl. *Eva Maria Martinsdorf*, Von den Schwierigkeiten, die Gegenwart von ihrer Vergangenheit zu „säubern" – Entnazifizierung in Köln, in: Matzerath/Buhlan/Becker-Jákli (Hrsg.), Versteckte Vergangenheit (wie Anm. 4), S. 125–162; *Irmgard Lange* (Bearb.), Entnazifizierung in Nordrhein-Westfalen. Richtlinien, Anweisungen, Organisation (Veröffentlichungen der staatlichen Archive des Landes Nordrhein-Westfalen, Reihe C: Quellen und Forschungen, Bd. 2), Siegburg 1976.
³¹ Brief Prof. Dr. Wilhelm Schneider-Clauss an Georg Rung, Köln, den 17.3.1933, Archiv Rote Funken, Vorstandsprotokolle Bd. 2.
³² Unter den Gegnern des Präsidenten tat sich vor allem der zweite Vorsitzende hervor, der einige Monate später im Verbund mit dem NSDAP-Ortsgruppenleiter einen nationalsozialistischen Kurs einschlug und daraufhin sein Amt niederlegen musste. Zu diesem Zeitpunkt waren auch schon drei weitere Funken im Vorstand, die wohl ebenfalls einen nationalsozialistischen Kurs einzuschlagen gedach-

ten; vgl. dazu unten; Archiv Rote Funken, Vorstandsprotokolle Bd. 3, Protokoll vom 4.3.1934 und Bd. 2, Protokoll vom 27.3.1933; Brief Prof. Dr. Wilhelm Schneider-Claus an Georg Rung, Köln, den 17.3.1933, Archiv Rote Funken, Vorstandsprotokolle Bd. 3.

[33] Ebd., Vorstandsprotokolle Bd. 2, Protokoll über die ordentliche Hauptversammlung am 19.3.1933; Nachtrag zur Jahres-Hauptversammlung, 19.3.1933.

[34] Ebd., Vorstandsprotokolle Bd. 3, Protokoll vom 13.4.1933.

[35] *Martin Rüther*, Die Entlassung Adenauers. Zur Amtsenthebung als Oberbürgermeister in Köln, in: Geschichte in Köln 20, 1986, S. 121–146; *Hans Peter Mensing* (Bearb.), Adenauer im Dritten Reich (Adenauer. Rhöndorfer Ausgabe), Berlin 1991.

[36] Archiv Rote Funken, Vorstandsprotokolle Bd. 2, Protokoll über die ordentliche Hauptversammlung, am 19.3.1933: Ihle wurde nach seiner Wahl zum Kölner Stadtverordneten am 12.3.1933 auf der Hauptversammlung ehrenhaft begrüßt.

[37] Westdeutscher Beobachter vom 6.5. und 10.5.1933.

[38] Westdeutscher Beobachter vom 3.5. und 22.5.1933.

[39] Westdeutscher Beobachter vom 12.4.1933.

[40] Archiv Rote Funken, Vorstandsprotokolle Bd. 3, Protokoll vom 23.9.1933.

[41] Ebd.

[42] Brief Jupp Morher an Hermann Ihle, Köln, den 7.5.1934, Archiv Rote Funken, Vorstandsprotokolle Bd. 4.

[43] Ebd., Vorstandsprotokolle Bd. 3, Protokoll vom 18.10.1933.

[44] Ebd., Protokoll vom 13.12.1933.

[45] Bericht „Das grosse Damenkomité" am 14.1.1934, Archiv Rote Funken, Vereinschronik Bd. 3.

[46] Ebd., Protokoll vom 22.2.1934.

[47] Auf der Jahreshauptversammlung forderte die Mehrheit der Mitglieder wegen bestehender Differenzen im Vorstand dessen Rücktritt. Der Vorstand kam dieser Forderung auf Antrag des Senats nach. Zum geschäftsführenden Vorstand wurden dann Präsident Jupp Morher, Willi Kühn und Eberhard Hamacher bestimmt. Morher erhielt den Auftrag, in Gemeinschaft mit Senatsvorstand und „Knubbelführern" eine Vorstandsliste aufzustellen. Diese sollte auf der außerordentlichen Hauptversammlung am 18.3.1934 von den Mitgliedern bestätigt werden (Archiv Rote Funken, Vorstandsprotokolle Bd. 3, Protokoll über die ordentliche Jahreshauptversammlung am 4.3.1934). Allerdings ist im Protokoll vom 20.12.1934 (Vorstandsprotokolle Bd. 4) nachzulesen, dass Ihle im Dezember sein Ratsamt niedergelegt hat.

[48] Archiv Rote Funken, Vorstandsprotokolle Bd. 3, Protokoll über die außerordentliche Hauptversammlung am 18.3.1934.

[49] Ebd., Jahrbuch 1933/34.

[50] Brief des Aufnahme-Ausschuss der Roten Funken an den Vorstand, Köln, den 1.5.1934, Archiv Rote Funken, Vorstandsprotokolle Bd. 4.; ebd., Protokolle vom 18.5. und 24.5.1934. Bereits Rosenmontag 1934 war ein aktiver Funk auf dem Altermarkt vor dem versammelten Corps gegenüber dem Vorsitzenden „frech und beleidigend" aufgetreten (Archiv Rote Funken, Vorstandsprotokolle Bd. 3, Protokoll vom 22.2.1934).

[51] Ebd., Vorstandsprotokolle Bd. 4, Protokoll vom 9.5.1934; Brief Jupp Morher an Hermann Ihle, Köln, den 7.5.1934, Archiv Rote Funken, Vorstandsprotokolle Bd. 4.

[52] Brief Hermann Ihle an Jupp Morher, Köln, den 11.5.1934, Archiv Rote Funken, Vorstandsprotokolle Bd. 4.

[53] Brief Jupp Morher an Hermann Ihle, Köln, den 7.5.1934, Archiv Rote Funken, Vorstandsprotokolle Bd. 4.

[54] Brief Hermann Ihle an Jupp Morher, Köln, den 11.5.1934, Archiv Rote Funken, Vorstandsprotokolle Bd. 4.

[55] Ebd., Protokolle vom 1.8. und 13.8.1935.

[56] Ebd., Protokoll vom 9.10.1935.

[57] Ebd., Protokoll vom 29.10.1935.

[58] Ebd., Protokoll über die Jahreshauptversammlung am 15.4.1936.

[59] Ebd., Bericht über die außerordentliche Hauptversammlung am 25.8.1935; ebd., Protokoll vom 21.8.1935.

[60] Aufzeichnungen über die Vorstände 1869–1930, Köln, den 20.10.1938, Archiv Rote Funken, Vereinschronik Bd. 4.

[61] *Britta Bopf*, „Arisierung" in Köln. Die wirtschaftliche Existenzvernichtung der Juden 1933–1945 (Schriften des NS-Dokumentationszentrums der Stadt Köln, Bd. 10), Köln 2004, S. 129–147; zum Hintergrund der Nürnberger Gesetze vgl. unter anderem *Ian Kershaw*, Der NS-Staat. Geschichtsinterpretationen und Kontroversen im Überblick, Hamburg 1994, S. 169f.

[62] *Horst Matzerath* (Hrsg.), Jüdisches Schicksal in Köln, 1918–1945. Katalog zur Ausstellung, Köln 1988; *Zvi Asaria* (Hrsg.), Die Juden in Köln von den ältesten Zeiten bis zur Gegenwart, Köln 1959; *Frank Golczewski*, Die Gleichschaltung der Universität Köln im Frühjahr 1933, in: Leo Haupts/Georg Mölich (Hrsg.), Aspekte der nationalsozialistischen Herrschaft in Köln und im Rheinland. Beiträge und Quellen (Geschichte in Köln, Sonderheft III), Köln 1983, S. 49–72.

[63] Archiv Rote Funken, Vorstandsprotokolle Bd. 4, Protokoll vom 29.10.1935; Schwienhorst-Meier, Karneval im „Dritten Reich" (wie Anm. 4), S. 60.

[64] Bericht des Vorsitzenden zur Jahreshauptversammlung am 15.4.1936, Archiv Rote Funken, Vorstandsprotokolle Bd. 4; Greven's Adressbuch, Köln 1913, 1937 u. 1938.

[65] Bericht des Vorsitzenden zur Jahreshauptversammlung am 15.4.1936, Archiv Rote Funken, Vorstandsprotokolle Bd. 4; Greven's Adreßbuch, Köln 1913, 1937, 1938 u. 1941/42.

[66] Bericht des Vorsitzenden zur Jahreshauptversammlung am 15.4.1936, Archiv Rote Funken, Vorstandsprotokolle Bd. 4. Über ihr Schicksal ließ sich auch in den regionalen und überregionalen Archiven nichts in Erfahrung bringen.

[67] Ebd., Stammrollen 1883 und 1884.

[68] Ebd., Vorstandsprotokolle Bd. 0, Protokolle vom 21.12.1925 und 8.2.1926. Da die Geschichte der Kölner Juden in der Weimarer Republik noch nicht hinreichend aufgearbeitet ist, läßt sich die Tatsache, dass jüdische Vereinsmitglieder nicht auf der Bühne auftreten durften, nur unvollkommen einordnen. Sie zeigt aber, dass von einer vollständigen Emanzipation der Juden in den bürgerlichen Kreisen Kölns nicht zu sprechen ist. Dementsprechend gründete Max Salomon Mitte der 1920er Jahre den eigenständigen jüdischen Karnevalsverein „Kleine Kölner Karnevalsklub", der pro Session eine Sitzung abhielt (*Elke Gerstenberg*, Narren unterm Hakenkreuz, Hörfunk-Manuskript. WDR 3, 21.2.1987).

[69] Archiv Rote Funken, Vorstandsprotokolle Bd. 0, Protokolle vom 21.1.1926, 19.10. und 28.11.1927.

[70] Ebd., Vorstandsprotokolle Bd. 3, Protokoll vom 13.4.1933.

[71] *Anke Meese/Gunther Nacke/Joachim Driller* u. a., Der Kaufhof (vormals Leonhard Tietz AG) – Warenhaus im Dritten Reich, Bornheim/Merten 1981 (Bibliothek EL DE-Haus, Arbeit für den Schülerwettbewerb Deutsche Geschichte der Körber Stiftung); *Kaufhof Warenhaus AG* (Hrsg.), Erlebniswelt Kaufhof. Ein Warenhaus in Deutschland, Köln 2001, S. 48; für weiterführende Hinweise danke ich der Kaufhof Warenhaus AG.

[72] Archiv Rote Funken, Vereinschronik Bd. 3.
[73] *Horst Matzerath*, Köln in der Zeit des Nationalsozialismus, in: Fuchs (Hrsg.), Chronik zur Geschichte der Stadt Köln (wie Anm. 17), S. 221–257, hier S. 223.
[74] Zu Grohé vgl. *Rolf Zerlett*, Josef Grohé (1902–1987), in: Rheinische Lebensbilder, Bd. 27, 1997, S. 247–276; *Max-Leo Schwering*, Ein letztes Interview mit dem einstigen „Gauleiter" Josef Grohé ... oder von der Unfähigkeit zu trauern, in: Kölner Museums Bulletin 1988, S. 34–38, sowie die zeitgenössische Darstellung von *Peter Schmidt*, Zwanzig Jahre Soldat Adolf Hitlers. Zehn Jahre Gauleiter. Ein Buch von Kampf und Treue, Köln, 2. erg. Aufl., 1942.
[75] *Adolf Klein*, Köln im Dritten Reich. Stadtgeschichte der Jahre 1933-1945, Köln 1983, S. 35; *NS-Dokumentationszentrum der Stadt Köln* (Hrsg.), Köln im Nationalsozialismus (wie Anm. 17), S. 99f.
[76] Brief Gerhard Otto August Fey an die Roten Funken, Lindenberg im Allgäu, den 15.3.2001, Archiv Rote Funken; Brief Otto Fey an Jupp Morher, Köln, den 29.9.1934, Brief Ortsgruppenleiter Grote (Köln-Deutz-Mitte) an Jupp Morher, Köln, den 17.9.1934, Archiv Rote Funken, Vorstandsprotokolle Bd. 4.
[77] Rechnung Dr. med. H. Peil. praktischer Arzt, Köln, den 9.4.1934, Rechnung Dr. Walther Fischer, Zahnarzt, Köln, den 5.5.1934, Brief Otto Fey an Dr. Walther Fischer, Köln, den 25.9.1934, Archiv Rote Funken, Vorstandsprotokolle Bd. 4.
[78] Brief Otto Fey an den Stellvertreter des Führers, Stabsleiter, München, Köln, den 7.9.1934, Archiv Rote Funken, Vorstandsprotokolle Bd. 4.
[79] Archiv Rote Funken, Vorstandsprotokolle Bd. 3, Protokolle vom 22.2. und 28.3.1934 sowie Bd. 4, Protokoll vom 17.10.1934; Zahlungseinwilligung der Roten Funken, Köln, den 25.9.1934, Archiv Rote Funken, Vorstandsprotokolle Bd. 3.
[80] Archiv Rote Funken, Vorstandsprotokolle Bd. 4, Protokoll vom 17.12.1935.
[81] Vgl. dazu *Jürgen Müller*, Ausgrenzung der Homosexuellen aus der „Volksgemeinschaft". Die Verfolgung von Homosexuellen in Köln 1933–1945 (Schriften des NS-Dokumentationszentrums der Stadt Köln, Bd. 9), Köln 2003.
[82] Bericht des Vorsitzenden zur Jahreshauptversammlung am 14.4.1936, Archiv Rote Funken, Vereinschronik Bd. 4; *Kölner Stadt-Anzeiger* vom 29.12.1935, *Westdeutscher Beobachter* vom 25.11.1935, *Der Neue Tag* vom 24.1.1936, Archiv Rote Funken, Vereinschronik Bd. 4.
[83] Ebd., Protokoll vom 11.3.1936.
[84] Bericht: Das Vereinsjahr 1936/37, Archiv Rote Funken, Funkenchronik Bd. 4; der Kölner Beigeordnete Ebel verlangte die „absolute Liquidation des Geschäftskarnevals" (*Kölnische Zeitung/Stadt-Anzeiger* vom 24.5.1935).
[85] Bericht: Das Vereinsjahr 1936/37, Archiv Rote Funken, Funkenchronik Bd. 4.
[86] Ebd., Protokoll vom 30.10.1936.
[87] Gedruckter Aufruf über Faschingsveranstaltungen am 30. Januar 1937, Archiv Rote Funken, Vereinschronik Bd. 4; *Schwienhorst-Meier*, Karneval im „Dritten Reich" (wie Anm. 4), S. 133f.
[88] Johannes Wiesbaum, seit dem 1.5.1933 in der NSDAP, ist im Entnazifizierungsverfahren als nominelles Mitglied eingestuft worden (NWHAD Entnazifizierungsakten NW 1048-27-00146).
[89] *Schwienhorst-Meier*, Karneval im „Dritten Reich" (wie Anm. 4), S. 132–165.
[90] Ob auch der ein Jahr später in den Vorstand berufene Funk, von Beruf Makler und in den Entnazifizierungsprozessen in die Kategorie III. eingestuft, in diesen Zusammenhang gestellt werden muß, ist nicht mit letzter Sicherheit zu beantworten.

[91] Archiv Rote Funken, Vorstandsprotokolle Bd. 4, Protokoll vom 26.2.1937; Bericht: Das Vereinsjahr 1936/37, Archiv Rote Funken, Funkenchronik Bd. 4; NWHAD Entnazifizierungsakten NW 1048-27-00146; *Peter Schmidt*, Zwanzig Jahre Soldat Adolf Hitlers (wie Anm. 74), S. 205.
[92] Archiv Rote Funken, Vorstandsprotokolle Bd. 4, Protokoll vom 22.12.1937.
[93] Ebd., Vorstandsprotokolle Bd. 5, Protokoll vom 14.12.1938.
[94] Bericht: Das Vereinsjahr 1938/39, Archiv Rote Funken, Vereinschronik Bd. 5.
[95] Bericht: Das Vereinsjahr 1937/38, Archiv Rote Funken, Vereinschronik Bd. 4; *Ulrich S. Soénius*, Die Zeit des Nationalsozialismus (1933–1945), in: Die Geschichte der Unternehmerischen Selbstverwaltung in Köln 1914–1997, hrsg. aus Anlaß des 200jährigen Bestehens der Industrie- und Handelskammer zu Köln am 8. November 1997, Köln 1997, S. 120–225, hier S. 120–123. Vgl. zum Grundkonsens in der Bevölkerung *Ian Kershaw*, Hitlers Macht. Das Profil der NS-Herrschaft, 2. durchgesehene Aufl., München 2000, S. 120–129.
[96] Vgl. zur vorauseilenden Anpassung der deutschen Gesellschaft an den Nationalsozialismus die Arbeiten von *Ian Kershaw*, v. a. dessen Hitler-Biographie (Hitler 1889–1936, Stuttgart 1998; Hitler 1936–1945, Stuttgart 2000).
[97] Bericht des Vorsitzenden zur Jahreshauptversammlung am 4.3.1934, Archiv Rote Funken, Vorstandsprotokolle Bd. 3.
[98] Beispielsweise waren auf dem Damenkomitee 1937/38 unter anderem Gauleiter Josef Grohé und Reichsorganisationsleiter Dr. Robert Ley zu Besuch.
[99] Bericht: Das Vereinsjahr 1936/37, Rundschreiben des Leiters des Organisationsausschusses des Gaues Köln-Aachen für den Weltkongress für Freizeit und Erziehung vom 17.7.1936, *Hamburger Fremden Blatt* vom 27.7.1936, *Der Neue Tag* vom 5.8.1936, Archiv Rote Funken, Vereinschronik Bd. 4.
[100] Bericht: Das Vereinsjahr 1937/38, *Kölner Stadt-Anzeiger* vom 8.10.1937, Archiv Rote Funken, Vereinschronik Bd. 4; *NS-Dokumentationszentrum der Stadt Köln* (Hrsg.), Köln im Nationalsozialismus (wie Anm. 75), S. 126.
[101] Archiv Rote Funken, Vorstandsprotokolle Bd. 4, Protokoll vom 19.1.1935.
[102] Die Funken-Wachen am Karnevalssonntag, den 7.2.1932, Archiv Rote Funken, Vereinschronik Bd. 1; *Kölner Stadt-Anzeiger* vom 8.2.1932; *Kölner Stadt-Anzeiger* vom 7.2. und 14.2.1934; Bericht des Vorsitzenden zur Jahreshauptversammlung am 3.11.1929, Archiv Rote Funken, Vorstandsprotokolle Bd. 0; ebd., Vorstandsprotokolle Bd. 1, Protokoll vom 15.12.1931; ebd., Vorstandsprotokolle Bd. 2, Protokoll vom 21.1.1933; ebd., Vorstandsprotokolle Bd. 4, Protokoll vom 20.1.1937; *Schwienhorst-Meier*, Karneval im „Dritten Reich" (wie Anm. 4), S. 196–199.
[103] Archiv Rote Funken, Vorstandsprotokolle Bd. 4, Protokoll vom 12.4.1934; *Herwert Vorländer*, Die NSV. Darstellung und Dokumente einer nationalsozialistischen Organisation (Schriften des Bundesarchivs, Bd. 35), Boppard am Rhein 1987.
[104] Vgl. etwa den Beitrag von Hildegard Brog in diesem Sammelband.
[105] Archiv Rote Funken, Vorstandsprotokolle Bd. 2, Protokoll vom 14.3.1933; ebd. Vorstandsprotokolle Bd. 3, Protokolle vom 13.4. und 18.10.1933.
[106] Vgl. *Schwienhorst-Meier*, Karneval im „Dritten Reich" (wie Anm. 4), S. 69–88.
[107] Richtlinien für die Beteiligung am Rosenmontag 1934, Archiv Rote Funken, Vereinschronik Bd. 3. Beteiligt an dem Bau der Rosenmontagswagen war u. a. Jupp Stolzen (*Kölnische Zeitung/Stadt-Anzeiger* vom 25.2.1936). Eine

genaue Rekonstruierung der Rosenmontagszüge ist allerdings kaum möglich (*Kölner Stadt-Anzeiger* vom 8.12.1997); vgl. auch *Schwienhorst-Meier*, Karneval im „Dritten Reich" (wie Anm. 4), S. 132–165.

[108] Vgl. hierzu vor allem *Schwienhorst-Meier*, Karneval im „Dritten Reich" (wie Anm. 4), S. 120–130; Bericht des Vorsitzenden zur Jahreshauptversammlung am 4.3.1934, Archiv Rote Funken, Vorstandsprotokolle Bd. 3; ebd., Protokoll vom 7.2.1934.

[109] Ebd., Vorstandsprotokolle Bd. 4, Protokoll vom 15.11.1934.

[110] Ebd., Vorstandsprotokolle Bd. 3, Protokoll vom 29.11.1933.

[111] Ebd., Vorstandsprotokolle Bd. 2, Protokoll vom 13.3.1933; ebd., Vorstandsprotokolle Bd. 3, Protokolle vom 18.10.1933 und 7.2.1934; Wachkarte Rosenmontagszug 1933, Archiv Rote Funken, Vereinschronik Bd. 2.

[112] *Schwienhorst-Meier*, Karneval im „Dritten Reich" (wie Anm. 4), S. 120–126.

[113] Archiv Rote Funken, Vorstandsprotokolle Bd. 4, Protokolle vom 29.1.1935, 3.1.1936 u. 1.2.1937; Bericht des Vorsitzenden zur Jahreshauptversammlung am 5.4.1937, Archiv Rote Funken, Vereinschronik Bd. 4.

[114] Vgl. die Ausführungen bei *Brog*, D'r Zoch kütt (wie Anm. 10), S. 232–236.

[115] *Frankfurter Rundschau* vom 21.2.1998; *Schwienhorst-Meier*, Karneval im „Dritten Reich" (wie Anm. 4), S. 51 u. 139f.

[116] *Brog*, D'r Zoch kütt (wie Anm. 10), S. 244f.; *Schwienhorst-Meier*, Karneval im „Dritten Reich" (wie Anm. 4), S. 128–130.

[117] Archiv Rote Funken, Vorstandsprotokolle Bd. 5, Protokoll vom 20.1.1939.

[118] Bericht: Das Vereinsjahr 1937/38, Archiv Rote Funken, Vereinschronik Bd. 4; *Schwienhorst-Meier*, Karneval im „Dritten Reich" (wie Anm. 4), S. 113f.

[119] Archiv Rote Funken, Vorstandsprotokolle Bd. 5, Protokoll vom 14.1.1939.

[120] *Kölner Stadt-Anzeiger* vom 13.2.1933, Archiv Rote Funken, Vorstandsprotokolle Bd. 2.

[121] *Gerstenberg*, Narren unterm Hakenkreuz (wie Anm. 68), S. 37–40; *Schwienhorst-Meier*, Karneval im „Dritten Reich" (wie Anm. 4), S. 220–222.

[122] So eröffnete Michel Hoffmann, Präsident der Großen Karnevalsgesellschaft, im Januar 1935 eine Sitzung im Gürzenich mit dem Hitlergruß und dem Absingen des Horst-Wessel-Liedes. Und Thomas Liessem, Präsident der Prinzen-Garde Köln, verkündete 1933, dass die „Führer der amtlichen Stellen selbstverständlich in den Reden unangetastet bleiben müssten." Er brachte zu Beginn einer jeden Sitzung dem Führer und dem Vaterland ein „Sieg-Heil" aus (*Kölner Stadt-Anzeiger* vom 8.12.1997; *Westdeutscher Beobachter* vom 28.1.1935; *Jürgen Meyer*, Organisierter Karneval und „Narrenrevolte" im Nationalsozialismus. Anmerkungen zu Schein und Sein im Kölner Karneval 1933–1935, in: Geschichte in Köln 42, 1997, S. 69–86, hier: S. 74; vgl. dazu auch *Schwienhorst-Meier*, Karneval im „Dritten Reich" [wie Anm. 4], S. 51 u. 65f.).

[123] *Kölner Stadt-Anzeiger* vom 8.12.1997; *Frankfurter Rundschau* vom 21.2.1998; Archiv Rote Funken, Vorstandsprotokolle Bd. 2, Protokoll vom 3.11.1932; ebd., Vereinschronik Bd. 4: Bericht zum Tode von Hermann Schmidt.

[124] Archiv Rote Funken, Vorstandsprotokolle Bd. 4, Protokolle vom 2.7. und 13.10.1936. Für weitere Hinweise danke ich Herrn Arnold Horbert.

[125] *Hans-Dieter Arntz*, Ordensburg Vogelsang 1934–1945. Erziehung zur politischen Führung im Dritten Reich, Euskirchen 1986, S. 9.

[126] Jahrbuch 1934/35, S. 28–30, Archiv Rote Funken.

[127] Jahrbuch 1938, S. 44, Archiv Rote Funken.

[128] Jahrbuch 1939, S. 71–73; Liederheft zum Großen Damenkomitee am 14.2.1939, Archiv Rote Funken.

[129] „Das Gold der Kehlen". 150 Jahre Männer-Gesang-Verein. Eine Ausstellung des Historischen Archivs der Stadt Köln und der KölnMusik GmbH, Köln, 1992, S. 111–124.

[130] Lieder vom Großen Prunk-Damenkomitee der Grossen Kölner Karnevals-Gesellschaft e.V. am 12.2.1939, S. 107 Nr. 27: Soldatenleben (Melodie: Wer will unter die Soldaten): „In der neuen Dienstmontur, leistet er den Fahnenschwur: Fest zu Adolf Hitler stehn, Denn das Reich darf nie vergehen; Treu um Treue bis zum Tod, Ist des deutschen Mann`s Gebot. Wer des Friedens heil'gen Segen schirmt und ehrt, Hält stets blank und scharf das Schwert. Seid bewehrt!" (Archiv Rote Funken).

[131] *Bruno Wasser/Klaus Fritze/Sven Hansel*, 75 Jahre KG UHU. Ihre Geschichte, Akteure und Besonderheiten, Köln 1999, S. 26.

[132] *Frankfurter Rundschau* vom 21.2.1998.

[133] Archiv Rote Funken, Vorstandsprotokolle Bd. 3, Protokoll vom 29.9.1938.

[134] Ebd., Protokoll vom 4.4.1939.

[135] Ebd., Vorstandsprotokolle Bd. 5, Protokoll vom 12.1.1940.

[136] Ebd., Protokoll vom 19.1.1940.

[137] Ebd., Protokolle vom 19.1. und 28.2.1940.

[138] Ebd., Protokolle vom 20.10., 11.11. und 1.12.1939, 1.3. und 10.3.1940, 3.6.1941; Bericht: Das Vereinsjahr 1940/41, Archiv Rote Funken, Vereinschronik Bd. 6, S. 11–14.

[139] Ebd., S. 11–13.

[140] Ebd., Vorstandsprotokolle Bd. 5, Protokoll vom 11.11.1939.

[141] Bericht: Das Vereinsjahr 1940/41, Archiv Rote Funken, Vereinschronik Bd. 6, S. 11–13.

[142] Ebd., Vorstandsprotokolle Bd. 5, Protokoll vom 3.6.1941.

[143] Bericht: Das Vereinsjahr 1942/43, Archiv Rote Funken, Vereinschronik Bd. 6.

[144] Ebd.

[145] Ebd., Vereinsprotokoll Bd. 5, Protokoll vom 16.11.1941.

[146] Bericht: Das Vereinsjahr 1942/43, Archiv Rote Funken, Vereinschronik Bd. 6, S. 51–55.

[147] Ebd.; ebd., Vorstandsprotokolle Bd. 5, Protokolle vom 13.11.1942, 29.1. und 7.11.1943.

[148] Ebd., Protokoll vom 7.11.1943; ebd., Vorstandsprotokolle Bd. 6: Vorwort. Vom 8. November 1943 bis 25. Oktober 1945 wurden keine Vorstandssitzungen durchgeführt.

[149] Archiv Rote Funken, Vorstandsprotokolle Bd. 6, Protokoll vom 26.10.1945: Die Militär-Regierung (Militär-Governement) bestimmte, dass im neuen Vorstand keine ehemaligen Mitglieder der NSDAP vertreten sein durften. Da von den alten Vorstandsmitgliedern lediglich drei nicht in der Partei waren, musste der Vorstand neu gewählt werden.

[150] *NS-Dokumentationszentrum der Stadt Köln* (Hrsg.), Köln im Nationalsozialismus (wie Anm. 75), S. 97.

[151] Vgl. dazu „Das Gold der Kehlen" (wie Anm. 129), S. 111–124.

[152] Archiv Rote Funken, Vorstandsprotokolle Bd. 4, Protokoll vom 19.4.1938.

[153] Ebd., Vereinschronik Bd. 2.

[154] Ebd., Vorstandsprotokolle Bd. 5, Protokoll vom 29.9.1938. Zumindest im kleineren Kreis wurden belegbar politische Themen diskutiert, NWHAD NW 1037-A/RE-13524.

Der Tod im Narrenkleid, Holzschnitt, Hans Holbein, 1558

Der Tod des Narren
Karneval und Tod

Von Dagmar Hänel

Karneval und Tod

Eine Verbindung des Karnevals, eines lebensbejahenden, ausgelassenen Festes, mit dem Thema Tod erscheint auf den ersten Blick vielleicht merkwürdig. Der zweite Blick zeigt aber eine enge Verbundenheit der beiden Phänomene. Weltweit finden wir in den unterschiedlichen Festformen des Karnevals immer wieder die Maske des Todes. Beispiele sind der „Dotegfrieß" der Elzacher Fastnacht oder die Verwendung von Totenschädeln in traditionellen Masken des Karnevals in Trinidad.

den gottlosen Narren seine verdiente Strafe, denn er verweigert sich der notwendigen Umkehr, dem Wechsel vom Narrenschiff ins Kirchenschiff.[1] Aber auch der Tod selbst tritt in der Maske des Narren auf, denn „die Narrheit geht dem Tod voraus, und der Tod bildet die Folge der Narrheit".[2] So bilden der Narr oder auch einzelne Attribute des Narren bis ins 18. Jahrhundert hinein ein häufiges und geläufiges *vanitas*-Symbol, das als Zeichen an die Nichtigkeit des Vergänglichen und an den Tod erinnert.[3]

Der Karneval und sein Repräsentant, der Narr, eigneten sich in der Vergangenheit des-

Pfauenkleid mit Totenschädeln im Karneval von Trinidad

In Sebastian Brandts Schrift „Das Narrenschiff" (1494) sind der Verbindung von Narr und Tod mehrere Abschnitte gewidmet. Brandt steht mit seiner Schrift ganz im christlichen Kontext seiner Zeit, welche den Narren als gottlos und den Karneval als „verkehrte Welt", als Gegenwelt zum Himmelreich definierte. In dieser Funktion steht der Narr in vielen bildlichen Darstellungen der Vormoderne, in Totentänzen, Flugblattillustrationen und Gemälden. Mit dem Tod ereilt halb so gut als *memento mori* (lat.: Gedenke des Sterbens), weil dieses Fest in engen Zusammenhang mit dem österlichen Festkreis gesetzt war, wobei diese Verbindung bis ins 19. Jahrhundert hinein auch breiten Bevölkerungskreisen ganz selbstverständlich bewusst war. Ostern repräsentiert den Kern der christlichen Botschaft, und ein solch wichtiges Fest bedarf einer angemessenen und bewussten Vorbereitung. Diese Vorbereitung bildet die vierzigtägige Fastenzeit, eine Zeit, in der das Reich Gottes beginnt und die ihren Anfang am Aschermittwoch nimmt. Vor das Gottesreich ist aber „ein kurzes und vergängliches Reich irdischer Herrlichkeit"[4] gesetzt, so das Zwei-Staaten-Modell des heiligen Augustinus.[5] Die Übertragung der augustinischen Geschichtstheorie auf den christlichen Kalender und die dazugehörigen Brauchhandlungen findet der Brauchforscher Dietz-Rüdiger Moser in mittelalterlicher Predigtliteratur und Brauchbeschreibungen belegt.[6] Die Abfolge und Zusammengehörigkeit von Karneval und Fastenzeit ist demnach symbolisch zu sehen: „Abstieg zur Hölle und Sünde in der Fastnacht, Aufstieg nach Jerusalem und zur Tugend in der Fastenzeit, das ist das Modell, um das es geht."[7] Der Aschermittwoch mit seiner Doppelfunktion als Ende des Karnevals und erster Fastentag stellt das Verbindungselement zwischen beiden dar. In seiner Gestaltung finden wir deutliche Hinweise auf seine ambivalente Bedeutung: Der Aschermittwoch verweist auf das Osterfest, auf die Auferstehung Christi. Der Fisch als bis heute verbreitete Aschermittwochsspeise steht für den Namen Christi. Das traditionelle Aschermittwoch-Fischessen muss aber nicht zwangsläufig ein bescheidenes Fastenmahl sein. Denn schon in der frühen Neuzeit finden sich kritische Stimmen, die vor allem den Katholiken vorwerfen, sie leiteten die Fastenzeit mit üppigen Banketten ein.

Nicht nur Fisch, auch alle anderen so genannten kaltblütigen Tiere wie Schnecken oder Muscheln gehörten zu den traditionellen Aschermittwochsspeisen.[8] Das Essen steht als Symbol für den Eintritt in die Fastenzeit und impliziert auch das Bemühen um innere Umkehr, Buße und das Bemühen um Reinheit. Damit wird der Bezug zum Osterfest evident, ebenso wie beim zweiten wichtigen Zeichen des Aschermittwochs, dem Aschenkreuz, dem dieser Tag auch seinen Namen verdankt. Die Formel „Bedenke Mensch, dass du Staub bist …"[9] des kirchlichen Aschenkreuzrituals stellt ein deutliches *memento mori*, eine Erinnerung an die eigene Sterblichkeit, dar. Als Mahnung und Aufruf zur Umkehr verstanden, zielt sie aber wiederum auch auf die Osterbotschaft von Auferstehung und ewigem Leben ab.

Die sinnlich nachvollziehbare Umsetzung dieser Ambivalenz von Tod und Auferstehung macht Karneval geradezu zum zentralen didaktischen Exempel des christlichen Glaubens. Sind historische Texte und Bilder von Fastnacht und Karneval noch angefüllt mit dieser Ambivalenz und dem religiösen Bezug des Festes, so scheint dieses Element in der gegenwärtigen Form des Karnevals zu fehlen. Das passt zur Theorie der säkularisierten Gesellschaft: Die mit der Aufklärung einsetzende Entwicklung der Moderne habe uns in ein Werte- und Normensystem geführt, das zwar die individuellen Bedürfnisse und Rechte betone, dem aber ein allgemeingültiger, sinnstiftender Transzendenzbezug fehle. Gemessen an der Alltagsrealität mit ihren verschiedensten subjektiven Bewertungen verliert diese These allerdings ihre Abso-

Der Tod erscheint in der Maske des Narren im „Großbaseler Totentanz" von Matthäus Merian, 1621

Die Maske des Dotegfrieß der Elzacher Fastnacht stellt einen Totenschädel dar

lutheit. Gerade das Beispiel Karneval vermag zu zeigen, dass dort, wo Funktionen und Bedeutungen dieses Festes ernst genommen werden, auch die Elemente Wertstiftung, Sinngebung und letztendlich auch ein möglicher Transzendenzbezug bedeutsam sind.

Sichtbar wird dieser Bezug, wenn wir den Umgang mit dem Tod betrachten. Denn der Tod ist ein existentielles Phänomen, mit dem jedes Individuum und jede Gesellschaft konfrontiert wird. Es gehört zu den sozialen Totalphänomenen, und der jeweilige Umgang mit dem Tod ist ein wichtiger Indikator für kulturelles Verhalten. In ihm spiegeln sich zentrale kulturelle Kategorien wie religiöse Vorstellungen, Normen und Wertkonzepte, Selbstbilder von sozialen Gruppen, Identitäten und Traditionen, kurz gesagt die Seele einer Gesellschaft. Für die so genannte *Kölsche Seele* wird häufig postuliert, dass der Karneval ihre quasi natürliche Ausdrucksform sei. Viel deutlicher allerdings wird ihr Spezifikum sichtbar, wenn wir den Umgang mit dem Tod betrachten. Für das Karnevalcorps der Roten Funken, die sich als Ausdruck der karnevalesken Kölschen Seele verstehen, wird der Zusammenhang von Karneval und Tod im Vereinsleben deutlich. Zum einen wird dem Thema Tod Zeit und Raum im Vereinsalltag eingeräumt: Da gibt es feste, jährlich begangene Gedenktage wie „Allerheiligen" oder auch die „Mess op Kölsch". Im Corpsgebäude, der Ulrepforte, ist ein eigener Raum zum Gedenken an die Verstorbenen eingerichtet. Zum anderen wird, wenn ein Mitglied stirbt, von den Roten Funken ein eigenes Bestattungs- und Abschiedsritual vollzogen.

Tod, Bestattung und Erinnerung bei den Roten Funken

Zur Bedeutung von Bestattungsritualen

Ein Begräbnis ist für jeden Ethnologen eine hoch interessante Angelegenheit. Denn hier lassen sich in einer kleinen Gruppe und auf beschränktem Raum Rituale und Symbole beobachten, die auf zentrale Elemente einer bestimmten sozialen Einheit verweisen. Auf einer abstrakten Ebene betrachtet, ist eine Bestattung ein Ritual, in dem oftmals unbewusste Grundlagen, Werte und Ordnungen einer Gesellschaft symbolisch ausgedrückt werden. Ein Ritual ist ein festgelegter Handlungsablauf, der allen Beteiligten bekannt ist und durch seine Formelhaftigkeit Sicherheit verleiht. Rituale wirken identitätsstiftend und gruppenstabilisierend.[10] Es gibt unterschiedliche Arten von Ritualen; von besonderer Bedeutung sind die so genannten Übergangsrituale des Lebenslaufs. Der Ethnologe und Volkskundler Arnold van Gennep, der diese Übergangsrituale erstmals systematisch erforschte, hat gezeigt, dass um die Wendepunkte des Lebenslaufs – Geburt, Pubertät, Eheschließung/Familiengründung und Tod – in fast allen Kulturen spezifische Rituale mit einem identischen strukturellen Aufbau vollzogen werden. Er benutzt das Bild des Hauses, um diese Übergangsrituale zu erklären. Demnach ist jede größere soziale Einheit strukturiert wie ein Haus, verschiedene Zimmer repräsentieren die unterschiedlichen sozialen Rollen. Um in den Rollen zu wechseln, also von einem Zimmer in ein anderes zu treten, bedarf es bestimmter Vorbereitungen und flankierender Maßnahmen.[11] Der konkrete Übertritt sollte als öffentlicher Akt für alle Mitglieder der Gruppe wahrnehmbar sein und in seiner zeichenhaften Gestaltung die strukturelle Ordnung des kulturellen Systems symbolisch nachvollziehbar machen.[12] Diese Statuswechsel laufen in einem dreiphasigen Schema von Ausgliederung, Übergang und Eingliederung ab. Van Gennep bringt die Bestattung als ein zentrales Beispiel für sein Modell, andere Beispiele wären Beginn und Ende der Pubertät, Heirat oder auch die Gestaltung von Beginn und Ende der Schulzeit. Im Falle des Übergangs Leben–Tod ist zu beachten, dass das Ritual nicht für den Toten, sondern für die Lebenden stattfindet. Hier müssen neue soziale Rollen gefunden, muss die Struktur des Alltagslebens neu formiert werden. Wichtig ist aber auch, den Status des

Toten symbolisch zu demonstrieren und nachvollziehbar zu machen. Denn die Realisierung des Todes ist für die Verarbeitung und den Umgang mit diesem existentiellen Krisenmoment zentral.

Übergangsrituale oder Passageriten sind an vielen Punkten in den Lebensläufen von Individuen und für das Funktionieren von sozialen Gruppen wirksam. Die Roten Funken sind eine solche soziale Einheit, die innerhalb ihres Gefüges Übergangsrituale vollzieht. Zu beobachten sind solche Handlungsformen zum Beispiel anhand einer Funkenkarriere, in regelmäßig wiederkehrenden Festen und Zusammenkünften und – für den einzelnen Funk besonders herausgehoben – bei der Aufnahme in die Gemeinschaft der Roten Funken. Ebenso wie die Aufnahme in die Roten Funken rituell festgelegt ist und symbolisch gestaltet wird, ist es auch das Ausscheiden aus dieser Gemeinschaft. Im Regelfall beinhaltet die Mitgliedschaft bei den Roten Funken einen lebenslangen Anspruch. Auch wenn aus Gesundheits- oder Altersgründen bestimmte Handlungen (wie z. B. das Mitmarschieren beim Rosenmontagszug, die regelmäßige Teilnahme am Knubbelabend, Teilnahme an der jährlichen Knubbelfahrt usw.) nicht mehr durchgeführt werden können, bleibt die Zugehörigkeit zum Corps und zum Knubbel erhalten. Diese Zugehörigkeit wird sichtbar, wenn ein Funk stirbt. Denn die Roten Funken nehmen nicht nur Anteil an den allgemeinen Ritualhandlungen der Bestattung, sondern haben für ihre Mitglieder ein eigenes Abschiedsritual entwickelt. Diese Symbolhandlungen spiegeln die große Bedeutung, welche die Mitgliedschaft bei den Roten Funken im Alltagsleben in den Gemeinschaften von Knubbel und Corps für den Einzelnen hat.

Wenn ein Funk stirbt…

Ganz selbstverständlich nehmen Rote Funken an den Bestattungsfeiern ihrer verstorbenen Mitglieder teil. Interviews und Gespräche während der Session 2003/04 ergaben, dass es kaum einen Funk gibt, der noch nie auf einer Funkenbeerdigung war. Wie läuft eine solche Beerdigung ab?

Das Ritual beginnt mit der Todesbenachrichtigung. Alle Funkenmitglieder werden von der Vereinsleitung über den Tod eines Funken informiert. Hierzu wird die klassische schwarz umrandete Trauerkarte verwendet.[13] Der Kartentext enthält neben dem Namen, Geburts- und Sterbedatum weitere biographische Angaben, die in Verbindung mit der Funkenmitgliedschaft stehen sowie Informationen über Ort und Zeit der Bestattung. Wichtiges Element dieser Karte ist der Rang

Traueranzeige zum Tode von Stephan Lintz vom 19. November 1932

des Verstorbenen im Funkencorps. Häufig (aber nicht immer) wird neben dem „zivilen" Namen des Verstorbenen auch sein Funkenname genannt – entweder direkt an zentraler Stelle mit dem eigentlichen Namen („Willi Heilinger [Grosche]")[14] oder im Textverlauf, wie im Beispiel aus der Todesbenachrichtigung für den 1968 verstorbenen Wilhelm Zäh: „Von seinen 76 Lebensjahren diente unser so prächtiger und guter Funkenwaibel ‚Rievkooche' volle 55 Jahre treu und aktiv seinem heißgeliebten Funkenkorps."[15]

Das In-Kenntnis-Setzen der Vereinsmitglieder über den Tod eines Funken ist ein wichtiges Element im Bestattungsritual. Es handelt sich um eine sprachliche Realisierung des Todes. Nur das Wissen von und das Kommunizieren über den Tod machen eine nachfolgende Bewältigung der Trauer möglich. Das Benachrichtigen aller verweist aber auch auf den Aspekt der Funken-Gemeinschaft. Hier stehen nicht einzelne Individuen allein, son-

... Funk

... 76 Jahren starb un-
... ltbekanntes Mitglied
...ken", Ehrenmitglied
...helm Zäh. Als Fun-
...oche hat er der zer-
... seines fröhlichen
... lang treu gedient.
...hrte er den dritten
...em aber gehörte er
...ich nicht amüsieren
...elbst zur Freude an
...eitrugen. Humorvolle
... Feder erfreuten seine
... wieder. Trotz seines
...r Wilhelm Zäh stets
...ne Funken „Dienst"
...Rosenmontagszug 1958
...rohgemut teil.

AN UNSERE MIT...
Unser ältester aktiver Funken...
rissen. Aus einer beneidenswer...

Senator und Ehrenr...

einem Schlaganfall. Sein Herz...
Wir wissen, daß diese Nachrich...
Von seinen 76 Lebensjahren di...
„Rievkooche" volle 55 Jahre t...
korps. Er war mehrere Jahr...
Senatsvorstandes. Seine viele...
schön, waren von echtem Fun...
mehr erfülltes Funkenleben un...
Rosenmontagszug noch munte...
macht hat, als vorbildlich beze...
Es ist für jeden von uns unbed...
am Dienstag, den 29. Juli, 14...
letzte Ehre zu erweisen.

Mit...

Traueranzeige zum Tode von Wilhelm Zäh vom 24. Juli 1958

KÖLN, den 24. Juli 1958

)ER!

ad wurde heute aus unserer Mitte ge-
:nenden Gesundheit heraus erlag unser

:d **WILHELM ZÄH**

gte plötzlich den Dienst.

 von uns, der sie vernimmt, erschüttert.
nser so prächtiger guter Funkewaibel
ıd aktiv seinem heißgeliebten Funken-
rer des 3. Knubbels und Mitglied des
htungen und Vorträge, alle einmalig
ist getragen, wie überhaupt das nun-
verblichenen Freundes, der den letzten
l frohgemut in unseren Reihen mitge-
 werden muß.

Pflicht diesem, so beliebten Korpsbruder
uf dem Westfriedhof Bocklemünd die

 Gruß: Der Vostand, i. A. E. Hamacher

dern das Corps wird als Gesamtheit, als funktionierende Gemeinschaft angesprochen und ist aufgerufen, entsprechend zu handeln. Der Gemeinschaftsaspekt wird in der sprachlichen Gestaltung dieser Texte sehr deutlich. Die Verwendung der Verwandtschaftsbezeichnung „Bruder" in verschiedenen Zusammensetzungen wie „Funkenbruder" oder „Corpsbruder" zeigt die Bedeutung dieser Gemeinschaft: Sie ist vergleichbar der realen Familie und hat ähnliche Funktionen. Ebenso wie diese ist auch die Funkenfamilie vom Tod eines Mitglieds besonders betroffen. Dementsprechend wird die Teilnahme an der Bestattung von allen Funken implizit erwartet. Das zeigen wiederum die Formulierungen der Karten, die zur Teilnahme an der Beerdigung auffordern: Es handelt sich nicht um Bitten, Wünsche oder eben Aufforderungen, sondern um die Darstellung eines Faktums: „Am Dienstag, den 22. November 1932, nachmittags 3 Uhr geleiten wir ihn auf seinem letzten Wege…"[16]

Die Tatsache, dass natürlich nicht alle Mitglieder an einer Beerdigung teilnehmen können oder wollen, scheint irrelevant. Denn auch hier ist die Teilnahme wiederum symbolisch zu verstehen. Es ist das Corps, das teilnimmt, auch wenn es nur durch wenige Funken vertreten wird. In verschiedenen Interviews mit Roten Funken wurde an einigen Beispielen deutlich, dass die symbolische Bedeutung den einzelnen Mitgliedern sehr bewusst ist. Besonders zum Ausdruck kommt dieses Bewusstsein dann, wenn aus den unterschiedlichsten Gründen das Ritual ganz oder in Teilen nicht durchgeführt wurde. So berichtete ein Interviewpartner, dass es auch einmal vorkomme, dass der Verein von den Angehörigen nicht über den Tod eines Funken informiert wird. Ein solches Verhalten wird extrem negativ bewertet. „Das ist, wenn die Familie überhaupt kein Verständnis für die Funken hatte, dann haben die das nicht akzeptiert. Und dann wollen die auch nicht, dass wir zur Beerdigung kommen."[17] Undenkbar aus dem Selbstverständnis der Funken heraus – daher wird ein solcher auch explizit ausgesprochener Wunsch der Angehörigen nicht wirklich gutgeheißen.[18]

Die Funken treffen sich am Friedhof und nehmen als Formation an dem Beerdigungszug zum Grab teil. Begleitet wird die Gruppe von zwei Fahnenträgern, welche den Trauerzug mit der alten Fahne anführen. Am Grab nehmen die Fahnenträger am Sarg Aufstellung und bleiben dort stehen, während der Sarg in das Grab gesenkt wird. Die Abschiednahme des Funkencorps erfolgt in Vertretung durch seinen Präsidenten.[19] Dieser tritt ans Grab, verabschiedet sich mit einer kurzen Rede vom Verstorbenen und wirft dessen Krätzchen, also die bei allen Vereinsaktivitäten getragene Kopfbedeckung auf den Sarg. Bei dieser Handlung spricht er sinngemäß: „Du hast in deinem Leben damit (mit dem Krätzchen) soviel Freude gehabt, nun soll es dich auch weiter begleiten." Mehrere Rote Funken schilderten im Gespräch, dass dieser Abschied einen tiefen emotionalen Eindruck hervorruft. Die Ursache liegt wiederum im Symbolischen: Die Kopfbedeckung des Funken wird hier zu einem vielschichtigen Zeichen. Das Krätzchen demonstriert die Zugehörigkeit zum Verein weit über den Karneval hinaus. Seine Verwendung als Grabbeigabe verweist auf die umfassende Bedeutung des Begriffs „Gemeinschaft" für die Roten Funken. Auch der Tote behält sein Krätzchen und bleibt damit ein Teil dieser Gemeinschaft. Vor Augen geführt wird dieser Aspekt den Lebenden, auch das ein gemeinschaftsstiftendes Element. Ein Interviewpartner fasste diese Bedeutung treffend zusammen: „Das ist auch so ein Punkt, wo man als Funk merkt, das ist wie eine Familie. Man gehört zusammen… Und ich muss sagen, ganz persönlich, wenn ich mir mein eigenes Begräbnis vorstelle, dann finde ich das sehr schön."[20]

Zugleich aber ist die symbolische Handlung des Krätzchen-Werfens ein ganz klassisches Zeichen der Darstellung von Abschied und Trennung. Hier wird am Grab öffentlich dokumentiert, dass etwas zu Ende gegangen ist, ein Leben, für das die Mitgliedschaft bei den Roten Funken eine große Rolle gespielt hat.

Dieser Handlungsablauf entspricht in formaler Durchführung und Bewertung durch die Handlungsträger genau der Funktion eines Bestattungsrituals. Die symbolische Trennung wird durch die Verabschiedung und die Mitgabe des Krätzchens dargestellt. Der Aspekt der Bestätigung des Weiterlebens bzw. des Weiterfunktionierens der Gruppe zeigt sich in der Demonstration der Vereinssymbole Fahne, Fahnenträger und Präsident sowie der Präsenz des Corps, welches durch sein Erscheinen seine Handlungsfähigkeit dokumentiert. Zu diesem Aspekt gehört auch, nach der Bestattung durch gemeinsames Essen, Trinken und Reden wiederum den gemeinschaftsstiftenden Aspekt der Funkenmitgliedschaft zu betonen, sei es durch Teilnahme am offiziellen Leichenschmaus, sei es durch ein funkeninternes Beisammensein.

Dieses Ritual reicht allerdings nicht aus, wenn Mitglieder sterben, die besonders zentrale Rollen im Corps einnehmen. Als Beispiel sei kurz auf das Begräbnis von Eberhard Hamacher, Funkenpräsident von 1945 bis 1965, verwiesen. Hamacher gehörte zu denen, die nach dem Zweiten Weltkrieg das Funkencorps wieder ins Leben riefen. Ein großes Anliegen war ihm die Dokumentation des Funkenlebens und die Erforschung von Geschichte und Traditionen des Corps. Seiner Bedeutung sowohl für die Roten Funken als auch für den Kölner Karneval auch nur annähernd nahe zu kommen, übersteigt die Möglichkeiten dieses Beitrags. Seine Bestattung allerdings zeigte diese Bedeutung anschaulich. Nach Hamachers Tod am 3. Oktober 1965 wurde der ehemalige Präsident auf eigenen Wunsch in der Ulrepforte aufgebahrt. Am 6. Oktober hatten sowohl das Funkencorps als auch andere Bürger von 16.00 bis 20.00 Uhr Gelegenheit, sich am Sarg von Hamacher in der Wachstube der Ulrepforte zu verabschieden.

Die Phase des Abschiednehmens und damit der Realisierung des Todes musste auch deshalb so großen Raum einnehmen, weil für das Funkencorps mit dem Tode Hamachers eine Ära zu Ende gegangen war. Zu Hamachers Beisetzung am 7. Oktober strömte eine enorme Zahl von Menschen zum Kölner Südfriedhof. Sie bildete eine eindrucksvolle Demonstration der tatsächlichen Bedeutung

Aufbahrung Eberhard Hamachers in der Ulrepforte im Oktober 1965

dieses Mannes, weit über den Kreis des Funkencorps hinaus.²¹

An Hamacher erinnern nicht nur die Dinge, die er hinterlassen hat, er ist in verschiedenen Bereichen einer spezifischen Erinnerungskultur der Roten Funken weiter präsent: im Allerheiligengedenken und im Gedenkraum der Ulrepforte.

Erinnerungskultur

Tradition hat mit Erinnerung zu tun. Sich an etwas zu erinnern, es für wichtig zu befinden und es weiterzugeben macht den Kern einer Tradition aus. Tradition bedarf der Gemeinschaft, und umgekehrt braucht Gemeinschaft aus verschiedenen Gründen Traditionen. Eine wichtige Funktion besteht in der Verdeutlichung, dass Gestern, Heute und Morgen zusammenhängen, denn Traditionen zeigen, dass Vergangenes die Gegenwart und auch die Zukunft gestaltet. Als gemeinschaftsstiftendes Element dienen Traditionen der Vergewisserung der eigenen aktuellen Stellung und geben die Sicherheit des Dazugehörens, auch in die Zukunft hinein. Erinnerung schafft Traditionen, und auch Erinnerung wird in rituellen Formen gestaltet und weitergegeben. Eine dieser Erinnerungsformen soll exemplarisch auf ihre Bedeutung hin dargestellt und untersucht werden.

Allerheiligen – Totengedenken bei den Roten Funken

Das traditionelle Totengedenken an Allerheiligen begann für die Roten Funken im Jahr 1920. Es stand in engem Zusammenhang mit dem Tod des ehemaligen Präsidenten Theo Schaufuß am 15. November 1918. Schaufuß, ein äußerst beliebter Präsident, starb ohne Angehörige, das heißt, seine Beisetzung wurde von einem amtlich bestellten Nachlassverwalter organisiert. Obwohl ausreichend Geldmittel vorhanden waren, versuchte dieser Verwalter, einem Brief des Schaufuß-Nachfolgers André Welter zufolge, am Begräbnis zu sparen: Ein einfaches Reihengrab mit preiswertem Sarg sollte es werden. Dagegen protestierten die Roten Funken. So schreibt Welter: „Mit Mühe und Not gelang es mir endlich, dass Schaufuß einen anständigen Eichensarg erhielt."²² Die Roten Funken sorgten auch für ein Denkmal. Sie richteten einen Fonds ein und hatten bereits ein Jahr nach dem Tode Schaufuß' genügend Geld gesammelt. 1919 wurde das Denkmal für Schaufuß in Auftrag gegeben und am Allerheiligentag 1920 die erste Gedenkfeier an diesem Denkmal durchgeführt. Das Gedenken wurde allerdings – ganz dem Trend der Zeit entsprechend – über die Person Schaufuß' hinaus erweitert. Zum Denkmal wurde eine Bronzetafel mit den Namen aller im Ersten Weltkrieg umgekommenen Corpsmitglieder installiert.²³ Damit wurde das individuelle Gedenken für einen verstorbenen Präsidenten zum allgemeinen Gedenken für die Kriegstoten. Dies ist, wie bereits angedeutet, aus dem Zeitkontext erklärbar.²⁴ 1919, nach dem Ende des Ersten Weltkriegs, begann mit der Initiative des „Volksbundes Deutsche Kriegsgräberfürsorge" die Diskussion um die Einführung eines nationalen Gedenktages für die „gefallenen Soldaten". Die erste offizielle Gedenkstunde fand 1922 im Reichstag statt. Seit 1926 wurde der Volkstrauertag regelmäßig am Sonntag Reminiscere (zweiter Fastensonntag) begangen.²⁵ Die Nationalsozialisten funktionierten diesen Tag zum Heldengedenktag um; nicht mehr Trauer um die Opfer, sondern Ehrung der Helden stand nun im Mittelpunkt.

Dass die Roten Funken ihren Gedenktag auf den ersten November legten, könnte mit der

Rote Funken am Grab Theodor Schaufuß'
auf dem Südfriedhof, Allerheiligen 1951

traditionell katholischen Prägung des Kölner Karnevals zusammenhängen. Allerheiligen und Allerseelen (1. und 2. November) sind die zentralen Totengedenktage im Katholizismus. Besuche am Grab und Rituale des Erinnerns sind hier seit dem Mittelalter tradiert. Zudem geht es nicht mehr ausschließlich um die Opfer der beiden Weltkriege und des NS-Regimes, wie beim 1952 neu installierten Volkstrauertag. Dieser wurde zur Abgrenzung gegen den Heldengedenktag wiederum verlegt, nun auf den vorletzten Sonntag im Kirchenjahr. Das Ende des Kirchenjahres steht theologisch in Bezug zu den Themen Tod, Ewigkeit und Trauer, der Volkstrauertag passt also in diesen Kontext sehr gut hinein. Das Allerheiligengedenken der Roten Funken schließt alle Verstorbenen des Corps ein und ist ein weiteres wichtiges Element zur Herstellung von Gemeinschaft.

Der Ablauf dieses Termins ist klar gegliedert: Besucht wird das Grab des letztverstorbenen Präsidenten. Seit 1965 ist dieses das Grab von Eberhard Hamacher auf dem Kölner Südfriedhof.

Am Morgen des 1. November trifft sich das Funkencorps am Eingang des Friedhofs. Begleitet von der Funkenkapelle, die den Funkenmarsch in einer Moll-Tonart spielt, geht das Corps gemeinsam zum Grab. Dort ist bereits eine Art Kulisse mit Blumenschmuck und Feuerschalen aufgebaut. Am Grab wird nach einer kurzen Ansprache des Funkenpastors und des Präsidenten von diesem ein Kranz niedergelegt. Die Kapelle spielt wiederum, und das Corps verlässt das Grab. Nach dem Besuch am Grab findet ein gemeinsamer Frühschoppen statt.

In diesem Ablauf finden sich deutliche Bezüge zum vorgestellten Bestattungsritual: Auch hier demonstriert das Corps durch sein gemeinsames Auftreten Gemeinschaft und schafft diese damit. Die Elemente Friedhofsbesuch und Kranzniederlegung sind dabei auch in anderen Kontexten weit verbreitet. Die Assoziation mit militärischem Totengedenken liegt für die Roten Funken auf der Hand, denn sie definieren sich selber in der Nachfolge der Kölner Stadtsoldaten. Auch in anderen Zusammenhängen wird die militäri-

Rote Funken auf dem Südfriedhof, Allerheiligen 2004

sche Tradition deutlich: Uniformen, militärische Hierarchie, Aufnahmeritual, Orden etc. Gleichzeitig aber ist bei all diesen Beispielen der militärische Impetus ironisch gebrochen, denn die Roten Funken verstehen sich auch als Parodie des Militärischen. Dieses parodistische Element, eigentlich ganz zentral für das Selbstverständnis der Funken, fehlt beim Umgang mit dem Tod. Das tradierte jährliche Totengedenken an Allerheiligen verweist das Funkencorps auf den sehr ernsthaften Kern seiner eigentlichen Bedeutung: Gemeinschaft im Sinne von Raum und Zeit für soziale Nähe, Zusammengehörigkeit und Identitätsvermittlung in Fest und Alltag umzusetzen. Die Vergegenwärtigung dieses Kerns in Handlung und Denken im Kontext des Allerheiligentages steht auf einer weiteren Ebene in einem interessanten Zusammenhang mit den Komplexen Karneval und Tod. Denn Allerheiligen stellt in gewisser Weise den Anfang der Karnevalssession dar. Offiziell beginnt eine Session für die Roten Funken am Michaelistag mit dem Treffen des Senats. Dieser Termin ist allerdings ein corpsinterner, der auch noch auf einen kleinen Kreis innerhalb des Corps beschränkt bleibt. In der Öffentlichkeit ist es der 11. November, an dem Karneval beginnt. Allerheiligen ist der erste Termin, an dem das gesamte Corps zusammenkommt. Nicht der 11.11., der in seiner aktuellen Gestaltung ein typisches Event mit einer starken Betonung des Erlebnis- und Spaßcharakters darstellt,[26] sondern Allerheiligen mit seinem Totengedenken bildet einen Anfangspunkt für die Karnevalssession der Roten Funken. Diese Feststellung bietet wiederum einen Hinweis für die Konstruktion dieser Gruppe als Gemeinschaft. Sie versteht sich als umfassende Gemeinschaft, die alle Lebensbereiche einbezieht. Nicht das gemeinsame Feiern, der Spaß im Karnevalstreiben konstituiert diese Gruppe, sondern die Gemeinschaft im Alltag, die auch Tod und Trauer einschließt. Betont wird auch der Aspekt der Tradition, denn es geht um eine öffentliche Demonstration – schließlich findet dieses Gedenken nicht gruppenintern in der Ulrepforte, sondern öffentlich auf einem Kölner Friedhof statt –, mit der Erinnerung an das Vergangene in die Gegenwart integriert wird.

Die Veranstaltung in ihrer Gesamtheit ist wiederum hochgradig ritualisiert. Das gibt jedem Einzelnen Sicherheit, denn jeder weiß genau, wie er sich verhalten muss, was von ihm erwartet wird. Damit ist das Allerheiligen-Gedenken der Roten Funken ein ganz typisches Beginn-Ritual von Gruppen. Nach der Sommerpause wird hier die Rückkehr in ein geordnetes Gemeinschaftsleben mit festgelegten Hierarchien und Regeln eingeleitet. Die Allerheiligen-Gedenkveranstaltung evoziert eine gemeinsame Vergangenheit und Tradition und damit eine die Zeit überdauernde Verbundenheit, die nicht nur retrospektiv bedeutsam wird, sondern vielmehr auf die Zukunft bezogen ist.

„Wir sind eine Gemeinschaft und du gehörst dazu", das ist die eigentliche Botschaft des Allerheiligengedenkens, die wiederum dem christlichen Kern dieses Termins sehr nahe kommt.

Ein Resümee: Tod und Karneval bei den Roten Funken

Karneval und Tod gehören zusammen. Sie bilden die zwei Seiten einer Medaille, sind beides Ausdrucksformen von dem, was wir als inneren Kern einer sozialen Gruppe, als Seele einer Gemeinschaft bezeichnen. Karneval und Tod, fröhliches Feiern und Trauer, Leben und Sterben – das eine ohne das andere wäre wertlos. Dieser Bezug ist aber für unsere Gegenwartsgesellschaft in vielen Bereichen verloren gegangen: Gerade die Komplexe Tod und Sterben werden aus dem öffentlichen Raum und damit aus dem öffentlichen Bewusstsein verdrängt.[27] Dieser Prozess, der im 18. Jahrhundert einsetzt, hat heute anscheinend einen Höhepunkt erreicht. Denn selbst das Begräbnis als letztes gemeinschaftsstiftendes Ritual hat seine umfassende Bedeutung verloren; das zeigt uns unter anderem die deutliche und sprunghafte Zunahme der so genannten anonymen Aschenbeisetzungen. Hier wird der Mensch bzw. werden seine Aschereste ohne ein leitendes Ritual und ohne die Begleitung seiner sozialen Bezugsgruppen unter die Erde gebracht. Es bleibt auch kein Zeichen, das an dieses Individuum erinnert, nur eine leere Rasenfläche mit vielleicht einem kollektiven Denkmal.

Für einen Roten Funk muss dies undenkbar sein. Denn die Mitgliedschaft im Funkencorps vermittelt im Alltagsleben Gemeinschaft, sowohl beim Feiern des Karnevals als auch in der Teilhabe an Tod und Trauer, und das für jeden einzelnen Funk wie auch – in den Formen der Erinnerungskultur an Allerheiligen und im Gedenkraum der Ulrepforte – für das gesamte Corps in seinem historischen Werden. Und auch die Bedeutung, die diese Mitgliedschaft für jeden einzelnen Funk hat, wird im Umgang mit dem Tod sichtbar: „Begrabt mich in meiner Funkenuniform" – diesen Wunsch äußerten viele der befragten Funken.[28] Dokumentiert wird damit wiederum das Gefühl der Zugehörigkeit und einer Gemeinschaft, die weit über das gemeinsame Karnevalsfeiern hinausgeht und sich doch genau darin manifestiert.

Anmerkungen

[1] Vgl. *Dietz-Rüdiger Moser*, Fastnacht – Fasching – Karneval. Das Fest der „verkehrten Welt". Graz/Wien/Köln 1986. S. 318f.
[2] *Moser*, Fastnacht – Fasching – Karneval (wie Anm. 1), S. 316.
[3] Vgl. *Verena Friedrich*, Vanitas, in: Lexikon für Theologie und Kirche, Bd. 10, Freiburg [u.a.], 3. völlig neu bearb. Aufl., 2001, Sp. 353.
[4] *Moser*, Fastnacht – Fasching – Karneval (wie Anm. 1), S. 34.
[5] Vgl. *Moser*, Fastnacht – Fasching – Karneval (wie Anm. 1), S. 29ff.
[6] Vgl. dazu ebd., S. 37.
[7] Ebd., S. 39.
[8] Vgl. ebd.
[9] Vgl. *Adolf Adam*, Aschermittwoch, in: Lexikon für Theologie und Kirche, Bd. 1., Freiburg [u.a.], 3. völlig neu bearb. Aufl., 1993, Sp. 1058f.
[10] Vgl. dazu *Dagmar Hänel*, Bestatter im 20. Jahrhundert. Zur kulturellen Bedeutung eines tabuisierten Berufs, Münster 2003, S. 10–16.
[11] Vgl. *Arnold van Gennep*, Übergangsriten (Les rites de passage), Frankfurt/New York 1986.
[12] Vgl. *Mary Douglas*, Reinheit und Gefährdung. Eine Studie zu Vorstellungen von Verunreinigung und Tabu, Berlin 1985, S. 85.
[13] Diese Karten werden seit 1948 von den Roten Funken systematisch archiviert. Für die Zeit vor dem Zweiten Weltkrieg sind in den Chronikbänden vereinzelt Benachrichtigungskarten sowie Totenzettel und Todesanzeigen verzeichnet.
[14] Karte vom 8.9.1968 zum Tod von Willi Heilinger, Archiv Rote Funken: 1955–1960. Unseren Toten zum Gedenken.
[15] Karte vom 24.7.1968 zum Tod von Wilhelm Zäh, Archiv Rote Funken: 1955–1960. Unseren Toten zum Gedenken.
[16] Karte vom 19.11.1932 zum Tod von Stephan Lintz, Archiv Rote Funken, Vereinschronik Bd. 2.
[17] Interview Rote Funken 1, 2004.
[18] So berichtete ein anderer Gesprächspartner über einen solchen Fall, bei dem die Funken bei der Beerdigung nicht erwünscht gewesen seien. Das Corps hat an der eigentlichen Beerdigungsfeier nicht teilgenommen, aber nach dem Weggang der Angehörigen vom Grab ihr Abschiedsritual durchgeführt. (Interview Rote Funken 7, 2004.)
[19] Der Präsident kann hierbei prinzipiell zwar von jedem Funkenmitglied vertreten werden, es ist aber auszumachen, dass die bisherigen Präsidenten die Aufgabe, sich am Grab stellvertretend für das Corps zu verabschieden, sehr ernst nehmen (mündliche Information, Rote Funken 2004.)
[20] Interview Rote Funken 1, 2004.
[21] Helmut Signon schreibt in seinem Nachruf in der Kölner Stadtrundschau (6.10.1965, Nr. 233), Eberhard Hamacher sei „schon zu seinen Lebzeiten [...] ein Denkmal [gewesen], nicht nur des kölschen Fasteleers, sondern der vaterstädtischen Treue."
[22] Brief André Welter an Eberhard Hamacher, Köln, den 29.10.1950, Archiv Rote Funken, Vereinschronik Bd. 9, S. 58.
[23] Diese Tafel hängt inzwischen im Gedenkraum der Ulrepforte, neben einer weiteren Tafel, die an die Opfer des Zweiten Weltkrieges erinnert.
[24] Vgl. dazu *Katharina Weigand*, Kriegerdenkmäler. Öffentliches Totengedenken zwischen Memoria-Stiftung und Politik, in: Markwart Herzog (Hrsg.), Totengedenken und Trauerkultur. Geschichte und Zukunft des Umgangs mit Verstorbenen, Stuttgart/Berlin/Köln 2001, S. 201–218.
[25] Totengedenken im Umkreis des Osterfestkreises steht in der frühmittelalterlichen christlichen Tradition. Erst seit dem 9. Jahrhundert setzt sich das Allerseelenfest als Totengedenktag durch, vgl. *Balthasar Fischer*, Allerseelen, in: Lexikon für Theologie und Kirche, Bd. 1., Freiburg [u.a.], 3. völlig neu bearb. Aufl., 1993, Sp. 407f.
[26] Vgl. dazu *Winfried Gebhardt*, Events. Soziologie des Außergewöhnlichen, Opladen 2000.
[27] Vgl. dazu *Philippe Ariès*, Geschichte des Todes, München, 9. Aufl., 1999.
[28] Interviews und Gespräche mit Roten Funken 2004.

*Mariechentanz auf der
Kostümsitzung in der
KölnMesse 2005*

Brauchkultur im Wandel – von der Begleitfigur zur Leitfigur

Zur Rolle des Funkenmariechens der
Kölsche Funke rut-wieß vun 1823 e. V.
im 19. und 20. Jahrhundert

Von Peter Genath und Alexander Boden

„Die Krönung und das Tüpfelchen auf dem ‚i' eines Traditionskorps ist der Tanz des Tanzpaares. Das ist was, worauf ich mich immer freue, wenn die Korps aufziehen, denn das ist ganz klar die Aufgabe eines Mariechens in einem Traditionskarnevalsverein: die Repräsentanz. Und deswegen war das damals sicherlich auch ein Kriterium irgendwie, dass man mich auswählte, und zwar nicht nur alleine meiner tänzerischen Leistungen wegen, sondern, dass du auch mal Konversation betreiben und englisch parlieren kannst" (Interview Funkenmariechen 2004).

Diese Aussage eines ehemaligen Mariechens der Roten Funken spiegelt sehr prägnant wider: Das Mariechen ist ein zentraler und schillernder Bestandteil der karnevalistischen Festtagskultur der Karnevalsgesellschaft Kölsche Funke rut-wieß vun 1823. e. V., des ältesten Kölner Traditionskorps. Zudem ist das Mariechen gewissermaßen eine exklusive Erfindung der Kölner Roten Funken, denn eigentlich gibt es im Kölner Karneval das Funkenmariechen nur ein einziges Mal, und zwar nur bei ihnen, denn die so genannten „Tanzmariechen" der anderen Kölner Karnevalsgesellschaften sind eher „Regimentstöchter". Doch tut dies der Tatsache keinen Abbruch, dass die Tanzmariechen bzw. Regimentstöchter als typische Karnevalsfiguren aus der heutigen Brauchausübung nicht mehr wegzudenken sind. Es stellen sich aber Fragen: Wie konnte es zu dieser zentralen Position einer Frau in einem „Männerverein" kommen? Wie entstand der Name Mariechen? Wie haben sich der Stellenwert dieser Figur und der Umgang mit ihr gewandelt? Und welche regionalen und überregionalen gesellschaftlichen und politischen Entwicklungen trugen hierzu bei?

Zur Beantwortung dieser Fragen konzentriert sich dieser Beitrag auf das 19. Jahrhundert mit der Gründung der Roten Funken und auf den Anfang des 20. Jahrhunderts, die Zeiten des Wandels im Hinblick auf die Figur des Mariechens. Der rheinische Karneval ist dabei mit seinen spezifischen Besonderheiten ein hervorragender Indikator für die Erforschung der regionalen Geschichte und Kultur. Schichtübergreifend erfasst er bereits seit dem Mittelalter breite Bevölkerungskreise, sei es auf der Straße beim so genannten Straßenkarneval, sei es bei den Sitzungen der im 19. Jahrhundert gegründeten Karnevalsgesellschaften. Seit dem Aufkommen von Rundfunk und Fernsehen ist er überdies ein fester Bestandteil der Medienlandschaft.

Das Funkenmariechen, synonym „Tanzmariechen" oder einfach „Mariechen" genannt, ist die einzige Frau bei den Roten Funken mit repräsentativen Funktionen im Rahmen der Brauch- und Festkultur. Immer lächelnd, blond mit langen Zöpfen, schlank und sportlich, verkörpert sie den Kölner Karneval, ist Teil der „kölschen Seele". Bei öffentlichen Veranstaltungen tritt sie allerdings selten allein, sondern meist gemeinsam mit ihrem Tanzpartner, dem Tanzoffizier, auf, der bei den Funken den Titel „Funkendoktor" trägt, zu erkennen an der an einem Band getragenen Feldscherspritze. Trotz ihrer wichtigen Funktion innerhalb der Festtagskultur der Roten Funken und der prestigeträchtigen und öffentlichkeitswirksamen Rolle, die dem Funkenmariechen erwächst, ist das „Mädchen" kein Mitglied des Vereins der Roten Funken. Nach Niederlegung des Amtes nimmt sie nur noch als (Ehren-)Gast an den Veranstaltungen des Vereins teil. Dies ist zum einen darin begründet, dass die Roten Funken die militärischen Strukturen der historischen Kölner Stadtsoldaten adaptiert haben, die keine Frauenpositionen innerhalb der Truppe kannten. Zum anderen hat es sicherlich seinen Ursprung darin, dass Frauen in den Anfangsjahren des organisierten Karnevals ab 1823 nicht nur vom Karneval selbst, sondern weitestgehend auch vom öffentlichen Leben ausgeschlossen waren.[1]

So ist es nicht verwunderlich, dass das Funkenmariechen wie auch die anderen Tanzmariechen im 19. Jahrhundert und noch Anfang des 20. Jahrhunderts von Männern dargestellt wurden. Diese karnevaleske Figur entwickelte sich ebenso wie die des Funken vor einem militärischen Hintergrund, und zwar in Anlehnung an eine die Soldaten versorgende Marketenderin. Jedoch ist diese Figur im Zusammenhang mit den Kölner Stadtsoldaten von Beginn an eine Erfindung bzw. bewusste Inszenierung, denn historisch belegt ist eine Marketenderin bei ihnen nicht; vermutlich einfach deshalb, weil die Soldaten aufgrund der Stationierung innerhalb Kölns keiner Feldverpflegung bedurften. Die Marketenderinnen – ebenso wie ihr männliches Pendant, der Marketender – waren Lebensmittelhändler, die zum Tross der spätmittelalterlichen und frühneuzeitlichen Heere gehörten. Fast jedes Landsknechtsfähnlein hatte in dieser Zeit einen eigenen Marketender. Der Handel mit Nahrungsmitteln im Gefolge des Heeres war somit eine der wichtigsten Säulen der Lebensmittelversorgung der Soldaten. Frauen kombinierten diesen Beruf häufig mit Prostitution. Mit dem Dreißigjährigen Krieg wurden Plünderungen allmählich zur Hauptversorgungsquelle. Zudem wurden die auf Zeit dienenden Landsknechtsheere durch stehende Heere ersetzt, was die Marketender mehr und mehr überflüssig machte.[2]

Wann taucht nun die Marketenderin als närrische Figur zum ersten Mal im Karneval auf? Eine der frühesten Abbildungen des ersten Maskenzuges aus dem Jahr 1824, auf der die Roten Funken mit ihrem ersten Kommandanten mit Namen „Vun Künningsfeld" und zwei Marketenderinnen zu sehen sind, zeigt zwei männliche Mariechen. Beide tragen Perücken und Kopfbedeckungen, die Röcke reichen bis über die Knie. Der Aspekt der Heeresversorgung ist auf dem Foto noch sehr präsent: Eine der Marketenderinnen trägt einen Korb, die andere einen Krug; die linke Marketenderin reitet auf einem Huhn, die rechte auf einer Gans. Zu Beginn des Fest-

Die ersten „Marketenderinnen der Cölnischen Funken" im Maskenzug 1824, Lithographie von H. Goffart und W. Goebels

umzugs schrieb Christian Samuel Schier im Kölner-Karnevals-Almanach von 1824: „Ihn eröffnet der General-Anführer mit seinen Adjudanten [sic!]. Hierauf folgt: garde d'honneur zu Fuß, bestehend aus kölnischen Funken oder was dasselbe ist: Helden, mit ihrem berittenen Anführer, Trommler und Pfeiffer an ihrer Spitze, an sie sich anschließen [sic!] ein berittener Marketender-Weiber-Chor."[3]

Eine Fotomontage der Roten Funken aus dem Jahr 1869, die im Vereinssitz der Roten Funken in der „Ülepooz" (Ulrepforte) aufbewahrt wird, zeigt die Marketenderin im Kreis der Funken in einem Glockenrock aus rotem Stoff und einem federgeschmückten Hut. Zu sehen ist hier, wie sie aus einem Fässchen ein Glas füllt. Dies unterstreicht ihre Funktion als Versorgerin der Truppe. Auch auf an-

Funken-Infant.

Das Mariechen versorgt die Truppe der Funken, Ausschnitt aus dem Corpsbild von 1869, kolorierte Fotomontage

deren Abbildungen ist die Marketenderin mit Fässchen zu sehen, was darauf hindeutet, dass sie die im Zug marschierenden Funken mit Getränken versorgen sollte. Dieses „Fäßgen" gehört bereits seit den Anfängen der Roten Funken mit zum Kostüm der Marketender. Eine Rechnung aus dem Jahr 1825 führt es unter den Ausgaben als „ein Marketender Fässchen" auf.

Die Figur der Marketenderin gehörte somit zwar von Anfang an zum Ensemble der Roten Funken, jedoch zunächst ohne repräsentative Funktion. Vielmehr blieb sie bis zum Ende des 19. Jahrhunderts ausschließlich ein Accessoire der Truppe, welches das Bild abrunden sollte. Dies wird auch aus dem recht geringen Zeitungsinteresse an dieser Figur ersichtlich. So erwähnt eine Beschreibung des Zuges in der *Illustrierten Zeitung* vom 27. März 1858 zwar den Auftritt der Funken auf dem Rosenmontagszug, die Marketenderin aber nur beiläufig: „Der Funken waren wol 60 [...]. Hinter ihnen kam der Chirurg zu Esel, die Marketenderin und die Wachstube, ein Zelt, vor welchem ein großer hölzerner Esel [...] stand."[4] In den übrigen Beschreibungen, die Michael Euler-Schmidt aufführt und die seit den 1870er Jahren relativ lückenlos sind, finden sich ansonsten keine Hinweise auf eine besondere Rolle der Marketenderin bei den Funken. Diese wie auch alle anderen Figuren werden im Einzelnen nicht erwähnt; nur die Zuggruppen werden aufgezählt. Dazu gehören ein „Musik-Corps", der „große Generalsstab der mobilen Funken", die „Funken-Infanterie" und das „Funkenzelt".

Die Besetzung mit Marketenderinnen und ihre Kleidung wechselten zudem in der Gründerzeit von Jahr zu Jahr. Eine Darstellung von 1824 zeigt die Marketenderinnen noch ganz ohne Uniform. Im Zug von 1825 – dies offenbaren sowohl eine Lithographie aus demselben Jahr als auch die Zugbeschreibung – sind sie dann überhaupt nicht vertreten.[5]

Erst gegen Ende des 19. Jahrhunderts entwickelte sich die Marketenderin zu einer immer zentraleren Figur, in einer Zeit, in der auch die anderen Hauptfiguren des Kölner Karnevals an Bedeutung gewannen. Bereits 1872 wird ein eigener Wagen für die Marketenderin erwähnt – allerdings im Zusammenhang mit den Blauen Funken.[6] Zwar standen die Karnevalsfiguren sehr viel stärker als in der Gegenwart nur als Symbole im Mittelpunkt, weniger die sie darstellenden Personen. Mit der Einführung des Funkenmarsches, Funken- und Mariechentanzes trat jedoch auch der Mariechendarsteller in den Vordergrund der Vereinsaktivitäten der Roten Funken, zumindest der internen. Dies wird daran ersichtlich, dass die Roten Funken 1885 den Vorstandsprotokollen zufolge extra einen Tanzlehrer bestellt hatten, der die „Tanzordnung" professionell betreuen sollte. Die Erstaufführung des Funkentanzes fand am Rosenmontag des Jahres 1895 auf dem Neumarkt statt. Bei der Wiederholung am Dienstag wurde eine Mariechen-Tanzeinlage hinzugefügt. Ob die Mariechen vor 1895 schon bei öffentlichen Auftritten getanzt hatten, ist nicht bezeugt. Zumindest finden sich keine Hinweise dafür in den erhaltenen Liedern der Roten Funken.

Bei diesem ersten Auftritt gab es auch eine erste – weibliche – Zäsur, die als besondere Anekdote in die Chronik der Tanzmariechen Eingang gefunden hat, und zwar erblickt hier das erste weibliche Tanzmariechen das Licht der „Karnevalswelt". Der Hintergrund war der, dass sich das eigentliche Mariechen des Vereins, Roter Funk Dederich, vor dem Auftritt geniert hatte. Daher beschloss der Verein kurzerhand, stattdessen die Tochter des zu dieser Zeit sehr bekannten Kölner Tanzlehrers Friedrich Gosewich auftreten zu lassen. Damit wurde Sophie Gosewich in einem doppelten Sinne das erste Funkenmariechen: Sie war einerseits die Erste, welche die Rolle tanzend einnahm, frei von der Funktion der Marketenderin, und sie war andererseits das erste weibliche Mariechen.[7] Doch dies blieb zunächst eine einmalige Episode, denn schon im nächsten Jahr hatte Dederich seine Scheu überwunden.

*Überdimensionales
Mariechen im
Rosenmontagszug
1909,
kolorierte Zeichnung,
Henry Recker*

Sein Tanz war zwar nicht mit den heutigen aufwendigen Hebefiguren des Mariechens mit ihrem Funkendoktor zu vergleichen. Dennoch wurde er choreografisch durch den von den Roten Funken bestellten Tanzlehrer betreut. Der Mariechentanz bestand aus einer festgelegten, für die Funken erstellten Choreografie von Friedrich Gosewich, der den Roten Funken die exklusiven Aufführungsrechte überschrieb. Der Tanz wurde zum Wahrzeichen des Vereins – keine andere Gesellschaft sollte ihn ohne Genehmigung aufführen dürfen. Nachahmungen kamen dennoch vor und wurden gerügt, sogar unter Androhung von gerichtlicher Anzeige.[8] Von da an wurde vor jedem allgemeinen Funkentanz auf Veranstaltungen meist ein kleiner Mariechentanz aufgeführt. Ob Sophie Gosewich bei ihrem Auftritt einen Tanzpartner hatte, ist nicht bezeugt. Es ist zu vermuten, denn in den Quellen des Archivs der Roten Funken findet sich das Foto eines Tanzpaars, das auf das Jahr 1895 datiert ist.[9]

Das Mariechen, vermutlich W. Dederich, mit dem Funkendoktor F. Sänger, 1895

Für die weitere Entwicklung der Mariechenfigur ist das Interesse der Medien für das Karnevalsfest gegen Ende des 19. Jahrhunderts von großer Bedeutung. Durch die gesteigerte Aufmerksamkeit der Öffentlichkeit wuchs der Druck auf die Kölner Karnevalsgesellschaften, sich möglichst vorteilhaft darzustellen. Die Folge war eine fortschreitende Professionalisierung des Festgeschehens. Dieser Trend sollte bis 1914 anhalten. Neben dem Publikum für den Rosenmontagszug gab es nun ebenfalls eines für die Karnevalssitzungen und Bälle. Es wurde wichtiger, gelungene Darbietungen vor ständig wachsenden Zuschauerzahlen aufzuführen, was natürlich auch Geld in die Kassen der Karnevalsvereine brachte – und die Rolle des tanzenden Mariechens war eine gute Möglichkeit, sich mit besonderen Show-Elementen hervorzutun.

Dass der Mariechentanz von der Kölner Öffentlichkeit gut angenommen wurde und die Namen der Darsteller durch die Presse Bekanntheit erhielten, hatte dreißig Jahre später auch Auswirkungen auf die Vereinsstrukturen der Roten Funken. Um langjährige Vereinsmitglieder durch diesen rasanten Bedeutungszuwachs der bis dato eher nachrangigen Position des Funkenmariechens nicht übermäßig zu verärgern, legte der Vorstand 1928 fest, dass „mit der Rolle als ‚Mariechen' nicht der Offiziersrang" verbunden sein solle.[10] Anscheinend war diese Verbindung also zuvor diskutiert worden. Dies macht deutlich, dass die Rolle keinesfalls unwichtig war oder abschätzig behandelt wurde. Der Posten bot trotz der Vorstandsanweisung gute Aufstiegschancen innerhalb des Vereins, denn viele ehemalige männliche Mariechen wurden später Vorstandsmitglieder bei den Roten Funken.

Analog dazu war auch der Funkentanz immer wichtiger geworden. Die Tanzvorführungen des Mariechens etablierten sich auch als Teil der Vereinsidentität, durch die sich die Roten Funken von anderen Karnevalsvereinen abgrenzen konnten. Denn die Zahl der Karnevalskorps in Köln wuchs ständig, ab 1900 kamen jedes Jahr ein oder zwei neue Karnevalsgesellschaften hinzu. Viele dieser neu entstandenen Korps kopierten dabei mehr oder weniger die älteren Vereine, was bei diesen auf Missfallen stieß. Besonders galt dies für die Übernahme des Funkenmariechens durch andere Karnevalsvereine.

Hälfte des 19. Jahrhunderts der Name „Mariechen" als Bezeichnung der Marketenderin aufkam. So begegnet uns „Marische" mit dem Rosenmontagszug 1846, aber noch

Hans Honnef, das letzte männliche Mariechen, tanzt Rosenmontag 1934 auf dem Neumarkt

Wieso aber wurde der Name Mariechen als karnevalistische Bezeichnung ausgewählt? Sicher ist, dass der Vorname Maria im Rheinland bereits seit dem 12. Jahrhundert gebräuchlich ist. Allerdings ist er im 12. Jahrhundert noch verhältnismäßig selten, was sich wohl auf eine Scheu vor Namen der Heiligen Familie bis ins späte Mittelalter hinein zurückführen lässt. Denn der Name Maria wurde aus der Bibel übernommen und fand erst im 16. Jahrhundert weite Verbreitung, die Abwandlung Marie besonders bei Protestanten. Ab dem 18. Jahrhundert erhielten auch Jungen den Zweitnamen Maria; damit sollten sie dem Schutz der Mutter Gottes unterstellt werden.

Mariechen entstand als Verniedlichungsform von Maria. Der Name war im 19. Jahrhundert schließlich einer der beliebtesten und häufigsten.[11] Er war in Köln schließlich so weit verbreitet, dass Mariechen ein Synonym für Mädchen wurde, und in der zweiten ohne Bezug auf die Roten Funken.[12] Erst seit den 1880er Jahren vergeben die Roten Funken diesen Namen nachweisbar an ihre Marketenderinnen. 1889 findet sich in den Stammrollen des Vereinsarchivs der Name Ernst Böcker, für den unter „Charge im Corps" Marketenderin und unter Spitzname „Mariechen" eingetragen ist.

Dennoch ist diese auf den ersten Blick plausible Interpretation für die Namensgebung der Marketenderin nicht unproblematisch: Maria weist auf die Mutter Gottes hin, während der Bezeichnung Marketenderin die Konnotation „Prostituierte" anhaftet. Da unwahrscheinlich ist, dass die katholischen Bürger Kölns im 19. Jahrhundert eine Gleichsetzung im Sinn hatten, bietet sich eine andere Erklärung an, die sich aus den zeitgenössischen Moraldiskussionen ergibt.

Der Karneval war bereits im 19. Jahrhundert sehr freizügig, Erotik und Sexualität spielten eine nicht unbedeutende Rolle. Immer wie-

307

der ist deshalb der „Sittenverfall" im Karneval beklagt worden. Denn am Karneval schieden und scheiden sich die Geister: Seit 1823 wurde er begeistert bestaunt oder in völligem Unverständnis beargwöhnt, seine straffe Organisation bewundert und verdammt, wurden seine positiven Auswirkungen für die Wirtschaft hervorgehoben und seine angeblich negative Wirkung auf die Sittlichkeit der Gesellschaft kritisiert. Die Kritiker setzten sich in den 1880er Jahren gegenüber den Befürwortern in der öffentlichen Diskussion durch. Besonders die Verhältnisse auf den Maskenbällen und beim Straßenkarneval wurden beklagt. Dabei ist nicht nachvollziehbar, ob der Karneval im Lauf des 19. Jahrhunderts wirklich rauher wurde, oder ob die stärker werdende Kritik eher auf einer veränderten Wahrnehmung beruhte.[13] Diese Debatte betraf aber nicht nur den Karneval, so dass der Anlass für die öffentliche Empörung nicht nur dort zu suchen ist. Vielmehr wurden die den bürgerlichen Moralvorstellungen zuwiderlaufenden Themen wie Prostitution und Sexualität ganz allgemein gegen Ende des 19. Jahrhunderts verstärkt als gesamtgesellschaftliches Problem diskutiert. Die Auseinandersetzungen um die Unsittlichkeit und die negativen Auswirkungen des Karnevalsfestes sowie Forderungen nach dessen Verbot hielten bis zum Ersten Weltkrieg an. Immer wieder tauchten Schilderungen von Karnevalsgegnern auf, in denen Belästigungen von Frauen beklagt wurden. Ebenfalls gerieten die unzüchtige Kleidung, die Verspottung unter anderem von Heiligen in den Liedern und die vermeintlich heidnischen Wurzeln ins argwöhnisch betrachtete Blickfeld.

Das vermehrte Auftreten von „unerwünschten Gästen" auf den städtischen Maskenbällen, gemeint waren damit die Prostituierten, wurde zum Anlass genommen, die Eintrittspreise zu erhöhen. Zusätzlich erfolgte eine Beschränkung der Verteilung von Freikarten auf die „oberen Kreise", also die Karnevalsgesellschaften. Besucher, insbesondere einzelne Damen, wurden am Eingang kontrolliert und nur eingelassen, wenn sie sich als „anständig" erwiesen hatten. Spätestens seit 1890 war der Ball im Gürzenich so in Verruf geraten, dass sich angesehene Bürger Kölns dort nicht mehr blicken lassen konnten. Daher veranstaltete man einen neuen, exklusiven Maskenball am Karnevalsdienstag, der den Ruf wiederherstellen sollte.[14] Die Karnevalsgesellschaften mussten rasch auf die Vorwürfe reagieren und versuchten, unsittliche Zoten und Anspielungen aus ihren Programmen fernzuhalten.

Genau in die Zeit der stärker werdenden Kritik fällt auch die Umbenennung der Marketenderin in Mariechen. Offenbar wollte man keinen Anlass mehr für anzügliche Anspielungen bieten. Von der nun in bürgerlichen Kreisen unerwünscht mit Prostitution in Verbindung gebrachten Marketenderin grenzte man die durch den Bezug zur Gottesmutter Maria moralisch einwandfreie „Regimentstochter" ab. Überspitzt formuliert war so aus der Prostituierten eine Heilige geworden. Als Regimentstochter hatte sie das Frauenbild der bürgerlichen Vereinsmitglieder zu erfüllen und nach außen zu transportieren.

Mit dem Wandel des Namens und den Veränderungen in der Rolle verharmloste sich in der Öffentlichkeit auch die Bezeichnung „Marketenderin", die spätesten in den 1930er Jahren wieder gebraucht werden konnte, ohne Anstoß zu erregen. Dass vereinsintern jedoch noch immer zwischen den beiden Aspekten der Rolle unterschieden wurde, wird aus einer Anekdote deutlich, die das letzte männliche Mariechen der Funken betrifft. Hans Honnef war offenbar im Jahr 1934 zu alt und zu dick für die Tanzeinlagen geworden, was auch der Presse nicht verborgen geblieben war. Daraufhin wurde im Vorstand seine Absetzung gefordert. Hans Honnef verteidigte jedoch seinen Posten und argumentierte, das Tanzpaar stelle in erster Linie „den Funkendoktor und die Marketenderin" des Korps dar und daher seien „keine artistischen Tanzleistungen" zu fordern. Auch wenn andere Korps „varietéhafte Tanzgruppen" hätten, sei dies in Anbetracht der Tradition der Funkenmarketenderin abwegig. Der Vorstand schloss sich dieser Argumentation an, bedauerte jedoch, dass das Publikum Tanzdarbietungen forderte.[15]

An diesem Beispiel wird auch deutlich, wie zwischen der Rolle des Tanzmariechens und der der Marketenderin in dieser Umbruchszeit unterschieden wurde: das Mariechen als Hauptdarstellerin einer publikumsgefälligen Tanzeinlage, die Marketenderin als historische Traditionsfigur der Roten Funken. Das Tanzen war aber in den 1930er Jahren bereits ein fester Bestandteil der Rolle. Und so musste auch Hans Honnef noch 1935 vor dem Korps einen allerdings weniger akrobatischen Tanz vorführen.

1932 hatte man mit dem Lied „Marieche, Marieche, wo es dann dinge Jung?" einen neuen Mariechentanz eingeführt. Das ist auch die erste bezeugte Gelegenheit, bei der das Mariechen mit dem Funkendoktor zusammen tanzte. Das Lied wird heute noch gespielt, allerdings hat sich der Tanz mit der Zeit verändert.

Aber erst die NSDAP sorgte für einen tief greifenden Wandel der Figur des Funkenmariechens: Die Marketenderinnen der Karnevalkorps mussten ab 1936, die Jungfrau als Teil des Dreigestirns ab 1938 von Frauen dargestellt werden, weil eine „transvestitische Kostümierung" nicht in das Männerbild des Nationalsozialismus passte. „Bekanntlich wurde den Korps-Gesellschaften durch die Gauleitung Köln es untersagt, die bisherigen traditionellen Mariechen durch männliche Mitglieder der Gesellschaft darzustellen. Auf Grund dieser Tatsache sind wir gezwungen, diese Rolle einer Dame zu übertragen."[16] Insgesamt wurde die Jungfrau aber nur zweimal von Frauen gespielt, nämlich in den Jahren 1938 und 1939.[17] Während die Jungfrau direkt nach dem Krieg wieder von einem Mann dargestellt wurde, blieb man bei den weiblichen Mariechen, die Ilse Prass zufolge „mit Charme, Grazie und akrobatischem Können die Männer in den Hintergrund getanzt" hatten.[18]

Über die genauen Hintergründe schweigen sich die Vorstandsprotokolle der Roten Funken leider aus. Bei der Einführung, so berichten die Chroniken, hatte es „einiges Rauschen im Blätterwald" gegeben. Offenbar haben sich die Funken aber schnell mit der neuen Situation angefreundet, denn an derselben Stelle heißt es: „So erhielten wir in Fräulein Ada Pilgram ein prächtiges Marie-

Mariechen Karin Küster neben dem Regierungspräsidenten Dr. Wilhelm Warsch, Rosenmontag 1949

chen, welches die schöne Rolle zur größten Zufriedenheit aller darstellte."[19] Dennoch verlief dieser Wandel nicht ganz ohne Widerspruch. So wurde die Rolle des Funkenmariechens Ada Pilgram zunächst nur unter dem Vorbehalt übertragen, dass die Anweisung der Gauleitung nicht widerrufen werden würde. Und im *Kölner Stadt-Anzeiger* vom 29. Dezember 1935 spottete Franz von Duffesbach:

„Der Frauen Einfluß geht schon so weit,
Ihr wachsen neue Schwingen
Sie will die ganze ‚Herr'lichkeit
Wohl untern Schlitten bringen. […]
Jetzt will sie sogar siegen
Als Karnevals-Mariechen!"

Dass diese Sorgen vor dem Eindringen emanzipierter Frauen in die Karnevalsvereine unbegründet waren, ist aus der heutigen Situation offensichtlich. Frauen spielen auch im 21. Jahrhundert noch keine nennenswerte Rolle im organisierten Karneval.
Ada Pilgram, ein „echt kölsches Mädchen", wurde offenbar schnell von den Roten Funken anerkannt. Als sie im Januar 1936 offiziell bei den Funken vorgestellt wurde, eroberte sie „bei der ersten Vorführung des zündenden Mariechentanzes mit dem Partner Hans Brocker sofort die Herzen im Sturm". Der *Stadt-Anzeiger* vom 26. Januar 1936 hob dann auch hervor: „Und dann kam die hübscheste Überraschung: das weibliche Funkenmariechen hielt seinen Einzug. […] Ada Pilgram heißt die neue, nette, echt kölsche, saubere, tanzgewandte und lustige Marketenderin, die der Präsident bützenderweise geziemend verpflichtete."

Schließlich ließen die Roten Funken 1937 eine neue Korpsfahne anfertigen, deren eine Seite das Wappen der Roten Funken zeigt, die andere aber eine Darstellung des Tanzpaars.[20] Bereits 1938 war es für viele junge Frauen erstrebenswert, Mariechen bei den Roten Funken zu werden. Damit hatte das Mariechen endgültig den Sprung von der Begleitfigur zur Leitfigur geschafft. Ihr Wandel zur Repräsentationsfigur verstärkte sich in der Folgezeit kontinuierlich. Im Fotoalbum der Roten Funken finden sich in den Nachkriegsjahren ab 1945 mehrere Fotos, auf denen das Mariechen mit hochrangigen Personen wie dem Regierungs- oder dem Polizeipräsidenten zu sehen ist. Ihre symbolische Funktion als Versorgerin der Soldaten trat dafür in den Hintergrund, auch wenn Eberhard Hamacher noch 1964 das „Fäßgen" als Charakteristikum für das Mariechen nennt und viele Mariechen anderer Vereine es bis heute tragen.

Größere Diskussionen darüber, ob man wieder zu einem männlichen Mariechen zurückkehren solle, sind in den Quellen nicht zu finden. Das mag an den Wirren der Nachkriegszeit liegen, wo andere Probleme, wie ein drohendes Karnevalsverbot durch die Besatzer, im Vordergrund standen und daher eine diesbezügliche Debatte keinen Raum hatte. Im Zuge einer zunehmenden Kommerzialisierung bedeuteten attraktive Frauendarstellerinnen dann durch Ablichtungen in Zeitungen und Zeitschriften sowie durch die Verbreitung des Fernsehens für den Verein eine zusätzliche Präsenz in der Öffentlichkeit.[21]

Ende der 1950er Jahre erlebte der Karneval wieder eine Rezession, die durch die 1960er Jahre hindurch anhielt. Viele Bürgerliche zogen sich in ihr Heim zurück, die Anschaffung von Konsumgütern rückte gegenüber der Teilnahme an öffentlichen Großveranstaltungen in den Vordergrund. Doch sollte gerade die zunehmende Ausstattung der privaten Haushalte mit Fernsehgeräten eine neue Weichenstellung für den Karneval zeitigen. Denn das Fernsehen ermöglichte in den 1970er Jahren den Aufschwung für das när-

Karikatur des ersten weiblichen Mariechens Ada Pilgram im Westdeutschen Beobachter vom 11. Januar 1936

rische Treiben. Aus Mainz wurde seit 1955 die Fastnacht im Fernsehen übertragen. Andere Großstädte griffen dies auf. Dadurch öffnete sich die närrische Zeit im Rheinland allmählich einem größeren Personenkreis; Werbeindustrie, Tourismus und Politik folgten. Dennoch hatten die Fernsehübertragungen auch eine Verunsicherung der Roten Funken und der übrigen Karnevalsvereine zur Folge, da der Druck zunahm, eine professionelle Show zu bieten – eine Entwicklung, die bis heute anhält. Die Fernsehsitzungen wurden zum Vorbild gerade der kleineren Veranstaltungen. Schon in den 1970er Jahren wurde deshalb die immer stärkere Vereinnahmung des Festes durch die Medien problematisiert und diskutiert.[22]

Heute kommt es nicht mehr vor, dass ein Büttenredner die Bühne ohne sein Manuskript betritt. Elemente wie Improvisation traten gegenüber einer perfekt geplanten Show in den Hintergrund. Das Publikum wurde anspruchsvoller und durchmischte sich mit regionalen und überregionalen Größen aus unterschiedlichsten Gesellschaftskreisen – der Karneval wandelte sich zu einem Brauch mit vermarktungsfähigem Eventcharakter. Dadurch veränderten sich auch die Themen, die jetzt nicht mehr nur für die Bürger der Stadt Köln verständlich sein mussten. Das Publikum wurde passiver und anonymer, der intime Rahmen ging verloren. Dafür besuchen heute in jeder Session etwa 400.000 Zuschauer die Sitzungen der Karnevalsvereine. Rechnet man die Veranstaltungen dazu, die nicht dem Festkomitee angehören, ist die Zahl noch weitaus höher. Seine wahre Massenverbreitung findet der Sitzungskarneval aber durch die Übertragungen im Fernsehen: Zwischen acht und neun Millionen Zuschauer sind bei Großveranstaltungen nicht ungewöhnlich.[23]

Dennoch lässt sich feststellen, dass trotz dieses Wandels von dem männlichen zum weiblichen Mariechen traditionelle Strukturen weiterwirken, denn der überwiegende Teil der Mariechen stammt bis heute fast ausschließlich aus Kölner „Karnevalsfamilien".

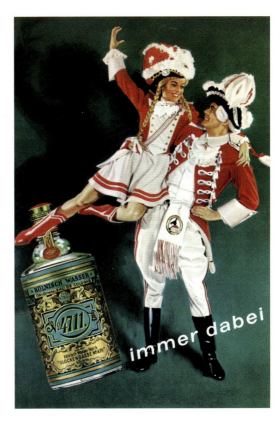

Das Tanzpaar wirbt für 4711, Köln um 1972

Über die Figur des Mariechens wird so zu einem nicht unerheblichen Teil Kölner Stadtidentität vermittelt. Das kommt auch darin zum Ausdruck, dass die starke Symbolik des „reinen" Images der Marie der Roten Funken in der Werbung für stadttypische Produkte wie etwa „Kölnisch Wasser" eingesetzt wird oder sich im Skulpturenbestand des Kölner Doms wiederfindet.

Das Mariechen und der Karneval bieten damit über verschiedene Brüche in der Entwicklung der Stadt Köln und ihrer Gesellschaft Kontinuität zur Schaffung von Gemeinschaftsgefühl und als Zeichen regionaler Identität. Sind die Roten Funken eine direkte Persiflage auf die Kölner Stadtsoldaten, so gilt Analoges für die Rolle des Mariechens nur indirekt: Auch sie stellt zwar eine humoristische Anlehnung an eine historische Figur dar, sie ist jedoch keine „Witzfigur" mehr. Vielmehr hat sie sich von ihren Wurzeln als tölpelhafte Marketenderin fast vollständig gelöst. Den als etwas unbeholfen und kauzig dargestellten Stadtsoldaten steht das von deren Auftreten und Umgangsformen sich abgrenzende Mariechen gegenüber, das in seiner Erscheinung den verbreiteten Norm- und Moralvorstellungen weitgehend entspricht, mehr noch: das sogar eine „Fast-Heilige" darstellt, die von den Roten Funken, aber auch vom Publikum entsprechend verehrt wird.

Die Frage nach dem Image der Figur spiegelt sich auch in den Vorstandsprotokollen wider. So wurde 1977 am Mariechen Margerit Gebauer bemängelt, sie sei „unvorteilhaft" geschminkt und trage keine blonden Zöpfe, was aber zu einem Mariechen der Roten Funken gehöre. Zudem hatte Frau Gebauer offensichtlich bei ihren Auftritten gepfiffen, was ebenfalls diskutiert wurde. Die Protokolle vermerken: „Einerseits ist das Mariechen eine Dame und das Aushängeschild – und eine Dame pfeift nicht –, anderseits ist das Mariechen eine Art Marketenderin und kann ruhig burschikos wirken."[24] Die Funken entschieden sich für das Mariechen als Dame und beschlossen in der darauf folgenden Sitzung, das Mariechen solle nicht mehr pfeifen.

Wie lassen sich nun die bisherigen Ausführungen thesenartig formulieren? Das Mariechen nimmt in einer Zeit des närrischen Treibens wichtige Funktionen wahr. Es ist zunächst wie die männlichen Roten Funken Ausdruck einer strengen Normierung im Verein, was den Vollzug karnevalistischer Handlungen betrifft. Darüber hinaus wird über den Mariechen- und den Funkeneid sichergestellt, dass durch die Figur des Mariechens innerhalb des Vereins wie auch in der Öffentlichkeit im Karneval die Normen von Ehe und Treue nicht außer Kraft gesetzt werden. „Von der Begleitfigur zur Leitfigur", so lässt sich dieser Wandel der Rolle des Funkenmariechens zusammenfassen. War es zu Beginn lediglich eine Randerscheinung im Gefolge der karnevalistischen Stadtsoldaten, die für das leibliche Wohl der „Soldaten" zuständig war, so entwickelte sich das Funkenmariechen im Laufe des 20. Jahrhunderts zu der zentralen Aushängefigur der Roten Funken, die heute für Tanz, Repräsentanz und Rote Funken bzw. Karneval schlechthin steht, aber nicht mehr für Nahrungsversorgung, harte Arbeit und eine anrüchige Lebenswelt. Karnevalsfiguren wie das Funkenmariechen sind es, die für die Stadt Köln und das Umland ein bedeutsames regionales Identitätsangebot darstellen und immer wieder neu schaffen – und zwar nicht zuletzt für die im Kölner Alltagsleben häufig zitierte „kölsche Seele". Gleichzeitig vermitteln die Roten Funken über ihre normierte Brauchausübung in Gestalt des Funkenmariechens ein Moment von Ordnung und Sicherheit inmitten gesellschaftlicher, kultureller und nicht zuletzt ökonomischer Wandlungsprozesse. Vor allem aber sorgen sie für eine nach außen sichtbare enge soziale und kulturelle Bindung an die Stadt Köln und ihre Geschichte.

Anmerkungen

[1] *Eva-Marie von Münch*, Vom Männerbund zur Quotierung, in: Gisela Fökler/Karin von Welck (Hrsg.), Männerbande – Männerbünde. Zur Rolle des Mannes im Kulturvergleich, Köln 1990, S. 103–106, hier S. 103. Vgl. auch den Beitrag von Irene Franken im vorliegenden Band.
[2] *Franz Seidler*, Frauen zu den Waffen? Marketenderinnen, Helferinnen, Soldatinnen, Bonn 1998, S. 15ff.
[3] *Michael Euler-Schmidt*, Kölner Maskenzüge 1823–1914, Köln 1991, S. 90.
[4] Ebd., S. 19.
[5] *Ralf-Bernd Assenmacher/Michael Euler-Schmidt/ Werner Schäfke*, 175 Jahre … und immer wieder Karneval, Köln 1997, S. 20.
[6] *Euler-Schmidt*, Kölner Maskenzüge 1823–1914 (wie Anm. 3), S. 111ff.
[7] *Kölner Stadt-Anzeiger* vom 23.7.1958, Archiv Rote Funken, Vereinschronik Bd. 12.
[8] Archiv Rote Funken, Vorstandsprotokolle Bd. 0, Protokoll vom 5.1.1927.
[9] Allerdings ist der in den Akten festgehaltene Name des abgebildeten Mariechens in der Stammrolle von 1895 nicht vermerkt. Vermutlich handelt es sich daher um den Roten Funk W. Dederich.
[10] Archiv Rote Funken, Vorstandsprotokolle Bd. 0, Protokoll vom 7.12.1928.
[11] *Michael Simon*, Vornamen wozu? Taufe, Patenwahl und Namengebung in Westfalen (Beiträge zur Volkskultur in Nordwestdeutschland, 67), Münster 1989, S. 162.
[12] *Euler-Schmidt*, Kölner Maskenzüge 1823–1914 (wie Anm. 3), S. 105.
[13] *Christina Frohn*, Der organisierte Narr. Karneval in Aachen, Düsseldorf und Köln von 1823 bis 1914, Marburg 2000, S. 323.
[14] Ebd., S. 138.
[15] Archiv Rote Funken, Vorstandsprotokolle Bd. 3, Protokoll vom 22.2.1934.
[16] Archiv Rote Funken, Vorstandsprotokolle Bd. 4, Protokoll vom 27.12.1935.

[17] *Peter Fuchs/Max-Leo Schwering/Klaus Zöller*, Karneval. Seine Geschichte, seine Eigenart, seine Akteure. 2., auf den neuesten Stand gebrachte Aufl., Köln 1984, S. 63.
[18] *Ilse Prass/Klaus Zöller*, Vom Helden Carneval zum Kölner Dreigestirn 1823–1992, Köln 1993, S. 93.
[19] Archiv Rote Funken, Vereinschronik Bd. 4, Bericht: Das Vereinsjahr 1935–1936.
[20] Pressemitteilung: „Eine neue Korps-Fahne der Kölsche Funke rut-wieß vun 1823 e. V.", Archiv Rote Funken, Vereinschronik Bd. 4.
[21] *Gabriela Wagner*, Frauen in Köln. 2000 Stadtgeschichte, Köln 1990, S. 126.
[22] *Hildegard Frieß-Reimann*, Der Siegeszug des Prinzen Karneval (Studien zur Volkskultur in Rheinland-Pfalz, 3), Mainz 1988, S. 126f.
[23] *Peter Fuchs*, Kölner Karneval. Seine Bräuche, seine Akteure, seine Geschichte. 175 Festkomitee des Kölner Karnevals von 1823 e. V., Köln 1997, S. 14.
[24] Archiv Rote Funken, Vorstandsprotokolle Bd. 12, Protokoll vom 18.1.1977.

Das aktuelle Tanzpaar auf der Bühne der KölnMesse 2005

Versammlung der Mitglieder des Carnevalsvereins zu Köln, Holzstich, 1844

Die Roten Funken machen Geschichte

Von Ewald Frie

Alles hat Geschichte. Der Spatz und der Rhododendron vor meinem Fenster haben eine. Der PC vor meiner Nase auch. Meine Faustballmannschaft hat eine. Und die Roten Funken auch. Aber: Anders als Tiere, Pflanzen und technische Artefakte können Menschen Geschichte erzeugen. Menschen handeln, denken, schreiben, verstehen. Menschen machen Geschichte. Nicht nur die, die noch kommt, sondern auch die, die schon da ist. Und indem sie Geschichte schreiben und verstehen, geben sie ihr und sich selbst Sinn.

Vielleicht ist kein Jahrhundert schöpferischer mit der Geschichte umgegangen als das 19. Das war möglich, weil das 19. Jahrhundert die eigene Zeit als zutiefst fortschrittlich erlebte und daher Vergangenheit und Zukunft neu verstand. Aus gewesenen Geschichten wurde die eine Geschichte, die auf die Gegenwart sinnhaft zulief. Aus dem entweder jenseitig ganz Anderen oder diesseitig immer Gleichen, das den Menschen bevorstand, wurde die Zukunft, ein gestaltbarer Möglichkeitsraum. Damit erhielten die Menschen eine Handhabe, Vergangenheit im Hinblick auf die Bedürfnisse von Gegenwart und Zukunft aufzugreifen und zu formen. Der Kölner Dom wurde wieder aktuell, der Kölner Karneval auch.

Historischer Hintergrund für dieses neue Zeitverständnis war eine Kaskade von Revolutionen, die das 19. Jahrhundert von den ständischen Agrargesellschaften der Vormoderne unwiederbringlich trennte. Politische Revolutionen erschütterten 1789, 1830, 1848/49, 1870/71 und 1917/18 den europäischen Kontinent, ordneten die politischen Grenzen neu und beseitigten die ständische Gesellschaft. Die industrielle Revolution läutete das Ende der Agrargesellschaften ein und brachte mit Bürgertum und Arbeiterschaft neue Sozialgruppen in die Zentren der politischen Arena. Die Bevölkerungsrevolution drängte mit der sie begleitenden Urbanisierung die adelsgeprägte Agrarwelt der Vormoderne allmählich an die Seite und gab den Städten ein neues Gesicht. Die Verkehrs- und Kommunikationsrevolution ließ über Telegraph und Telefon, Eisenbahn und Automobil den Raum und die Zeit zusammenschrumpfen. Die Revolutionierung von Wissenschaft und Technik vernichtete über Gas und Elektrizität die Nacht, entzauberte die Welt und ließ kaum noch Raum für Geheimnisse und Wunder.

„Das 19. Jahrhundert war", so hat Stefan Zweig im nostalgischen Rückblick geschrieben, „in seinem liberalistischen Idealismus ehrlich überzeugt, auf dem geraden und unfehlbaren Weg zur ‚besten aller Welten' zu sein [… Der] Glaube an den ununterbrochenen, unaufhaltsamen ‚Fortschritt' hatte für jenes Zeitalter […] die Kraft einer Religion."[1] Das 19. Jahrhundert war das Jahrhundert des Fortschritts. Und indem ein Weg in die Zukunft gebahnt wurde, wurde auch die Vergangenheit als Geschichte, die den Weg in die Gegenwart beschrieb, aktuell. Über die Gräben, die die Revolutionen rissen, wurden Brücken gebaut, die die Gegenwart mit der Vergangenheit sinnvoll verbanden. So wurden im 19. Jahrhundert die Zukunft und die Vergangenheit entdeckt. Der Zukunftsroman und die Zukunftsforschung entstanden, Historische Vereine und die Geschichtswissenschaft auch.

In dem Umfeld von Zukunftsgewissheit und Vergangenheitsorientierung, Fortschritt und Historismus spielt die Geschichte des Kölner Karnevals und seiner Roten Funken, die in diesem Band erzählt wird. Es geht um die Neuerfindung des Karnevals in den 1820er Jahren. Die Tage vor Anbruch der vorösterlichen Bußzeit hatten seit dem Mittelalter wohl aus Gründen des Resteverzehrs besondere Speiserituale angezogen. Im Spätmittelalter waren Tanz und Musik hinzugekommen, dann auch Katzenmusiken, Umzüge, Spott, Spiele, Theater. Die Fastnachtsbräuche überdauerten die Reformationszeit, nahmen immer wieder zeittypische Neuerungen wie barocke Maskengestaltungen auf. Karneval oder Fastnacht – hinter diesen Namen standen im 18. Jahrhundert kaum inhaltliche Unterschiede – wurde am preußischen Hof wie in Kölner Unterschichtsvierteln gefeiert.

Doch vor allem die auch für heute rückschauende Betrachter rauen, groben Volksfeste besaßen an der Wende zum 19. Jahrhundert „nur noch ein sehr geringes Ansehen […] Ihr endgültiger Niedergang [schien] vielerorts absehbar."²

Das vorfastenzeitliche Fest wurde neu belebt durch eine von Köln ausgehende „romantische Karnevalsreform" (Werner Mezger), die binnen weniger Jahre im Westen und Süden Deutschlands großen Anklang fand. Das ist durchaus charakteristisch für das erste Drittel des 19. Jahrhunderts, in dem viele historische Gegenstände aufpoliert und mit neuem Sinn gefüllt wurden, die das aufklärerische 18. Jahrhundert in die Rumpelkammer abgetaner Geschichten hatte werfen wollen. Das Mittelalter gehörte dazu, die katholische Kirche und eben auch der Karneval. Kern der romantischen Karnevalsreform war der Rosenmontagszug. Die treibenden Kräfte waren nicht die rauen Unterschichten, sondern wohlangesehene Bildungs- und Wirtschaftsbürger. Ein Comité ordnete und domestizierte die überkommenen Formen von Maskeraden, Umzügen und Narretei und stellte sie in einem feierlichen „Einzug des Helden Carneval" zusammen. So wurde „unkontrolliertes Treiben in die geordneten Bahnen eines ‚vaterstädtischen Festes'"³ überführt.

Das vaterstädtische Fest konnte die Kölner zusammenschmieden. Damit wurde die herrschaftsgefährdende Dynamik, die dem Karneval innewohnt, charakteristisch umgelenkt. In der ständischen Gesellschaft hatte der Karneval vielerorts für eine kurze Zeitspanne die durch Geburt, Besitz und Ehre befestigte Ordnung umgekehrt. Nun aber durchbrachen die politischen, ökonomischen, sozialen und kulturellen Revolutionen des 19. Jahrhunderts selbst die Grenzen der ständischen Gesellschaft. In der unübersichtlichen Lage war es immer schwieriger, das Unterste zuoberst zu kehren. Dafür aber gewannen Ordnungen an Bedeutung, die nicht mehr an ständische Ehre, sondern an ökonomische Lage (Arbeiter, Bürger) oder an kulturelle Identität (Katholik, Kölner, Rheinländer etc.) anknüpften. Die Bildungs- und Wirtschaftsbürger Kölns mussten ein Interesse daran haben, dass der Karneval als lokales Festereignis die regional-kulturelle und nicht die ökonomische Identität befestigte. So thematisierte der Rosenmontagszug von Beginn an die Machtverhältnisse zwischen innen und außen – und nicht zwischen oben und unten. Und hier kommen die Kölner Stadtsoldaten, die Roten Funken, ins Spiel. Wie viele Territorien des Heiligen Römischen Reiches Deutscher Nation hatte auch Köln nach dem Dreißigjährigen Krieg eine Soldatentruppe gebildet. Das waren die Kölner Stadtsoldaten, die wegen ihrer roten Waffenröcke die Roten Funken genannt wurden. Die deutsche Geschichtsschreibung des 19. Jahrhunderts ist mit den kleinen Herrschaftseinheiten der Frühen Neuzeit oft ungnädig umgegangen. Fürstbistümer, Reichsabteien, Freie Stifte, ritterschaftliche Territorien, Freie Reichsstädte erschienen als skurrile Untote, dem Fortschritt im Weg. Heinrich von Treitschke spottete über „Schwaben, Franken und am Rhein, wo ein Gewölk von Bischöfen und Reichsrittern, Fürsten und Reichsstädten, Äbten und Grafen in wunderlichem Gemenge durcheinanderhauste. […] Was noch jung und stark war im alten Deutschland, strebte aus den beengenden Formen der Reichsverfassung hinaus."⁴ Diese Wertung hatte ihren Sinn, waren doch die deutschen Staaten und ab 1871 das Deutsche Reich auf den Trümmern des in napoleonischer Flurbereinigung und Säkularisation untergegangenen vielgliedrigen Heiligen Römischen Reiches Deutscher Nation errichtet worden. Da lag es nahe, das Zerstörte als abgelebt zu beschreiben und die Modernisierungsleistung der Sieger hervorzuheben. So sind auch die „Armeen" der frühneuzeitlichen Kleinterritorien als lächerliche Karikaturen beschrieben worden. „Die lange Pfaffengasse des Rheines entlang", so erneut Heinrich von Treitschke, „erstreckte sich von Münster und Osnabrück bis nach Konstanz hinauf ein Gewirr winziger Staaten, unfähig

Rote Funken vor dem Kölner Dom, um 1890

zu jeder ernsthaften Kriegsrüstung, durch das Gefühl der Ohnmacht zum Landesverrate gezwungen. [...] Der Volkswitz verhöhnte die strümpfestrickenden Kölnischen Stadtsoldaten und das grimmige Kriegsvolk des Bischofs von Hildesheim, das auf seinen Hüten die Inschrift trug: Gib Frieden, Herr, in unsern Tagen!"[5]

Nach dem Untergang des Reiches und der Niederlage des napoleonischen Frankreich wurde Köln Teil der Rheinprovinz. Die neuen preußischen Herren bauten die Stadt zu einer Festung aus. Das Militär war allgegenwärtig. Wenn nun uniformierte Stadtsoldaten – bezahlte Darsteller im Übrigen, nicht die noch lebenden Stadtsoldaten der 1790er Jahre – eines der Bilder des Karnevalszuges darstellten, so wurde damit eine doppelte Botschaft ausgesandt. Die Kölner fühlten sich über den Epochenbruch der Jahrhundertwende hinweg mit der reichsstädtischen Freiheitszeit verbunden. Und sie betrachteten die preußische Militärmacht mit der überlegenen Ironie, die dem bürgerlichen Fortschritt zustand. Was Treitschke den kleinstaatlichen Armeen vorwerfen sollte, Strümpfe zu stricken, den Frieden zu lieben und kriegsunfähig zu sein, wurde zur augenzwinkernden Selbstbeschreibung. Die spielerisch-festliche Festigung der städtischen Identität durch Verbindung des „Heute" mit dem „Früher" und durch Markierung der Grenze nach außen hat der romantischen Karnevalsreform eine schnelle Verbreitung gesichert. Sie setzte sich bis in die 1840er Jahre am Mittel- und Niederrhein durch. Auch der schwäbisch-alemannische Raum feierte Mitte des 19. Jahrhunderts Karneval. Die Urtümlichkeit und Andersartigkeit der dortigen Fasnacht ist, wie Werner Mezger gezeigt hat, erst Ende des 19. Jahrhunderts entstanden.

Die romantische Karnevalsreform machte aus Stadtsoldaten eine Karnevalstruppe, deren Sinn sich aus dem Rückbezug auf die noch erinnerte Geschichte des 18. Jahrhunderts in Konfrontation mit den Alltäglichkeiten einer rheinpreußischen Festungsstadt ergab. Doch diese Selbstbeschreibung durch Geschichte konnte nur so lange funktionieren, wie die Geschichte, auf die Bezug genommen wurde, im Bezugsrahmen der Beobachter vorkam. Wie sollten die, die nie echte Kölner Stadtsoldaten hatten marschieren sehen, die Präsenz einer Stadtsoldatenimitation als kritischen Kommentar verstehen? In Geschichtsschreibung und Literatur gibt es zahlreiche Hinweise, dass ungefähr sechzig Jahre nach einem Ereignis die lebensweltliche Erinnerung verblasst. Dann muss Geschichte über Instutionen verstetigt werden, wenn sie nicht verloren gehen soll. So hat der englische Romancier Walter Scott seine historischen Romane mit Vorliebe „sixty years ago" angesiedelt, weil genau hier die Schleifstelle zwischen erinnerter und erlesener Geschichte liege. Theodor Fontane ist ihm in seinem Roman „Vor dem Sturm", der die Befreiungskriege zum Thema hat, gefolgt. „Der Roman soll ein Bild der Zeit sein, der wir selber angehören, mindestens die Widerspiegelung eines Lebens, an dessen Grenze wir selbst noch standen oder von dem uns unsere Eltern noch erzählten."[6] Danach, so dürfen wir ergänzen, verliert der gegenwartskritische Geschichtsbezug seine lebensweltliche Kraft. Auch die deutschen Historiker haben seit Anfang des 20. Jahrhunderts die Zeitgeschichte von der Neueren Geschichte durch das Kriterium des Erlebnisses getrennt. Zeitgeschichte sei, so Hans Rothfels Anfang der 1950er Jahre, die „Geschichte der Mitlebenden". Das mache ihre Brisanz aus.

Genau eine Generation nach dem Ende des Alten Reiches begannen sich Selbstorganisation und Geschichtsverständnis der Roten Funken zu verändern. Sie schalteten den Auto-Piloten ein. Sie lösten sich organisatorisch und inhaltlich langsam vom historischen Gegenbild. Aus der Jahr für Jahr neu zusammengestellten Stadtsoldatentruppe wurde Ende der 1860er Jahre eine uniformierte Karnevalsgesellschaft. Sie funktionierte nach selbst gesteckten Regeln. Ihre Mitglieder bildeten einen Männerbund, wie Irene Franken in diesem Band schön beschreibt. Sie hielten auch außerhalb der Karnevalszeit zusammen. Die in Köln gesammelten Frontpostkarten, von denen Ulrich S. Soénius berichtet, oder die gesellschaftseigenen Trauerrituale, die Dagmar Hänel darstellt, zeugen eindrücklich davon. Neue Mitglieder konnten nur durch Zuwahl gewonnen werden. Es ist davon auszugehen, dass die vor allem mittelständischen Roten Funken sich gegenseitig auch beruflich zur Seite standen.

(Wir – als Teil von uns allen). Aus nichtpreußischen Kölnern wurden preußisch-deutsche oder mindestens deutsche Kölner. Mit dem stadtsoldatischen Ausgangsbild konnten die Roten Funken daher immer freier und spielerischer umgehen.

Schön zeigen Peter Genath und Alexander Boden dies am Beispiel der frühneuzeitlichen Marketenderin, die zum Funkenmariechen mutierte. Die Marketenderin war Teil der

„Allen wohl, niemand weh", Rosenmontag 1922, Lithographie Henry Recker

Die stadtsoldatischen Ursprünge gerieten dabei nicht in Vergessenheit. Doch sie verloren die Funktion als Ankerpunkt für Gegenwartskritik. Sie wurden vom gegenwartskritischen lebenden Bild zum identifikationsstiftenden Ursprungsmythos. Das lag am größer werdenden zeitlichen Abstand. Aber auch unabhängig davon büßte die Rolle des Kölner Stadtsoldaten ihre kritische Spitze ein. Sie konnte die Grenze zwischen innen und außen, die in den frühen Rosenmontagszügen dramatisiert worden war, immer weniger markieren, weil Preußen nach der Reichseinigung, spätestens aber in Wilhelminischer Zeit seinen Schrecken verlor. Das Rheinland integrierte sich, wenn nicht in Preußen, so doch in Preußen-Deutschland. Dementsprechend wurde die ironisch-kritisch abgrenzende Selbstinszenierung (Wir – und nicht sie!) zu einer affirmativ-identifikatorischen

stadtsoldatischen Inszenierung in den frühen Rosenmontagszügen gewesen, ein pittoreskes Detail neben dem Chirurgen zu Esel, der Wachstube und manchem anderen. Gespielt wurde sie von einem Mann. Mit dem Abheben von der stadtsoldatischen Folie erhielt die Marketenderin im letzten Drittel des 19. Jahrhunderts einen Namen: Mariechen. Sie bzw. er führte einen Tanz auf und nahm dazu sogar Tanzunterricht. Das Funkenmariechen rückte allmählich in den Vordergrund der Selbstdarstellung der Roten Funken. Erst die Nationalsozialisten sorgten allerdings dafür, dass das Mariechen durch eine Frau dargestellt wurde. Sie witterten hinter Männern in Frauenkleidern Travestie. Nach dem Zweiten Weltkrieg blieb das Funkenmariechen eine Frauenrolle. Der Tanz wurde immer ausgefeilter. Die Rolle wurde ein Traum für viele Kölner Mädchen. Heute ist das gertenschlanke tanzende Funkenmariechen ein Aushängeschild des Kölner Karnevals insgesamt. Die Verbindung zur Marketenderin frühneuzeitlicher Heere, die zwischen Prostitution und Detailhandel angesiedelt war, dürfte sich kaum noch einstellen. Alles hat Geschichte. Und auch die Gegenwart der Roten Funken lässt sich nur historisch erklären. Was das älteste Kölner Traditionskorps aber auszeichnet, ist, dass der Bezug zur Geschichte ihm von Anfang wesenseigen war. Als gegenwartskritische Geschichtstravestie haben die Roten Funken ihre Karnevalskarriere begonnen. In den späten 1860er Jahren mussten sie sich aus der lebensweltlich erinnerten Geschichte lösen. Seitdem haben sie in zahlreichen Metamorphosen durch das 19. und 20. Jahrhundert hindurch ihre Stellung zur Geschichte immer wieder neu formuliert. Indem sie in diesem Band ihre eigene Geschichte wie die Geschichte ihres frühneuzeitlichen Gegenbildes wissenschaftsnah aufarbeiten, erneuern sie das gegenwartskritische Potential der Historie. Die Kraft des Karnevals zeigt sich darin, dass er immer neue Gegenwarten mit ihren Ideen und Inszenierungen in sich aufnehmen kann, ohne seine historischen Traditionen über Bord werfen zu müssen. In diesem Prozess von geschichtsbezogener Selbstvergewisserung und Erneuerung muss das älteste Kölner Traditionskorps eine wichtige Rolle spielen. Der Spatz, der mittlerweile weggeflogen ist, der Rhododendron und der PC haben eine Geschichte. Die Roten Funken können sie machen.

Anmerkungen

[1] *Stefan Zweig,* Die Welt von Gestern. Erinnerungen eines Europäers, Frankfurt/M. 1989 [Erstdruck 1944], S. 14 u. 16.
[2] *Werner Mezger,* „Rückwärts in die Zukunft". Metamorphosen der schwäbisch-alemannischen Fastnacht, in: Michael Matheus (Hrsg.), Fastnacht/Karneval im europäischen Vergleich (Mainzer Vorträge 3), Stuttgart 1999, S. 121–173, hier S. 133.
[3] *Michael Matheus,* Einleitung, in: Ders. (Hrsg.), Fastnacht/Karneval im europäischen Vergleich (Mainzer Vorträge 3), Stuttgart 1999, S. 7–9, hier S. 9.
[4] *Heinrich von Treitschke,* Deutsche Geschichte im Neunzehnten Jahrhundert, Tl. 1: Bis zum zweiten Pariser Frieden, Leipzig 1927 [Erstdruck 1879], S. 16.
[5] *Heinrich von Treitschke,* Deutsche Geschichte (wie Anm. 4), S. 20.
[6] *Christian Grawe,* Vor dem Sturm. Roman aus dem Winter 1812 auf 13, in: Ders./U. Helmuth Nürnberger (Hrsg.), Fontane-Handbuch, Tübingen 2000, S. 488–509, hier S. 496.

Siglen und Abkürzungen

AG	Aktiengesellschaft	Kor	Korintherbrief
Anm.	Anmerkungen	lat.	lateinisch
Aufl.	Auflage	LHAKo	Landeshauptarchiv Koblenz
Bd.	Band	Lk	Lukasevangelium
Bearb., bearb.	Bearbeiter, bearbeitet	Nr.	Nummer
bzgl.	bezüglich	NSV	Nationalsozialistische Volkswohlfahrt
bzw.	beziehungsweise		
ca.	circa	NS	Nationalsozialistisch(e)
d. h.	das heißt	NSDAP	Nationalsozialistische Deutsche Arbeiterpartei
e.V.	eingetragener Verein		
ebd.	ebenda	NWHAD	Nordrhein-Westfälisches Hauptstaatsarchiv Düsseldorf
etc.	et cetera		
f., ff.	folgend(e)	o. D.	ohne Datum
Fol.	Folio	r.	recto = Vorderseite
Gestapo	Geheime Staatspolizei	Rpr.	Ratsprotokoll(e)
GmbH	Gesellschaft mit beschränkter Haftung	s. a.	siehe auch
		SA	Sturmabteilung
H(rs)g.	Herausgeber	SS	Schutz-Staffel
H.	Heft(e)	St.	Sankt
HAStK	Historisches Archiv der Stadt Köln	u. a.	unter anderem, und andere
		u. a. m.	und andere mehr
HJ	Hitlerjugend	usw.	und so weiter
Hl.	Heilige(n)	v.	verso = Rückseite
Jh.	Jahrhundert	Verf.	Verfasser(in)
k. u. k.	kaiserlich u. königlich	vgl.	vergleiche
K.F.I.	Kölner Funken-Infanterie	z.B.	zum Beispiel
KG	Karnevalsgesellschaft	zit.	zitiert

Autorinnen und Autoren

Boden M.A., Alexander; geb. 1978, Doktorand am Volkskundlichen Seminar der Universität Bonn.

Brog, Dr. Hildegard; geb. 1954, Historikerin und freie Autorin, Köln.

Dietmar, Dr. Carl; geb. 1949, Historiker, Redakteur des „Kölner Stadt-Anzeigers" und Autor zahlreicher Köln-Bücher.

Drewes, Winfried; geb. 1941, seit 2000 Senatspräsident der Roten Funken.

Euler-Schmidt, Dr. Michael; geb. 1953, Kunsthistoriker, Germanist und Theaterwissenschaftler, stellvertretender Direktor und Leiter der Abteilung Brauchtum des Kölnischen Stadtmuseums.

Franken, Irene; geb. 1952, Historikerin, stellvertretende Hauptgeschäftsführerin des Landesverkehrsverbandes Rheinland und freie Autorin.

Frie, PD Dr. Ewald; geb. 1962, Historiker, Hochschuldozent an der Universität Duisburg-Essen.

Genath M.A., Peter; geb. 1971, wissenschaftlicher Mitarbeiter am Volkskundlichen Seminar der Universität Bonn.

Hänel, Dr. Dagmar; geb. 1969, wissenschaftliche Mitarbeiterin am Volkskundlichen Seminar der Universität Bonn.

Hirschfelder, PD Dr. Gunther; geb. 1961, Lehrstuhlvertreter am volkskundlichen Seminar der Universität Bonn.

Hunold, Heinz-Günther; geb. 1958, seit 2001 Präsident und Kommandant der Roten Funken.

Leifeld M.A., Marcus; geb. 1968, Historiker, wissenschaftlicher Mitarbeiter der fünf Kölner Traditionscorps Altstädter Köln 1922 e.V., EhrenGarde der Stadt Köln 1902 e.V., Kölsche Funke rut-wieß vun 1823 e.V., Kölner Funken Artillerie blauweiß von 1870 e.V., Prinzen-Garde Köln 1906 e.V.

Meynen, Dr. Henriette; geb. 1940, Geographin und Kunsthistorikerin; ehemalige wissenschaftliche Mitarbeiterin beim Stadtkonservator Köln.

Soénius, Dr. Ulrich S.; geb. 1962, Historiker, Direktor des Rheinisch-Westfälischen Wirtschaftsarchivs, Köln.

Wagner, Rita; geb. 1956, Historikerin, Leiterin der Graphischen Sammlung des Kölnischen Stadtmuseums.

Bildnachweis

Archiv Kölsche Funke rut-wieß vun 1823 e.V. (Foto: Peter Strobel) Umschlag 1. Reihe rechts, Umschlag 3. Reihe links, Umschlag 4. Reihe rechts, S. 10, 12f., (Foto: Peter Strobel) 43, 88, 128 rechts, (Foto: E. Bluhm) 130 oben rechts, (Foto: Wolfgang F. Meier) 130 unten rechts, (Foto: Peter Strobel) 134f., (Foto: Jürgen Stelter) 152, 172, (Foto: Peter Strobel) 185, 186, (Foto: Atelier Geus, Mülheim a.Rh.) 188, (Foto: Peter Strobel) 191 links, (Foto: Carl Ilscher) 192, (Foto: Atelier Recker,) 193, (Foto: Peter Strobel) 195, 196f., 201 oben, 202, 226, (Foto: Peter Strobel) 232, (Foto: Peter Strobel) 233 unten, 234, 235f., (Foto: Peter Strobel) 238, 240f., (Foto: Peter Strobel) 246, 248, 249 oben, (Foto: Peter Strobel) 249 unten, (Foto: Peter Strobel) 251, 252, 255 links, (Foto: Peter Strobel) 255 rechts, (Foto: Peter Strobel) 258f., 261 links, (Foto: Heinz Hermann) 262, 263, (Foto: Heinz Hermann) 265, (Foto: Peter Strobel) 266f., (Foto: Peter Strobel) 270, (Foto: Peter Strobel) 272f., (Foto: Peter Strobel) 276, (Foto: Peter Strobel) 289–291, (Foto: Peter Strobel) 294, (Foto: Peter Strobel) 302, (Foto: Peter Strobel) 306f., (Foto: Peter Strobel) 309-311, 323 – *Archiv Prinzengarde, Mainz* S. 170 – *Bibliothek der Erzabtei St. Martin, Beuron* S. 64 – *Bibliothèque Nationale, Paris* S. 205 rechts, 221 – *Gauger, Peter* S. 298, 313 – *Germanisches Nationalmuseum, Nürnberg* S. 111 – *Greven, Verlagsarchiv* S. 165 – *Hamacher-Pauly, Renate* S. 293 – *Heeresgeschichtliches Museum, Wien* S. 59 – *Historisches Archiv der Stadt Köln* S. 26f., 33 unten, 62, 67, 79, 113, 117 oben, 118–121, 128 links, 129, 167, 176f. – *Jordan, Oliver* (Foto: Maurice Cox) S. 6 – *Kölnisches Stadtmuseum* S. 40, (Foto: Wolfgang F. Meier) 44, 131, 142 unten, 162, 164, 206f. – *Kölnisches Stadtmuseum/Rheinisches Bildarchiv der Stadt Köln* Umschlag 1. Reihe links, Umschlag 2. Reihe rechts, Umschlag 3. Reihe rechts, Umschlag 4. Reihe links, S. 15, 16, 18f., 22, 29, 31, 36, 40, 48, 51, 53 oben, 53 unten, 54f., (Foto: Wolfgang F. Meier) 56 oben, 56 unten, 57, (Foto: Wolfgang F. Meier) 71, 73f., 75, 76, 80, 82f., 84, 99, 105, 108, 114, (Foto: Wolfgang F. Meier) 115, 117, 122, 123 oben, 123 unten, (Foto: Wolfgang F. Meier) 125f., 127, 130 links oben, 130 links unten, 132, 144f., (Foto: Wolfgang F. Meier) 150 oben, 168f., (Foto: Wolfgang F. Meier) 171, 174, 178, (Foto: Wolfgang F. Meier) 180, 182, (Foto: Wolfgang F. Meier) 201 unten, 204, (Foto: Wolfgang F. Meier) 205 links, (Foto: Wolfgang F. Meier) 210, (Foto: Wolfgang F. Meier) 212, 213f., 216, 218–220, (Foto: Wolfgang F. Meier) 230f., 250, (Foto: Julius Radermacher) 264, (Foto: Julius Radermacher) 275, (Foto: Wolfgang F. Meier) 301, (Foto: Wolfgang F. Meier) 304f., 314, 318f., 321 – *Königliche Bibliothek, Brüssel* (Foto: Wolfgang F. Meier/RBA) S. 50 – *Kunsthistorisches Museum, Wien* S. 150 – *Museum Haus Koekkoek, Kleve* S. 138 – *Nordwest Lotto und Toto, Hamburg* S. 42, 61 – *NS-Dokumentationszentrum, Köln/Rheinisches Bildarchiv der Stadt Köln* S. 253, 261 – *Postkartensammlung Paul Moors* S. 86 Mitte, 86 unten, 211 – *Privatbrauerei Heinrich Reissdorf, Köln* S. 198 – *Reproduktion aus: Alexander Orloff, Karneval, Mythos, Kult, Wörgl, Verlag Perlinger, 1950* S. 284 – *Reproduktion aus: Geschichte und Entwicklung der Firma Felten & Guilleaume Cöln, in Bildern zusammengestellt, Cöln 1904* S. 87 oben – *Reproduktion aus: Handbuch der Uniformkunde. Die militärische Tracht in ihrer Entwicklung bis zur Gegenwart, begründet von Richard Knötel, grundlegend überarbeitet, fortgeführt und erweitert von Herbert Knötel d.J. und Herbert Sieg, Hamburg 1937* S. 60 – *Reproduktion aus: Köln und seine Bauten. Festschrift zur VIII. Wanderversammlung des Verbandes Deutscher Architekten- und Ingenieur-Vereine in Köln vom 12. bis 16. August 1888* S. 86 oben – *Reproduktion aus: Kölsche Funke rut-wieß vun 1823 e.V. (Hrsg.),*

Et hät jefunk. 175 Jahre Kölsche Funke rut-wieß vun 1823 e.V., Rote Funken, Köln 1998 Umschlag 2. Reihe links – Reproduktion aus: *Verzeichnis der Stadt-Kölnischen Einwohner, nebst Bemerkungen*, Köln 1797 S. 94, 97, 100f. – Reproduktion aus: Werner Schäfke (Hrsg.), *Der Name der Freiheit 1288–1988, Aspekte Kölner Geschichte von Worringen bis heute. Handbuch zur Ausstellung des Kölnischen Stadtmuseums in der Josef-Haubrich-Kunsthalle Köln, 29.1.1988–1.5.1988*, 2. Aufl., Köln, 1988 S. 23 – Reproduktionen aus: Dietz-Rüdiger Moser, *Fastnacht – Fasching – Karneval. Das Fest der „verkehrten Welt"*, Graz/Wien/Köln 1986 S. 147, 282, 285 – Reproduktionen aus: *Greven's Adreßbuch für Köln und Umgebung von 1889* S. 190 oben, *von 1895* S. 190 unten, *von 1901* S. 191 oben, *von 1914* S. 191 unten, *von 1914* S. 192 oben – Reproduktionen aus: *Neuester Illustrirter Führer durch Köln und Umgebung: enthält ausführlichsten Stadtplan u. Strassenverzeichniss. Zusammengestellt von A.C. Greven, 1888. Faksimiledruck zum 125jährigen Bestehen des graphischen Betriebes Greven & Bechtold 1858–1983*, Köln 1983 S. 87 unten, 93 – Reproduktionen aus: *Josef Bayer, Das letzte Kölner Kettenhäuschen, Sonderdruck aus: Beiträge zur Kölnischen Geschichte/Sprache/Eigenart*, Bd. 1, Heft 1, Juli 1914 S. 33 oben, 112 – Reproduktionen aus: Werner Mezger, *Narrenidee und Fastnachtbrauch. Studien zum Fortleben des Mittelalters in der europäischen Festkultur*, Konstanz 1991 S. 141, 142 links oben, 149 – Rheinisches Bildarchiv der Stadt Köln S. 216 – Sammlung Marchioness of Cholmondeley S. 203 – Schlossmuseum Gotha, Sammlungen S. 148 – Siegele, Ralf S. 286f. – Stadtkonservator Köln/Rheinisches Bildarchiv der Stadt Köln S. 68, 85, 89, 91, 166, 179 – Stelter, Jürgen S. 9, 33 Mitte – Thelen, Walter S. 200, 295 – Universitätsbibliothek der Heinrich-Heine-Universität Düsseldorf S. 156 – Universitäts- und Stadtbibliothek Köln S. 160 – Werner Herzog Film (Foto: Deutsches Filmmuseum, Frankfurt/Main) S. 110 – Yad Vashem, Jerusalem S. 269.

Leider war es nicht in allen Fällen möglich, die Inhaber der Bildrechte ausfindig zu machen. Wir bitten, sich gegebenenfalls mit dem Verlag in Verbindung zu setzen.

© Greven Verlag Köln GmbH 2005
www.Greven-Verlag.de
Gestaltung: Thomas Neuhaus, Billerbeck
Satz: Manfred Saftenberger, Würzburg
Lektorat: Christof Blome und Dr. Michael Lauble
Lithographie: Julius Fröbus GmbH, Köln
Druck und Bindung: Passavia Druckservice GmbH, Passau
Alle Rechte vorbehalten

ISBN 3-7743-0372-X